于洋航 ◎ 著

# 城市社区公共服务满意度
# 对居民幸福感的影响机制研究

中国旅游出版社

# 前　言

党的二十大报告指出"必须坚持在发展中保障和改善民生，鼓励共同奋斗创造美好生活，不断实现人民对美好生活的向往"。幸福是人类的永恒追求，幸福感不仅反映了社会个体对自身客观生活环境和生活状态的主观感受，而且成为公共政策效果和社会治理水平的检验标准。

"城市，让生活更美好。"美好生活是所有城市居民的自身需要与内在追求，同时也是城市发展的价值所在。作为城市最小的"细胞"，社区也逐渐转化为当下中国社会治理的基本单位，在基层治理过程中扮演着重要的角色，同时也成为实现居民幸福生活的重要场域。在"单位制社会"瓦解的今天，社区越来越多地承担起了曾经嵌入在单位模块中的公共服务事项，在城市化和现代化进程中的独特地位、价值和功能日渐凸显。社区也成为社会公众享受公共服务的基本载体，随着我国社会主要矛盾已经转化为人民日益增长的美好生活需要和不平衡不充分的发展之间的矛盾，如何为公众提供能够满足其多元需求的优质公共服务，实现其幸福生活，不仅成为我国城市治理的新目标和新要求，而且是城市治理者所要面对的重要任务。

城市社区公共服务满意度体现了城市社区居民对其所享受到的由多元主体所提供的多样化社区公共服务的满意程度，是城市社区居民对社区公共服务能够满足其自身多元需求的主观评价和认知体现。不仅体现了城市社区公共服务质量，还凸显了城市社区治理水平，是客观政府治理绩效的主观反映。现有关于城市社区公共服务满意度的研究，多聚焦于城市社区公共服务满意度的指标体系构建和前因变量探讨，然而却在一定程度上忽略了城市社区公共服务满意度的结果变量及其具体作用机制。因此，本书便选择从城市社区的视角切入，基于马斯洛需求层次理论等相关理论，从社区社会资本和公众参与意愿的视角探讨城市社区公共服务满意度对居民幸福感的影响及其具体作用机制。

本书共分六章，第一章为绪论，对本项研究的研究背景、研究意义、研究内容与方法，以及主要创新点进行了总体层面的介绍。第二章为理论基础与研究综述，对马斯洛需求层次理论、治理理论、新公共服务理论和社会资本理论进行了介绍，以及对城市社区公共服务、公共服务满意度和幸福感等概念进行了综述。第三章为城市社区公共服务满意度对居民幸福感影响机制的研究假设，对本书所涉及的研究假设进行了推演和汇总。第四章为城市社区公共服务满意度对居民幸福感影响机制的研究设计，对量表的选择和样本的收集过程进行了说明。第五章为城市社区公共服务满意度对居民幸福感影响机制的实证分析，进行了描述性统计、差异检验、相关性分析和假设检验。第六章为研究结论与讨论，对研究结果进行了总结和讨论，并阐明了研究不足和政策建议。

当然，由于作者本人能力有限，书中难免存在不足，还望读者予以批评指正。感谢在本书写作和成书过程中给予帮助和支持的各位师友。

于洋航

2024 年 2 月

# 目　录

**1　绪　论** ………………………………………………… 1

　1.1　研究背景 ………………………………………………… 1

　1.2　研究意义 ………………………………………………… 11

　1.3　研究内容与方法 ………………………………………… 14

　1.4　主要创新点 ……………………………………………… 17

**2　理论基础与研究综述** ……………………………………… 20

　2.1　理论基础 ………………………………………………… 20

　2.2　城市社区公共服务相关研究 …………………………… 45

　2.3　公共服务满意度相关研究 ……………………………… 63

　2.4　幸福感相关研究 ………………………………………… 83

　2.5　研究述评 ………………………………………………… 111

**3　城市社区公共服务满意度对居民幸福感影响机制的研究假设** ………… 114

　3.1　城市社区公共服务满意度对居民幸福感的直接效应 ………… 114

　3.2　社会支持的中介作用 …………………………………… 118

　3.3　社区归属感的中介作用 ………………………………… 121

　3.4　社会支持和社区归属感的链式中介作用 ……………… 124

　3.5　公共服务动机的调节作用 ……………………………… 127

　3.6　社区政治效能感的调节作用 …………………………… 130

　3.7　研究假设汇总与研究模型 ……………………………… 134

**4　城市社区公共服务满意度对居民幸福感影响机制的研究设计** ………… 138

　4.1　研究量表设计 …………………………………………… 138

4.2 研究量表测度 ·········································· 139

4.3 数据分析工具及方法 ································· 153

4.4 数据收集 ············································· 156

4.5 量表质量分析 ······································· 159

5 城市社区公共服务满意度对居民幸福感影响机制的实证分析 ·········· 168

5.1 描述性统计 ········································· 168

5.2 差异检验 ············································· 179

5.3 相关性分析 ········································· 219

5.4 理论假设检验 ······································· 220

5.5 理论假设检验汇总 ································· 230

6 研究结论与讨论 ········································· 234

6.1 研究结论 ············································· 234

6.2 讨论 ················································· 245

6.3 实践启示 ············································· 266

6.4 研究局限与展望 ··································· 275

参考文献 ··················································· 278

附录：调查问卷 ··········································· 322

# 1 ▶▶▶▶

---

# 绪　论

---

## 1.1　研究背景

幸福是人类的永恒追求，同时也是国家发展和社会治理的终极目标。2012年11月习近平总书记提出实现中华民族伟大复兴的中国梦，其基本内涵为国家富强、民族振兴和人民幸福，并强调"人民对美好生活的向往就是我们的奋斗目标"①。2013年，党的十八届三中全会指出"全面深化改革，必须以促进社会公平正义、增进人民福祉为出发点和落脚点"。幸福感不仅反映了社会个体对自身客观生活环境和生活状态的主观感受，同时也是公共政策效果和社会治理水平的检验标准。2017年，党的十九大报告指出"完善公共服务体系，保障群众基本生活，不断满足人民日益增长的美好生活需要，不断促进社会公平正义，形成有效的社会治理、良好的社会秩序，使人民获得感、幸福感、安全感更加充实、更有保障、更可持续"。2018年，习近平总书记在庆祝改革开放40周年大会上的重要讲话中指出，改革开放40年的实践启示我们：为中国人民谋幸福，为中华民族谋复兴，是中国共产党人的初心和使命，也是改革开放的初心和使命。我们

---

① 习近平. 十八大以来重要文献选编（上）［M］. 北京：中央文献出版社，2014.

要着力解决人民群众所需所急所盼，让人民共享经济、政治、文化、社会、生态等各方面发展成果，有更多、更直接、更实在的获得感、幸福感、安全感，不断促进人的全面发展、全体人民共同富裕。2022 年，党的二十大报告指出"必须坚持在发展中保障和改善民生，鼓励共同奋斗创造美好生活，不断实现人民对美好生活的向往"。2023 年，习近平总书记在庆祝中华人民共和国成立七十四周年招待会上发表重要讲话，提出"我们要围绕满足人民日益增长的美好生活需要，加大民生保障力度，着力扩大就业，解决好人民群众急难愁盼问题，加强对困难群体兜底帮扶，巩固拓展脱贫攻坚成果，全面推进乡村振兴，扎实推进共同富裕，不断增强人民群众获得感、幸福感、安全感"。2024 年，李强总理代表国务院在十四届全国人大二次会议上所作的《政府工作报告》中指出"切实保障和改善民生，加强和创新社会治理""采取更多惠民生、暖民心举措，扎实推进共同富裕，促进社会和谐稳定，不断增强人民群众的获得感、幸福感、安全感"。随着中国特色社会主义进入新时代，我国社会主要矛盾已经转化为人民日益增长的美好生活需要和不平衡不充分的发展之间的矛盾，如何完善公共服务体系、提升居民幸福感已成为基层政府治理的重要目标和价值追求。

国际社会对幸福感关注已久，早在 20 世纪 90 年代，联合国开发计划署在《1990 年人文发展预告》中发布了由生命指标、教育指标和 GDP 指标三个分指标值综合而成的人类发展指数（HDI），HDI 数值通常被视作衡量一个国家或地区居民生活水平的重要参考数据，是仅次于 GDP 的广泛被用于衡量国家发展的指标之一。2012 年 6 月，第 66 届联合国大会决议中写道，追求幸福是人的一项基本目标，幸福和福祉是全世界人类生活中的普世目标和愿望，具有现实意义，并决议将每年的 3 月 20 日确立为"国际幸福日"。自 2004 年开始，由经济合作与发展组织（OECD）编制发布"美好生活指数"（BLI），这一指数包含住房、收入、就业、社群、教育、环境、公民参与、健康、生活满意度、安全，以及工作与生活的平衡 11 项指标，且下设细分指标。经合组织认为这些指标均与"衡量物质生活水平和整体生活质量"相关。美好生活指数是一个具有互动性和定制性的可视化的仪表板，让使用者可以自行为每一项与福祉相关的因素指标进行权重赋值。2006 年，英国新经济基金会首次发布了"幸福星球指数"（HPI），该指数包含生活满意度、生态环境保护以及预期寿命三项指标，反映的是一个国家或地区以所拥有的自然资源换取当地居民健康与快乐的有效性。幸福星球指数的评估体系中并未纳入国民生产总值的表现，因此它被认为是一个能够更广泛地衡量福祉和可持续发展的指标。2014 年，联合国教科文组织曼谷办事处启动了"快乐学校项目"（HSP），该项目旨在增强学生的幸福感、关注社会情感学习能力和个体整体发展水平，呼吁全球的教育体系转变一味重视学习成绩的评估机制，鼓励和培养孩子们追求和实现幸福的观念和能力。2016 年，联合国教科文组织发布了"快乐学校框架"，该框架所包含人员、过程和环境三大方面 22 项标准。2022 年，联合国教科文组织对外公布了《快乐学校指南和工具包》的详细内容。与此同时，各国政府也纷纷将国民幸福作为其治国理政的重要价值追求和发展目标。美国研究计算了"美国幸福指数"；法国总统萨科齐召集组建经济表现和社会进步测算委员会，提出经济发展测量体系变更应实现从"生产导向"到"幸福导向"的转变；英国创设了国民发展指数（MDP）；日本也建立了国民幸福总值（GNC）。2024 年 3 月 20 日，联合国公布了《2024 年全球幸福报告》，由牛津大学领衔的团队根据人均国内生产总值、社会支持度、预期健康寿命、人生选择自由度、国民慷慨程度、社会清廉程度 6 个关键因素分析后得出全球国家的居民幸福感排名，在 137 个国家（或地区）排行榜中，芬兰连续 7 年蝉联"最幸福国家"榜首，丹麦和冰岛分列第二位和第三位，中国排名第 60 位，相比于 2023 年排名提升 4 位[①]，处于中等偏上水平，我国居民幸福感水平仍有较大提升空间。

　　"城市，让生活更美好。"美好生活是所有城市居民的自身需要与内在追求，同时也是城市发展的价值所在。城市作为人口聚集区域，随着城市化进程的不断加速，城市治理水平与城市居民生活水平之间的联系愈发紧密。中华人民共和国成立初期，中国的城镇人口仅占总人口的 10% 左右，此后经过 10 年的发展，1959 年城镇人口增长到 20% 左右。随后的近 20 年时间，中国城镇化水平有所降

---

① United Nations. World Happiness Report 2024［EB/OL］. https：//worldhappiness. report/.

低，1978 年改革开放初期城镇化水平不足 18%。从 1978 年开始，中国城镇化进入稳定的增长期，改革开放后 20 年，城镇化水平几乎翻了一番。1978 年至 1998 年的 20 年间，中国城镇化水平增长了 15.43 个百分点，1998 年至 2018 年的 20 年间，中国城镇化水平则增长了 26.23 个百分点[①]。国家统计局 2023 年公布的《中华人民共和国 2022 年国民经济和社会发展统计公报》显示，2022 年年末全国大陆城镇常住人口 92071 万人，占总人口比重（常住人口城镇化率）为 65.22%[②]。2024 年公布的《中华人民共和国 2023 年国民经济和社会发展统计公报》显示，2023 年年末全国人口 140967 万人，其中城镇常住人口 93267 万人，占总人口比重（常住人口城镇化率）为 66.2%[③]。城镇化是指一个国家或地区随着经济社会发展所带来的农村人口转化为城镇人口，城镇人口占总人口比重增加的过程，这一过程伴随着由以农业为主的传统乡村社会向以工业（第二产业）和服务业（第三产业）等非农产业为主的现代城市社会转变的过程。在城镇化过程中，人类社会的经济、政治、人文、生态等都会随之改变。一直以来，城镇化都是世界范围内衡量一国综合发展水平的常用指标之一，城镇化水平的提升反映了国家综合实力的提高。我国城镇化水平的不断提升，一方面使得城市基础设施建设快速推进，科技发展所需的土地、劳动力、资本与信息等要素资源迅速集聚与流动，越来越多的市民享受到了更为优质的公共服务；另一方面持续的城市化进程也导致过高的人口密度给城市的生态环境造成了较大的负面影响，交通拥堵、环境污染等城市问题日益凸显。

社区是社会的基层组织单位，社区治理是社会治理系统的微观单元，在推进国家治理体系和治理能力现代化过程中发挥着基础性的作用。《中共中央 国务院关于加强和完善城乡社区治理的意见》中指出，"城乡社区治理事关党和国家大

---

① 李国平，孙瑀. 面向 2030 年的中国城镇化及其区域差异态势分析 [J]. 区域经济评论，2020（4）：72-81.

② 国家统计局. 中华人民共和国 2023 年国民经济和社会发展统计公报 [EB/OL]. http://www. stats. gov. cn/sj/zxfb/202302/t20230228_1919011. html？eqid＝a7c5ef9d0004e81e00000003642bdfd1.

③ 国家统计局. 中华人民共和国 2024 年国民经济和社会发展统计公报 [EB/OL]. https://www. stats. gov. cn/xxgk/sjfb/tjgb2020/202402/t20240229_1947923. html.

政方针贯彻落实，事关居民群众切身利益，事关城乡基层和谐稳定"，并在第三部分"不断提升城乡社区治理水平"中明确要求提高社区服务供给能力，"加快城乡社区公共服务体系建设，健全城乡社区服务机构，编制城乡社区公共服务指导目录，做好与城乡社区居民利益密切相关的劳动就业、社会保障、卫生计生、教育事业、社会服务、住房保障、文化体育、公共安全、公共法律服务、调解仲裁等公共服务事项"。党的十八届五中全会提出"加强和创新社会治理，推进社会治理精细化，构建全民共建共享的社会治理格局"，要求社会治理的重心向基层下沉，将社会治理寓于公共服务之中，以解决社区居民实际需求为导向，夯实社会治理基础。城市社区是城市的重要组成部分，既是城市居民参与社会治理的基本场所，也是社区居民享受公共服务的基本单位。城乡社区是国家现代化治理的基础，社区的建设发展及治理创新效果反映着国家现代化水平。根据智研咨询集团发布的《2017—2022 年中国公共就业服务市场专项调研及投资方向研究报告》，截至 2016 年年底，全国城乡社区服务机构和设施共计 38.6 万个，其中社区服务站 13.8 万个，社区服务中心 2.3 万个，社区养老服务机构及设施 3.5 万个，城市社区服务中心（站）覆盖率达到 79.3%[①]。根据民政部 2023 年第二季度民政统计数据显示，全国共有社区服务中心 29495 个，社区服务站 520216 个，村委会 48.9 万个，居委会 11.9 万个[②]。随着"单位制社会"的逐渐瓦解，如今的社区越来越多地承担起了曾经嵌入在单位模块中的公共服务事项，其独特的地位、价值和功能在城市化和现代化进程中日渐凸显。城市社区作为现代城市系统中的重要的子系统，是城市的基本构成单位和人民群众日常生活的基本场域，不断提升社区发展治理水平，持续推进和谐宜居的高品质社区建设，是实现好、维护好、发展好最广大人民根本利益的重要出发点和落脚点。"公共服务的宗旨应该是为社会和公众带来健康、安全和幸福。"[③] 2019 年 11 月，习近平总书记在上

---

① 智研咨询集团. 2017—2022 年中国公共就业服务市场专项调研及投资方向研究报告 ［R］. 智研咨询集团，2017.

② 民政部. 2023 年 2 季度民政统计数据 ［EB/OL］. https://www.mca.gov.cn/mzsj/tjsj/2023/202302tjsj.html.

③ 刘帮成. 中国情境下公共服务动机研究 ［M］. 上海：上海交通大学出版社，2015.

海考察时强调，"无论是城市规划还是城市建设，无论是新城区建设还是老城区改造，都要坚持以人民为中心，聚焦人民群众的需求，合理安排生产、生活、生态空间，走内涵式、集约型、绿色化的高质量发展路子，努力创造宜业、宜居、宜乐、宜游的良好环境，让人民有更多获得感，为人民创造更加幸福的美好生活"①。党的十八大报告指出"加强基层社会管理和服务体系建设，增强城乡社区服务功能"，党的二十大报告指出，"完善网格化管理、精细化服务、信息化支撑的基层治理平台，健全城乡社区治理体系"。《国务院办公厅关于印发"十四五"城乡社区服务体系建设规划的通知》中明确指出，"到2025年年末，党建引领社区服务体系建设更加完善，服务主体和服务业态更加丰富，线上线下服务机制更加融合，精准化、精细化、智能化水平持续提升，社区吸纳就业能力不断增强，基本公共服务均等化水平明显提升，人民群众操心事、烦心事、揪心事更好解决，获得感、幸福感、安全感不断增强"。随着城市居民需求的日益多样化，如何提供能够满足其多元需求的优质公共服务、实现其幸福生活，如何以系统科学的方法推动社区高质量发展、高品质生活和高水平治理，如何全面提高社会活力、提升管理精度、传递治理温度，让城市社区成为人民群众追求美好生活的重要依托，已然成为我国社会治理发展创新的新目标和新要求，同时是城市治理者所要面对的重要任务。

幸福城市凸显了城市治理的价值导向，地方政府已经逐步认识到居民幸福在城市治理过程中的重要性，幸福城市、幸福社区的建设也正在如火如荼地进行之中。"2022中国最具幸福感城市"名单由新华社《瞭望东方周刊》和瞭望智库于2022年12月21日共同发布，成都、杭州、宁波、广州、南京、青岛、沈阳、长沙、合肥、西宁被推选为"2022中国最具幸福感城市"（省会及计划单列市）；温州、台州、泰州、苏州、威海、湖州、常州、无锡、攀枝花、阳江、营口被推选为"2022中国最具幸福感城市"（地级市）；江苏省太仓市、浙江省瑞安市、浙江省余姚市、湖南省长沙县、浙江省慈溪市、浙江省乐清市、内蒙古自治区伊

---

① 习近平在上海考察时强调深入学习贯彻党的十九届四中全会精神提高社会主义现代化国际大都市治理能力和水平［N］. 人民日报, 2019–11–04.

金霍洛旗、河南省巩义市、江苏省邳州市、湖南省宁乡市被推选为"2022 中国最具幸福感城市"（县级市）；宁波市鄞州区、广州市天河区、杭州市富阳区、成都市龙泉驿区、温州市鹿城区、杭州市拱墅区、成都市双流、绍兴市越城区、杭州市临安、广州市南沙区被推选为"2022 中国最具幸福感城区"；江苏省太仓市、浙江省瑞安、杭州市余杭区、江苏省常熟市、佛山市禅城区、绍兴市柯桥区、江苏省如皋市、湖南省浏阳市、山东省荣成市、成都市温江区、杭州市西湖区被推选为"2022 企业家幸福感最强市（区①。"2023 中国最具幸福感城市"名单于 2023 年 11 月发布，成都、杭州、宁波、南京、广州、长沙、沈阳、呼和浩特、青岛、太原被推选为"2023 中国最具幸福感城市"（省会及计划单列市）；温州、台州、泰州、苏州、鄂尔多斯、无锡、湖州、攀枝花、威海、营口、嘉峪关被推选为"2023 中国最具幸福感城市"（地级市）；北京市西城区、上海市闵行区、上海市黄浦区被推选为"2023 中国最具幸福感城区（直辖市辖区）"；广州市天河区、杭州市富阳区、成都市龙泉驿区、杭州市拱墅区、宁波市鄞州区、杭州市临安区、绍兴市越城区、成都市双流、温州市鹿城区、成都市温江区被推选为"2023 中国最具幸福感城区"；江苏省太仓市、浙江省瑞安市、浙江省余姚市、浙江省乐清市、湖南省宁乡市、内蒙古自治区伊金霍洛旗、湖南省长沙县、河南省巩义市、山东省荣成市、湖南省浏阳市、浙江省宁海县被推选为"2023 中国最具幸福感城市"（县级市)②。在中国房地产研究会和中国人民大学公共政策研究所的指导支持下，《住宅与房地产》杂志社主办并发布了"2016 中国幸福社区公信榜"，该榜单共评出"十佳幸福社区治理实践案例""最值得业主信赖的十大物业服务品牌""十佳幸福社区推动组织""十佳幸福社区自治组织""十大推动幸福社区建设年度人物""十佳业主最满意的物业经理人""十佳最具价值的幸福社区建设推动创新产品"七大类奖项③。2022 年，在

① 新华社客户端．"非凡十年 致敬奋斗"——"2022 中国最具幸福感城市"调查结果发布 ［EB/OL］．https://baijiahao.baidu.com/s? id=1752917590527710528&wfr=spider&for=pc.
② 新华网．"2023 中国最具幸福感城市"调查结果发布 ［EB/OL］．http://www.xinhuanet.com/local/2023-11/24/c_1129992921.htm.
③ 2016 中国幸福社区公信榜总榜单 ［J］．住宅与房地产，2017（1）：28.

中国社区发展协会的指导下，由方太集团发起，联合恩派公益基金会和知行社区研究院共同研究撰写的《2021年幸福社区共建白皮书》发布，书中系统性呈现了幸福社区共建的规划、实践逻辑和运作模式。2020年7月，方太集团联合中国社区发展协会、新浪地产、恩派公益基金会、中国社区扶贫联盟以及首批13家共建单位共同发起"幸福社区共建公益计划"，并成立"幸福社区共建公益联盟"。白皮书给出了企业参与社区建设和探索多元主体协商共治模式的范式参考，内容包含幸福社区建设指导体系、共建实践案例、共建逻辑体系与共建模式梳理、对行业发展的价值与思考以及"共建、共创、共享"的未来发展方向，是对"幸福建设"阶段性的一次梳理总结，激发了社区活力和营造社区居民幸福感。2022年11月，由《住宅与房地产》杂志社主办的"2022第三届中国幸福社区范例奖颁奖典礼暨第四届幸福社区超级演说家大会"在深圳隆重举行。全国有107个社区（项目）获"第三届中国幸福社区范例奖"，83个人物（集体）获"青年先锋奖""特殊贡献人物/团队""最美物业人/团队"奖，多个街道、社区、居委会获"基层治理创新奖""多元共治范例奖"。这些获奖社区与项目来自北京、广州、深圳、武汉、杭州、成都、南京、贵阳、郑州、合肥、重庆、长沙、沈阳、哈尔滨、济南、无锡等地，以及香港特别行政区、澳门特别行政区。

越来越多的地方政府将"幸福"纳入其施政理念，幸福城市建设如火如荼。2020年12月，四川省成都市决定在"十四五"时期实施"幸福美好生活十大工程"。这十大工程分别是居民收入水平提升工程、生活成本竞争力提升工程、高品质公共服务倍增工程、城市通勤效率提升工程、城市更新和老旧小区改造提升工程、稳定公平可及营商环境建设工程、青年创新创业就业筑梦工程、生态惠民示范工程、智慧韧性安全城市建设工程、全龄友好包容社会营建工程。根据2023年成都市"幸福美好生活十大工程"专场新闻发布会上通报显示，截至2022年年底，成都重点聚焦教育、医疗、养老、托育等公共服务和民生短板，实施重点领域项目719个、完成投资3204亿元。新建、改扩建幼儿园、中小学80所，新增学位18.59万个，累计筹建人才公寓9.9万套、保障性租赁住房12.7万套，四川省第二人民医院天府院区、成都公共卫生临床医疗中心三期等一批医疗卫生重大项目超额完成目标任务，建成托育服务机构 1574 家，每千人口 3 岁以下婴幼儿托位数达 3.42 个，建成社区养老服务综合体 35 个，每千人口养老床位数达 39.9 张。《内蒙古自治区人民政府关于支持呼和浩特市高质量发展的意见》中将呼和浩特城市建设定位为：发展能级全面提升的"实力之城"、产业集群优势突出的"发展之城"、城市品质显著提升的"美丽之城"、创新动能蓬勃增长的"活力之城"和青年向往、老人安康的"幸福之城"。同时在文件中指出，"坚持在发展中保障和改善民生，增加就业、教育、医疗、养老等优质服务供给，增强公共服务均衡性和可及性，高水平建设宜居、宜业、宜学、宜养、宜游城市"。2024 年 2 月 21 日，浙江省湖州市召开"共建共享最具幸福感城市"市民新春恳谈会，湖州市委主要领导和各行各业社会公众面对面交流城市建设管理、公共服务、基层治理、营商环境等方面的意见和建议，提出打造"最具幸福感城市"，不是追赶时髦，而是顺应城市发展规律；不是心血来潮，而是传承人文底蕴；不是喊喊口号，而是要用实实在在的工作让老百姓的幸福更加可及有感①。

与此同时，各地也出台了众多与幸福社区建设相关的重要文件，全面推动幸福社区建设。吉林省于 2017 年印发《全省"幸福社区工程"实施方案》，文件中要求"2017 年年底前，每个市（州）至少推进 1～2 个县（市、区）的幸福社区建设试点工作。到 2020 年，所有县（市、区）全面推进幸福社区建设"②。随后，长春市等 24 个市、县（区）先后以党委、政府或民政部门名义出台了推进幸福社区建设的实施方案和相关措施，并在幸福社区建设方面取得了一定成效。2022 年，江西省民政厅、省财政厅联合印发《"幸福社区"服务质量提升行动实施方案》，提出力争在"十四五"期间江西全省 50% 以上城市社区建设为"幸福社区"。江西省采用"分级评定、分步推进、动态管理"方式，通过平时考核与集中评定、第三方评估与群众评议结合的方式，在 2022 年年底，确定 483 个社

---

① 人民网客户端．在市民眼中，湖州何以幸福？［EB/OL］．https://www.peopleapp.com/column/30043335509-500004993430.

② 吉林省人民政府．吉林省民政厅关于印发《全省"幸福社区工程"实施方案》的通知［EB/OL］．https://xxgk.jl.gov.cn/zcbm/fgw_97981/xxgkmlqy/201812/t20181205_5670984.html.

区为 2022 年度江西省"幸福社区"命名对象，形成一批城市社区治理的典型品牌。湖北武汉于 2012 年起在全市范围内开展幸福社区的创建活动，建成三星级以上幸福社区 344 个，探索建立的"1 + 4"社区工作运行机制被民政部命名为社区治理创新的"武汉经验"，武昌区社区治理经验被民政部评定为"2014 年度中国社区治理十大创新成果"。西安市公布《西安市推进宜居幸福社区建设实施方案（2020—2021 年）》，提出了构建社区建设"136"体系，并在文件中指出"相较宜居社区，幸福社区的生活服务设施数量更多、种类更全、品质更高、距离更近，环境容貌更美、治理效果更好、发展活力更足、群众评价更高"。上海市青浦区于 2021 年研究制定《关于高质量建设新时代青浦幸福社区推进社区治理体系和能力现代化的意见》和《2021 年青浦区加强和创新社会治理推进新时代幸福社区建设工作要点》等多份关于幸福社区建设的文件，明确幸福社区总体目标和制度体系，紧密结合民心工程、实事工程、庆祝建党百年系列活动等重点工作，系统部署和推进幸福社区建设，策划实施"幸福合伙人""幸福社区规划师""幸福火种""幸福志愿""幸福邻里节""幸福社团""幸福课堂"等一系列幸福共建计划。

实践层面经验的日益丰富在一定程度也凸显了理论层面研究的欠缺，学界对幸福感的研究多从心理学、经济学等角度出发，探讨微观层面的人格特质和宏观层面经济发展等因素对幸福感的影响，却在一定程度上造成了中观层面即城市层面和社区层面对居民幸福感影响有关研究的忽略。仅有的部分研究也多聚焦于城市幸福指数评价指标体系的理论构建及实证测评，忽略了从城市社区视角出发对居民幸福感的影响因素及其作用机制的研究。基层治理是国家治理的基石，统筹推进城乡社区治理，是实现国家治理体系和治理能力现代化的基础工程。城市社区是城市的重要组成部分，既是城市居民参与社会治理的基本场所，同时是社区居民享受公共服务的基本单位。社区是党委和政府联系群众、服务群众的神经末梢，是城市治理的"最后一公里"。2023 年 11 月，国务院办公厅专门转发了国家发展改革委印发的《城市社区嵌入式服务设施建设工程实施方案》，该方案中明确指出，"坚持以人民为中心的发展思想，坚持人民城市人民建、人民城市为人民，以务实、可及为导向，聚焦创造高品质生活，推动城市公共服务设施有机嵌入社区、公共服务项目延伸覆盖社区，努力把社区建设成为人民群众的幸福家园，不断增强人民群众获得感、幸福感、安全感"。城市的核心是人，城市社区公共服务满意度体现了城市社区居民对所在社区的公共服务体验的主观心理评价，是城市社区居民对社区公共服务质量的满意程度体现。不仅体现了城市社区公共服务的质量，而且凸显了城市社区的治理水平。然而现有关于城市社区公共服务满意度的研究，多聚焦于测量指标体系的构建和对其产生影响的前因变量研究，在一定程度上忽略了城市社区公共服务满意度可能导致的结果及其具体作用机制，城市社区公共服务满意度对居民个体心理感知和行为表现的作用如何亟待探讨。

基于以上分析和考虑，本研究将从城市社区的层次出发，以中国城市社区居民为样本，以管理学、心理学和社会学等学科理论为基础，综合文献分析、深度访谈、实地调研、问卷调查、数据分析等定性和定量研究方法，考察城市社区居民对城市社区公共服务的满意度和主观幸福感状况，构建城市社区公共服务满意度对居民幸福感影响的结构方程模型，研究中国城市社区公共服务满意度对居民幸福感的影响因素及其具体作用机制，以期拓宽公共管理的研究领域、丰富有关幸福感影响因素的研究内容，为后续相关学术研究和具体实践工作提供有重要价值的参考。

## 1.2 研究意义

### 1.2.1 理论意义

（1）从公共管理的理论视角讨论城市社区公共服务相关因素对居民幸福感的影响，丰富现有关于公共管理和幸福感的理论研究。改革开放以来，中国经历了人类历史上规模最大、速度最快的城市化进程[①]，城市及其社区成为国家治理的首要空间，城市社区不仅是政治生活变革和社会实践创新的核心场所，而且是

---

① 城乡融合发展彰显中国特色社会主义优势（解码幸福中国·中国创造了怎样的城镇化奇迹）[N]．人民日报，2019–11–01．

人们生产生活与安居乐业的家园。地方政府是城市治理的重要主体，如何通过合理的制度安排引导城市社区中多元主体共同参与到实现集体目标的行动中，为社区居民提供优质的公共服务从而满足社区居民多元化的需求，是政府能力的重要体现，同时也是社会转型期实现政府重塑的重要方式。幸福感的研究近年来已经成为心理学、经济学和社会学等学科的研究热点，人格特质、经济收入以及社会资本等因素对幸福感的影响已经得到了大量探讨，而管理学领域关于幸福感的研究则多聚焦于组织行为和人力资源管理等领域，围绕工作幸福感和员工幸福感的影响因素及作用结果展开相关讨论。而在公共管理领域，有关幸福感的研究则多集中于政府质量或政府绩效评估，探讨政府部门应该如何提升居民幸福感，但是缺乏从城市社区视角开展的有关研究。同时，公民幸福已经成为众多国家治国理政的价值追求和最终目标，随着关于新公共服务理论和治理理论等研究的不断深入，公民导向和公共价值的重要性日益凸显。因此，考察城市社区公共服务满意度对居民幸福感的影响，不仅有助于扩展有关幸福感的相关研究，而且有助于丰富公共管理领域的理论研究。

（2）探寻城市社区公共服务满意度对居民幸福感影响的具体作用机制。现有关于公共服务满意度的研究多聚焦于对公共服务满意度指标体系的构建和相关前因变量的研究，即如何对公共服务质量进行评价或公共服务质量如何形成居民的满意度体验，虽然有助于对公共服务质量水平进行全面把握，然而却在一定程度上忽略了有关公共服务满意度的结果变量的研究。社会公众如何形成对公共服务的满意度诚然十分重要，但是也不应忽略公共服务满意度形成后对个体相关认知和感受的影响，应当关注公共服务满意度有关结果变量的探讨。因此，本研究将以城市社区公共服务满意度为前因变量，以居民幸福感为结果变量，探讨社会支持和社区归属感在城市社区公共服务满意度对居民幸福感影响过程中的中介作用，以及公共服务动机和社区政治效能感在城市社区公共服务满意度对居民幸福感影响过程中的调节作用。结合政治学、管理学、心理学和社会学等不同学科理论，从城市社区公共服务视角切入，以城市社区居民为主体进行实证研究，有助于进一步拓宽城市治理和幸福感的研究视角，通过研究不同变量在影响过程中发挥的不同中介作用和调节效应，有助于进一步丰富现有研究。

### 1.2.2 实践意义

（1）评估我国目前城市社区公共服务质量，为下一步城市社区治理工作的开展提供指导。社区是城市的重要组成单元，不仅是市民群众日常的生活场所和居住空间，而且是公共服务和社会治理的基本单元，是实现人民对美好生活向往的"最后一公里"。幸福城市及幸福社区的建设在实践层面已经积累了大量经验，然而理论层面的研究却依然稍显滞后，缺乏理论指导的实践是盲目的。伴随着我国城市化进程的不断深入，作为城市社会系统基础单位的城市社区，承担了越来越多的公共服务职能。同时，城市居民需求日益多样化，城市社会矛盾日趋复杂化，如何满足城市居民多元化的公共服务需求进而提升其自身幸福感水平成为目前基层社会治理的重要任务。探讨城市社区公共服务满意度对居民幸福感的影响及其具体作用机制，一方面是对目前我国城市社区公共服务的现状进行梳理及评估，同时也是对实践工作中出现的问题进行总结和反思，从而弥补和解决在实践工作中出现的短板和问题。另一方面也是通过对城市社区公共服务现状的评估和反思，为未来创新城市社区治理、提升公共服务质量和社区居民幸福感提供有意义的理论借鉴，防止理论与实际脱节现象的发生。

（2）为我国地方政府提升居民幸福感寻找新的实践路径。不仅居民个体的经济收入状况和身心健康水平等因素会影响其自身幸福感，客观的城市社会因素同样也对其幸福感产生重要影响。2019 年 8 月，习近平总书记在甘肃考察时强调，"城市是人民的，城市建设要贯彻以人民为中心的发展思想，让人民群众生活更幸福"[1]。为人民服务是我们党和政府的宗旨，如何使我国居民获得更加充实、更有保障和更可持续的幸福感已经成为时代发展的重要使命。"城市社区研究是全社会最为关注的领域之一，也是诸多学科进行深入国家社会建设问题探索

---

[1] 习近平在甘肃考察时强调坚定信心开拓创新真抓实干团结一心开创富民兴陇新局面 [N]. 人民日报, 2019-08-23.

的最为基本的手段"①。城市社区是城市居民日常生活的重要单元之一，也是城市居民享受公共服务、感受社会红利的最主要环境。从城市社区视角切入，关注在地方政府治理过程中城市社区公共服务相关要素与居民幸福感之间的关系，通过分析城市社区公共服务满意度对居民幸福感影响的具体作用机制，分析现阶段我国城市社区居民幸福感状况，探寻城市社区公共服务对居民幸福感影响的具体作用路径，以及社会支持、社区归属感以及公共服务动机和社区政治效能感在城市社区公共服务满意度对居民幸福感影响过程中的具体作用，从而为我国城市社区居民幸福感的提升找到新的实现路径。

## 1.3 研究内容与方法

### 1.3.1 研究内容

本研究的技术路线如图 1-1 所示，主要由六章组成，具体研究内容如下。

第一章为绪论。本章对本研究的研究背景、研究意义、研究内容与方法，以及主要创新点进行了总体层面的介绍。

第二章为理论基础与研究综述。本研究主要理论基础为：马斯洛需求层次理论、治理理论、新公共服务理论、社会资本理论。在研究综述部分主要对城市社区公共服务、公共服务满意度和幸福感三个概念进行了梳理。城市社区公共服务分别从城市社区公共服务概念、城市社区公共服务类型、城市社区公共服务供给主体与模式、城市社区公共服务供给问题与对策进行了回顾与梳理。公共服务满意度主要从概念界定、公共服务满意度测量模型、公共服务满意度具体测量指标和公共服务满意度的影响因素进行了梳理。幸福感分别从概念界定、幸福感相关理论、幸福感的测量、幸福感的研究领域和城市层面幸福感研究五个方面进行了回顾与梳理。同时，在文献整理的基础上，分别对城市社区公共服务满意度和居民幸福感进行了概念上的界定，并对现有研究进行文献述评。

---

① 原珂. 城市社区蓝皮书：中国城市社区建设与发展报告（2023）[M]. 北京：社会科学文献出版社，2024.

| 提出问题<br>实践问题<br>理论问题 | **绪论**<br>研究背景、研究意义、研究内容与方法、主要创新点 | ☆规范分析 |
| 分析问题<br>研究综述<br>概念界定 | **理论基础与研究综述**<br>理论基础：马斯洛需求层次理论、治理理论、新公共服务<br>理论、社会资本理论<br>研究综述：城市社区公共服务、公共服务满意度、幸福感 | ☆文献研究<br>☆理论演绎 |
| 结构化问题<br>理论解析<br>模型建构 | **研究假设**<br>直接效应、中介作用、调节作用<br>研究模型 | ☆文献研究<br>☆理论演绎 |
| 研究问题<br>研究设计<br>假设检验 | **研究设计**<br>量表设计、量表测度、<br>数据分析工具及方法、<br>数据收集、量表质量分析 | **实证分析**<br>描述性统计、差异检验、<br>相关性分析、假设检验 | ☆因子分析<br>☆差异分析<br>☆回归分析<br>☆结构方程模型 |
| 解决问题<br>理论贡献<br>实践应用 | **研究结论与讨论**<br>结论总结、讨论、实践启示、研究局限与展望 | ☆归纳总结<br>☆规范分析 |

研究逻辑　　　　　　研究内容　　　　　　研究方法

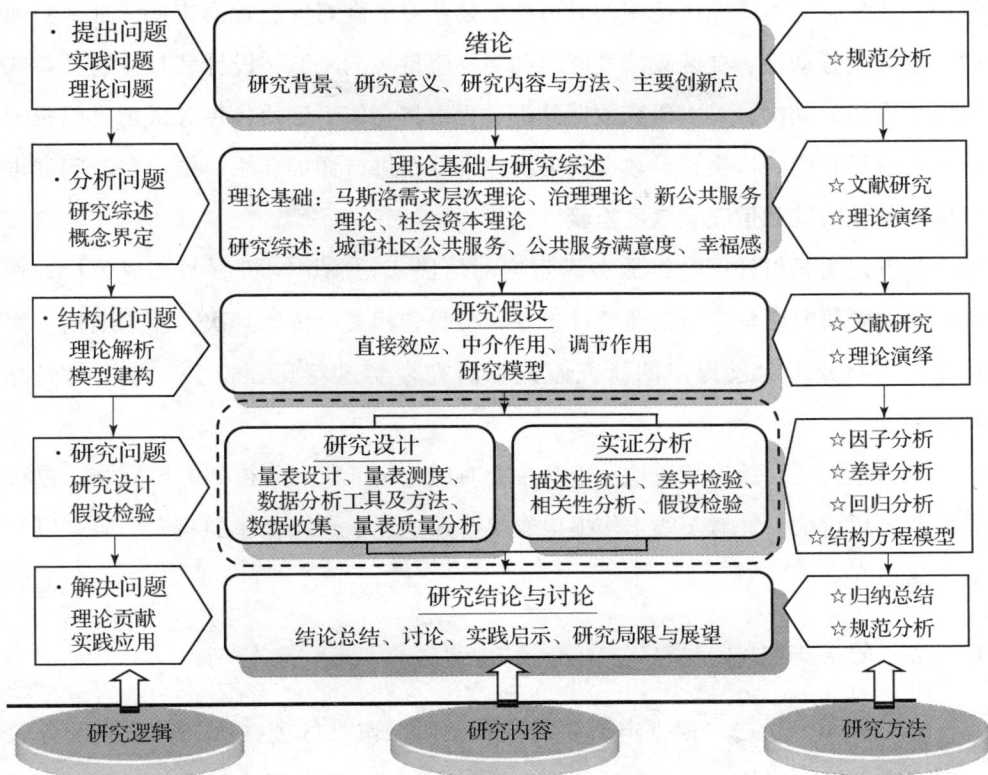

**图1-1　研究技术路线**

第三章为城市社区公共服务满意度对居民幸福感影响机制的研究假设。本章主要在文献梳理的基础上，根据相关理论，提出本研究的研究假设并构建研究模型。具体包括：城市社区公共服务满意度对居民幸福感的直接效应，社会支持在城市社区公共服务满意度影响居民幸福感过程中的中介作用，社区归属感在城市社区公共服务满意度影响居民幸福感过程中的中介作用，社会支持和社区归属感在城市社区公共服务满意度影响居民幸福感过程中的链式中介作用，公共服务动机在城市社区公共服务满意度影响居民幸福感过程中的调节作用和社区政治效能感在城市社区公共服务满意度影响居民幸福感过程中的调节作用。最后对研究假设进行汇总和对研究模型进行构建。

第四章为城市社区公共服务满意度对居民幸福感影响机制的研究设计。在本章中，首先，对本研究所使用的城市社区公共服务满意度、社会支持、社区归属感、公共服务动机、社区政治效能感和幸福感量表的来源、设计和具体题项构成进行了介绍。其次，对本研究数据分析过程中将会使用到的各种分析工具以及统计方法进行介绍。再次，对数据收集及样本分布进行详细介绍。最后，对问卷进行同源偏差检验和信度、效度检验。

第五章为城市社区公共服务满意度对居民幸福感影响机制的实证分析。首先，对主要研究变量进行描述统计、差异检验和相关分析。其次，使用结构方程模型和回归分析对已提出的研究假设和研究模型进行实证检验，并汇总研究结论。

第六章为研究结论与讨论。本章主要对通过实证研究所得到的研究结论进行总结与分析讨论，针对实践工作提出建议，并论述本研究存在的研究局限，以及对未来研究进行展望。

## 1.3.2 研究方法

（1）文献分析法。根据本研究的主题，对城市社区公共服务、公共服务满意度、幸福感等相关文献进行收集整理和归纳鉴别，通过对大量文献的梳理，准确把握城市社区公共服务、公共服务满意度和幸福感相关研究的发展脉络。在现有研究的基础上，借鉴相关研究成果，构建城市社区公共服务满意度对居民幸福感的影响机制模型，试图分析目前城市社区公共服务的供给状况，探寻城市社区公共服务对居民幸福感的影响路径，并提出有针对性的优化提升路径。

（2）深度访谈法。选取不同类型城市社区内的社区居民和社区工作人员作为访谈对象，通过采用焦点访谈或小组访谈等方式深入挖掘有关城市社区公共服务供给的方式、过程、制约因素等相关信息，以及社区居民对于其所接受到的社区公共服务的感知评价和幸福体验状况。通过较为自由和细致的交谈从而获得丰富的定性资料，加强对不同类型社区环境和社区公共服务等相关研究内容的把握和领悟。

（3）问卷调查法。借鉴现有成熟的研究量表，采用专家访谈以及数据预试等方法对问卷具体构念和测度条目进行修改和确定，确保研究问卷的测量准确性、全面性和科学性，通过线上和线下相结合的方式随机向居住在不同类型城市社区的居民发放和回收问卷。在问卷回收后，严格剔除不合格问卷，并通过因子分析、克朗巴哈系数等方法检验问卷的有效性和可靠性。

## 1.4　主要创新点

本研究的创新之处主要有以下几点。

（1）从城市社区的层面探讨公共服务对居民幸福感的影响。现有关于幸福感的研究大多从经济学、心理学和社会学等领域进行，关注经济发展、心理动态和社会资本等要素对居民幸福感的影响，而公共管理学科对幸福感的关注相对较少，虽然也有学者探讨政府质量与居民幸福感之间的关系，但是政府部门如何提升居民幸福感亟须理论层面的关注和探讨。宏观层面的研究多集中于探讨国家经济社会发展等因素对幸福感的影响，微观层面则聚焦于居民个体的心理特质、经济收入等因素的影响，然而却在一定程度上忽视了中观视角下城市社区层面相关因素对居民幸福感的重要作用。城市社区是城市居民日常生活的重要单元之一，也是城市居民享受公共服务和感受社会红利的最主要环境。尤其是在我国城市化进程不断加速和社区治理精细化要求的背景下，城市社区公共服务满意度不仅体现了城市社区公共服务质量，同时也体现了城市治理的效度，是政府治理绩效在社区居民内心的主观反映，对居民幸福感具有重要影响。因此，本研究选择从中观层面的视角进行研究，探讨城市社区公共服务对居民幸福感的影响，丰富了有关幸福感的相关研究。

（2）扩展了有关城市社区公共服务满意度的结果变量的研究。现有关于城市社区公共服务满意度的研究多以顾客满意度模型为基础构建公共服务满意度测量指数，进而考查社会公众对公共服务质量的感知状况及探讨对公共服务满意度产生影响的相关前因变量。众多关于公共服务满意度前因变量的研究不仅发现了影响居民公共服务感知的相关因素，而且也为进一步提升公共服务质量提供了可能的路径，然而却也在一定程度上忽略了公共服务满意度可能导致的相关结果。公共服务满意度形成后居民个体心理感知和行为表达有何变化也需要进行深入探讨。因此，探讨城市社区公共服务满意度对居民幸福感的影响及其具体作用机制，在一定程度上弥补了关于城市社区公共服务满意度研究的不足，丰富了有关城市社区公共服务满意度的研究内容。

（3）构建了城市社区公共服务满意度量表。现有关于城市社区公共服务满意度的研究模型多基于顾客满意度模型进行构建，探讨居民期望与感知服务质量之间的比较。虽然此类模型能够有效地追踪居民个体的内心变化，然而却无法对城市社区内所提供的公共服务的具体状况进行评价和判断，因而也就无法对城市社区居民所接受到的由多元主体供给的公共服务的质量情况进行具体的分类别的考察。因此，本研究在相关学者已经开展的有关城市公共服务满意度研究的基础上，通过深度访谈和因子分析等定性和定量研究方法，构建能够体现城市社区公共服务各具体维度的城市社区公共服务满意度量表。该量表具体包含：社区教育满意度、社区基本社会保障满意度、社区安全满意度、社区基础生活设施满意度、社区文体服务满意度、社区居住环境满意度和社区交通满意度，并通过大规模的实地调研，对现有城市社区公共服务的具体情况进行全面考察。

（4）探讨了城市社区公共服务满意度对居民幸福感的影响机制。探究居民幸福感的影响要素和作用机制有助于进一步全面探索居民幸福感的提升路径。从居民社会资本和公众参与意愿的视角出发，分别研究了社会支持和社区归属感在城市社区公共服务满意度对居民幸福感影响过程中的链式中介作用，以及公共服务动机和社区政治效能感在城市社区公共服务满意度对居民幸福感影响过程中的调节作用。通过研究不同变量在城市社区公共服务满意度对居民幸福感影响过程中的具体作用路径和边界条件，明晰了城市社区公共服务满意度对居民幸福感的影响机制，从而丰富了有关城市社区公共服务满意度与居民幸福感领域的研究内容。

（5）丰富了幸福城市及幸福社区建设的相关理论研究。城市社区是城市系统的重要组成单元，不仅是社会公众日常的生活场所和居住空间，而且是公共服务和社会治理的基本单元，是实现人民对美好生活向往的"最后一公里"。幸福城市、幸福社区已经成为众多城市建设与发展的政策目标和价值导向，我国众多城市和社区已经在实践层面开展了大范围的幸福城市或幸福社区的建设评比工作，然而实践层面的推进却凸显了理论层面研究的不足。本研究将综合管理学、心理学、社会学、政治学等多学科研究理论，以幸福社区建设过程中存在的现实问题为研究导向，对城市社区公共服务现状进行考察，并且构建城市社区公共服务满意度对居民幸福感的影响机制模型，重点关注如何提升城市社区公共服务满意度以增加居民幸福感，丰富有关城市社区公共服务和居民幸福感的理论研究。

# 2 ▸▸▸▸

---

# 理论基础与研究综述

---

## 2.1 理论基础

### 2.1.1 马斯洛需求层次理论

马斯洛需求层次理论是由美国著名的心理学家马斯洛于 1943 年发表在著名心理学杂志《心理学评论》中的《人类动机理论》一文中提出的。在论文中，马斯洛认识到人类的某一个行为通常不止一个动机，在此基础上，他提出了需求层次理论，即人类某一种需求的出现取决于前一种需求的满足，并且认为人类的需求按顺序大致有五种：生理需求、安全需求、爱和归属需求（社交需求）、尊重需求和自我实现需求（见图 2-1）。

生理需求是人类第一层次的需求，也是最原始和最基础的需求，人类所有潜在的动机都是源于维持自身动态平衡的生理需求的满足，诸如衣食住行等最基本的需要被首先满足的需求。安全需求是人类第二层次的需求，主要包括人身安全、健康、财产安全等需求。爱和归属需求是第三层次的需求，包括给予爱和接受爱，指人类希望得到来自其他个体的关心和照顾，并且感受到来自社会与组织的认可与接受。尊重需求作为第四层次的需求，包括内部尊重和外部尊重，内部尊重即人的自尊，与之相关的是自信自爱、独立自主。外部尊重表现为个体希望自身的成就得到社会的承认，受到其他人的尊重和肯定。自我实现需求是个体最高层次的需求，是指个体将内在的潜能发挥到最大程度，从而实现自身理想抱负，成为幸福和自我满足的人，达到一种自我实现状态。马斯洛需求层次理论通常表现为一种金字塔形式，揭示了人类由低到高逐渐满足自身需求的一个过程。首先，马斯洛需求层次理论强调人类需求所具有的多样性和层次性等特点，表明人性并不是单一的，而是多维且复杂的。而且，马斯洛需求层次理论强调个体需求的动态变化，低层次的需求满足后个体转而追寻较高层次的需求，使需求变化呈现出动态发展的趋势。其次，马斯洛需求层次理论关注个体与环境之间的交互作用，社会环境的发展变化会显著影响个体需求的满足程度，进而对个体的行为和心理等产生一定作用。

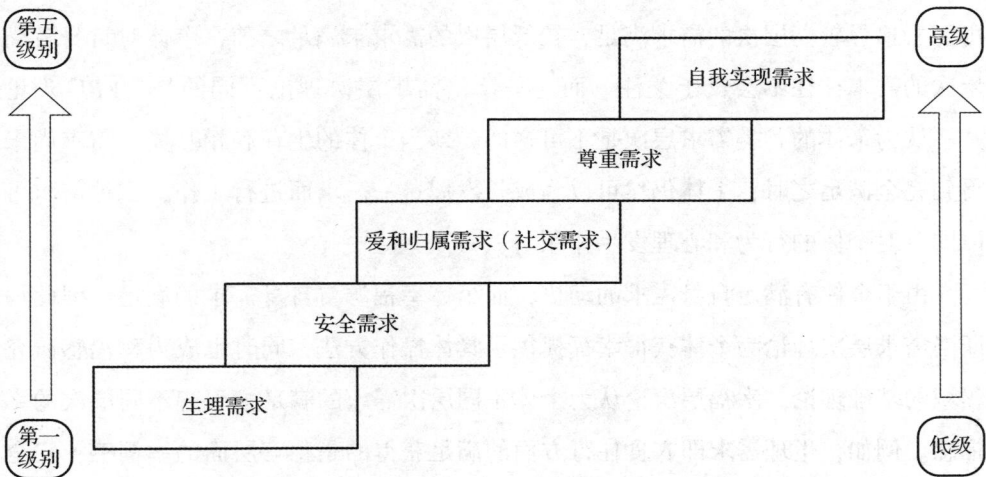

第五级别　　　　　　　　　　　　　　　　　　　　　高级

自我实现需求

尊重需求

爱和归属需求（社交需求）

安全需求

生理需求

第一级别　　　　　　　　　　　　　　　　　　　　　低级

**图 2-1　马斯洛需求层次理论**

马斯洛在创建需求层次理论时，将人的需要问题置于心理学的研究视域，从而逐渐演化出较为系统的需求层次理论。马斯洛不仅将个体的需要视为个人本能的实现途径，即自我发展和自我实现的最根本的动机要素，而且他还将个体的需要作为动机，这样一种动机可以有效推动个人向上发展直至自我实现。

在马斯洛需求层次理论的基础上，美国耶鲁大学组织行为学教授奥尔德弗逐渐演化出 ERG 理论。他认为，人共存在三种核心的需求，即生存（Existence）的需求、相互关系（Relatedness）的需求和成长发展（Growth）的需求。（1）生存需求，即提供一个基本的物质生活条件。这包括马斯洛认为的生理需求和安全需求的项目。（2）相互关系需求，即维持人与人之间友善关系的愿望。这与马斯洛的社交需求和尊重需求里的外部因素相一致。（3）成长需求，即人们希望得到发展的内心愿望。这包括马斯洛的尊重需求的内在因素和自我实现需求的各项内容。相比于马斯洛需求层次理论，ERG 理论不仅使用 3 种需求替代了 5 种需求，而且 ERG 理论强调个体在同一时间内其可能会受到多种不同需求的影响。而且，ERG 理论认为，如果个体较高层次的需求没有得到较为充分的满足时，那么个体转而对较低层次的需求的渴望会变得更为强烈。马斯洛需求层次理论强调个体的需求是一种阶梯式的上升结构，即当个体较低层次的需求满足之后才有可能去追寻较高层次的需求满足，较低层次的需求未满足之前，个体对自身较高层次的需求往往不会过于关注。而与马斯洛需求层次理论不同的是，ERG 理论并不认为个体的各类需求层次是不可逆的，即当个体的生存和相互关系需求尚未得到完全满足之时，个体仍然可以为成长发展这一需求而进行工作，三种需求可以同时对个体的行为和心理发生作用。

由于个体有满足自身需求的动机，而个体幸福源自自身需求的满足，因此马斯洛需求层次理论为个体获得幸福提供了具体操作方法，同时也成为幸福感研究领域的基础理论。幸福层次论认为个体不同层次需求的满足会引起不同层次的幸福感。例如，生理需求即衣食住行方面的满足获得的是感官层面的幸福感，安全需求满足获得的是规避风险、确保自身不受伤害的幸福感，爱和归属需求满足获得的是自身被关心被照顾被接纳的幸福感，尊重需求满足获得的是个体内在自信笃定和外在获得成就的幸福感，自我实现需求满足获得的是内在潜能充分挖掘后自身价值得以实现的幸福感。高级需求的满足能够使得个体得到一种更强烈的幸福感（马斯洛，2003）。五种需求的满足显示出一种从低级到高级逐渐提升的趋势，也对应着个体幸福感由低级到高级的实现过程。

马斯洛认为幸福的社会就是通过满足社会成员的各种需求从而实现个体最高目的的社会，良好的社会对于促进个体幸福的实现具有举足轻重的作用。马斯洛需求层次理论挖掘了需求满足和个体幸福感之间的关系，构建了一种以需求满足为核心的人本主义幸福观。社区公共服务以满足居民自身需求为目的，生活在城市社区中的居民，当其享受到优质便捷的社区公共服务时，其自身的某些具体需求就会得以满足。例如，小区内基础生活设施的存在可以满足社区居民生理需求，良好社区治安可以满足社区居民安全需求，积极参加丰富多彩的社区活动和社区组织可以满足社区居民爱与归属的需求，同样，积极参与社区治理，为社区建设建言献策则使得社区居民尊重的需求被满足。根据马斯洛需求层次理论，当生活在社区中的居民个体内在不同层次的需求被满足时，其自身幸福感逐渐得以实现。

## 2.1.2  治理理论

治理理念的提出是由于各国在处理政治事务和社会事务的过程中出现了市场机制的失败和政府管理的低效等问题（张敦福，2013）。治理最早出现在1989 年世界银行发布的用于描述非洲发展的报告《撒哈拉以南非洲：从危机到可持续增长》中，并认为非洲地区发展存在问题的根源在于非洲地区自身的"治理危机"。随后，世界银行多次在其年度报告中系统阐释关于治理的观点，探讨有关各国治理水平的测量指标体系等问题，并定期发布世界国家的治理成效排行榜。在世界银行等众多机构的大力倡导和实践下，此后"治理"的理念便得到了广泛的运用与发展。"那些强烈感到国家在经济和社会生活中导向作用过强因而需要减少的人，已经将部分公共事务的讨论从'政府'的行政范围更多地转向'治理'这一范畴。"① 20 世纪 90 年代，世界全球化持续深化，资本主义国家的福利危机日渐凸显，国际政治经济格局不确定性持续加剧，彼时西方国家亦在持续深化对传统福利国家的政府改革。治理理论的出现则一定程

---

① 辛西娅·休伊特·德·阿尔坎塔拉，黄语生．"治理"概念的运用与滥用 [J]．国际社会科学杂志（中文版），1999（1）：105-113.

度上适应当时的现实需要，对传统意义上的国家和政府关系和角色进行全面的论述与定位，形成了一套具有结构主义和后现代意义特征的理论建构体系（任勇，2020）。

全球治理委员会在 1995 年发布的名为《我们的全球伙伴关系》的研究报告中，将治理定义为：各种公共的或者是私人的和机构部门管理其共同事务的多种方式的总和。俞可平（2000）从政治学的角度分析，认为治理是"在一个既定的范围内运用权威维持秩序，满足公众需要。作为一个政治管理过程，包括政治权威的规范基础、处理政治事务的方式和对公共资源的管理三个部分"①。Rosenau（2000）从国际政治及国际关系的角度出发，将治理定义为：规则的系统，合作集体成员之间的有目的的活动，旨在确保其安全、繁荣、连贯、稳定和持续的连续机制②。Gerry（1998）认为治理包括五个方面：多机构合作、公共和非公共部门之间模糊的界限和责任、参与集体行动的组织之间的权力依赖、自治网络的出现以及新的政府任务和工具的发展。Rhodes（2007）从公共行政学和公共政策的角度定义，认为治理可以被看作一种新的管理过程，或者是一种对社会进行管理的新方式，包括四个方面：（1）组织间的相互依赖。这意味着公共部门、私人部门和自组织之间的界限变得模糊；（2）由于交换资源和为共同的目的而协商的必要性，从而引起的网络成员之间的持续交流与沟通；（3）各个参与组织之间的彼此信任和遵守共同的准则；（4）自组织具有一定的独立性，不对国家权力机关负责。庞晓波等人（2010）从经济学的视角出发，认为政府指令治理与市场信号治理是平行互补的两种基本的经济治理机制。福柯（2010）从治理的技术角度出发，认为"治理艺术将不在于重构一种本质，或者忠实于这个本质，而是在操纵、维持、分配、重建一些力量关系，一些处在竞争空间的力量关系，而竞争空间则暗含了竞争性的增长"③。埃莉诺·奥斯特罗姆从治理过程中自主性组织和自主治理的作用视角出发，强调治理是"一群相互依赖的委托人如

---

① 俞可平. 治理与善治 [M]. 北京：社会科学文献出版社，2000.

② Rosenau J N. Change, complexity and governance in globalizing space [M] // J Pierre. Debating governance：authority, steering and democracy. Oxford：Oxford University Press, 2000.

③ 福柯. 安全、领土与人口 [M]. 钱翰，等，译. 上海：上海人民出版社，2010.

何才能把自己组织起来，进行自主治理，从而能够在所有人都面对搭便车、规避责任或其他机会主义行为诱惑的情况下，取得持久的共同受益"①。尹浩和陈伟东（2016）从国家、市场、社会三种视角，将治理理论划分为以国家为中心的治理、以市场为中心的治理、以社会为中心的治理和以组织网络为中心的治理。

相比于管理，治理更强调多元主体之间的平等参与。治理与统治的差异至少存在于：目的差异性；治理主体的多元性，统治主体的单一性；治理方法多诉诸协商、合作以及法律等手段和技术，前提是治理各参与主体之间的平等性，而统治更依赖于国家暴力手段，前提是各主体地位的不平等（王春光，2017）。"更少的统治，更多的治理"不仅成为一部分国家和地区进行改革的标语（李磊等，2018），也是21世纪以来全球主要国家政治变革的重要特征（俞可平，2018）。俞可平（2018）从政治学理论的视角，对统治与治理的区别进行分析，认为统治和治理主要有五个方面的区别。第一，权威主体不同。统治的主体是单一的，就是政府或其他国家公共权力；治理的主体则是多元的，不仅包括政府，还包括企业组织、社会组织和居民自治组织等多元主体。第二，权威的性质不同。统治是具有强制性质的；治理可以是强制性质的，但更多的是具有协商性质的。第三，权威的来源不同。统治的权威来源是具有强制性的国家法律；治理的权威来源不仅包括国家法律，还包括各种非国家强制的契约。第四，权力运行的向度不同。统治的权力运行是自上而下的；治理的权力可以是自上而下的，但更多的是平行的。第五，两者的作用所及范围不同。统治所及的范围以政府权力所及领域为边界；治理所及的范围则以公共领域为边界，治理的范围要比统治的范围宽广得多（见表2-1）。Colebatch（2014）认为从国家权力统治向多元主体合作治理的转变和实现需要依赖于一定的复杂的组织形式，然而Lievens（2015）认为从统治到治理的转变并不会导致政策过程、行为准则等领域的根本性变化，更多地表现出的只是一种象征性转变。

———————————

① 埃莉诺·奥斯特罗姆. 公共事务的治理之道：集体行动制度的演进 [M]. 余逊达，等，译. 上海：上海译文出版社，2012.

**表 2-1  统治和治理的区别**

| 区别 | 表现 |
|------|------|
| 权威主体不同 | 统治的主体是单一的，就是政府或其他国家公共权力；治理的主体则是多元的，不仅包括政府，还包括企业组织、社会组织和居民自治组织等多元主体 |
| 权威的性质不同 | 统治是具有强制性质的；治理可以是强制性质的，但更多的是具有协商性质的 |
| 权威的来源不同 | 统治的权威来源是具有强制性的国家法律；治理的权威来源不仅包括国家法律，还包括各种非国家强制的契约 |
| 权力运行的向度不同 | 统治的权力运行是自上而下的；治理的权力可以是自上而下的，但更多的是平行的 |
| 作用所及范围不同 | 统治所及的范围以政府权力所及领域为边界；治理所及的范围则以公共领域为边界，治理的范围要比统治的范围宽广得多 |

资料来源：俞可平. 中国的治理改革（1978—2018）[J]. 武汉大学学报（哲学社会科学版），2018，71（3）：48-59.

从结果导向的角度来看，善治便是治理的最优结果，是人们理想中的政府管理模式。Kaufmann 和 Kraay（2002）研究发现，治理和发展之间呈现出一种因果关系，善治能够促进发展。实现善治需要对所有的公共部门进行全面的提升与完善（Grindle，2004），善治就是使公共利益最大化的社会管理过程，包括合法性、透明性、责任性、法治性和回应性 5 个要素（俞可平，2000）。随后，俞可平（2018）进一步深入论述，认为善治包括 10 个要素：合法性、法治、透明性、责任性、回应、有效、参与、稳定、廉洁、公正（见表 2-2）。"善治的本质特征，就在于它是政府与公民对公共生活的合作管理，是政治国家与市民社会（俞可平，2001）。"[①] Kaufmann（2003）从政治稳定、法治程度、政府高效、腐败控制

---

① 俞可平. 治理和善治：一种新的政治分析框架 [J]. 南京社会科学，2001（9）：40-44.

等维度对善治进行考察。Hyden 等（2004）认为善治需要从公平、效率、参与、责任、透明度等方面进行衡量。俞可平（2018）以党的建设、基层民主、协商民主、政治监督、行政改革、公共政策、公共服务和社会治理等重要治理领域的改革为分析样本，剖析改革开放以来中国取得的巨大成就，深入分析和论述了具有中国特色的中国治理模式的特征。其特征包括：（1）以党组织为主导的多元治理结构；（2）基于"路径依赖"之上的增量改革道路；（3）与选举民主相比，更加重视协商民主；（4）稳定压倒一切的核心价值；（5）法治与人治同时起着重要作用的治理方式；（6）条块结合的治理格局。徐勇和陈军亚（2022）认为中国在现代化进程中消除绝对贫困依靠的就是中国所独有的国家善治能力，而这一国家善治能力包括国家动员能力、国家组织能力、国家改造能力、国家发展能力和国家整合能力。随着治理理论研究的不断深入，后期又发展出如元治理、网络治理、互动治理、协同治理等诸多相关概念，使得治理理论的有关研究得以不断丰富和持续深化。通过对治理理论的梳理，我们不难发现治理理论具有以下几个内涵：一是治理主体的多元化，二是治理手段的多样化，三是治理方式的民主化，四是治理层级的网络化。

**表 2-2　善治的 10 个要素表现**

| 要素 | 表现 |
| --- | --- |
| 合法性 | 社会秩序和公共权威被自觉认可和服从的性质和状态 |
| 法治 | 法律成为国家治理的最高准则和最高权威，法律面前人人平等 |
| 透明性 | 政治信息的公开性 |
| 责任性 | 管理者应当对自己的行为负责 |
| 回应 | 公共管理人员和管理机构必须对公民的要求做出及时的和负责任的反应 |
| 有效 | 管理应当有很高的效率 |
| 参与 | 公民广泛的政治参与和社会参与 |

| 要素 | 表现 |
|------|------|
| 稳定 | 国内的和平、生活的有序、居民的安全、公民的团结、公共政策的连贯 |
| 廉洁 | 政府官员奉公守法、清明廉洁 |
| 公正 | 不同性别、阶层、种族、文化程度、宗教和政治信仰的公民在政治权利和经济权利上的平等 |

资料来源：俞可平. 中国的治理改革（1978—2018）[J]. 武汉大学学报（哲学社会科学版），2018，71（3）：48-59.

从 20 世纪 20 年代起，由于欧美发达国家中出现"城市中权力不平等"等现象，现代城市治理的变革由此兴起（吴晓林，侯雨佳，2017）。其理论发展也分为地域范畴指向和权力范畴指向。作为最基本的地域管理单位，城市与治理理论相结合丰富了城市研究的相关内容，城市治理强调以多种治理手段为载体，以多元主体的共同参与和互动为机制，以期实现城市善治的目标。叶裕民和王晨跃（2022）认为目前我国城市治理研究存在两种典型的范式，分别是实践研究范式和理论研究范式。实践研究范式以客观现实问题为导向，重视部门利益，强调政府作为单一主体自上而下的治理，以法律、行政、技术为研究方式，关注城市中的具体的公共事务。理论研究范式以现实社会中的公共利益为导向，重视城市多元治理主体之间的合作及其相互关系的研究，然而却在一定程度上对现实重大问题缺乏系统性的关注和回应。同时构建了城市治理"4W"分析框架，其基本内容包含：治理目标（Why）、治理主体（Who）、治理方式（How）和治理对象（What），并据此分析目前我国城市治理的关键要素。"Why"是以人民为中心，强调对公共利益的关注和回应；"Who"是政府、市场和社会多元主体相互合作，即从单一主体的管理转变为多元主体的治理；"What"是城市巨系统，包含城市规划治理、城市发展治理和城市运行治理；"How"是制度和技术，强调城市治理的方式和手段从"总体—支配型"向"制度—技术型"转变的重要性（见图2-2）。

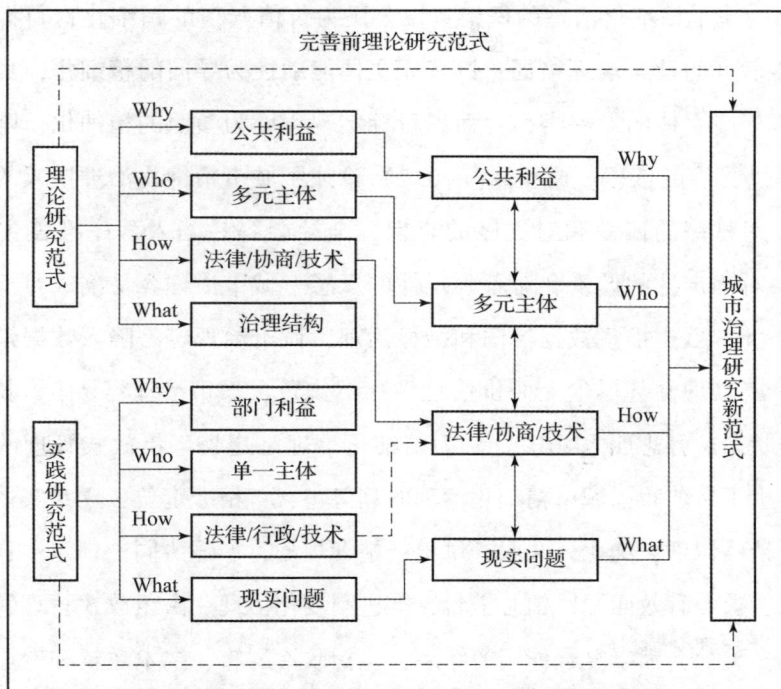

图2-2 城市治理"4W"分析框架

资料来源：叶裕民，王晨跃. 城市治理研究范式转移与一般分析框架创新 [J]. 城市规划，2022，46（2）：42-52+99.

党的十八届五中全会提出"加强和创新社会治理，推进社会治理精细化，构建全民共建共享的社会治理格局"。2017年3月5日，习近平总书记在参加十二届全国人大五次会议上海代表团审议时提出，城市管理应该像绣花一样精细，城市精细化管理必须适应城市发展。党的二十大报告进一步强调，"健全共建共治共享的社会治理制度，提升社会治理效能……完善网格化管理、精细化服务、信息化支撑的基层治理平台，健全城乡社区治理体系，及时把矛盾纠纷化解在基层、化解在萌芽状态。加快推进市域社会治理现代化，提高市域社会治理能力"。目前，中国城市社会治理已经从粗放型走向精细化，基于治理情境复杂化和治理技术信息化的城市社会治理正在经历系统性的变革。由此，城市治理精细化也获得了众多学者的关注。吴新叶（2016）基于价值、主体和治理目标三个方面构建了精细化治理的框架：以公民为价值归宿的精细化，目标是构建全民"共享"的社会治理格局；以多元主体能动性为导向的精细化，目标是激活"共建"诸主体的发展潜力；而以目标实现程度为参照的精细化，则是为社会治理提供管控的依据。唐皇凤（2017）论述了城市精细化治理模式的四大迷思：（1）对秩序的偏爱和对失序的恐惧，全社会容易陷入秩序唯美主义的迷思；（2）对确定性的偏爱和对不确定性的反感，城市治理容易陷入对于确定性的过度迷恋；（3）推重数据治国和指标治理，城市治理容易陷入数据崇拜的迷思；（4）工具理性甚嚣尘上而价值理性黯然失色，城市治理容易陷入技术决定论的癫狂状态。韩志明（2019）认为精细化治理是超越于粗放式管理的管理形态，并分析了目前我国城市精细化治理的趋势包含：精准定位，立足实情的差异化治理；精确识别，优化公共服务供给；精细规划，加强协同治理水平；精准对接，形成供求的有效匹配；精心搭台，推进制度化治理。由粗放式管理转向精细化治理是多重社会因素复合作用的结果，包括政治逻辑、技术逻辑和专业逻辑等多方面的内在逻辑。陈水生（2019）认为城市精细化治理蕴含着细分治理、精准治理、智慧治理和效能治理的统一。在中国城市精细化治理过程中，要处理好细分治理与整合治理的矛盾、技术依赖与制度创新的张力、发展导向与生活导向的冲突等关键问题。中国城市精细化治理关键在于实现制度优化、政策创新和技术驱动的融合性治理，即通过构建联动协同的城市精细化治理制度体系、整合城市精细化治理政策工具、推动城市网格化治理与智慧治理的双重融合，进而不断提升城市精细化治理水平，创造美好城市生活。也有一部分学者基于本土现实案例分析，探讨目前我国城市精细化治理的要素。李璐（2018）以成都市成华区为例，认为从城市社区"微治理"着手，依托现代信息技术手段，建设专业社会组织队伍，政府提供制度政策支持，对社区以及居民进行赋权等，是进一步完善社区治理体系和机制、实现社会治理精细化的实践指向。唐亚林和钱坤（2019）

以上海"五违四必"生态环境综合治理为例，探讨了城市精细化治理的经验及其优化对策，研究发现上海通过权责配置精细化、资源统筹精细化、行动策略精细化、执行过程精细化、社会支持精细化五个方面的工作，有力地推动了城市生态环境综合治理进程，并从法治化、标准化、智能化、常态化和参与化的视角，对进一步提升上海城市精细化治理水平提出优化对策，主要包括深化城市基层执法体制改革、推进城市综合治理标准体系建设、加强现代信息技术手段的运用、建立健全源头治理机制、建立城市治理决策执行监督全过程参与制度等。窦旺胜和秦波（2019）以北京市海淀区"城市大脑"治理实践验证了技术嵌入城市精细化治理的逻辑框架与突出作用，探讨了技术嵌入可能带来的"唯技术论"陷阱、治理决策偏差、公民个体隐私面临的安全风险以及政府存在技术弱势等潜在问题，并认为新时代技术嵌入城市精细化治理应从加强顶层设计，明晰制度体系与运行规则；优化算法逻辑，推进技术理性与公共价值平衡；完善配套体系，健全技术人才与数据安全保障机制等方面予以优化。方雷和曹冬松（2024）以山东省青岛市"青诉即办"诉求解决平台体系作为研究案例，基于"统合型技术治理"的分析视角构建"组织—技术—行动者"的理论框架，研究发现，数字平台驱动城市社会精细化治理遵循着"党领共治"的统合机制、"合作治理"的互动机制及"平台权威"的评价机制运作逻辑。同时提出，以数字平台驱动城市社会精细化治理效能提升应紧扣组织和技术这对关键变量，有效激活行动者的主体自觉性，以组织建设加强共同体整合，助推治理的协同性；以技术建设赋能整体性联动，提升治理的敏捷性；以用户建设促成行动者参与，增强治理的回应性，以此促成城市社会精细化治理的统合共治格局。

2013年党的十八届三中全会明确提出，将推进国家治理体系与治理能力现代化作为全面深化改革的总目标。"国家治理体系是党领导下管理国家的制度体系，包括经济、政治、文化、社会、生态文明和党的建设等各领域体制机制、法律法规安排，也就是一整套紧密相连、相互协调的国家制度；国家治理能力则是运用国家制度管理社会各方面的事务的能力，包括改革发展稳定、内政外交国防、治党治国治军等各个方面。"① 国家治理体系与治理能力现代化的提出，标志着治理研究已经全面拓展到中国治国理政的全过程（任勇，2020）。党的十九大又明确提出实现国家治理体系和治理能力现代化是"两个一百年"奋斗目标之一。党的十九届四中全会审议通过的《中共中央关于坚持和完善中国特色社会主义制度、推进国家治理体系和治理能力现代化若干重大问题的决定》明确提出，坚持和完善中国特色社会主义制度、推进国家治理体系和治理能力现代化，是全党的一项重大战略任务。必须在党中央统一领导下进行，科学谋划、精心组织，远近结合、整体推进，确保本次全会所确定的各项目标任务全面落实到位。党的二十大报告进一步强调，到 2035 年"基本实现国家治理体系和治理能力现代化"，强调未来五年"国家治理体系和治理能力现代化深入推进"。国家治理相关研究逐渐在国内进入兴盛阶段。虽然有关治理理论的研究日渐丰富，但是也有学者对治理理论的滥用表现出一定的关注。早在 1999 年辛西娅·休伊特·德·阿尔坎塔拉出版的《"治理"概念的运用与滥用》一书中就对治理这一概念的滥用表达出了足够的关注。申建林和姚晓强（2015）分析了对治理理论的三种误读。第一，因治理过程的动态模糊性而影响了对治理理念明确性的把握，混淆了治理与传统政府管理和新公共管理的界限。第二，把治理理论自组织的合作网络与协同合作关系误解为多主体的简单参与。第三，把"元治理"中政府作为供给治理规则与协调者的角色误读为国家与政府集权的重新回归。在 2017 年世界银行发表的《世界发展报告：治理与法治》中，第一部分的标题就是"为了发展，反思治理"。王绍光（2018）认为过去二三十年主流治理研究基本上是宣扬一种规范性主张，缺乏扎实的实证性根基，"治理"这一词汇只是一个"空洞的能指"，而治理理论之所以大行其道，正是因为"治理"这一词汇本身基本概念的含糊不清。应当将中国特色话语体系中的治理与西方话语体系中的治理进行区分，明确治理一方面是做事的方式方法和途径，另一方面是治理国家的能力。城市治理相关理论内容如表 2-3 所示。

---

① 中共中央文献研究室. 习近平总书记重要讲话文章选编 [M]. 北京：党建读物出版社，中央文献出版社，2016.

表 2-3 城市治理相关理论内容

| 范畴指向 | 理论名称 | 内容 |
|---|---|---|
| 地域范畴指向 | 传统区域主义 | 建立一个统一的、功能齐全的大都市政府来解决由于城市政府职能碎片化导致的政府效率低下和行政成本上升等问题，从而实现城市公共服务的公平和效率 |
| | 新区域主义理论 | 地理范围内的政府、社会组织以及居民等多元主体的共同、自愿、灵活和多形式的合作参与，是制度和行动者之间的综合体 |
| | 城市群治理理论 | 在城市群发展背景下的一种协作式治理，强调跨界网络化、互惠、协作和责任，包括向上、向下、向内和向外四种协作式治理的衍生模式 |
| 权力范畴指向 | 多中心治理理论 | 将公共选择理论运用到城市治理中，从市场的视角进行城市区域治理的组织模式设计，强调公共产品生产主体的多元化和权力分配的多元模式 |
| | 城市政体理论 | 在公共部门和私人部门都各自掌握一定资源优势的前提下，通过非正式合作形成统治联盟，以实现社会治理的共同目标 |

徐炜和刘博维（2024）认为，在中国式现代化的语境下，社区治理模式实现了社区参与主体主导的"由社区治理"到社会治理微观层面场域的"在社区治理"的转变。实现"由社区治理"向"在社区治理"的城市社区治理模式转型升级，需要以党建引领为根本保障、以人民为中心为基本遵循、以韧性社区治理共同体为最佳路径、以数智化治理技术为重要方式，不断完善人民性、现代性、社会性，走出符合中国国情的中国式现代化城市社区治理之路。随着经济社会的发展，我国城市社区公共服务供给模式逐步由政府主导的一元化向多元主体共同参与的互动模式转变，这不仅是对建立健全现代公共服务体系要求的回应，同样

也是目前加强和创新社会治理工作的现实需求，有利于重塑传统政府行为逻辑，优化社区治理格局，提高社区公共服务质量以及提升社区居民幸福感。政府并不是社区公共服务供给的唯一主体，在治理理论的指导下，社区社会组织、市场组织、自治组织乃至居民个体都应当积极参与到社区治理过程中，为提升社区公共服务质量贡献自身的力量。坚持人民城市人民建，按照全过程人民民主的原则和精神来治理城市，是从根本上保证人民城市本质属性和城市发展正确方向的基本遵循①。居民是社区的主体，同样也是社区公共服务的最终接受者，只有居民才最清楚自己究竟需要何种公共服务，也只有居民自身才能够清楚判断现在所接受的公共服务是否能够有效地满足自身需求。此外，居民不仅仅是社区公共服务的接受者，也可能是社区公共服务的供给者，当其积极参与社区社会组织和社区公益活动时，可以有效地为社区公共服务提供必要的资金支持和人力支持，不仅丰富了社区公共服务的内容，而且显著提升了社区公共服务的质量。同时，在积极参与社区公共事务的过程中，由于"过程效用"的存在，社区居民自身的幸福感也逐渐得以提升。通过梳理，构建基本公共服务均等化公民满意度模型，如表2-4所示。

**表2-4　基本公共服务均等化公民满意度模型**

| 研究学者 | 评价内容 | 具体指标 | 测评方法 |
| --- | --- | --- | --- |
| 凌亢（1999） | 城市可持续发展 | 可持续发展水平、可持续发展能力、可持续发展协调度 | 主观判断 |
| 张亚明，裴琳，刘海鸥（2010） | 数字城市治理成熟度 | 政策保障层、基础环境层 | 因子分析法、聚类分析法 |
| 张国玉（2013） | 城市可持续科学发展能力 | 经济总量发展能力、社会服务发展能力、生态改善发展能力、内涵提高发展能力、城乡统筹发展能力 | 因子分析法 |

---

① 桑玉成. 人民城市治理的主体、权力与体制［J］. 探索与争鸣，2023（12）：11-15＋192.

| 研究学者 | 评价内容 | 具体指标 | 测评方法 |
|---|---|---|---|
| 何增科（2015） | 城市善治 | 民主治理过程、城市政府质量、城市治理绩效、公众满意度评价 | 指标构建 |
| 顾辉（2015） | 城市治理能力现代化 | 体制机制、过程监督、治理绩效、公众满意度 | 综合评价法 |
| 李宪奇（2015） | 城市治理评估模型 | 政府治理、市场自治、公益互治 | 模型构建 |
| 王礼鹏（2017） | 城市治理能力 | 保障能力、调控能力、财政能力、参与能力 | 主观赋权法、功效函数转换法 |
| 甘彩云，施生旭（2017） | 生态城市治理 | 经济发展、绿色经济、能源消耗、污染排放、公共设施、生态状况、社会民生、公众参与、治理投资、控制响应 | 熵权法 |

## 2.1.3　新公共服务理论

新公共服务的概念最早由美国学者 Patricia Ingraham 和 David Rosenbloom 于 1989 年提出，将新公共服务认为是未来公共管理的发展方向。但是这篇发表于公共管理著名期刊 *Public Administration Review* 上的论文并没有引起学界足够的关注。1999 年，美国学者 Paul Light 出版了名为《新公共服务》（*The New Public Service*）的著作，在书中对新公共服务的特点进行了介绍，并将其作为公务人员应具备的基本特征。然而遗憾的是，新公共服务的概念依然没有得到应有的重视。2000 年，登哈特夫妇出版了《新公共服务：服务，而不是掌舵》（*The Public Service：Serving，Not Steering*），从而引发了学术界关于新公共服务理论的研究与探索。

由于新公共管理理论过于强调市场效率和顾客导向，往往导致了对公共价值重要性的忽略，21世纪初西方国家出现的逆民营化现象正是对新公共管理理论指导下所开展的部分公共政策效果的修正，而强调"服务"的新公共服务理论是针对新公共管理理论所造成的负面影响而进行的反思，试图通过对新公共管理理论的扬弃，从而更好地指导政府实践和丰富公共行政的理论研究。正如同在20世纪八九十年代新公共管理理论逐渐取代传统的公共行政理论一般，如今，新公共服务也正显现出取代新公共管理的趋势（Bryson等，2014）。新公共服务理论所主张的具体内容要点包括："服务于公民，而不是顾客""追求公共利益""超越企业家精神，重视公民权""战略地思考，民主地行动""承认责任并不是单一的""服务而不是掌舵""重视人民，而不单单是生产力"等多项重要原则和理论内涵（见表2-5）。

表2-5　新公共服务理论的原则及表现

| 新公共服务的原则 | 公民导向的绩效评估 |
| --- | --- |
| 服务于公民，而不是顾客 | 倾听公民的意见，将公民视为合作伙伴，注重公共服务的满意度和社区精神 |
| 追求公共利益 | 拓宽公民参与渠道，努力实现共同目标 |
| 超越企业家精神，重视公民权 | 由公众定义绩效评估的优先顺序、指标设定，而不是根据专家或管理者的意见对绩效进行评估 |
| 战略地思考，民主地行动 | 采取多样方式与市民进行有效合作，共同设定社区目标与发展愿景，促进民主价值的实现 |
| 承认责任并不是单一的 | 政府绩效的责任是基于公共利益和社区标准，而不仅限定在行政机构内部 |
| 服务而不是掌舵 | 创造条件让公民参与公共服务的决策和评估，推动公民表达自身公共需求、追求公共利益 |
| 重视人民，而不单单是生产力 | 互动和对话比政府绩效的数据表现更为重要，合作程序比生产力更为重要 |

资料来源：李德国. 理解公共服务：基于多重约束的机制选择［M］. 北京：中国社会科学出版社，2017.

　　基于民主公民权、社区和市民社会模型、组织人本主义和组织对话理论的新公共服务理论重视对话、民主、公民权利和公共利益价值观的重要性，也成为我国推进服务型政府建设的重要理论支撑（燕继荣，2009）。在新公共服务理论中，提供服务是拓宽公民参与的首要条件，政府机构需要对公民的需求和利益保持足够的关注。公共部门并不是以满足个别顾客偏好或者为某位顾客提供服务为目标，而是需要为全体公民提供高质量的、公平的、平等的公共服务，从而确保公共服务过程中公共利益的重要性。美好社会以及民众的美好生活是政府机构的真正追求，而非只关注工作效率的提升。政府不再是控制者，而是与公民之间形成一种伙伴关系，关注社区价值和公共利益。如何培养政府与公民之间的信任关系，并在公民积极参与集体行动的基础上，一同界定并解决公共问题是新公共服务理论关注的重点。公共价值最终的决定者必须是作为集体的公众（Moore，2014）。公民参与对维护公民自身利益和社会善治具有重要积极作用，有助于解决社会冲突，建立与政府机构之间的信任关系，并且维护公民的知情权（Beierle 和 Cayford，2002）。同时，公民参与有助于个体社区归属感的提升，以及民主目标的实现和政府合法性的增强。新公共管理理论虽然也认为治理主体应当多元化，然而其实质意义依然是决策的权力掌握在政府机构之中，仅仅只是政策执行主体的多元化，并没有实现真正意义上多元主体的共同参与。因而新公共服务强调公民参与，认为要积极发挥社区、社会资本以及公民社会的重要作用，政府的有效运转离不开公民的积极参与。真正的对话是一种不同于以往强制性的参与类型，作为一种规范的自觉性的参与，对各级政府实现善治具有重要意义。

　　除了公民参与外，公共利益是新公共服务理论另外一个十分重要的概念。公共利益是目标而非副产品，追求公共利益是政府存在的合法性基础，也是公共行政的真正目标。公共性是公共利益的最大特点，确保公共利益处于主导地位是政府机构的重要责任，充分体现了公共部门对公众需求的回应。公共利益是对个人利益的超越，只有通过社区对话和公民参与才能得以实现，确保公共政策以及公共服务的全过程符合公平、公正、平等的民主价值原则，从而实现整个社会公共利益的最大化。公务人员应当为公共利益的创造提供帮助（Bozeman，2007），通过共同领导协助公民表达并满足其自身的利益，整合以及表达社区愿景，重点在服务于公民和社区。总体而言，新公共服务理论关注公民权利、追求公共利益并且重视人的作用和价值，为本研究的开展提供了理论基础。

尽管新公共服务理论细致地为社会治理多元主体提供了新的理论导向，但是在一定程度上也面临众多学者的质疑，相关质疑大多集中在两个方面。一方面有学者认为新公共服务理论并没有实现理论内容的实质性创新，无非是用"新公共服务"这个"新瓶"来装一些理论的"旧酒"。另一方面，有学者认为新公共服务理论过于关注理论性，缺乏可付诸实践的行动性，成为理想主义的空话（周义程，2006）。由此，登哈特夫妇在其2011年出版的《新公共服务》一书中做出回应，他们认为，新公共服务理论的提出并不是为了创造一套新的观念，而是重新呼吁某些民主价值的回归，即那些明确的能够实现有效治理却又经常被使用市场等途径来操纵政府的某些行动所忽略的民主价值。针对第二个质疑，李德国（2013）却认为新公共服务理论是一种来自实践的理论，并且论述了新公共服务理论在政府改革过程中的真实实践案例，他认为有三种可以践行新公共服务理论的工具箱。第一种是信息分享类，具体包括市民调查、焦点团体、社会媒体和协商对话；第二种是服务输送类，具体包括市民驱动的绩效评估、参与治理和服务合产；第三种是组织协作类，具体包括网络合作和邻里组织（见表2-6）。具体的实践案例包括，美国纽约市在2001年"9·11"恐怖袭击事件之后所采取的"倾听城市"（Listening to the city）策略，通过线上和线下相结合的方式，邀请广大社会公众共同参与到城市恢复建设的讨论当中。以及美国达勒姆市开展的一项名为"邻里环境追踪"项目（Neighborhood Environment Tracking，NET），通过对社区中的志愿者进行技术培训，从而将社区公众积极纳入公共服务绩效管理过程中。赵璟和党兴华（2008）以中国城市群的协调发展为分析对象，引入新公共服务治理模式，强调从维护城市群公共利益、肯定城市公共权利和保护城市公共精神三大方面共同推动促进中国城市群的协调发展。在这一过程中，还应注意四条路径的培育：分别是推进城市政府的职能转变、培育参与城市群公共治理的多元主体、加强培育城市群内部社会人员参与价值对话的途径以及加强城市群公共治理的法治建设。陈富良等（2016）基于新公共服务理论，讨论了优化中国公用事业规制的路径和做法。

表 2-6 新公共服务理论实践工具箱

| 类别 | 具体实践 |
| --- | --- |
| 信息分享类 | 市民调查、焦点团体、社会媒体、协商对话 |
| 服务输送类 | 市民驱动的绩效评估、参与治理、服务合产 |
| 组织协作类 | 网络合作、邻里组织 |

资料来源：李德国.走向实践的新公共服务：行动指南与前沿探索 ［J］.国家行政学院学报，2013（3）：103-108.

城市社区公共服务的目的在于满足城市社区居民的多元需求，即追求生活在城市社区中的共同体的公共利益的最大化，在这一过程中公民自身权利的维护以及自身价值的实现都显得至关重要。将新公共服务理论所强调的治理模式引入城市治理中，可以更好地在城市发展过程中注重人（公民）的发展，进而在城市发展过程中更为重视城市内部基础设施的建设和城市内部基本公共服务水平的均等化（赵璟，党兴华，2008）。新公共服务理论强调服务于公民而不是顾客，在此基础上，社区居民对社区公共服务的满意度体现了社区居民对社区公共服务质量的感知和评价。然而公民在使用社区公共服务的过程中，不仅仅公共服务的质量会对其满意度产生影响，多元供给主体的供给态度以及供给效率、公民自身是否能够有效地参与服务过程、自身公共服务需求的表达和满足情况等均是影响其自身满意度的重要因素。而新公共服务理论更强调服务于公民、重视公民权利、追求公共价值，更为注重公共服务的满意度和社区精神，将公民需求表达及满足作为政府关注点，在整个理论论述过程中时刻以公民个体的重要性作为核心要义。因此，新公共服务理论与目前我国基层治理中所强调"以人民为中心"不谋而合，"以人民为中心"的价值引领有助于帮助城市基层治理形成较为坚固的共同体共识和明确的治理规约，新公共服务理论的出现和深化为如何提升公民满意度和幸福感提出了新的指导思想和实践路径。

## 2.1.4　社会资本理论

"资本"的概念最早出现于经济学领域，指的是以交换媒介为体现形式的价值载体，包括所有能够带来收入或利润的资财，具有物质的形式。直至 20 世纪 50 年代，美国著名经济学家西奥多·舒尔茨（T. W. Schultz）首次明确"人力资本"的概念，将有关资本的理论研究从物质领域拓展到非物质领域，使得资本不仅包括物质资本，也涵盖人力资本。在此基础上，众多学者从自身研究领域和关注焦点出发，对资本的概念进行全面拓展，政治资本、权力资本、组织资本、文化资本等概念层出不穷，进一步丰富了有关资本的相关研究。20 世纪 70 年代后期，洛瑞从社会结构资源对经济活动影响的视角分析，首次提出"社会资本"的概念，并且与物质资本和人力资本进行区分。但是，在当时罗瑞只是提出了一种有关资源的分类概念，并没有对社会资本的概念和理论进行深入和系统研究，因此也并未引起学界的重视和关注。

目前学界普遍认为法国学者布迪厄对社会资本概念进行了社会学领域的早期论述（Portes 和 Sensenbrenner，1993），布迪厄认为社会资本与社会关系网络紧密联系，作为社会组织成员的一种资源，只有当组织成员处于一定的社会网络中才能获取。随着跨学科研究的不断深入，社会资本理论逐渐延伸到经济学、政治学、管理学等学科领域，成为解释社会经济发展现象的重要理论基础。科尔曼、帕特南、林南、福山和奥斯特罗姆等学者推动了社会资本理论的发展。科尔曼从结构功能主义视角分析，将社会资本区别于物质资本和人力资本，认为社会资本存在于不同主体之间的相互关系结构中，社会资本是可生产培育的且同时能够对社会目标的实现施以一定的影响。亚历山德罗·波茨对科尔曼有关社会资本的概念界定等持批判态度，从网络的功能意义层面分析，认为社会资本是处在网络或更广泛的社会结构中的个人所拥有的动员稀有资源的能力。社会资本不是个人固有的，而是个人与整个社会结构相互嵌入的结果。美国社会学教授罗纳德·伯特在此基础上，关注企业内部的社会资本，认为企业内部和企业间的关系是社会资本，社会资本是竞争胜负的关键因素。帕特南在研究意大利南北经济绩效差异时运用社会资本的概念进行分析，并指出社会资本与地方政府治理绩效存在密切的相关性，将社会资本视为一种能够有效减少社会冲突、维系社会和谐、促进社会进步的因素和资源，解释了民主制度绩效和公民政治参与的差异，强调规范、网络和信任的重要性。认为社会信任重点存在于价值认知层面，参与网络存在于实践结构层面，社会规范存在于制度保障层面，因此使得社会资本这个概念框架进入了公共管理和政治学领域的视野。林南则强调社会关系网络和社会资源的重要作用，认为社会资本是个人所拥有的嵌入社会结构和社会网络中的资源，是通过社会关系所获得的，包括结构的嵌入性、机会的可获取性和行动的导向性。福山强调社会规范和信任的重要性，认为社会资本是群体成员内部共有的一套非正式的允许个体之间进行合作的价值观或准则，同时对社会资本的外部性进行了细致的划分，明确了社会资本的经济功能和政治功能。奥斯特罗姆认为社会资本是人力资本和物质资本之外的有效的补充，是社会生活中不同主体之间形成的基于共同利益的规则。联合国开发计划署（UNDP）则将社会资本认为是一种自觉形成的社会规则，不仅存在和体现在社会各组成部分的关系中，而且存在和体现在独立的个体之间的关系中。社会资本只有建立在多种类型组织所达成的共同协议的基础上方可能是稳定的。社会资本的作用是将人力资本、物质资本等不同种类的资本予以结合，共同促进人类社会的可持续发展。

目前关于社会资本理论的概念界定主要存在网络说、资源说、特征说和能力说等。网络说强调社会关系网络的重要性，认为社会资本是通过不同主体之间彼此的信任以及合作所形成的各种社会关系网络的总称（陈劲，2002）。社会资本强调社会关系的基础性作用、文化内生性对行为的规范作用，群体或组织共同收益的目的性作用，在人际互动过程中逐渐形成的社会关系网络（卜长莉，2001）。资源说强调社会资本作为一种资源所能为行为主体带来的利益回报，认为社会资本是一种个体可以从其自身所拥有的社会网络中获取的资源，并以此追求自身利益（Baker，1990）。社会资本的本质是一种内藏于社会结构内部的结构资源（杨永福，2002），社会中的个体可以通过自身有目的性的行动进而实现资源的获得或改变资源的流动方向。特征说认为社会资本是社会组织的一种特征，是个体之间长期的协调与合作所形成的彼此的认同、互惠以及信赖的价值规范和行为范式（Putnam 等，1993）。能力说将社会资本作为一种个体可以在一定范围内调动资源的能力，认为社会资本是个体通过其所拥有的社会网络而能够调动足够资源的能力（边燕杰，丘海雄，2000）。虽然关于社会资本的定义有诸多不同的理解，但是普遍认为社会资本的核心概念主要包含相互信任、网络资源与合作行为（Paldam，2000；Durlauf 和 Fafchamps，2003）。

有关社会资本的构成存在多种不同观点。科尔曼认为社会资本有六种形式：多功能社会组织、权威关系、规范和有效惩罚、义务与期望、信息网络、有意创建的组织。普特南认为社会资本的形式存在社会信任、社会规范和社会网络三种形式。奥斯特罗姆把先例习俗、共享规范、家庭结构、规则体系等看作社会资本的基本形式。

Nahapiet 和 Ghoshal（1998）从微观、中观和宏观的视角分析，认为社会资本包含了关系维度、结构维度和认知维度，关系维度重点关注人与人之间存在的社会网络所形成的关系，结构维度强调制度、规范等非人格化的社会网络特点，认知维度则反映了网络成员之间的共同的价值观念和集体愿景。布朗从系统主义的视角分析，将社会资本定义为一种以个人间的关系模式在社会网络中分配资源的过程体系，这样的体系包括要素、结构与环境。社会资本也可以分为集体层面的社会资本和个体层面的社会资本。集体层面的社会资本，强调以群体为基本单位所形成和具有的社会网络、社会信任和互惠规范等为形式的社会资本（福山，1995；帕特南，2011），这一层面的社会资本对群体成员内部的生活质量的提升具有一定积极作用。个体层面的社会资本关注的是居于社会环境中的个体如何进行社会资本的投资、维持和使用（Lin，2001；边燕杰，2004）。从社会资本不同于其他资本的特点分析，社会资本不可避免地需要内嵌于一定的社会关系中，只有通过一定的社会关系网络才能发挥出其重大价值，同时，社会资本具有非竞争性的特点，而且随着个体对社会资本的使用而不断增加。此外，社会资本具有变迁性，林南（2005）发现个体所拥有的社会资本会随着时间的推移而逐渐累积，但是其累积的速度将呈现出不同的变化趋势（见表2-7）。李晓光和郭小弦（2022）通过研究发现个体所拥有的社会资本会随着年龄的增长而呈现出倒 U 形的变化规律。社会资本的变迁存在年龄效应（边燕杰，郝明松，2013；李黎明，李晓光，2016）、时期效应（Yang，2008）和世代效应（包蕾萍，2005）。

**表2-7　社会资本理论代表观点**

| 代表学者 | 研究视角 | 主要内容 |
|---|---|---|
| 布迪厄 | 关系网络 | 从个体微观层面分析，强调社会关系网络的重要性 |
| 科尔曼 | 结构功能 | 社会资本是一种社会结构资源，具有无形性和可创造性特点 |
| 帕特南 | 治理绩效 | 从集体层面分析，引入政治学领域，强调社会资本与绩效的关系 |
| 林南 | 网络资本 | 从资本理论分析，社会资本是一种社会关系的投资 |

Paul Bullen 和 Jenny Onyx（1997）认为需要从生活价值、对社区的参与、邻居间的联系、家庭与朋友的联系、信任和安全感、差异化的承受力、社会背景中的能动性、工作联系等方面对社会资本进行测量。Kawachi 等（2004）通过对众多文献的整理后发现，常见的测量社会资本的维度包含：自愿活动/志愿主义、非正式社交活动、信任、参与社团和组织、社区凝聚力、社会支持、互惠、社区归属感。Desilva（2006）认为测量社会资本至少应包括 8 个主维度：社会网络、信任、参与社团、社区归属感、家庭社会资本、社会支持、社会凝聚力、参与公共事务。Harpham（2007）则认为社会资本应该包括 5 个维度：社会支持、信任、网络、互惠和非正式社会控制。

社会资本在维系社区邻里关系和提升社区治理效度方面具有重要作用，因而社会资本理论成为众多学者研究社区发展的基础理论模式（Coleman，1988；

William，2004；孙璐，2007）。社区社会资本存在于微观、中观和宏观层面，具有不同的表现形态。微观层面上的社区社会资本基本等同于个人社会资本，中观层面的社区社会资本的主要载体是社区组织，利用社区组织的社会关系网络和动员能力开展体现信任、参与和互惠的社区活动。宏观层面的社区社会资本表现为内嵌于整个社会环境系统的规则体系。孙立平（2001）认为社区建设和发展的真正本质在于社区社会资本的积累。美国著名学者帕特南（1993）通过对意大利地区的治理结果的观察发现，社会资本的差异性是造成地区间治理绩效差异的重要原因。社区社会资本是提升社会治理效果的关键要素（刘芳，2017；李诗隽，王德新，2022）。社区社会资本所具有的互惠机制和关系网络为社区治理效能提升提供了信任保障和资源保障（李梦莹，2017）。社区居民所拥有的社会资本关系网络中所蕴含的彼此信任与互惠规范能够一定程度上解决由于社区居民原子化所致的互惠缺失和信任失效，从而解决社区居民参与社会公共事务意愿较低等现实困境。社区规范通过不同于法律及正式制度的情感沟通、社区舆论等形式，对社区居民的行为表达进行软性的感化和约束，使社区个体考虑群体关系和社会成本等因素而遵守社区秩序。这种内在的无形的社会资本力量会敦促社区居民将大家默认遵循的规范牢记于心并且展现于行为表现，最终在社区治理中发挥出道德力量的作用。在社区治理实践过程中，如何有效整合基层党组织、居委会、社区志愿组织以及社区居民的力量共同参与社会治理是关键。通过深度激活社区居民积极广泛地参与社区公共事务，在参与过程中构建形成稳定的社会关系网络，从而充分凝聚和动员社会关系网络中所蕴含的社会资源，能够有效地为社区居民持续性的社区参与和合作行为提供动力。社区社会资本对促进社区居民参与社区公共事务、培育社区居民的社区归属感和认同感具有重要作用（Wellman 等，2001；Pooley 等，2005；王亮，2006；Yetim 和 Yetim，2014；Talò 等，2014；刘建军，张兰，2019；孟海勤，郭佳旗，2022）。社区社会资本是实现社区治理效能水平提升的关键因素（乐章，向楠，2020；刘欣，田丰，2021；李诗隽，王德新，2022）。社会资本理论为实现良好的社区治理状态提供了最为适宜的理论基础，社区是形成社会资本的重要载体，社区自组织能力、社区交往程度、社区成员彼此信任程度、社区集体行动能力是社区良好治理的重要衡量指标，社区内的信任、合作、认同感、归属感等因素是和谐社区的构建基础（燕继荣，2015）。城市社区作为居民在城市某一定地域范围内聚居的共同体，社会资本理论强调社区居民集体行动、社区参与、人际信任、社区资源等主题，使得社区治理具备更强的可实践性和可操作性。社区公共服务满足了社区居民的日常生活需要，同时也为社区居民参加各类社区活动提供了必要的条件和支持。而在享受社区公共服务的过程中，社区居民能够感受到来自社区的支持，并通过丰富的社区活动和参与，从而与社区成员之间形成紧密的社会关系网络，交换彼此的社会资源，对社区也会形成强烈的认同感和归属感，自身的幸福体验也会不断提升。同时，社区成员内部之间经常性的互动和彼此信任的生活，以及积极参加各类社区活动，均有助于包容性社区的建设，从而促进社区的和谐稳定与繁荣发展。

## 2.2　城市社区公共服务相关研究

### 2.2.1　城市社区公共服务的概念

"社区"（Community）一词最早出现于德国著名社会学家滕尼斯所著的《共同体与社会》一书中，指基于亲密关系或紧密情感的具有共同价值取向和认同感的社会生活共同体。最初作为一种社会联系方式，社区并没有地域的概念，随后美国芝加哥学派将其引入城市研究，作为人类生活与环境的连接体，明确了社区的三个核心要素：一定数量的人口、人与人之间的互动和特定的地域空间。芝加哥学派的学者帕克（2021）认为，社区不仅仅是一群单独的人的聚合，更重要的是各种组织的聚合，如家庭、教堂、学校、剧院以及企业等。埃齐奥尼（2020）认为，社区是"包含一套共享意义和最重要的共享价值"的社会关系网络。林德夫妇在1928年出版的《米德尔顿：当代美国文化研究》一书中通过对米德尔顿这一美国社区的长期跟踪观察，提出了有关社区不同阶级的社会分层模型。桑德斯撰写的《社区论》将系统思维引入社区研究，提出了社区冲突论、社会场域论和社会体系论。美国学者奥斯特罗姆认为"社区治理通过借助不同于国家和市场的制度安排，对公共资源系统进行调整和开发"①。弗兰克提出，社区是社会的重要组成部分，将社区发展与社会发展相结合（见表2-8）。在中国，费孝通先生对社区研究做出了巨大贡献。《江村经济》拉开了中国社区研究的大幕，从生产、消费、交易和分配四个方面描述了一个正在发展变化中的中国传统的乡土社区。

表2-8 社区研究的理论流派

| 理论流派 | 代表人物 | 研究观点 |
|---|---|---|
| 类型学社区理论 | 滕尼斯 | 关注社会与社区的联系，社区与社会是人类共同生活的两种不同表现形式 |
| 芝加哥学派 | 帕克 | 将生物学的相关概念用于解释城市发展，关注城市社区 |
| 社区互动理论 | 桑德斯 | 关注社区居民之间的互动行为和相互关系，讨论社区中的社会互动过程 |
| 社区发展理论 | 弗兰克 | 社区是社会的重要组成部分，将社区发展与社会发展相结合 |

对于中国来说，"社区"作为外来词汇，最初被翻译为社会或地方社会，后期由费孝通先生改译为社区，并将其解释为人们在地缘关系（与血缘关系相区别）上结成的互助合作的共同体。郑杭生（2003）认为"社区是进行一定社会活动、具有某种互动关系和共同文化维系力的人类群体及其活动区域"②。金太军等（1998）认为城市社区是"城市中一定地域内发生各种社会关系和社会活

---

① 埃莉诺·奥斯特罗姆. 公共事务的治理之道 [M]. 余逊达，陈旭东，译. 上海：上海三联出版社，2000.
② 郑杭生. 社会学概论新修 [M]. 北京：中国人民大学出版社，2003.

动，有特定的生活方式，并具有归属感的人群所组成的一个相对独立的社会实体"①。虽然在对于社区概念的界定上存在心理认同说、区域社会说和群体说等各种不同的观点（吴新叶，2008），但是不难发现，一定数量的人口聚居、共同的生活地域、内心认同的文化和准则、彼此联结的组织是其共同特点。因此，根据上述定义，城市社区则可以被认为是生活在城市范围内一定区域的一定数量的居民，彼此通过内心的认同和组织的联结，为了社区共同的利益而形成的互助合作的共同体。孙萍（2017）从人口特征、结构特征和文化特征三个方面区分了城市社区和农村社区的差异（见表2-9）。

表2-9　城市社区与农村社区特征差异

|  | 城市社区 | 农村社区 |
|---|---|---|
| 人口特征 | 人口密度高、人口异质性强、人口流动性强 | 人口密度低、人口同质性强、人口流动性差 |
| 结构特征 | 社会结构复杂、经济结构复杂、公共服务条件相对较高 | 社会结构简单、经济结构单一、公共服务条件相对较低 |
| 文化特征 | 文化差异较大、生活方式多元、人际关系松散 | 民风淳朴、习俗固化、文化生活单调、人际关系简单且亲密 |

资料来源：孙萍. 实用社区管理学［M］. 北京：高等教育出版社，2017.

我国城市基层社会管理体制经历了从"单位制"转向"街道制"，又向"社区制"转变的历史发展过程。中华人民共和国成立前，南京国民政府在全国县级以下地区推行保甲制，以户为社会组织的基本单位，十户为甲，十甲为保，由于地方实力派和连坐法的原因，保甲制收效甚微。中华人民共和国成立后，《城市居民委员会组织条例》和《城市街道办事处组织条例》的颁布使得居委会在全国大部分城市逐渐得以建立，这也为后期"街道制"的发展进行了初步的探索。

---

① 金太军，王庆五，叶蕾，等. 我国城市社区管理的现状及对策［J］. 中国行政管理，1998（3）：18-20.

从 50 年代到改革开放前，"单位制"是国家对城市基层进行管理的重要方式，在高度集权的计划经济时代，国家通过强有力的行政力量巩固新生政权并且实现对社会的管理和控制，单位实现了许多现代社区的功能，单位成员对单位极度依赖，政府一元权力中心严重抑制了社会组织的发展。改革开放后，随着社会主义市场经济体制的确立，"单位制"开始逐渐瓦解，随着 1980 年《城市街道办事处条例》和《居民委员会组织条例》的颁布，"街道制"（"街居制"）得以重新确立，城市街道办事处和城市居民委员会在城市基层治理过程中逐渐开始承担重要的工作责任，然而城市化的不断推进使得街道办和居委会在日常工作中职能严重超载，在日常工作中面临的挑战日益严峻。2000 年，《民政部〈关于在全国推进城市社区建设的意见〉的通知》的发布，掀起了全国范围内社区建设的大潮，"社区制"强调以人为本的管理理念和社区居民参与，并且以善治作为治理目标，成功地超越了"单位制"和"街道制"，成为我国城市基层社会管理的现实选择。随后，《全国社区建设示范城基本标准》以及《全国城市社区建设示范活动指导纲要》等文件的出台，有力推动了"管理有序、服务完善、环境优美、治安良好、生活便利、人际关系和谐的新型现代化社区"建设的开展。

　　传统社区概念中所强调的情感纽带及身份认同等要素随着现代化的进程开始呈现下降趋势，社区内部的积极功效受到一定削弱。鲍曼（2020）由此认为社区已然变成了"失乐园"的代名词，也有学者提出了"社区衰亡论"和"社区继存论"等观点。沃思将社区变异程度进行指标化描述，并认为城市所具有的人口众多、高密度和异质性促使城市本身拥有不同于农村的生活方式，在一定程度上导致社会解组、越轨行为和社会性精神疾病等消极后果的出现。而学者刘易斯则认为城市化并非一种灾难，社区也依然会继续存在。目前，随着我国城市化进程的持续加速，传统意义上的"熟人社区"慢慢地演化成"单位社区"，随后再进一步成为"个体化小区"，"社区"正在演变为"小区"（卫小将，2023）。我国社区的发展受到传统、现代和后现代三种力量的交互影响。传统力量主导下的熟人社区可以有效满足个体的情感需求并积极丰富其内在精神家园，但结构性的力量在一定程度上也成为个体特殊性表达的压制因素，社区在满足人们多元化的物质需求和提供高品质的居住环境方面存在一定缺陷。现代力量主导的社区强调对社区内部的科学规划，这一设计规划能够有效满足社区居民对居住空间的舒适度的需求，虽然能够使得社区居民的生活变得更加便利，但在情感满足和精神构建方面存在一定不足，此种小区呈现出陌生人机械组合空间的状态。后现代力量主导下的社区强调数字化赋能，从而能够高效满足个体多元化个性化的生活需求，但由于数字化自身的内在不足，因而也容易使社区居民陷入一种孤独和失落的状态，导致社区整体的融合程度的降低。社区不仅具有情感性属性，同时也具有一定的功能性属性，但是随着现代化进程的持续深入，全球范围内的社区发展生态呈现出不容乐观的态势（卫小将，2023）。

"公共服务"一词起源于西方，1912 年，法国学者莱昂·狄骥从法律的视角首次对"公共服务"概念进行界定，认为政府是公共服务供给的唯一合法主体，提供公共服务是政府的法定义务。关于公共服务的概念界定，经济学家大多根据公共产品理论进行界定。萨缪尔森将公共产品定义为，每个人对这种物品的消费，都不会减少其他人对这种物品的消费，认为其具有非竞争性、非排他性与效用的不可分割性。Buchanan（1965）从提供方式的角度分析，认为公共服务是任何组织为任何原因决定的通过集体提供的产品或服务，并界定那些存在于私人产品与公共产品之间的准公共服务为俱乐部产品。安体富和任强（2007）认为公共服务既属于服务范畴，也属于公共物品范畴。既包括国家机关通过直接提供劳务为社会公共需要服务，也包括政府通过财政支出向居民提供的教育、社会保障、卫生、生态环境等方面的服务。还有学者从公共服务的需求属性出发，认为公共服务是满足普通社会中最广大人民的日常生活需求的服务（柏良泽，2008）。韩小威和尹栾玉（2010）认为公共服务是以公共利益最大化作为目标，为社会公众提供各种所需物品的活动，并将基本公共服务划分为底线生存服务、基本安全服务、公众发展服务和基本环境服务。刘亮（2011）认为公共服务是指依托公共部门以及社会公共资源的服务，其服务对象是具有共同公共需求或者偏好的消费群体。陈昌盛等（2007）从公共服务的价值属性出发，认为公共服务是一国全体公民不论其种族、收入和地位差异如何，都应公平、普遍享有的服务。公共服务的核心价值在于满足公共需求（唐铁汉，李军鹏，2005）和维护公共利益（姜晓萍，2008；曹剑光，2010）。马庆钰（2005）从政府职能视角出发，认为公共服务指的是由法律授权的政府和非政府组织以及有关工商企业等多元主体在纯粹公共物品、混合性公共物品以及特殊私人物品的生产和供给中所承担的职责。从公共服务的提供主体方面分析，Atkinson 和 Stiglitz（1980）认为单纯依靠市场机制无法有效地提供公共产品或服务，进而将公共服务定义为私人部门无法完全提供的那些由公共部门提供的服务。有学者沿袭了西方经济学的产品理论，从物品属性的角度出发，认为"公共服务属于公共物品，具有消费的非竞争性和非排他性"①。靳永翥（2009）从物品、利益、内容、价值、职能和主体的角度，分别对公共服务的概念进行了整理。郑晓燕（2012）从公共服务所具有的价值和利益的角度出发，认为公共服务具有公共性、公益性和公平性的特征。

公共服务可以分为基本公共服务和一般公共服务。基本公共服务是指与民生密切相关的纯公共服务；一般公共服务是指除基本公共服务之外的服务（安体富，任强，2007）。马庆钰（2005）认为公共服务系统应该包括公共服务融资、公共服务服务结构、公共服务规划、公共服务的提供、公共服务政策方案评估和公共服务质量监督六个环节。胡志平（2022）提出，由于公共服务所具有的共富逻辑、增长逻辑和发展逻辑，公共服务成为我国巩固脱贫攻坚成果、迈向共同富裕的衔接因子。现有研究普遍认为公共服务的供给主体并不是单一的，而应该是公共组织、私营企业、第三部门组织等多元主体采用合作供给的方式进行。在这三者主体之中，公共组织居于主导地位，私营企业位于基础地位，第三部门处于补充地位（夏志强，付亚南，2021）。

国务院于 2006 年颁布的《关于加强和改进社区服务工作的意见》中提到"大力推进公共服务体系建设，将政府公共服务内容覆盖到社区"，社区公共服

---

① 王锋，陶学荣. 政府公共服务职能的界定、问题分析及对策 [J]. 甘肃社会科学，2005（4）：231–234.

务正式被纳入政府话语体系。西方学界普遍认为社会服务一般包括公共服务、福利服务和具有社会导向的公民个人服务即社会化的私人服务三个部分（杨团，2001）。为了将社区公共服务与社区服务、社会服务等概念相区别，杨团（2001）认为社区公共服务是"以社区为单位提供的社会公共服务"①，本质上仍旧属于公共服务，只是提供方式与社会服务有所区别。高鉴国（2006）关于社区公共服务的定义与杨团提出的定义基本一致，认为社区公共服务是"以社区为基础的社会公共服务"②。有的学者则进行了较为狭义的定义，认为社区公共服务只有福利性和公益性，没有商业性和经营性（施骏，1998）。而姜德琪（2009）则认为城市社区公共服务应具有非排他性、非竞争性和福利性等特征，郭学贤（2010）认为社区服务具有公益性、互动性和综合性的特点。沈千帆（2011）则从更为广义的视角认为社区公共服务是以满足社区居民的各种需求为目的，由政府、社区居委会及其他社会组织共同开展的服务活动，既包括社区内的公共服务，又包括社区内的私人服务，具有两个主要特点：治理主体的多元化和服务对象的社区内普遍性。

## 2.2.2　城市社区公共服务的类型

根据公共服务的共同性和差异性，采用一定的方法，可以从不同的角度对公共服务的类别可以进行划分。从公众需求的满足角度划分，可以分为基本公共服务和非基本公共服务；从公共服务的功能性视角划分，可以分为主权性公共服务、社会性公共服务和经济性公共服务；从公共服务的特征划分，可以分为纯公共服务和准公共服务；从公共服务的覆盖面划分，可以分为全国性公共服务和地方性公共服务；从资本与劳动力投入比的角度划分，可以分为劳动密集型、资本密集型（叶晓玲，2011；任宗哲，卜晓军，2013；竺乾威，朱春奎，2016；陈振明，2017；张贤明，2018），如表 2-10 所示。联合国则根据政府职能将公共服

---

① 杨团. 推进社区公共服务的经验研究——导入新制度因素的两种方式 [J]. 管理世界，2001（4）：24-34.

② 高鉴国. 社区公共服务的性质与供给——兼以 JN 市的社区服务中心为例 [J]. 东南学术，2006（6）：41-50.

务划分为经济服务、社会服务、普通服务与安全、未按大类划分的支出。

表 2-10　公共服务区分类别

| 划分角度 | 具体分类 |
| --- | --- |
| 公众需求的满足程度 | 基本公共服务、非基本公共服务 |
| 公共服务的功能性 | 主权性公共服务、社会性公共服务、经济性公共服务 |
| 公共服务的特征 | 纯公共服务、准公共服务 |
| 公共服务的覆盖面 | 全国性公共服务、地方性公共服务 |
| 资本与劳动力投入比 | 劳动密集型、资本密集型 |

在社区公共服务分类方面，不同学者根据不同视角，对其进行了不同划分。Moroney 等学者（1998）把社区服务划分为工具性服务和情感或认知服务。工具性服务主要是指对社区居民提供物质方面的服务，而情感或认知服务则主要是指对社区居民进行心理上或情感上的服务。唐云锋（2004）根据公共服务是否具有物质形态的表现形式，将公共服务划分为硬件类公共服务和软件类公共服务。张网成和陈涛（2010）从享有公共服务的社区独占性角度出发，将社区公共服务划分为为所有社区及其成员提供的一类公共服务和只为某一社区及其成员提供的二类公共服务，并且认为两种公共服务类型既相互辅助又彼此互补。夏志强和王建军（2012）从社区公共服务的供给模式进行划分，将社区公共服务分为行政性公共服务、自治性公共服务、互助性公共服务和市场性公共服务。孙萍（2017）则从社区公共服务的具体内容出发，认为社区公共服务包括社区福利服务、环境美化服务、文化教育体育服务、安全服务、社会救助服务、就业和社会保险服务、卫生和计划生育服务（见表 2-11）。此外，田毅鹏和董家臣（2015）从社区服务供给主体的差异分析，从而对社区内不同类型的服务进行区分，认为公共服务是指那些由政府提供的服务，商业服务则是由市场提供的服务，而社区服务的本质在于社会性。

表 2-11　社区公共服务区分类型

| 划分角度 | 代表学者 | 具体分类 |
|---|---|---|
| 公共服务的呈现形式 | Moroney 等（1998）；唐云锋（2004） | 工具性服务、情感或认知服务；硬件类公共服务和软件类公共服务 |
| 公共服务的社区独占性 | 张网成和陈涛（2010） | 为所有社区及其成员提供的一类公共服务和只为某一社区及其成员提供的二类公共服务 |
| 公共服务的供给模式 | 夏志强和王建军（2012） | 行政性公共服务、自治性公共服务、互助性公共服务和市场性公共服务 |
| 公共服务的具体内容 | 孙萍（2017） | 社区福利服务、环境美化服务、文化教育体育服务、安全服务、社会救助服务、就业和社会保险服务、卫生和计划生育服务 |

## 2.2.3　城市社区公共服务供给主体与模式

目前，我国城市社区公共服务的供给主体主要涉及三大类别：政府机构、市场力量和社会组织，相对应的也存在着行政化的供给模式、市场化的供给模式、社会化的供给模式以及多元主体共同供给模式。

在计划经济时期，政府不仅直接干预企业经营管理活动，同时也承担了大量的社会服务职能。在社会基层则形成了"单位制"的社会管理体制，政府将所控制的资源分配给不同的单位，从而通过单位提供必要的能够满足单位成员需求的社会服务，因此，作为国家政权一部分的单位承担了资源聚集和提供公共服务的重要职能，形成了"行政吸纳服务"的体制（唐文玉，2010；李凤琴，林闽钢，2011），即一元化的公共服务提供方式。社会体制是国家一元制，形式上表现为"单位人体制"（徐永祥，2006）。这种社会管理体制导致了居民对自身所属单位有着强烈的依附感和安全感，而对所在的居住地则无法形成足够的社区归属感和认同感。

根据社区公共服务的供给主体以及供给方式，李春（2013）将我国社区公共服务发展历程划分为三个阶段，第一阶段为提出和探索阶段（1987—1993 年），第二阶段为以效率为导向的社区公共服务产业化阶段（1993—2006 年），第三阶段为公平与效率并重的均衡发展阶段（2006 年至今）。随着社会主义市场经济体制的确立和"单位制"的瓦解，社区建设得以逐步开展（徐永祥，2006）。由于缺乏足够的自下而上的社区居民参与基础与意识，在政府的组织、倡导和参与下，社区公共服务逐步开展起来，政府成为社区公共服务最重要的供给主体，通过社区行政管理机构和社区服务中心等载体，在资金投入、规划管理和服务监督等方面发挥了巨大作用（沈千帆，2011）。一方面，社区内公共服务涉及多方利益，需要政府权威进行公共服务的规划制定，以保证公共服务的持续供给；另一方面，社区公共服务供给的其他主体也需要政府机构的引导和支持，从而为社区居民提供更符合其切身利益的能够满足其多元需求的服务。然而，过于行政化的社区公共服务供给也存在一定的问题。政府垄断公共服务供给会导致较重的政府财政负担以及供给过程中的资源浪费等情况。社区工作站作为政府设立在社区的工作平台，存在着体制化"空转"情况，以及行政化及工作人员怠政等现象（徐刚，卢艳红，2017）。杨刚（2018）以城市社区公共文化服务为例，认为行政化的公共文化服务忽视了社区居民的真实需求，导致了供给无效与供给过剩、高成本投入与低产出效率、无法有效提升公民满意度和任务型动员等问题的出现。

政府失灵理论认为公共部门在提供公共服务时会偏离政策制定时的初始公共目标，导致公共服务供给效率低下和公共资源的滥用和浪费。随着社会主义市场经济的发展和过度行政化导致的供给问题愈发明显，市场化的公共服务供给方式逐渐引起了学界关注。20 世纪 70 年代末期，新自由主义在经济学领域中持续升温，自由市场的价值开始回归，越来越多的学者开始关注公共服务市场供给的有关问题。例如，提出公共服务民营化的萨瓦斯（2002）认为公共服务供给应当更多地依靠市场和民营组织，减少对政府的依赖。杨蓓蕾等（2008）对城市社区服务的属性进行梳理，认为社区服务是指公益性服务、福利性服务和经营性服务等都包含在社区范围内提供的服务。因而，倡导社区服务民营化，即在对社区公私领域进行合理区分的前提下，采用如特许经营权、合同承包、政府凭单和政府补助等形式的公私合作方式进行供给。然而，郭凤林和严洁（2018）通过对公民服务偏好的研究发现，社会公众仍然对由政府提供的公共服务具有一定的偏好性，市场化的服务往往作为一种补充形式而存在。沈荣华（2016）则对公共服务市场化进行反思，认为将市场机制引入公共服务领域，对提升服务质量、增强服务灵活性和节约成本具有重要意义，可以进一步促进政府治理能力现代化，而且凸显治理责任的共同承担。但是同时也认为公共服务市场化存在需求方缺陷、供给方缺陷、碎片化、空心化和逆民营化等隐患和挑战。崔运武（2019）从公共治理的视角分析了我国目前 PPP 存在的项目异化和民营资本投入少等问题，并从政策目标偏离、法律制度不健全、专业化认识把握不足和管理体制未完全形成等角度进行了分析。在公共服务供给过程中，私营企业具有无可比拟的优势，但私营企业"以追求经济利益最大化"的目标，使得其在公共服务供给过程中难以顾及公共利益和公共价值，因而导致社会中部分弱势群体的权益受到损害，社会公平正义难以得到保障。

政府存在失灵的情况，同样，市场也不是万能的。20 世纪 80 年代以来，全球性范围内的第三部门迅速发展并引起实务界和学界的高度关注。西方各国在教育、医疗、社会服务等公共服务领域广泛引入第三部门的参与服务供给过程，借助社会组织的力量以不断提升公共服务质量。随着公民社会理论和强调多元主体共同参与的治理理论的发展，社区组织在社区公共服务供给中的重要性日益凸显。社会组织能够满足居民多元化的需求，并且促进社会融合和提供社会资本（Giddens，2002；Williams，2003），有利于破解社区的"行政化困境"和"共同体困境"（高红，杨秀勇，2018）。陈世香和王余生（2017）通过对三个不同社区公共文化服务供给的案例研究，认为社会化的社区公共服务可以通过专业化的高效运营方式调动社区居民参与社区活动的主动性以及社区组织参与社区公共服务的积极性，从而实现资源配置、管理运作、文化服务和监督评估的社会化。栾丽霞和杨琴侠（2014）依据合作治理理论，认为政府采取向社会组织购买公共服务的方式可以更好地实现政府与社会组织之间的合作，从而为社区居民提供更为优质高效的社区公共服务。然而，除政府失灵和市场失灵之外，第三部门也存在失灵的风险。萨拉蒙（2008）认为，慈善不足、慈善家长式作风、慈善业余主义等会给社会组织的发展带来一定消极影响。非政府组织的组织行为在一定程度上会偏离志愿性公益机制，出现资源配置的效率低下以及价值导向的非公共状况，从而在公共服务供给过程中，出现功能导向和供给效率方面的问题（顾顺晓，2007）。刘春湘等（2011）也发现社会组织在社区公共服务供给过程中存在一定的问题，如缺乏合法性和独立性、社会资本的缺失和自身能力的不足等。

由于社区公共服务供给过程中存在政府、市场和社会组织三大类主体，相对应的，也就存在政府主导型、市场活跃型和社会组织参与型的社区公共服务模式，即行政化的公共服务供给、市场化的公共服务供给和社会化的公共服务供给。然而，由于社区公共服务种类众多以及社区居民服务需求的多样化，单一主体无法实现公共服务的有效供给，治理理论强调多元主体共同参与社区治理。因此，越来越多的学者强调多元主体合作共同参与社区公共服务供给（Warner 和 Hefetz，2008；李少惠，王苗，2010；Negoita，2018）。公共服务多元供给机制能够发挥政府、市场和社会等不同主体的各自优势，是一种能够实现多元主体结构功能互补的合作供给模式（徐金燕，蒋利平，2013）。陈伟东和舒晓虎（2014）通过对苏州工业园邻里中心的案例研究，认为由政府主体、市场主体和社会主体共同构建的复合式社区服务体系，可以有效解决目前社区服务供给中出现的问题。孙彩红（2015）发现深圳市南山区存在"1＋3＋N"的"一核多元"的治理模式，社区基层党组织、政府组织、社会组织和经营性组织在社区公共服务供给过程中分别发挥了不同的重要作用。张振洋和王哲（2017）通过对上海某街道办事处党建工作的考察，认为在社区公共服务的行政化供给和社会化供给过程中，还存在一种相互结合的采用项目化的区域党建公共服务供给模式。通过建立党建平台、精英交流和激励三种方式，成功地整合了政府、社区内单位以及社区社会资源，实现了社区公共服务供给的新尝试。

现代公民在社区环境中不仅扮演了权力享有者的角色，同时也是责任的承担者，新公共服务理论认为服务的使用者是服务计划和供给的重要组成单位。因此，除了政府机构、社会组织和市场力量三种不同的社区公共服务供给主体外，社区居民也应是社区公共服务的重要供给主体。合作生产的概念最早于20世纪七八十年代被提出，合作生产被认为是在公共服务供给过程中公众广泛参与的现象，公众不仅是公共服务的使用者，同时也可能是公共服务的生产者（Ostrom等，1978；Parks等，1981）。Bovaird（2007）认为公民不仅仅是公共服务的参与者，也应该是公共服务供给过程中的合作生产者（Coproducer）。合作生产（Coproduction）是公共服务的革命性概念，Bovaird（2007）将其定义为基于专业化服务提供者和服务使用者或社区其他成员之间的常规的、长期的关系上的供给。合作生产在公共服务的整个价值链中都具有重要意义，如计划（Planning）、设计（Design）、运转（Commissioning）、管理（Managing）、供给（Delivering）、反馈（Monitoring）和评价（Evaluation）等环节。由此，合作生产的相关核心内涵也逐渐丰富。一方面，合作生产的成果逐步由"产出"转向"结果"，旨在产生"更好的结果或更高的效率"，而非只是单纯地关注公共服务的产出；另一方面，合作生产强调通过对"价值链"的运用以实现对这一过程中所涉及价值交换的分析（Alford，2009；Bovaird和Loeffler，2012）。Cooper和Kathi（2005）认为合作生产是公共机构和服务消费者共同提供的公共服务。作为公共服务使用者的公民和社区，不仅仅扮演着公共服务被动接受者和消费者的角色，同样也承担着公共服务主动生产者和促进者的角色。与传统的政府单向地向公民提供公共服务不同，合作生产将公民看作公共服务的主动创造者和供给者，强调公民在公共服务供给过程中的重要作用。Ostrom（1996）和Levine（2008）认为合作生产可以让公民重新认识到自身的重要性从而弥补公民与政府之间的巨大"鸿沟"。除了可以改善公民与政府之间的关系，合作生产还能够提升公共服务供给的效率和有效性（Parks等，1981）。在当今信息化时代，开放、透明和实时的信息可以通过先进的信息技术促进合作生产的进一步深化，但是也有可能将一部分群体排除在合作生产之外（Clark等，2013）。目前，众多学者多倡导由合作生产逐步转向价值共创，价值共创指的是在公共服务交换和资源整合过程中为用户及其他相关利益者创造的福祉（王欢明，刘馨，2023），原因在于以用户为中心的价值共创能够精准定位公众的需求，以及价值共创能够缓解以组织为中心所导致的公共服务质量低下的困难，价值共创使公共管理的范式由网络进阶到公共服务生态系统（王欢明，刘馨，2023；王学军，李航宇，2023）。公共服务合作生产的类别划分如表 2-12 所示。

表 2-12　公共服务合作生产的类别划分

|  | 专业人员作为唯一的服务计划者 | 专业人员和使用者或社区作为共同计划者 | 使用者或社区作为唯一的服务计划者 |
|---|---|---|---|
| 专业人员作为唯一的服务供给者 | 传统的专业人员服务供给模式 | 传统的专业化服务供给，使用者和社区参与到服务的计划和设计过程中 | 无 |
| 专业人员和使用者或社区作为共同供给者 | 使用者基于专业人员对服务进行设计基础上的共同供给 | 使用者和专业人员合作生产 | 使用者或社区在专业人员极少计划和设计基础上的合作供给 |
| 使用者或社区作为唯一的供给者 | 使用者或社区基于专业人员对服务进行计划基础上的供给 | 使用者或社区对合作计划或合作设计的服务的供给 | 传统的社区自组织类型服务供给 |

资料来源：Bovaird T. Beyond engagement and participation: user and community coproduction of public services [J]. Public Administration Review, 2007, 67 (5): 846-860.

公共服务的价值取向基本呈现出工具价值取向和政治价值取向两种类型。工具价值取向坚持，公共服务是政府为巩固执政地位和获取合法性而采取的一种手段，是政府进行社会治理的工具手段之一，无论公共服务意义几何都无法否认其本质上所具有的管理工具主义的实质。政治价值取向认为，公共服务是国家对公民所承担的义不容辞的责任，政府本质就是社会公众为获得高质量生活所需的公共服务而设立的，为全体社会公众提供优质公共服务是国家存在的基本要求，切实维护公民权利和促进社会个体自由全面发展是公共服务的核心价值。在经济社会的发展初期，公共服务的工具价值取向往往占据主导，公共服务供给的过程中往往也遵循效率优先的行动逻辑。伴随经济社会的发展，政府服务理念和公民权利意识的逐渐增强，公共服务政治价值取向日渐取代工作价值取向占据主导地位，公共服务实践也更为强调公平、正义等价值。

随着社会的发展进步，政府机构不再是社区公共服务的唯一供给主体，将社会组织和市场力量等多元主体所拥有的资源予以整合，通过不同方式共同合作参与社区公共服务供给过程，实现社区公共服务的高效优质供给，满足社区居民复杂多样的服务需求。

## 2.2.4 城市社区公共服务供给问题与对策

还有一部分学者从实践层面出发，关注目前我国城市社区公共服务供给过程中出现的问题，在对问题进行分析的基础上，提出相对应的建议对策。学者们普遍认为目前社区公共服务存在供需不均衡、价值缺失和碎片化供给等问题。曹海军（2018）认为目前社区公共服务供给中存在供需关系不匹配以及供给质量和效率低下等问题，因而从功能路径、技术路径和场景路径三个维度分析社区公共服务供给侧改革，在提升社区公共服务供给水平和质量的同时也体现出基层协商民主的重要性。蒋俊杰（2014）认为目前我国社区公共服务模式存在三大困境，即价值困境、供给困境和管理困境。价值困境意味着随着城市化的快速推进，社区内人际关系日渐疏远，社区居民缺乏对社区的情感归属和价值认同。供给困境即社区公共服务的多元主体间彼此合作治理的基础日渐缺失。管理困境即由于社区公共服务覆盖面太广，造成社区工作人员疲于应付，社区治理呈现碎片化趋势。由此提出要通过建设智慧社区以实现对社区公共服务模式的重构，并以浙江宁波海曙区的案例予以佐证。孔娜娜（2014）认为社区公共服务呈现出碎片化的趋势，具体表现为服务信息碎片化、服务流程碎片化和服务方式碎片化，其根源在于政府职能分工及权力利益划分的碎片化，进而提出了整体性治理的思路，即对政府内部进行协调整合，对政府权力、利益以及资源进行再分配。陈荣卓和申鲁菁（2016）认为，目前我国城市社区公共服务已经有效实现了范围扩大、手段提升、主体多元以及服务类型细化等，但是仍旧存在部分问题，如社会协同有待提升、物质保障亟待跟进、制度规范亟须完善、专业组织有待培育等。容志和张云翔（2020）认为目前城市社区公共服务供给正在进行从专业生产到共同生产的范式转型，居民和居民组织是社区公共服务的核心生产者，居民和居民组织广泛积极参与社会事务，通过合理运用各种物质、知识与技能等资源，从而产出具有公共性的社区服务，并达成公共价值的实现。

虽然社区内存在着多元的治理主体，然而由于除政府之外的其他治理主体并不具备强大的治理能力，也无法与社区居民之间形成具有约束力的治理契约，因而政府在社区公共服务供给过程中的重要地位无法撼动。因此，众多学者从政府主体的视角提出解决城市社区公共服务问题的对策建议。有学者认为政府应当在社区公共服务供给中发挥其引导功能，颜德如和孔庆茵（2018）通过对国外社区服务经验的考察后，认为要加强政府的统筹引导以及监督职能。田阡（2012）认为政府机构应该提供社区所需纯公共服务和准公共服务，同时积极引导和激励其他社会组织、企业单位参与社区公共服务供给。然而也有学者认为政府应与其他主体处于平等的地位，主张政府、社区社会组织、居民等多元主体应当在平等协商的基础上共同参与社区公共服务供给（Bovaird，2007；陈剩勇，徐珣，2013；Loeffle 和 Bovaird，2016；Wimmer 和 Scherer，2018）。同时，也有学者建议采用政府购买服务的方式向社区居民提供多样化的公共服务（Nisar，2013；储亚萍，2014；方俊，李子森，2018），从而实现社区公共服务供给的精准化（徐增阳，张磊，2019）。伴随着互联网普及以及信息技术的发展，一部分学者开始关注"互联网 +" 社区公共服务。Henson（2005）建议建立社区网站，通过网站传播专业知识，为社区居民提供有价值的公共服务。何继新（2018）采用质性研究方法，构建了由政府引导、服务性企业建设、外部环境、运行管理平台和第三方运营五个范畴共同构成的社区"互联网 + 公共服务"供给模型。张鹏（2017）则通过比较分析研究发现，目前智慧社区公共服务面临着供需错位、业务分割、人才短缺以及协同乏力四大问题，根据整体性治理理论，提出要注重社区居民需求、共享信息资源平台、建立信任机制、培育社区人才等建议。何继新和李露露（2019）认为目前智慧化供给已然成为社区公共服务的重要创新方式。社区公共服务的智慧化供给体现了社区公共服务供给效率和质量提升，在实现便捷精准的服务品质、丰富完整的服务内容、扁平顺畅的服务流程、高效精细的服务能力等方面具有重要意义，并且构建了由参与相关利益主体、智慧化公共服务建设、物理场域平台建设三个方面组成的城市社区公共服务智慧化供给建设基本框架，在实现模式上可以区分为复合网络平台型、源整合集聚型、智能家居超市型和生态群落共生型。何继新和何海清（2020）认为，在"智能＋"背景下的城市社区公共服务正处于将实体与虚拟相结合的迅速发展阶段，社区公共服务供给的多元主体正在依托联结共治的生态网络形成联系紧密的共同体，从而持续促进社区公共服务的虚拟集聚与创新发展。

社区公共服务是社区治理的基础内容（马全中，2017），社区公共需求是社区治理体系构建的基本导向（姜晓萍，2014），优质高效的社区公共服务供给离不开社区良好的治理效果。因而，从社区治理的层面对社区公共服务进行考察可以更好地理解社区公共服务供给的现状。目前关于社区治理存在的问题主要集中在探讨社区社会资本欠缺和社区公众参与不足方面。蒋慧和吴新星（2012）从政治社会学的角度，发现在"过渡型社区"中存在社区信任难以形成、社区制度不全、社区关系网络缺乏和公众参与不足等问题。燕继荣（2010）认为社会资本对社区建设具有重要意义，如何提高社区居民对所在社区的认同感、归属感和信任度是实现社区良好治理的重要途径。程秀英和孙柏瑛（2017）认为目前解决我国城市基层治理问题的关键在于政府职能和运作方式的转变，坚持培育社会力量和增加社会参与。李梦莹（2017）通过案例分析，建议将社会资本引入社区治理，发挥社会资本的互惠机制和关系网络，从而为实现社区治理创新提供信任保障和资源保障。朱楷文和王永益（2021）则呼吁将情感"回归"到社区治理中，通过提升生活属性、规约引导情感、互嵌交往关系三条路径，以有效解决社区治理过程中出现的生活场域内缩、人情惯习异化、社会资本流失等问题。在公共参与方面，郑建君（2015）认为公众参与是社区治理和自治的有效推动力，社区多元利益主体制度规范内的参与可以推动其共同关注社区公共事务。龚建华和李永华（2016）从"良性互动"的视角分析，认为我国社区治理面临治理目的丧失、治理主体丧失和治理方向丧失三大问题，并建议通过回归共同体目标、多元主体参与和构建公共空间三条路径进行解决。何海兵等（2017）通过对上海市社区的问卷调查发现，社区居民参与社区治理方面存在一定的问题，具体表现为参与意识不强、参与动力不足和参与活力不够等。杨莉（2018）建议以需求激发居民社区参与，一方面通过在社区居民需求满足过程中创造公共利益，实现社区居民的主动持续参与；另一方面通过对社区居民的需求进行识别，实现社区的精准治理。也有学者从宏观的视角进行讨论，分析了城市社区治理"去行政化"的必要性，我国城市社区治理的演变包含政府主导社区治理的"行政化"阶段、社区自治功能回归的"去行政化"阶段，以及目前正在转向的多元主体"共建共治共享"的社区治理共同体新格局阶段（章文光等，2023）。部分学者关注社区治理的案例现实，如以北京市"接诉即办"为例，燕继荣和张志原（2022）认为北京市所进行的"接诉即办"改革实现了一条以市民诉求为驱动实现城市社区治理体系创新的解决路径。"接诉即办"改革以居民诉求为核心，通过重构社区治理体系中的工作流程、职权分配与考评标准和方式等制度环节，强化市民与政府间的责任关系纽带，激励社区与居民之间进行多方位的协商沟通，赋能社区居民进行多元自治，从而促进社区治理效能显著提升。刘悦美（2023）以"社区通"平台为个案，探索数字技术驱动的数据要素生产机制如何推动数字平台成为社区治理的边界跨越载体，最终提升社区治理资源整合能力、治理网络优化能力和公共价值增能能力。张平等（2020）通过对42个实验区的治理案例进行模糊集定性比较分析，发现城市社区治理创新的类型可以分为经济发展＋信息平台建设＋党政主导型、经济发展＋资源驱动＋党政主导型、信息平台建设＋党政主导＋资源驱动型、信息平台建设＋党政主导＋公众参与型和信息平台建设＋资源驱动＋公众参与型。

## 2.3  公共服务满意度相关研究

公共服务满意度是对公共服务质量进行评价的重要方式，是政策制定者制定公共政策的重要基础（Walle 和 Ryzin，2011）。将源于市场营销领域的顾客满意度概念引入公共服务质量的评价中，不仅体现了对公共服务水平进行科学测评的工具导向，同时也凸显了以人为本的价值导向。

### 2.3.1  公共服务满意度的概念

服务的概念来源于商业研究领域，Ramaswamy（1996）认为服务是一种发生在服务供给者和服务接收者之间的商业交易，目的是使消费者获得满意的结果。Zeithaml 将其定义为"行为，过程和绩效"[①]。Yong（2000）概括了服务所应包括的三个重要内涵：（1）服务是一种结果表现；（2）在服务生产和消费的过程中，物质资源以及环境发挥了巨大作用；（3）服务是对消费者需求的一种满足。Zeithaml（1990）认为服务具有无形性，这意味着服务无法被触摸、储存以及拥有。

满意即个体因达到某个目标而产生的一种情绪状态，是个体的内在心理感受或心理状态，包括态度、愿望、认知、情绪、情感和信念等（刘武，2008）。满意度的研究起源于心理学领域，随着其被引入市场营销领域，顾客满意度逐渐成为市场营销领域的重要概念，强调企业让顾客感受到满意进而由此获得利润（Yi 和 Nataraajan，2018）。Belkin 等学者（1976）提出顾客满意度源于顾客期望的所购买产品的利益实现程度。Oliver（1980）提出了顾客满意度决定认知模型，研究了期望、服务效果和满意之间的关系，成为研究顾客满意度的重要理论基础。随后的关于顾客满意度的概念大多是基于期望不一致模型进行界定。Churchill 和 Surprenant（1982）认为顾客满意度是顾客对产品的一种成本收益分

---

① Zeithaml V A, Bitner M J. Services marketing: integrating customer focus across the firm [M]. Boston, MA: McGraw-Hill, 2000.

析，是顾客将购买成本与预期结果进行比较所产生的心理评价。有学者将满意度看作一种认知评价过程的体现，个体在购买物品或服务前的所有消费经验会促使其自身内在设立一套标准，在购买后，顾客会以产品的实际绩效与上述已经内在设定的标准进行比较，从而会出现正向或负向的感知，进而影响顾客的满意程度，将顾客满意认为是一种理性的自身内在"知觉评价"过程（Cadotte 等，1987）。也有学者将"情感"要素融入顾客满意度之中，对满意的情感定义是顾客主观的感受，顾客如果感觉产品好就会产生满意感，如果感觉产品不好则产生不满意感（Westhrook 和 Oliver，1991）。顾客满意度是产品服务对顾客自身需求的满足情况，产生于顾客对产品服务实际效果和内心期望之间的对比（Oliver，1997），当内心期望大于实际服务效果时，顾客会产生不满意体验，而当实际服务效果优于内心期望时，顾客满意度则会较高。Parasuraman 等学者（1994）认为，顾客满意是顾客对服务质量、产品质量以及价格的综合评定。

伴随着 20 世纪中后期西方国家政府职能扩张而出现的公共服务问题，公共服务满意度的概念逐渐成为公共管理学的研究主题。公共服务满意度被认为是能够体现新公共管理理论中所强调的"顾客满意"以及"结果导向"等理念的重要概念（Kaboolian，1998）。公共组织必须更加注重公民对服务的评价，以便更好地回应公民的需求（Hansen 和 Jacobsen，2016）。因此，当创造服务价值成为公共服务供给过程中的重要任务时，公民的公共服务满意度便成为政府绩效评估的关键因素（Högström 等，2016）。在公共管理领域，社会公众取代了市场营销学中的"顾客"，追求企业利益变成了实现公共利益。Ladewig 和 Mccann（1980）认为社区满意度是社区居民对社区所提供服务的心理反映。社区居民满意度是社区居民对所在社区的生活条件和人际关系等多种客观因素的一种主观考量评价（陈志霞，2004）。Van Ryzin（2006）认为服务满意度是公民或顾客对产品或服务的整体判断，通常被界定为服务供给价值的核心变量（Andrews 等，2011）。社区服务公众满意度是指社区居民对社区服务在使用后与使用前的现实值的期望值进行比较后产生的"差距"，是社区居民长期以来对各种社区内服务的微观感受的累积效应（邹凯，2008）。基于期望不一致模型的公共服务满意度是个体早先期望与产品或服务使用后的感知之间对比后形成的对政府绩效的认同或不认同，最终形成自身的满意度评价（Morgeson，2012）。梁昌勇等（2015）认为公共服务公众满意度是一种公共服务效果的感知差异，产生于社会公众将预期服务质量与实际感知服务质量进行比较之后。姚绩伟等（2016）认为公共服务满意度就是公共服务享有者将其对某部门、机构或组织等所提供的全部产品的感知效果与其自身内在期望所比较后形成的一种心理感受。社区体育公共服务供给满意度指社区居民在使用由政府、市场、社会组织等多元主体提供的体育产品或体育服务的功能、特征和质量等之后，在社区居民生理及心理方面获得的实际效果与其自身内在预期相比的差异感受。当供给内容符合预期，居民会给出"一般满意"的评价；当供给内容超过期望值，居民就会感到"比较满意"或"非常满意"；当供给内容低于预期，居民就会给出"不太满意"或"非常不满意"的反应（姚绩伟等，2016；赵赟，2021）。一般而言，公共服务满意度是一种自下而上的由社会公众进行的内在主观评价方式，将公共服务评价的具体问题转向全体社会公众，即那些使用多种类公共服务的个体充分发挥其主观能动性对其使用状况进行评价，社会居民对各类公共产品或服务提供的水平和效率等因素进行客观、全面、理性的考量。

费孝通先生（2001）将社区解释为人们在地缘关系上结成的互助合作的共同体。通过对相关概念和研究的梳理，本研究将城市社区界定为生活在城市范围内一定区域的一定数量的居民，按照一定社会制度和社会规则组织形成的互助合作的生活共同体。于洋航（2021）认为，公共服务满意度是社会公众对公共服务质量进行评价的重要方式，在城市社区范围内，城市社区公共服务满意度体现了城市社区居民对其所享受到的多样化社区公共服务的满意程度，是城市社区居民对城市社区公共服务满足其自身需求的主观评价和认知体现。参考杨团教授（2001）以及众多学者对社区公共服务的定义，本研究将城市社区公共服务定义为，以城市社区为单位的多元主体共同提供的以满足社区居民多元需求的多样化的社会服务，包括社区教育服务、社区基本社会保障服务、社区安全服务、社区基础设施服务、社区文体服务、社区环境服务、社区交通服务等多种服务类型。

体现为以下几个特点：（1）服务范围的区域性；（2）供给主体的多元化；（3）服务对象的社区内普遍性；（4）服务价值的居民需求导向性；（5）服务种类的多样化。在此基础上，根据现有关于公共服务满意度的相关研究成果，本研究将城市社区公共服务满意度界定为，城市社区居民对社区内多元主体共同提供的多样化的社区公共服务的满意程度，是对城市社区公共服务满足其自身需求的内在主观感知评价。城市社区公共服务满意度不仅体现了城市社区公共服务质量，而且凸显了城市社区治理水平，是客观政府治理绩效的主观反映。

## 2.3.2　公共服务满意度测量模型

现有关于公共服务满意度测量模型主要基于两种模型发展而来。一种是基于期望理论的顾客满意度（Customer Satisfaction）模型，认为公共服务满意度是居民在感知公共服务质量和内心期望比较后产生的心理差距。第二种是服务质量评价（SERVQUAL）模型，认为满意度是个体对服务质量感知后所产生的实际评价，重点研究服务质量的有形性、可靠性、保证性、响应性和移情性等相关特质。

### 2.3.2.1　顾客满意度模型

顾客满意度是市场营销领域的重要概念，是研究消费者购买行为的核心内容（Fornell 和 Wernerfelt，1987）。顾客满意度模型用于测量顾客对服务供给者提供的服务或产品质量的满意程度。

1989 年，Johnson 和 Fornell 为了使顾客满意度能够在不同个体间和不同产品种类间进行对比，对相关重要的经济因素和心理因素进行整合，构建了顾客满意度研究模型，并以此模型开发了顾客满意度指数（Customer Satisfaction Index，CSI），如图 2-3 所示。同年，为了解决国内面临的实际问题，瑞典将 Fornell 设计的顾客满意度模型和计算方法运用于实践当中，设计了"瑞典顾客满意度指数"（Sweden Customer Satisfaction Barometer，SCSB），该指数也成为全球范围内最早由国家主导设立的满意度测量模型。顾客满意是该测量模型的核心变量，包括顾客期望和价值感知两个前因变量，以及顾客忠诚和顾客投诉两个结果变量。

在瑞典之后，美国于 1994 年也建立了美国顾客满意度指数（American Customer Satisfaction Index，ACSI），如图 2-4 所示。与瑞典顾客满意度指数相比，美国顾客满意度指数将质量感知和价值感知进行了区分，进一步细化了模型。该模型不仅成为联邦政府提升服务质量的重要参考，同时也成为目前全球范围内多个国家及地区普遍采用的满意度模型。随后，全球范围内众多国家和地区也开始逐步建立顾客满意度指数。例如，欧盟于 1991 年建立欧洲顾客满意度指数，新西兰于 1995 年建立新西兰满意度指数，挪威于 1996 年建立挪威满意度指数。

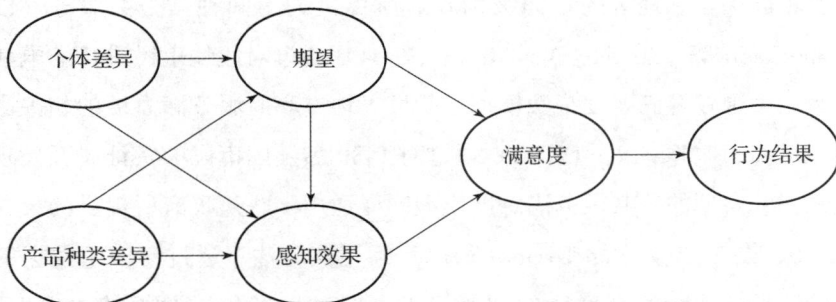

**图 2-3　顾客满意度指数（Customer Satisfaction Index，CSI）**

资料来源：Johnson M D，Fornell C. A framework for comparing customer satisfaction across individuals and product categories [J]. Journal of Economic Psychology，1991，12（2）：267-286.

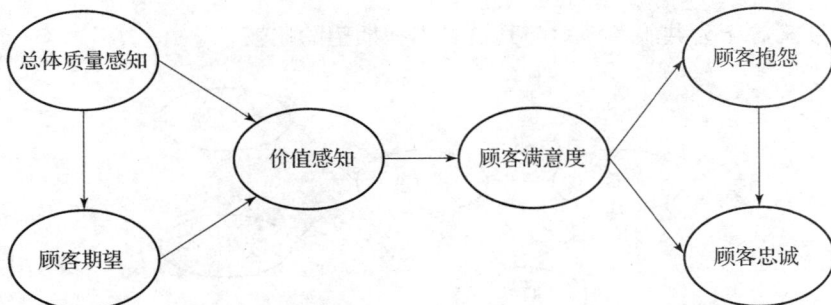

**图 2-4　美国顾客满意度指数（American Customer Satisfaction Index，ACSI）**

资料来源：Fornell C，Johnson M D，Anderson E W，et al. The American customer satisfaction index：Nature，purpose，and findings [J]. Journal of Marketing，1996，60（4）：7-18.

　　满意度虽然是市场营销、企业管理领域的核心概念，但是随着 20 世纪中后期西方国家政府职能不断扩张而出现的众多问题，满意度的概念逐渐进入了公共管理学者的研究视野。20 世纪 70 年代，随着新公共管理运动的发展，以顾客满意、企业型政府为导向的行政改革也逐渐兴起（Van Ryzin 和 Gregg，2004）。公共服务满意度被认为是能够体现新公共管理理论中"顾客满意""结果导向"的重要概念（Kaboolian，1998）。由于公共服务满意度更强调从公民的视角对公共服务进行评价（Petrovsky 等，2016），因而更为直接准确地反映了公民自身的需求，同时也有利于政府改进自身服务质量，实现民主治理，成为政府决策的重要参考依据。众多学者也基于顾客满意度模型开展大量有关公共服务满意度的研究，涉及不同国家和地区的不同级别政府所提供的不同种类公共服务（Stipak，1980；Bouckaert 等，2005）。Van Ryzin（2004）通过对纽约市民进行的电话调查数据，运用美国顾客满意度指数模型，验证了地方政府服务满意度的相关影响因素（见图 2-5）。Morgeson（2012）通过对 1480 名美国市民的实证研究发现，基于期望不一致模型的公共服务满意度模型同样适用于联邦政府所提供的公共服务（见图 2-6、图 2-7）。Van Ryzin（2013）运用实验法，通过对四组数据的对比观察，验证了公共服务满意度的期望模型，同时也避免了数据的内生性问题。Nigro 和 Císaro（2016）构建了包含工作满意度及生活支出、宜居性和多样性、环境感知等变量的阿根廷城市居民满意度模型。Petrovsky 等（2016）验证了公共服务满意度的期望不一致模型在墨西哥等不发达国家或地区城市中的适用性，公民满意度来源于公共服务绩效与其自身内在期望的比较。

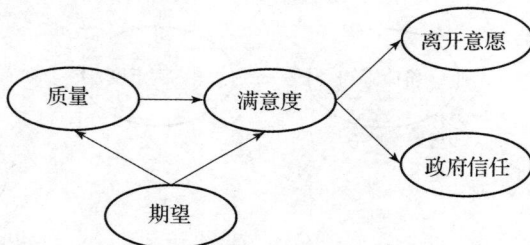

**图 2-5　地方政府服务满意度影响因素模型**

资料来源：Van Ryzin G G，Muzzio D，Immerwahr S，et al. Drivers and consequences of citizen satisfaction：An application of the American customer satisfaction index model to New York City ［J］. Public Administration Review，2004，64（3）：331-341.

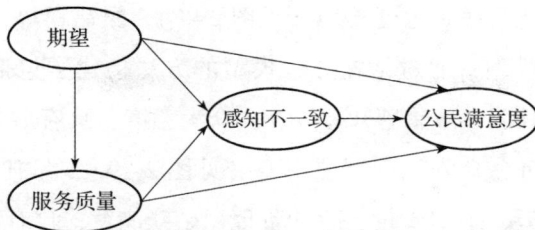

**图 2-6　期望不一致模型**

资料来源：Morgeson F V. Expectations, disconfirmation, and citizen satisfaction with the US federal government: Testing and expanding the model [J]. Journal of Public Administration Research and Theory, 2012, 23 (2): 289-305.

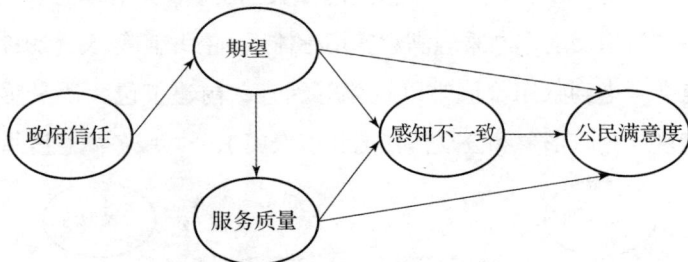

**图 2-7　美国联邦政府服务满意度模型**

资料来源：Morgeson F V. Expectations, disconfirmation, and citizen satisfaction with the US federal government: Testing and expanding the model [J]. Journal of Public Administration Research and Theory, 2012, 23 (2): 289-305.

　　国内学者积极借鉴西方顾客满意度指数模型，构建了中国公共服务满意度指数模型，对中国居民的公共服务满意度状况进行研究。刘武等人（2009）以沈阳市公共部门服务绩效为研究对象，运用结构方程模型，构建了两种分别具有不同适用范围的顾客满意度评价指标模型。一种是专门针对具体服务项目的指数模型，包括顾客预期、感知质量、顾客满意度、顾客抱怨和顾客忠诚五个维度。另一种是适合一般性的公共服务公众满意和信任度指数模型（Chinese Public Service Satisfaction and Trust Index, CPSSTI），包括感知质量、组织形象、公众满意和公众信任四个变量。何华兵（2012）则从新公共服务理论的视角出发，将顾客满意度中的"顾客"用"公民"予以替代，同时将顾客忠诚改为公民信任，构建了包含公民预期、感知质量、感知价值、公民满意度、公民抱怨和公民信任等变量的基本公共服务均等化公民满意度模型（见图2-8）。梁昌勇等人（2015）根据美国顾客满意度理论模型，通过结构方程模型的方法构建了包括公共服务质量感知、公众期望、公共服务效果感知差异、公众满意度、政府形象和公众信任的我国政府部门公共服务公众满意度测评模型（见图2-9）。邹凯和包明林（2016）构建了包含公众期望、感知质量、感知价值、公众满意、政府形象、公众信赖等维度的我国政务微博服务公众满意度指数模型。感知质量因子涵盖政务微博服务内容、政务微博服务方式、政务微博服务渠道以及政务微博服务效能四个方面。张兵等（2016）研究了乘车便利质量、乘车环境质量和运营状况质量对顾客满意度和忠诚度的影响。钱雅倩（2017）构建了包括感知服务质量、乘客满意和乘客抱怨三个二级指标的城市轨道交通车站乘客满意度指标体系。徐增阳等人（2017）结合我国农民工的特点，考虑到感知价值难以量化等因素，构建了包含质量感知、公众期望、公众满意度、公众形象和公众信任的我国农民工公共服务满意度指数。

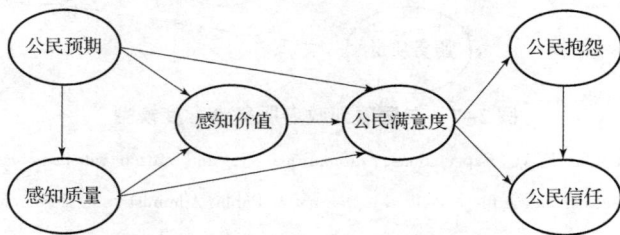

**图2-8　基本公共服务均等化公民满意度模型**

资料来源：何华兵. 基本公共服务均等化满意度测评体系的建构与应用［J］. 中国行政管理，2012（11）：25-29.

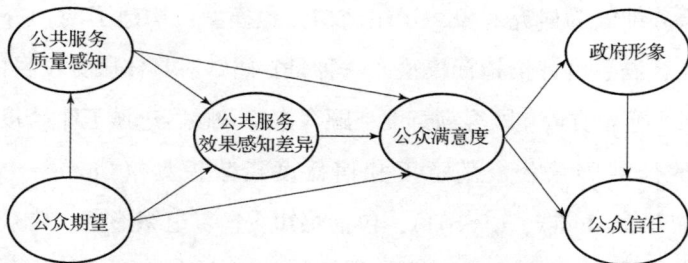

**图2-9　政府部门公共服务公众满意度模型**

资料来源：梁昌勇，代糶，朱龙. 基于SEM的公共服务公众满意度测评模型研究［J］. 华东经济管理，2015，29（2）：123-129.

### 2.3.2.2 SERVQUAL 模型

与顾客满意度紧密联系的另一个重要模型则是 SERVQUAL 模型。Zeithaml（1988）认为感知质量是一种消费者或使用者做出的关于产品优越性的判断。Parasuraman 等人（1988）将其运用于服务的研究中，认为服务质量感知是一种关于个体所接受的服务的优越性的整体判断或态度。Gefen（2000）后来则将这一概念定义为消费者在他们所期望的服务质量和实际接收的服务质量之间做出的主观比较和判断。

Parasuraman 等人（1985）认为服务质量由于其自身的某些属性，如无形性（Intangibility）、异质性（Heterogeneity）、不可分割性（Inseparability），造成了服务质量的测量困难，从而迫使服务供给者开始从消费者的视角分析服务质量。因而，很多学者选择服务质量的内在特质视角测量服务质量。Garvin（1984）认为需要从 8 个维度测量服务质量，包括产品表现（Performance）、特点（Characteristics）、可靠性（Reliability）、黏结性（Adherence）、持久性（Durability）、服务自身（Aspects of the service itself）、审美（Aesthetics）以及感知质量（Perceived quality）。Parasuraman、Zeithaml 和 Barry 则在 1985 年通过对多个行业的深入访谈，提出了著名的 SERVQUAL 模型，包括有形性（Tangible）、可靠性（Reliability）、响应性（Responsiveness）、专业性（Professionalism）、礼貌性（Courtesy）、可信性（Credibility）、保障性（Assurance）、可达性（Accessibility）、沟通性（Communication）和移情性（Empathy）。1991 年，Parasuraman 等人进一步将其归纳为有形性（Tangibles）、可靠性（Reliability）、响应性（Responsiveness）、保障性（Assurance）和移情性（Empathy）五大类。

服务质量不仅仅在市场营销领域得到了大量关注和研究，公共管理领域的相关学者也逐渐将其引入，并积极开展相关测评工作，试图从顾客导向出发提升公共服务质量。根据 SERVQUAL 模型，Gadea（2000）提出公共服务质量测评的十大特质维度：（1）可靠性（Reliability）：公共服务在首次提供时就应完成好；（2）响应性（Responsiveness）：工作及任务回应快速且及时完成；（3）胜任力（Competence）：公共服务人员应当具备执行任务的能力；（4）可达性（Accessibility）：公共服务应当便捷地被公众所获得；（5）礼貌（Courtesy）：公民应当被友好地对待，且获得关注；（6）沟通（Communication）：公共服务使用者与公共服务供给者之间应当以一种极易理解的语言进行沟通；（7）可信性（Credibility）：服务以及公共服务供给者应当是诚实和真实的；（8）安全性（Security）：服务安全和个人隐私应该得到保护；（9）理解（Understanding）：公共管理者应该了解公众的观点；（10）物质设施（Physical infrastructure）：公共服务提供环境应当是舒适且高质量的。Carman（1990）构建了包含入院服务、医院住宿、医院食物、隐私保护、医疗护理、治疗解释、访客通道、出院计划和患者会计9个维度的医院医疗服务质量评价模型。Jabnoun和Chaker（2003）构建了包含可靠性、响应性、支持技能、同理心和有形性的医院医疗服务质量评价标准，并且比较了阿联酋私立和公立医院患者对医疗服务质量的感知状况。研究结果显示，除了支持技能维度之外，公立医院和私立医院在其他四个维度上均存在显著性差异。Kim（2006）运用韩国地区政府调查数据，通过构建结构方程模型，发现在公共服务外包的过程中，公共服务外包企业的有形性、可靠性、响应性、保障性和移情性均能显著影响个体的满意度。Thabit Atobishi（2018）通过测量有形性、可靠性、响应性、保障性和移情性等变量，探讨了约旦医院的信息质量和系统质量对其服务质量的影响。Ali（2018）等运用SERVQUAL检验了印度医院的服务质量。Alemán等（2018）使用西班牙社会研究中心的问卷及数据，通过因子分析等方法，验证了SERVQUAL模型在公共服务领域的适用性。

国内也有学者根据SERVQUAL模型构建了用户服务满意度指标，并针对某一领域进行测量。杨文恺（2015）将SERVQUAL指标运用于电信行业，利用信息熵方法计算并修正了电信服务质量评价指标。张晓娟等人（2017）研究发现，政务微信使用的便捷性、响应性和可靠性三个维度与用户满意度显著相关，而保证性和移情性则与用户满意度之间并无显著的相关性。迟景明和邵宏润（2018）研究了博士生教育服务质量与博士生学习满意度之间的关系，通过构建结构方程模型发现有形性、可靠性、保证性、响应性和移情性均对博士生满意度具有正向影响。徐绪堪等（2022）融合乘积标度法和加权质量差距分析，借助IPA象限分析图，构建包含嵌入过程、技术功能、信息特征、服务效果、用户控制的感知维度指标体系，对高校图书馆嵌入式学科服务质量进行评价。曾粤亮和陆欣仪（2023）构建了包含有形性、可靠性、保证性、响应性和移情性的高校图书馆创客空间服务质量评价指标体系。王岩等（2023）基于服务质量（SERVQUAL）模型和"重要性—绩效分析"（IPA）模型，构建了包含可靠性、安全性、移情性、监督性、经济性、响应性和有形性的服务质量评价模型，并通过青岛市的实证数据，对"互联网＋护理服务"质量进行评价。

### 2.3.3 公共服务满意度测量的具体指标

众多学者根据公共服务满意度的相关概念，并结合所研究内容的实际情况，有针对性地从公共服务的具体领域开展公共服务满意度的指标构建和测量工作。Akinboade（2012）分别从 9 个方面测量南非城市居民的公共服务满意度，具体维度包括：（1）医疗健康服务；（2）住房服务；（3）水资源服务；（4）电力服务；（5）固态垃圾处理服务；（6）社区服务或社区设施状况；（7）交通道路服务；（8）社会治安服务；（9）就业服务。研究发现，南非城市居民对道路维护、创造就业机会和社会治安的满意度较低，并对不同区域的不同种类公共服务进行了分类比较。上海交通大学钟杨教授主编了《中国城市公共服务公众满意度蓝皮书》，该书从 2013 年开始公开发布，对中国多个城市的公众公共服务满意度进行了研究。比如在 2015—2016 年度发布的蓝皮书中，指标体系分为基本公共服务维度（包括中小学教育、公立医院服务、房价稳定、社会保障、环境保护、社会治安、基础设施建设、休闲娱乐设施建设、公共交通）和政府服务维度（政策制定过程中的公民参与程度、公共政策中对民意的反映程度、政府支出公示情况、公共信息获取便利程度、公职人员服务态度、公职人员工作效率）。郑方辉和王珥（2008）采用层次分析法，提出了个人及家庭收入满意度、自然环境满意度、社会治安满意度、医疗保障满意度、就业机会满意度、执法公正性满意度、政策稳定性满意度、政府部门效率满意度、政府部门态度满意度、政府人员廉洁满意度 10 个维度，并对广东省的数据样本进行了实证分析。王佃利和宋学增

（2009）研究了济南市市政公用行业满意度，具体问卷由出租车行业满意度、供水行业满意度、供热行业满意度、供气行业满意度、公交行业满意度和路灯满意度六个二级指标维度组成。冯亚平等人（2016）制定了包含社会保障、环境卫生、义务教育、基建、公共医疗、公共交通、公共治安、行政管理、市容市貌九大类的公共服务总体满意度，并通过问卷调研后发现，居住于大中型城市的居民对公共服务的满意度明显低于居住于小型城市居民的满意度。曹现强和林建鹏（2019）选取《国务院关于印发"十三五"推进基本公共服务均等化规划的通知》中的 8 个公共服务类别（公共事业、公共交通、社会保障、公共环境、公共教育、公共医疗、文化休闲、公共安全）和 27 个公共服务具体指标，构建山东省城市公共服务满意度指标体系。同时通过实证研究发现，山东省内公共服务满意度分布存在地理区域性的差异，东部沿海城市公共服务满意度相对较高，中部、南部和北部的内陆城市相对较低。根据《国家新型城镇化规划（2014—2020）》中所明确的关于进城务工人员应享有的五项城市基本公共服务内容：社会保障、基本医疗卫生条件、随迁子女受教育权利、就业创业服务和住房保障，李东平和卢海阳（2020）在其研究中从就业、住房、医疗、养老及子女教育五个方面对农民工公共服务满意度开展测评，并发现公共服务满意度能够显著正向作用于农民工的城市定居意愿。刘浩等（2020）在山东省 Q 市开展公共服务满意度调查，公共服务满意度测量维度包括就业、社会消费、教育、公共交通、医疗、养老、文体休闲 7 类基本公共服务，并发现公共服务存在空间不正义的现象。省或市政府驻地市辖区的居民公共服务满意度显著高于非驻地市辖区，与省市政府同一市辖区的城镇常住居民因居于省市权力中心可享受更好的城市公共服务。曹冰雪和李瑾（2023）使用基础教育、医疗卫生、社会保障、就业培训和公共文化五个维度的满意度水平测量公民的基本公共服务满意度，并发现信息基础设施对公民基本公共服务满意度的积极效应。

也有学者通过使用相关大型调研数据库中关于公共服务的数据对公共服务满意度进行研究。由于数据库数据在收集过程中调研范围广，样本量充足，数据具有较好的代表性，一旦数据库数据予以公开，众多学者往往倾向于选择使用数据库数据作为其研究数据来源。Ryzin（2010）等人运用纽约市居民服务满意度调查数据（Survey of Satisfaction with New York City Services，SSNYCS），构建了纽约市居民公共服务满意度模型，在感知质量维度中测量了消防安全服务（Fire services）、图书馆服务（Library services）、公园服务（Parks services）、警务服务（Police services）、公交服务（Buses services）、清洁卫生服务（Clean services）、地铁服务（Subway services）、学校服务（Schools services）以及道路服务（Roads services）9 个维度。纪江明和胡伟（2013）基于 2012 年连氏"中国城市公共服务质量调查"的数据，使用熵权 TOPSIS 分析法，构建了包含公共教育、公共安全、环境保护、住房与社会保障、基础设施、文体设施、公共交通、医疗卫生 8 个一级指标以及 26 个二级指标的中国公共服务满意度指标体系。何包钢和吴进进（2016）通过使用 2013 年度新加坡连氏市民公共服务满意度调查数据，发现公共协商感知显著提高了市民的政治满意度和公共服务满意度。吴进进（2017）运用亚洲民主价值观调查（Asia Barometer Survey）的中国数据，发现了公共服务满意度的积极作用。在该数据库中，政府公共服务满意度涉及环境问题等八个领域。黄新华和汪雅晨（2022）基于 2019 年中国社会状况综合调查（Chinese Social Survey，CSS）数据探讨经济资本、文化资本和社会资本对公共服务满意度的影响，并发现政府角色认知在资本禀赋对公共服务满意度影响过程中所发挥的中介效应。林建鹏和吕汶鑫（2023）运用 CSS 2019 数据，从医疗、教育、就业、社保、治安、环境、食药安全等领域测量居民的公共服务满意度，探讨了互联网使用的不同类型与公共服务满意度之间的关系。

中国综合社会调查（China General Social Survey，CGSS）是我国最早开展的全国性、综合性、连续性学术调查项目，开始于 2003 年，已经成为众多学术研究的重要数据来源。在 CGSS 2013 和 CGSS 2015 等年份数据中出现了关于对公众公共服务满意度的测量题项，因而也成为目前国内学者测量居民公共服务满意度使用较多的数据库。姬生翔和姜流（2017）基于美国顾客满意度模型，使用 CGSS 2013 数据构建了中国公众公共服务满意度的结构方程模型，讨论了公众自身社会地位感知、政府角色认知以及公共服务满意度之间的关系。其中，公共服务满意度包括：医疗卫生满意度、基本社会服务满意度、住房保障满意度、社会管理满意度、公共文化满意度、公共教育满意度、社会保障满意度、劳动就业满意度、基础设施满意度 9 个方面。傅利平和贾才毛加（2017）运用 CGSS 2013 数据发现了居民公共服务满意度和个人社会资本对其主观幸福感具有显著正向影响。谢星全（2017）运用 CGSS 2013 数据分析了我国公共服务满意度的省际差异，认为公共服务分配存在空间不均衡和不普惠现象。范静波（2018）运用探索性因子分析和验证性因子分析等实证研究方法对 CGSS 2013 中有关公共服务满意度的相关数据进行分析，实证探讨了我国居民公共服务满意度的内涵维度，研究发现我国居民的公共服务满意度感知包含三个部分：基本民生与社会管理类满意度、社会保障与就业类满意度、公共设施与文化类满意度。刘中起和瞿栋（2020）基于 CGSS 2015 数据进行实证研究，研究发现客观社会经济地位以及主观社会阶层认同对个体公共服务满意度具有显著正向作用。保海旭（2021）采用 CGSS 2015 数据中关于公共服务满意度的描述，以个体收入为门槛变量构建截面门槛模型，研究发现社会信任和政府信任分别能够显著正向影响公共服务满意度（见表 2-13）。此外，陈丽君等（2022）运用 CGSS 2015 数据，采用公共服务资源的充足程度、分布的均衡程度、获取的便利程度及普惠性程度四个维度对公共服务满意度进行测量，并发现公共服务满意度在社会流动感知与居民幸福感之间的中介作用。

表 2-13　公共服务满意度研究的相关数据库

| 数据库名称 | 代表学者 | 内容 |
|---|---|---|
| 新加坡连氏市民公共服务满意度调查 | 纪江明、胡伟（2013），何包钢、吴进进（2016） | 公共教育、公共安全、环境保护、住房与社会保障、基础设施、文体设施、公共交通、医疗卫生 |
| 亚洲民主价值观调查 | 吴进进（2017） | 经济事务、公共服务质量、环境问题、种族冲突、失业、犯罪、宗教冲突、人权问题 |

| 数据库名称 | 代表学者 | 内容 |
|---|---|---|
| 中国社会状况综合调查 2019 | 黄新华、汪雅晨（2022），林建鹏、吕汶鑫（2023） | 医疗、教育、就业、社保、治安、环境、食药安全 |
| 中国综合社会调查 2013 | 傅利平、贾才毛加（2017），谢星全（2017） | 医疗卫生、基本社会服务、住房保障、社会管理、公共文化、公共教育、社会保障、劳动就业、基础设施 |
| 中国综合社会调查 2015 | 刘中起、瞿栋（2020），保海旭（2021） | 公共服务资源的充足程度、分布的均衡程度、获取的便利程度及普惠性程度 |

### 2.3.4　公共服务满意度的影响因素

关于居民公共服务满意度影响因素的研究主要涉及经济学、社会学、心理学和政治学等领域。

#### 2.3.4.1　经济学视角

从经济学角度分析公共服务满意度影响因素的研究主要集中于从宏观的政府财政因素和微观的居民个人收入因素两方面。居民的公共服务满意度源于政府机构等主体所提供的公共服务水平和质量，而公共服务的供给离不开强大的财政支持。宏观层面的财政因素，以探讨政府财政投入和财政分权为主。倪红日和张亮（2012）从财政投入的视角分析，认为目前我国各地区之间存在的公共服务水平差异是由于在分税制改革过程中中央政府与地方政府职责划分错位，造成了地方财政的事权与财力不匹配。王哲（2018）等人使用县级医疗数据，探讨了财政支出与居民公共服务满意度之间的关系，认为地区间财政给付相对差异对居民公共服务满意度造成了影响。也有学者探讨了政府财政分权对公共服务满意度的影响。傅勇（2010）通过实证研究发现，财政分权使得基础教育质量显著降低，同时也造成了城市公用设施供给的减少。张梁梁和金亮

（2023）将财政分权体制纳入农村公共服务供给的考察范围，研究发现宽松的财政约束实际在一定程度上阻碍了农村公共服务满意度的提升。然而，高琳（2012）以基础教育满意度和医疗服务满意度为考察对象，却发现财政自主权通过提升公共服务投入的资金效率增加了居民的公共服务满意度。甘行琼和张晓伟（2017）也得出类似结论，认为地方政府财政管理的自主程度可以通过提升环境公共服务的配置效率进而显著提升居民的环境公共服务满意度。陈静等（2023）将中国综合社会调查2013年与2015年中个体微观层面数据与地级市数据进行匹配，研究发现纵向财政分权与横向竞争共同影响居民公共服务满意度，竞争程度的增加使财政分权对居民公共服务满意度产生正向影响，但竞争不足时则表现为抑制作用。

微观层面的经济因素则主要聚焦于居民个体的经济收入，认为收入水平是影响居民公共服务满意度的重要因素。官永彬（2015）发现收入差距对居民公共服务满意度有显著影响，低收入居民较为关注公共服务信息的透明度，而高收入居民则比较关注自身能否参与到公共服务供给的决策过程中以及自身关于公共服务的利益诉求是否得到政府的回应。钟杨在《中国城市公共服务公众满意度蓝皮书2015—2016》中分析了不同种类公共服务满意度的居民收入差异。例如，居民的教育服务满意度、医疗服务满意度、社会治安满意度、城市文娱服务满意度、环境保护满意度、公共交通满意度与居民收入呈显著正相关关系，社会保障满意度与居民经济收入呈倒 U 形关系。朱玉春（2010）等人通过对我国西北五省份农村的实地调研发现，农民人均年收入与农村居民公共服务满意度呈正相关关系。也有研究发现人均 GDP 和人均公共财政支出均与居民公共服务满意度显著正相关（国家统计局福州调查队课题组，2015）。陈升和顾娟（2020）通过实证研究发现，个体经济收入与政府公共服务供给满意度之间呈现出倒 U 形关系。孔德鹏和史传林（2020）通过实证研究发现，经济发展程度与公共服务满意度之间呈现出 N 形关系，即随着时间和空间的推移，公共服务满意度呈现出上升后下降、再上升的变化趋势。刘中起和瞿栋（2020）考察社会阶层和家庭背景对公共服务满意度的影响，研究发现客观层面社会经济地位越高的个体对公共服务满意度越低、而主观层面社会阶层认同越高的个体对公共服务满意度越高，同时研究发现个体母亲的社会阶层越高，其自身对公共服务的满意度则越低。保海旭（2021）以个体收入为门槛变量，构建截面门槛模型实证考察社会信任和政府信任与公共服务满意度之间的关系，研究发现当个人收入基本达到当年的全国平均工资水平时，政府信任向公共服务满意度的转化效率会显著提升。陈井安和刘伟（2021）以四川、甘肃、青海、云南四省涉藏州县为研究对象，研究发现居民个体收入高低对公共服务绩效评价的影响不大，产业区域则会显著影响群众对公共服务做出治理有效的评价。

### 2.3.4.2　社会学视角

社会学视角的研究主要集中于探讨人口统计变量相关因素对居民公共服务满意度的影响。王硕霞和骆永民（2014）研究发现，健康状况对农村居民的公共服务满意度具有显著影响。纪江明和葛羽屏（2015）探讨了城市基础教育满意度的相关影响因素，发现女性基础教育满意度显著高于男性，学历越高的居民对基础教育满意度越低，不同职业的居民也表现出了对基础教育满意度的不同评价。Martinez 等（2015）使用哥伦比亚的数据研究发现，与穷人相比，富人对公共产品的满意度更高，特别是在城市安全、公共空间和公用事业服务方面。胡晨沛（2018）等人研究发现，随着年龄的增加，公共教育满意度、住房保障满意度和公共服务总体满意度逐渐提升；性别方面，男性的住房保障满意度显著低于女性，表明如今社会男性承担着更大的住房压力；而在婚姻状态方面，有配偶的居民在住房保障满意度、社会管理满意度和公共服务总体满意度层面要显著低于没有配偶的公民。也有学者研究发现居民个体的生活质量和社会地位感知对其自身公共服务满意度发挥重要作用。陈世香和谢秋山（2014）通过运用 CGSS 2011 数据研究发现，居民个体生活水平变化可以显著改变其自身的公共服务满意度。姬生翔和姜流（2017）发现居民的自我社会地位感知越高，其公共服务满意度也越高。Giovanni（2018）研究发现，受害恐惧与社区居民接受警务服务的满意度呈负相关关系。尽管警察在与社区建立伙伴关系和解决社区问题等方面投入了巨大精力，但是随着时间的推移，社区居民的警察服务满意度和对犯罪的恐惧并没有发生显著变化，与警察的个人接触能够在个体或社区特征对居民满意度的影响方面发挥中介效应（Lord 等，2009）。曹现强和林建鹏（2019）研究发现，学历水平较高的居民往往对公共服务的满意度评价较低，在机关事业单位工作的市民与在其他单位工作的市民相比，其对公共服务满意度的感知相对较低。刘中起和瞿栋（2020）从社会阶层的视角考察其对公共服务满意度的作用，研究发现客观层面社会经济地位较高的个体一般对公共服务满意度的感知较低，主观层面具有较高社会阶层认同的个体往往会展现出较高的公共服务满意度。陈丽君等（2022）研究发现，社会流动感知和社会流动预期能够通过公共服务满意度对居民幸福感产生影响。公共服务满意度在社会流动预期与居民幸福感之间存在遮掩效应，同时公共服务满意度在社会流动感知与居民幸福感之间具有中介效应。也有部分学者关注社会资本与公共服务满意度之间的关系。黄新华和汪雅晨（2022）发现社会资本能够显著影响居民个体公共服务满意度。张梁梁和金亮（2023）发现社会资本对农村公共服务满意度具有显著的正向作用。杨志健（2022）研究发现，居民个体自身的社会资本能够通过公共服务满意度进而作用于相对贫困，即公共服务满意度在社会资本与相对贫困之间发挥中介作用。

### 2.3.4.3　心理学视角

心理学因素的研究主要集中于探讨公众形成公共服务评价的心理过程以及个体心理认知对满意度的影响。在使用公共服务时，公民会对所享受到的公共服务的实际体验效用和个体内心的先验期望进行比较，在此基础上进而产生满意度评价。例如，何华兵（2012）构建的基本公共服务均等化公民满意度模型中，认为感知质量、公民预期和感知价值均会对居民公共服务满意度产生影响。梁昌勇（2015）等人根据美国顾客满意度理论模型，通过结构方程模型的方法构建我国政府部门公共服务公众满意度模型（PSPSI），并发现质量感知、公众期望、感知差异对满意度具有显著影响。也有研究发现居民个体的政治态度，如政治效能感和地方政府评价对警务安全服务满意度具有显著影响（Brown 和 Coulter，1983）。吴先华等（2015）认为，公众气象认知可以显著影响居民的灾害气象服务满意度。姬生翔和姜流（2017）基于 CGSS 2013 的数据研究发现，公民的政府角色认知与其自身公共服务满意度显著相关，民众越倾向于"大政府"，其对公共服务质量的感知水平越高，公共服务满意度也越高。方菲和胡勋峰（2018）研究发现，农村居民对新农保的制度认知与满意度之间呈正相关关系，而权利认知和责任认知则未能显著预测新农保满意度。范静波（2018）采用因子分析研究方法分析居民公共服务满意度的感知结构层次差异，研究发现居民公共服务满意度具有三个层次结构：基本民生与社会管理类满意度、社会保障与就业类满意度、公共设施与文化类满意度。Yang（2018）实证研究发现，感知透明度对感知价值和公民满意度有显著的正向影响，但是随着感知透明度水平的提高，服务质量和感知价值对公民满意度的积极影响逐渐减弱。周升强和赵凯（2019）通过建立有序 Probit 模型发现，草原生态补奖认知能够显著影响农牧民的政策满意度。何奇兵（2019）基于权力感知视角，实证探讨公共服务质量对公众满意度的作用机制。研究发现，权力感知能够显著正向影响公众公共服务质量感知，心理授权在权力感知对公共服务质量感知影响过程中发挥调节作用。Ismael Karzan 和 Duleba Szabolcs（2021）研究发现，感知公共交通服务质量能够显著影响私家车使用者的满意度。李德智（2021）采用有序 Logistic 回归方法，实证研究发现住户期望与软硬件质量感知水平能够显著影响保障房社区公共服务满意度。易明等（2022）构建了基于文化自信视域下的公共图书馆服务满意度影响因素模型，并通过结构方程模型实证检验了用户期望、感知价值和公共图书馆形象对图书馆服务满意度的积极作用。范蕴玉和张望（2023）研究发现，公众对公共服务质量的感知水平能够显著正向影响其公共文化服务满意度。

#### 2.3.4.4  政治学视角

有关对公共服务满意度产生影响的政治因素的研究较为零散，大多从政府因素和个体政治行为或政治心理感知两个方面进行研究。在政府因素层面，Welch 等（2004）发现政府网站使用与公民满意度显著正相关。Madan 和 Nalla（2015）通过对印度警察的研究发现，公民对警察的公平性和专业性的感知可以显著影响其自身对警察服务的满意度。国家统计局福州调查队课题组

（2015）通过对福州市的个案研究，认为地方政府自身建设因素，如工作人员的服务态度以及工作效率等因素均能显著提升居民的公共服务满意度。徐超和孙文平（2016）通过运用 CGSS 2005 和 2005 年县级宏观数据发现，"省管县"的实施显著降低了居民的公共医疗服务满意度水平。Anwer 等（2016）发现，电子政务服务满意度受到多渠道服务可用性、语言辅助支持、流程管理、服务意识、信息安全和交易安全等因素的影响。Dahlström 等（2018）等运用瑞典城市的横截面数据发现，服务外包与公民公共服务满意度之间存在负相关关系。然而也有研究发现公共服务外包商的性质并不会显著影响公民的公共服务满意度，政府供给或是非营利组织供给或是私人部门供给并不会显著改变公民公共服务满意度（Hodgkinson 等，2018）。也有研究发现程序公正可以显著影响居民的司法服务满意度（White 等，2018）。张龙鹏等（2020）探讨了在线政务服务与公共服务满意度之间的关系。公共服务资源的充足程度、公共服务资源分布的均衡程度、获取公共服务资源的便捷程度以及公共服务的普惠性程度是在线政务服务正向显著影响居民公共服务满意度的四条路径。郑建君等（2023）基于1944 份问卷数据，实证研究发现，公共服务满意度在政府职能转变对政府信任影响过程中发挥中介作用，居民个体较高的公共服务参与水平能够显著提升公共服务满意度的中介效应。宋欣玥等（2023）采用有序 Logit 模型，研究发现政府行政效率能够显著提升居民的整体公共服务满意度，同时行政效率能够显著提升居民对交通、教育、社保和医疗等方面的满意水平。在个体政治行为或政治心理感知层面，官永彬（2015）通过对全国 12 个省 46 个县的问卷调查发现，民主参与能够显著促进居民公共服务满意度。Park 和 Blenkinsopp（2011）基于韩国数据发现，有关公共服务项目的腐败感知、透明度和信任可以显著影响公民的公共服务满意度。赵大海和胡伟（2014）通过德尔菲法以及问卷调查研究等多种方法，构建了共有五个维度的中国大城市公共服务公众满意度评价指标体系，包括公共服务提供满意度、公众参与满意度、政府信息公开满意度、政府效能满意度、政府信任满意度，并对不同变量进行了描述性统计。Tummers 等（2016）通过实验法发现，政府官员的繁文缛节对公民的满意度有显著的负向影响。何包钢和吴进进（2016）通过使用2013年度连氏市民公共服务满意度调查数据发现，公共协商感知显著提高了市民的政治满意度和公共服务满意度。易承志（2019）实证研究发现，城市居民的地方政府信任和环保绩效体验能够显著积极影响其对城市环境公共服务的满意度，而中央政府信任却并不能够对环境公共服务满意度产生显著影响。王鸿儒（2020）研究发现，公民行政负担感知能够显著降低其自身的公共服务满意度，政府形象在行政负担感知对公共服务满意度的影响过程中发挥中介作用。

## 2.4　幸福感相关研究

### 2.4.1　幸福感的概念

幸福感被视为衡量个人全面发展和社会功能健全的一个重要指标。幸福感的研究主要形成了以受边沁影响的"快乐论"和受亚里士多德影响的"实现论"两大流派。前者以研究快乐的主观幸福感为主，后者以研究人类潜能实现的心理幸福感为主。而近年来，又有学者提出幸福感包括三个维度：生活评价、享受的幸福和自我实现的幸福（Steptoe等，2015）。亚里士多德提出幸福有两个特点：终极性和充分性。但是"快乐""积极影响""生活满意度""生活质量"等经常被视为幸福的代名词或作为它的一个组成部分（Diener和Suh，1997；Dodge等，2012）。

目前学界普遍使用主观幸福感代表居民幸福感进行相关研究。广义上幸福感常被指作"生活质量"，Veenhoven（2000）从生活质量的角度对幸福感进行了划分，认为幸福意味着良好的生活质量，包括环境宜居、个体生活能力、生活效用水平和生活满意度。环境宜居以环境特征为指向性，代表个体能够享有良好的生活水平的可能性。个体生活能力指代个体健康水平，即内在地享受美好生活的机会。生活效用水平意味着美好生活的正外部性，不仅对个体自身产生正面效用，而且意味着对社会产生更高的价值。生活满意度即对生活质量的主观评价，代表生活内在的结果。有学者从情感角度定义幸福感，认为幸福是个体从其自身情感变化中所抽象出的概念，是个体自身长时间所经历的积极情感的评价（Wessman 和 Ricks，1996）。Mcdowell（2006）从认知角度进行分析，认为幸福感是与自身内在要求或外界评价标准比较后对现有生活的评估。主观幸福感作为幸福感的一个重要组成部分，目前学界较多采纳 Diener 对其所下的定义，认为主观幸福感是个人根据自身标准对其所处生活质量进行的情感性和认知性的全面感知，认为幸福感是个体所具有的一种独特的心理状态，是个体通过实际生活状态和理想生活状态的比较而产生的肯定态度和积极感受。作为一种衡量个人生活状态的综合性指标，反映了个体的社会功能与适应状态。幸福感是个体根据自身设定的标准对其生活质量所做的整体性评价，其特点是主观性、积极性、综合性（Diener，2000），包含认知和情感两种成分。认知维度主要是指生活满意度方面，即人们对自己一段时间内的生活现实的一种满意态度；情感维度是指人们在一定时期内的主观情绪体验。

幸福感在个体生理和心理健康中扮演着重要角色，目前学界大多将主观幸福感用来描述个体的幸福感受，关注的焦点是个体的基本欲求的满足，强调个体对其所处生活的整体状态的感知及相关情绪体验。由此，本研究将使用主观幸福感用以描述个体的幸福感受。本研究将幸福感界定为个体对其自身所处社会生活质量的情感性评价和认知性评价，作为衡量个人全面发展和社会功能健全的一个重要指标，幸福感既是对现有生活的客观条件和质量水平的一种事实判断，又是对现实状态的主观意义和满足程度的一种价值考量。作为一种心理感受，幸福感包括生活满意度和情绪情感体验两方面。

## 2.4.2 幸福感相关理论

关于幸福感的研究理论主要存在从个体内部心理因素和外部社会因素进行分析两种视角。从内部心理因素进行分析的理论包括设定点理论、比较理论和情感理论等，从外部社会因素进行分析的理论以遗漏变量理论为代表。

设定点理论认为个体的幸福感是稳定的，其将个体对生活的主观评价看作一种由于其自身遗传基因、文化观念或人格特质等因素决定的一种稳定浮动的基准态度。当外界环境发生改变或个体遇到生活事件时，个体自身对幸福的感知水平则会围绕着这条基准线而上下浮动，当环境刺激恢复或者生活突发事件影响消失过后，个体的幸福感又再一次回归之前的水平（Lykken，1999；Cummins，2011）。设定点理论从个体内在视角对幸福感变化进行了分析，认为时间的推移并不会较大程度上改变个体幸福感，然而问题是如果无论个体所在客观环境如何改变，自身幸福感仍旧不会有大幅度提升，那么幸福感的研究就显得毫无意义，这显然与事实很难相符。

比较理论将幸福感看作人类思维的产物，反映的是将客观现实与内在主观对比之后的差异，即每个人内心都存在一个关于生活质量的标准，个体会不停地将客观现实与内心主观标准进行比较，从而通过比较产生出个体的幸福感或者不幸福感（Michalos，1985）。伊斯特林运用相对收入理论解释了国民收入的增加为什么没有带来个体幸福感的提升（Easterlin，1974），然而也有学者对此提出质疑，认为幸福感是以个体需求满足程度为基准，并不会被相对标准所影响（Veenhoven，1991）。

情感理论认为幸福感是个体自身整体感觉的主观反映，幸福是一种理想的状态。个体的情感经历会对其自身幸福感产生重要影响，具体而言，则是积极情感与消极情感彼此的互相存在比例差异（Diener 等，1991）。情感同时与个体的需求满足密切相关，自主需求、关系需求和能力需求对实现个体幸福感具有重要影响（Ryan 等，1995）。情感理论由于考虑了个体在生活中的整体感受，所以不仅将幸福视为一种连续的心理过程，同时是一种对生活感受的整体评价，在众多心理学者的研究中得以广泛运用。

遗漏变量理论将个体的内部心理因素放置于理论解释体系之外，认为宏观经济发展所带来的其他附加效应如社会因素的变化会对个体幸福感产生重要影响（李路路，石磊，2017）。也有其他学者发现环境污染、天气因素、季节变化、交通状况等与幸福感存在相关关系（Welsch，2006；Tsutsui，2013；Peng 等，2016；Michael，2016）。遗漏变量理论试图解释外在因素对幸福感的影响，拓宽了有关幸福感的研究领域，但是也使得幸福感的研究呈现出碎片化的趋势，这也在另一个侧面反映了幸福感影响因素的多样性。

### 2.4.3　幸福感的测量

主观幸福感是个体对自身生活状态和整体感觉的评估，可以通过对个体生活状态的感知和日常生活中的经历来测量（Kahneman，2004；Dolan 和 Metcalfe，2012）。正如 Thin（2012）所言，将测量系统的重点由测量经济产品转移到测量人的幸福感方面，现在的时机是成熟的也是非常必要的。如何准确科学地测量主观幸福感，是研究幸福感的关键。

在主观幸福感测量量表方面，最早可以追溯到 20 世纪 60 年代初，1961 年 Neugarten 等人编制了生活满意度量表（Life Satisfaction Index，LSI），该量表涉及生活热情和心理质量等维度。著名心理学家 Cantril 采用自我安置等级法进行测量，让被试确定最好的和最坏的生活标准，然后根据自身的标准从而评定自己目前生活状况所处的位置。

目前关于测量主观幸福感的量表大致可以分为两类，一类是从整体角度进行测量，用生活满意度、情感指数的整体指标来反映被试的主观幸福感。如美国国立卫生统计中心研制的总体幸福感量表（General Well-being Schedule，GWS）、牛津幸福感调查表（Oxford Happiness Inventory，OHI）、Kozma 等人编制的纽芬兰纪念大学幸福感量表（Memorial University of New Foundland Scale of Happiness，MUNSH）。而另一类测量量表则只测量其部分维度，用积极情绪、消极情绪指标来反映被试的主观幸福感水平。如 Diener 等（1985）编制的生活满意度量表（Satisfaction with Life Scale，SWLS）、Bradburn（1969）等人编制的情感平衡量表（Affect Balance Scale，ABS）等。

国内方面，也有研究者编制了适用于中国居民的主观幸福感量表，如邢占军（2003）编制的《中国城市居民主观幸福感量表简本》，通过 10 个维度、54 个项目对城市居民主观幸福感进行测量。吉楠（2006）将自主意识、人际关系、力量感等因素引入主观幸福感的理论结构中，确定了包含生活满意度、积极情绪、消极情绪、家庭满意度、自我接纳、自主意识、人际关系、躯体满意度、力量感和社会性行为 10 个维度、99 个项目的大学生主观幸福感量表。目前学界存在大量的各有侧重的关于幸福感的测量量表，一方面丰富了幸福感的研究，为幸福感测量的精准化做出了积极探索。但另一方面，测量量表的多样性往往也造成了测量结果无法直接比较，同时由于测量的重点和内容的差异性导致了部分分析结果的不一致。

在数据来源方面，有相当一部分研究者通过发放问卷收集数据测量居民主观幸福感。除通过发放问卷收集数据外，还有一部分的研究数据来源于世界价值观调查（World Values Survey，WVS）、世界幸福感数据库（World Database of Happiness）、盖洛普调查（Gallop Poll）等大型数据库。国内研究则多从中国综合社会调查（China General Social Survey，CGSS）中寻找相关数据。数据库来源的数据相对于学者发放问卷收集的数据，可以更为有效地分析时间序列上的幸福感纵向变化情况，而单一研究问卷收集的数据则多为研究者为研究某个群体或某一个特定问题而收集的横截面数据，只能在某一时间节点上研究主观幸福感的相关影响因素，无法进行纵向时间分析。但是数据库数据往往由于数据来源的国家、地区经济发展情况的不同以及数据样本收集范围等问题，造成分析结果具有一定的差异性。

## 2.4.4　幸福感研究领域

有关幸福的研究最早始于古希腊时期亚里士多德等哲学家对于幸福的哲学思辨。20 世纪 70 年代，以伊斯特林为代表的经济学家掀起了关于经济与幸福感的大讨论。20 世纪末期，以塞利格曼为代表的心理学家积极倡导以幸福感为核心的积极心理学。近年来，幸福感的研究已经从哲学、经济学、心理学、社会学延伸到管理学等多个学科领域，跨学科多领域研究趋势逐步显现，幸福感的研究日益成为学界关注的焦点（见表 2-14）。

表 2-14　幸福感研究的主要学科分布

| 研究学科 | 代表学者 | 研究内容 |
|---|---|---|
| 哲学 | 孔子、老子、柏拉图、伊壁鸠鲁、边沁等 | 幸福内涵的思辨与讨论 |
| 经济学 | Esaterlin，Veenhoven，Kahneman，Oswald，Frey，Stuzer | 多集中于探讨国家经济发展或经济收入对居民幸福感的影响 |
| 心理学 | Diener，Seligman，Oishi，Lyubomirsky，Ryff，Keyes | 以积极心理学为发端，探讨情感情绪和人格特质的影响 |
| 社会学 | Bjørnskov，Michalos，Helliwell，Bartolini，Sarracino | 集中于探讨人口统计变量和社会资本等因素的影响 |
| 管理学 | Layard，Ott，Duncan，Bache，Cooper，Csikszentmihalyi | 工商管理领域多围绕工作幸福感进行研究，公共管理领域多集中于讨论政府质量等因素的影响 |

### 2.4.4.1　哲学领域

在哲学领域，中国和西方的众多哲学家在悠久的历史过程中都对幸福进行了大量的思辨探讨，为增进人类幸福积累了丰富的理论基础。在中国古代，幸福主要表述为"福"，《尚书·洪范》中提出"五福"。后逐渐演变成为如今社会公众经常提及的"五福临门"。中国思想史上的幸福感研究主要以儒家、道家和佛家的论述为主。儒家倡导的幸福是一种内心简约的幸福，而不在于财富的多寡。孔子在《论语·述而》中提到"饭疏食饮水，曲肱而枕之，乐亦在其中矣。不义而富且贵，于我如浮云"[①]，强调一种安贫乐道、中庸的幸福价值观，以一种超然物外自得其乐的内心平静远离了社会功利的干扰。道家强调一种情景自然、与世无争的"无为"的幸福取向。《道德经》中言"上善若水。水善利万物而不

---

① 孔子. 论语 [M]. 杨伯峻，译注. 北京：中华书局，2017.

争，处众人之所恶，故几于道。居善地，心善渊，与善仁，言善信，正善治，事善能，动善时。夫唯不争，故无尤"①。认为人应像水一样保持低姿态的生活态度，与世无争，同时保持着内心对善的追求。国家治理者则应当以一种无为而治的方式对国家进行管理，方能实现国民的快乐与幸福。佛教既是一种宗教，也是一种哲学，在中国拥有众多信徒。"四圣谛"作为其基本教义之一，包括苦谛、灭谛、道谛和集谛，认为个体只有消灭自身的欲望才能除去本身的烦恼，只有当到达涅槃境界时，个体才得以摆脱痛苦得到幸福。《心经》中写道"观自在菩萨，行深般若波罗蜜多时，照见五蕴皆空，度一切苦厄"，佛教认为普度众生是成佛的重要前提和必要条件，只有解救众生，才能达到自我的解放与幸福。而在未成佛之前，佛教坚持"因果报应"和"生死轮回"的观念，因而指引广大信徒在今世存善念、行善事，以便获得来世的幸福。

西方哲学家对幸福感的思辨以理性主义和感性主义两者为主，同时也受到基督教思想的影响。理性主义认为道德高于幸福，主张抑制个体欲望，忽略情感和感性的作用，通过制定规则实现精神上的幸福。苏格拉底主张德行即知识即幸福，"知识本身就足以使人行善，并因此带来幸福"②。斯宾诺莎认为只有理性的完善才能获得幸福，"在生活中对于我们最有益之事莫过于尽量使我们的知性或理性完善。而且人生的最高快乐或幸福即在于知性或理性之完善中"③。与理性主义相反，感性主义认为幸福感来源于感性而非理性，只有感性欲望的满足，才能获得个体的快乐。伊壁鸠鲁是感性主义的代表人物，认为享乐主义是幸福的原则，快乐是最高的善，"如果没有美味的快乐、性的快乐和音乐的快乐所带来的快乐，我就不知道如何去设想善"④。边沁是功利主义的重要代表人物，主张要实现最多数人的幸福最大化，将追求幸福作为国家立法、政府行政以及个人行为的目的，这也成为日后福利经济学发展的重要哲学基础。"自然把人类置于快乐和痛苦的主宰之下。只有它们才指示我们应当干什么，决定我们将要干什么。是

---

① 老子. 道德经［M］. 夏华，编译. 辽宁：北方联合出版传媒（集团）股份有限公司，2016.
② 文德尔班. 哲学史教程［M］. 罗达仁，译. 北京：商务印书馆，1997.
③ 斯宾诺莎. 伦理学［M］. 贺麟，译. 北京：商务印书馆，1983.
④ 第欧根尼·拉尔修. 名哲言行录［M］. 马永翔，等，译. 吉林：吉林人民出版社，2003.

非标准，因果联系，俱由其定夺。"① 理性主义和感性主义也成为现代幸福定义中实现论和享乐论取向的理论源头，同样不应忽略的还有基督教的相关论述。基督教作为西方最为主流的宗教，其思想充分体现了上帝具有力量这一概念，认为一切善来自上帝，只有通过上帝的恩赐和自身的善行才能获得幸福。其主张摒弃情欲、抛弃财富和放弃现世生活以换得来世幸福，虽然具有虚幻性，但是却为处于贫困中的人们带来了心灵的慰藉与希望。西方哲学家们对幸福的理解在一定程度上并未摆脱宗教神秘主义、唯心主义与物质感官主义的影响（姜旭、柴素芳，2023）。

马克思的幸福观蕴含了多种层次，幸福生活需要物质生产作为基础，通过社会交往进行幸福生活的升华，以精神满足与价值实现完成幸福生活的目标（程亚军，段虹，2023）。马克思幸福观强调在实现幸福过程中人的重要性，"人对幸福的追求正是通过个人对人的社会特性的重新占有而实现的"②。并且，关注个人幸福与全体人民幸福之间的关系，"在选择职业时，我们应该遵循的主要指针是人类的幸福和我们自身的完美"③。同时，对实现幸福的道路进行了论述，"在资产阶级看来，世界上没有一样东西不是为了金钱而存在的，连他们本身也不例外，因为他们活着就是为了赚钱，除了快快发财，他们不知道还有别的幸福，除了金钱的损失，不知道有别的痛苦"④，"人只有为同时代人的完美、为他们的幸福而工作，自己才能达到完美"⑤，马克思认为个人幸福的实现必须在一定的社会关系和社会制度的中才有可能实现。在《共产党宣言》中，马克思号召全世界无产者联合起来，为人的普遍且真正的幸福而奋斗。

### 2.4.4.2 经济学领域

幸福感是经济学领域的重要研究内容，对幸福感的研究以 1974 年 "伊斯特林悖论" 的提出为分界线。早期的研究多以边沁提出的功利主义为基础，以效用

---

① 边沁. 道德与立法原理导类 [M]. 时殷弘，译. 北京：商务印书馆，2000.
② 内蒙轩. 马克思靠谱 [M]. 上海：东方出版社，2016.
③ 马克思恩格斯全集（第 1 卷）[M]. 北京：人民出版社，1995.
④ 马克思恩格斯文集（第 1 卷）[M]. 北京：人民出版社，2009.
⑤ 马克思恩格斯全集（第 1 卷）[M]. 北京：人民出版社，1995.

表示享受快乐的程度。随着帕累托等学者发起的效用理论革命，序数效用逐渐成为主流，有关幸福的研究逐渐淡出主流经济学的研究视野。直到"伊斯特林悖论"（Easterlin，1974）的提出，幸福感的研究再次引起了经济学者们的广泛关注。人们的潜意识里普遍认为，个人收入的增加必将提高人们的幸福感。而Easterlin 的研究却发现"二战"以来美国人均收入虽然有了显著增加，但是所观测的幸福感水平却并未出现相应的提升。对此，他解释道，"对所有国家来说，个人范围内，越多的金钱意味着更多的幸福。然而，所有成员的收入增加并不会增加所有成员的幸福"①。而 Veenhoven（1991）却对此反驳，认为不存在相对的、变动的幸福标准，人们的幸福标准是与生俱来的。在1995 年，Easterlin 又对此做出回应，"国民相对收入增加所应该带来的主观幸福感变化，被社会整体的平均收入增加所抵消"②。而 Veenhoven（2006）通过对 1946 年到 2004 年的数据研究发现，在过去 50 年的发展历程中，世界不同类型国家的国民幸福感均有一定上升。而 Easterlin 在 2010 年修正了自己提出的模型，认为从长期看，经济增长能够提高幸福感的空间是有限的。

在这期间，除了 Easterlin 和 Veenhoven 之间进行的关于国民收入和幸福感关系的讨论和回应以外，其他的诸多学者也对此问题进行了大量的研究，但是始终存在一定的争论。有学者（Blanchflower 和 Oswald，2004；Stevenson 等，2008；Carroll 等，2009）研究发现，在控制其他变量的条件下，收入的增加明显导致了幸福感或者生活满意度的增加，经济增长和主观幸福感呈正相关关系。然而，也有学者发现，收入和幸福感之间的关系明显较弱（Luttmer，2004；Layard 等，2008）。

关于收入平等与主观幸福感之间的关系，也有许多学者进行了讨论。收入不平等是许多社会问题的罪魁祸首（Babones，2008）。Stiglitz（2010）认为收入公

---

① Easterlin R A. Does economic growth improve the human lot? ［M］∥David P A；Reder M W. Nations and households in economic growth：Essays in honor of Moses Abramovitz. New York，NY：Academic Press. 1974：89-125.

② Easterlin R A. Will raising the incomes of all increase the happiness of all? ［J］. Journal of Economic Behavior & Organization，1995，27（1）：35-47.

平是一种理想化的、毫无问题的状态，而收入不平等会带来一系列糟糕的后果，认为收入的不平等会减少人们的幸福感。相对收入差距的扩大，收入不平等是导致幸福水平滞后的主要原因。然而 Zagorski（2014）发现，收入不平等对个体幸福感没有显著影响。也有学者（Kelly 和 Evans，2017）通过对 68 个国家 20 多万名居民的数据研究发现，在发展中国家，收入不平等对主观幸福感不仅没有危害，反而提升了人们的幸福感；在发达国家，收入不平等总体上对主观幸福感既没有益处也没有害处。Okuliczetal（2017）发现，随着美国国家收入不平等情况的持续加剧，高收入阶层与中低收入阶层之间的幸福感差距也逐渐呈现出扩大的趋势。Cheung（2018）研究发现，收入不平等会刺激个体自身与他人进行社会经济比较，导致个体之间的社会地位差异性愈发明显，从而形成较差的社会关系，进而形成社会个体之间的疏离与隔阂，降低个体的主观幸福感。王姗姗等（2022）发现收入不平等通过削弱乡村振兴从而对农民的幸福感产生消极影响。王洁菲和姚树洁（2022）发现，收入差距对居民主观幸福感具有显著的负面影响。Yu 和 Wang（2017）在使用来自美国和欧洲的面板数据进行实证分析，发现收入不平等与主观幸福感之间呈现出倒 U 形关系。张丽思和张紫薇（2023）利用中国综合社会调查微观数据也验证了收入不平等与主观幸福感之间的倒 U 形关系，并发现感知公平能够正向调节收入不平等对居民主观幸福感的影响，当基尼系数达到拐点以后，收入不平等对主观幸福感的正向影响消失。

在收入水平变化如何影响主观幸福感方面，诸多学者根据不同的理论进行大量探讨。根据期望水平理论，幸福是由个人的期望与其达到的状态两者共同决定的。John（2014）讨论了人们相对于当前收入而持有的期望，认为人们对收入的期望越高，主观幸福感就越低。有学者从相对收入和绝对收入的角度来分析，认为比起绝对收入，人们更关注相对收入，幸福感与个体收入呈正相关关系，但与他人收入呈负相关关系；如果个人收入高于他人收入，那么个体的主观幸福感就会处于较高水平（Easterlin，1995；Clark 等，2008）。而有研究表明绝对收入与主观幸福感之间也存在相关性，如底层民众绝对收入的增加可以提升其自身的生活满意度（Graham 和 Pettinato，2001）。当个体的收入处于较低层次时，绝对收入对其自身幸福感具有积极作用，然而当收入不断增加后，其作用效果逐渐减小（Ferreri Carbinell，2005）。适应性理论认为个体在评价自身幸福感知时，往往将现在所处实际情境和过去场景进行比较（Brickman，1978）。Layte（2014）通过社会比较理论分析，人们总是经常同比自己更优秀的人进行比较，而这样的比较产生了地位上的压力感，导致了人们幸福感的降低，精英们越富裕，他们的幸福感反而越低。与身边人相比，如果个人收入也在一定程度上得到增加，那么由于相对收入没有发生变化，因此个体的幸福也不会发生改变（Luttmer，2004）。Andersen 和 Nedoluzhko（2017）认为，社会中的个体往往会倾向于将自己与社会中的其他个体进行比较，相对收入差距实质上是个体之间的社会经济比较，从而造成人与人之间的不信任和彼此之间的疏离感，进而对个体的主观幸福感带来消极影响。杨阳等（2022）研究发现，相比于具有较高收入的家庭，数字参与能够显著提升中低收入家庭的幸福感。夏杰长和陈峰（2022）则认为，预期收入是影响和决定中国居民幸福感的首要因素，居民的预期收入越高，其感知到幸福的概率则越大。

消费是经济发展的重要驱动力，与收入相比较而言，消费可能可以更为真实地反映个体的福利水平（Orhun 和 Palazzolo，2019）。Wang（2019）研究发现，家庭消费支出的持续增加不仅会对个体物质生活产生一定影响，而且能够对个体精神生活产生作用，消费通过有效满足个体多元需求，进而提升社会成员的幸福体验。不同类型的消费能够对个体幸福感产生不同的影响，基础性消费并不能够显著影响个体的主观幸福感（Goodman 等，2019），物质性消费和体验性消费能显著正向影响个体的幸福感（Chan 和 Mogilner，2017），炫耀性消费也被发现与个体主观幸福感存在正相关关系（Wang 等，2019）。生存型消费对农村老年人的主观幸福感影响不显著，压力型消费对农村老年人主观幸福感具有消极影响，享受型消费则对农村老年人主观幸福感具有积极影响（聂建亮，胡艺杭，2020）。资树荣和张姣君（2020）发现，文化消费活动频率能够显著提升农村地区居民的主观幸福感。郭锦墉等（2023）研究发现，消费不平等可以通过降低人际信任水平和未来信心水平，进而对农村居民的主观幸福感产生消极影响。金玉芳和李宇飞（2023）通过对消费过程的质性研究，分析中国消费者消费幸福感的形成机制。研究发现，个体的消费幸福感包括顾客满意度和心理幸福感两个维度，在需求产生阶段、评估决策阶段和消费体验阶段，个体消费幸福感的形成过程和影响因素亦存在一定差异。

有学者研究了创业与幸福感之间的关系。创业幸福感能够被视为度量创业成败的一种指标，往往被创业者们认为是其创业过程的核心产出（Nikolaev 等，2019）。创业具有高度的不确定性，因此在创业过程中，创业者们不仅承受高风险所带来的巨大压力，而且在创业成功后也往往能体会到更高的幸福感（Stephan，2018）。崔连广等（2022）认为创业幸福感包括主观幸福感、心理幸福感和社会幸福感三个维度。Shir 等（2019）研究发现，具有较高创业积极性的企业家们，往往会具有较高的幸福感体验。Larsson 和 Thulin（2018）研究发现，由于具有创新精神的企业家往往具有较强的对工作的把控能力，因此相比于普通职员，创业者往往具有较高的幸福感。但是，也有一部分学者认为创业和幸福感之间呈负相关关系。Easterlin（1995）认为，由于创业内在的不确定性会导致创业者的相对收入发生巨大变化，因此，较低的相对收入水平会显著降低其幸福感水平。Wang（2019）认为，创业所具有的高风险性会使企业家们产生较多的负面情绪，抑郁、焦虑、自我怀疑等消极情绪会使得创业者自身的生活满意度水平显著降低。相当数量的创业者都表示其在创业过程中较为孤独，无法获得足够的社会支持和家庭支持，较长的工作时间和较大的工作压力都会对其幸福感产生消极影响（Kollmann 和 Christoph，2017）。汪圣国和杜素珍（2019）关注夫妻创业对幸福感影响过程中的性别差异，研究发现丈夫进行自雇型创业会显著降低自身的幸福感，却增加了妻子的幸福感。与之相反，妻子进行自雇型创业会显著提升自身的幸福感，但是其丈夫的幸福感则显著降低。王琼和黄维乔（2020）研究发现，不同类型的创业对农民群体的幸福感具有不同的影响效果。机会型创业和雇主型创业对农民幸福感具有显著的积极影响，而生存型创业和自雇型创业对农民幸福感具有一定的消极影响。李其容等（2021）研究发现，创业对创业者幸福感的影响具有时间差异性，创业活动开始后，创业者短期的幸福感与生活满意度并未发生显著变化，随着创业进程的不断深化，创业者自身受教育水平越高，其长期幸福感和生活满意度的增长趋势减缓的幅度越剧烈。

也有学者研究相关经济指标与幸福感之间的关系，主要集中在 GDP、GNP 等经济指标与幸福感之间的关系上。Veenhoven（2006）认为无论是高收入或是低收入国家，GDP 与幸福感都存在显著正向关系。Deaton（2008）在通过对 123 个国家的人均 GDP 和生活满意度分析后发现，二者存在显著的正相关关系。Veenhoven（1991）对盖洛普 1975 年的研究数据进行分析，发现人均国民生产总值与主观幸福感的相关系数达 0.84。Hegerty（2020）通过对东欧和西欧国家数据进行实证检验后发现，经济衰退对消费和 GDP 等要素产生消极影响，进而降低个体的主观幸福感。Cheng（2016）通过研究发现，国民总收入（GNI）与生活满意度、正性情感和负性情感都存在相关性。Ram（2009）研究发现政府支出水平（用政府财政支出占 GDP 的比重度量）与居民幸福感之间显著正相关。周雅玲等（2017）研究发现，通货膨胀能够显著降低城镇居民的主观幸福感。

在诸多的文献中，中国居民的幸福感也成为研究的热点。Brockmann 等人（2009）根据世界价值观调查数据发现，从 1990 年到 2000 年，中国人的幸福感均值下降了 0.9。Easterlin 等人（2012）通过分析 1990—2007 年的世界价值观调查数据，得出中国经济虽然有所增长但人均幸福感却呈下降趋势的结论。国内学者大多研究认为我国居民主观幸福感近年来不断提升。刘军强（2012）通过 CGSS 数据分析，发现人均幸福感的均值从 2003 年的 3.27 上升至 2010 年的 3.77。Bian 等（2015）使用中国社会变迁调研数据发现，在 10927 名被访者中，44.2% 的中国居民认为自己是幸福的。邢占军和胡文静（2022）对 2002 年至 2019 年 95 篇采用中国城市居民主观幸福感量表考察中国居民幸福感的文献进行的横断历史元分析，研究发现，2002 至 2019 年，我国居民总体幸福感及各维度得分整体呈上升趋势，总体幸福感提高了 10.87。张文宏（2023）使用 CGSS 数据进行分析，发现中国居民的幸福感在 2005 年至 2015 年呈现显著提升趋势，居民个体认为自己"比较幸福"和"非常幸福"的比例从 2005 年的 46.8% 提升到 2015 年的 75.8%。辛素飞等（2021）关注我国教师群体的主观幸福感，通过对

13600 名教师样本的横断历史元分析后发现，2002 年至 2019 年，我国教师主观幸福感水平呈现逐年下降趋势。相比于高校教师群体，中小学教师群体的主观幸福感随年代变化而下降的趋势更为明显，而且中小学教师群体主观幸福感得分显著低于高校教师群体。

### 2.4.4.3 心理学领域

心理学关于幸福感的研究始于马丁·塞利格曼所倡导的积极心理学，在这之前心理学大多关注疾病心理学等消极的心理影响，反而忽略了积极正向的心理作用。因而，以幸福为中心，以积极情绪、积极人格特质和积极社会环境为重要研究内容的积极心理学推动心理学界开始关注心理的积极影响，对幸福研究的关注度持续升温。

积极情绪和消极情绪是幸福感的重要内容，彼此明显区别但又显著相关（Arthaud–Day 等，2005）。塞利格曼（2010）将积极的情绪划分为三类：与过去有关的幸福、与现在有关的幸福和与将来有关的幸福。积极情绪能够有效地为处于压力事件当中的个体提供有效的保护从而减少因压力事件而引起的负面影响（Fredrickson 和 Losada，2013）。积极情感能够提升个体的心理功能，获得更高的幸福感和抵抗精神疾病的侵袭（Lyubomirsky 等，2005）。消极情感比积极情感对主观幸福感的影响更强烈也更为持久（Ito 和 Cacioppo，2005）。除情感体验以外，也有相关研究对心理资本与幸福感之间的关系进行探讨（范兴华，2017；叶宝娟，2017）。

人格特质是幸福感最稳定和最有力的预测指标（Diener 等，1999）。Steel 等人（2008）采用荟萃分析的方法，发现人格特质对幸福感的解释力度接近 40%。Tanksale（2015）从"大五人格"角度进行分析，论证大五人格与主观幸福感所包含的生活满意度、积极情感、消极情感之间的相互关系。大五人格可以解释生活满意度 17% 的变化、正性情感 35% 的变化和负性情感 28% 的变化。现有文献研究普遍认为，外倾性与生活满意度和正性情感存在正相关关系；神经质与生活满意度和正性情感存在负相关关系。宜人性和严谨性也是能够对主观幸福感产生重要影响的人格特质，但是开放性与主观幸福感的关系则存在一定争议。Costa

和 McCrae（1991）的研究表明，外倾性、神经质、开放性、宜人性和严谨性五个因素全部与主观幸福感存在显著相关。外倾性影响积极情感，而神经质影响消极情感。正性情感既可由外倾性来预测，也同样可由宜人性来预测；严谨性与生活满意度具有显著的正相关关系，开放性与主观幸福感并不相关（DeNeve 和 Cooper，1998）。而在开放性方面，有学者研究认为幸福感与开放性没有显著的相关（DeNeve，1995；Chamorro-Premuzic，2007）。开放性同时与正性情感和负性情感存在正相关关系（Joseluis，2005），也有研究发现，开放性与生活满意度和消极情感之间不存在显著的相关关系（Steel 等，2008）。Yu 等（2019）考察了大五人格和社会幸福感各维度之间的关系，研究发现，外倾性与社会融合呈正相关关系，宜人性与社会幸福感的所有五个维度均呈正相关关系，责任心与社会实现、社会一致性和社会贡献呈正相关，神经质与社会整合、社会接受、社会实现、社会一致性呈负相关关系，开放性与社会整合、社会接受、社会一致性和社会贡献呈正相关关系。郑旺等（2023）通过对 122 篇文献中 79438 份样本的元分析发现，开放性、责任心、外倾性和宜人性与主观幸福感呈正相关关系，而神经质与主观幸福感呈负相关关系，中国群体大五人格和主观幸福感相关系数略低于西方样本的数据。颜玉枝和董圣鸿（2020）通过因子分析发现，中国人的幸福人格包含胆识、美德和乐观三个维度。

### 2.4.4.4  社会学领域

社会学领域关于幸福感的研究多从年龄、身体健康、性别、教育程度等人口统计变量和社会资本等方面进行分析。

年龄因素方面，有研究表明，年龄与主观幸福感之间存在一种 U 形关系，即当年龄逐渐增加时，主观幸福感不断下降，但是后期又逐渐上升（Winkelnann，1998；Alesina，2004）。Blanchflower 和 Oswald（2019）对超过 50 个国家的 130 万居民样本进行分析后发现，在其使用的 7 个数据集中，在未加入控制变量的情况下，有 5 个都支持年龄与幸福感之间存在 U 形关系，当加入控制变量后，所有数据集都显著支持年龄与幸福感之间的 U 形曲线关系。在 U 形曲线关系中，发达国家生活的居民的幸福感的谷底约出现在 47.2 岁，而发展中国家的居民幸福感的谷底则出现在 48.2 岁左右（Blanchflower，2020）。然而 Deaton（2008）却认为生活满意度与年龄之间的 U 形关系并不是在所有的国家都适用，在中等收入国家，生活满意度是随着年龄的增加而不断下降的，两者之间呈线性关系。随着年龄的不断增长，生活满意度呈微弱上升的趋势，正向情感则展现出一种缓慢下降的趋势（Alesina 等，2004）。而邢占军（2007）研究发现，幸福感随年龄的增长而不断增加。

身体健康方面，现有研究普遍认为身体健康和幸福感之间存在一种互相促进的关系。更多的幸福感能够延长人的生命，不健康会减少幸福感，而更高的幸福感能够减少由于身体疾病所带来的负面影响（Steptoe，2015）。精神健康和身体健康对居民主观幸福感均具有重要作用（Bian 等，2015；Kesavayuth 等，2022）。Peng（2016）认为拥有健康的身体和食用更多的蔬菜和水果的人具有较高的幸福感，从来不参加体育活动能够明显降低个体的幸福感知。

关于性别因素，大多数学者认为女性比男性更幸福（Shmotkin，1990；Forest，1996；Peng，2016）。Leonardo 和 Gianluigi（2021）也同样发现女性的主观幸福感要显著高于男性，但是在遇到伤害后也往往表现得更为难过，这也从另一个侧面说明，在生活中发生的无论好坏的事件，往往会对女性的主观幸福感产生更大的影响。然而也有学者发现男性主观幸福感高于女性，Ritu 等（2022）在不丹国内进行了一次全国性的幸福感调查后发现，在不丹国内，男性的主观幸福感显著高于女性。

在受教育方面，普遍认为个体的受教育水平越高，其幸福感水平越高。居民文化素质水平越高，其幸福感水平也越高（Zagorski，2010；艾洪山，袁艳梅，2015）。Assari（2019）使用来自美国的 54785 位成年人样本进行实证分析后发现，接受过较高教育的人往往具有较高的主观幸福感。教育作为一个国家增加人力资本的重要方式，可以有效地改善居民的社会经济地位，从而促进个体收入增加，进而实现居民主观幸福感水平的提升（Ruiu 和 Ruiu，2019）。学历教育整体上能够提升个体的主观幸福感，学历提升通过收入增长效应和地位获得效应从而增强居民的主观幸福感，但是，学历提升也会通过教育错配效应和健康损害效应降低居民的主观幸福感（侯永康，王婷，2023）。然而，也有学者发现受教育水平与居民主观幸福感之间存在负相关关系。Stefan 等（2021）研究发现，具有较高学历的青年群体所拥有的主观幸福感水平显著低于具有较低学历的青年群体，其可能的原因在于受教育程度较高的劳动者往往需要被迫完成能力范围之内的工作，因此幸福感水平较低。受教育程度较高的居民往往对自身发展具有较高的心理预期，但是如果自身发展并未能够达到原本的预期时，个体就会产生严重的自我怀疑和消极情绪，进而降低其自身的主观幸福感水平（Chen，2019）。

婚姻方面，有研究发现婚姻有助于个体幸福感水平提升。已婚者比未婚者幸福，离婚和丧偶者较不幸福（Zagorski，2010）。婚姻关系和谐的群体的幸福感高于离异和丧偶的群体（Bian 等，2015）。已婚群体的幸福感水平在婚后先期不断上升，随后有所下降，但未婚群体的幸福感水平则是一直处于下降状态（Yap，2012）。郑振华和彭希哲（2019）讨论了婚姻满意度对主观幸福感的影响，研究发现，无孩群体主观幸福感只受到婚姻满意度的正向影响，一孩群体主观幸福感同时受到婚姻满意度与婚姻冲突的正向影响，二孩群体主观幸福感则只受到婚姻冲突的负向影响。然而，也有部分研究发现婚姻对个体幸福感存在负面影响。邢占军和金瑜（2003）研究发现，无婚姻生活的城市居民主观幸福感显著高于有婚姻生活的城市居民。Aisyah 等（2022）认为，婚姻对幸福的影响程度与婚姻状况联系较为紧密，自评婚姻状况较差的个体比未婚者的主观幸福感更低。Eun（2021）以韩国居民为研究样本，实证分析发现丧偶者的主观幸福感普遍低于有配偶者，因为配偶的去世显著降低了居民自身的生活质量，导致个体主观幸福感不断降低。但是也有研究发现，老年人在丧偶之后，其主观幸福感在一定时期内会有所提升（Kung，2020）。邓小惠和向燕辉（2023）研究发现，婚姻状态由未婚转向已婚能够显著提升个体的主观幸福感，但提升效应受性别调节，即婚姻对男性幸福感回报明显高于女性。

国内外诸多研究已经对人口统计因素对主观幸福感的影响进行了大量的分析，相关研究结论存在一定的差异性。社会资本的研究主要集中在社会支持、社会活动和社会信任等方面。

社会支持与个体的积极情感存在显著的正相关关系（Meehan 和 Durlak，2003），Luo（1999）发现社会支持对居民幸福感和生活满意度的提升具有积极作用。居民自评社会阶层与主观幸福感之间具有显著的正相关关系，社会阶层意味着拥有更多的物质资源以及获取各种隐性福利与潜在优势的机会，这将显著影响其幸福感（艾洪山，袁艳梅，2015）。社会阶层通过社区认同影响居民个体主观幸福感（王艳丽等，2023）。朋友支持能够通过自我效能感的中介作用正向影响大学生群体的总体幸福感（楚啸原等，2021）。社会支持具有多种不同的表现形式，不同类型的社会支持对居民幸福感的提升均具有正向影响，但是作用力度的大小却有所差异。崔丽娟（1997）研究发现，在所有社会支持种类中，情感支持的作用最为重要。李月（2011）研究表明，对幸福感影响最大的社会支持是家庭支持，其次是朋友支持，最后是他人支持。严标宾和郑雪（2003）通过对大学生群体的研究发现，家庭、恋人、室友、朋友之间的关系对主观幸福感的影响程度依次减弱。自尊、自我控制、抑郁分别降低了社会支持对居民个体幸福感的解释程度（郑雪，2004）。社会支持中的亲密对象支持、倾诉对象支持和帮助对象支持均能够显著影响城市居民的社会幸福感（陈志霞，于洋航，2019）。网络友伴支持与能够显著正向影响"90 后"农民工群体的主观幸福感，网络信息支持能够显著影响"80 后"农民工群体的主观幸福感（袁爱清，朱国丽，2022）。罗强强和乔玥（2022）研究发现，非正式支持能够显著正向影响中老年残疾者群体的主观幸福，而正式社会支持并不能显著影响中老年残疾人群体的主观幸福感。宠物支持能够显著预测居民的幸福感（Hardie 等，2023）。

在社会活动方面，Gundelach 等人（2004）认为，无论是组织层面的整体活动还是个体层面的自行参与都能够显著促进居民幸福感的提升。社会活动参与程度的提升可以进一步提升社会关系的亲密度，社会关系是影响个体幸福感的重要因素（Myers 和 Diener，1995）。那些经常参加日常体育锻炼的人能够感受到更多的幸福感（Richard 等，2015）。Peasgood（2007）研究认为，与亲人朋友之间的亲密关系有利于个体自身幸福感的提升。社会参与能够显著影响交往关系信任程度，进而作用于青年群体的幸福感（彭定萍等，2020）。Stephen 等（2021）发现，社会活动能够在粉丝身份认同和心理幸福感之间发挥中介作用。Petr 等（2021）使用来自欧洲和加拿大 9 个国家的学龄儿童健康行为调查数据分析发现，青少年群体参与有组织的实践活动均能够显著提升其自身的主观幸福感。Lin 和 Lachman（2021）发现，体育锻炼能够显著提升个体的幸福感，但是对于中年和老年人群体而言，较多地使用社交媒体，可能影响其参与体育锻炼的时间，这有可能会降低其自身的幸福感水平。Philippe 等（2022）研究发现，积极使用社交网站与其他用户互动能够对个体主观幸福感产生正向影响，而被动消费社交网站内容则会对个体主观幸福感产生消极影响。Hou（2023）研究发现，参加社会活动能够显著影响老年人的主观幸福感。然而 Li 等人（2005）的研究却发现，居民参与社会活动会对其生活满意度带来显著的负向影响。

在社会信任方面，刘明明（2016）证实了政治信任、消费者信任、特殊信任和普遍信任与居民幸福感存在正相关关系，其中消费者信任的影响最强，普遍信任的影响最弱，政府信任强于特殊信任。Henriques（2010）等人利用欧洲民主指数对欧盟组织内的 15 个成员国研究发现，组织信任会显著影响居民幸福感。相比社会信任而言，社区信任对幸福感的影响更大，其中对社区信任度较高的个体感觉非常幸福的概率比对社区持有不信任态度的个体高 8.2%（吴奇峰等，2017）。Akaeda（2022）基于欧洲社会调查 2002 年至 2019 年数据分析发现，社会信任能够通过社会分层减少居民的幸福不平等。王磊（2019）研究发现，农村老年群体的信任和幸福感水平均显著低于城市老年人群体，老年人的信任和被信任均能够显著正向影响其自身幸福感。徐圣翔和刘传江（2022）实证研究发现，社会网络能够通过社会信任、社会互动和互惠共范作用于农村居民的主观幸福感。也有研究发现了信任的中介作用，Liu（2010）通过对 745 名雇员的研究发现，信任可以在变革型领导和员工幸福感之间发挥中介作用。马建青和黄雪雯（2022）研究发现，亲社会行为与攻击行为在人际信任影响居民主观幸福感的过程中发挥中介作用。然而，Christoph 和 Andreas（2022）基于 2002 年至 2018 年来自 30 个国家 9 个时间点的数据分析发现，社会信任和制度信任并不能够显著影响居民的主观幸福感。

### 2.4.4.5　管理学领域

管理学有关幸福感的研究多集中在工商管理领域，而公共管理领域的相关研究仍相对不足。工作幸福感及工作满意度已经成为组织行为及人力资源管理领域的一个重要研究主题。参照幸福感的定义，有学者将工作幸福感定义为员工对自己现有的工作感到的满意程度，并在工作中能够经常体验到积极情感和较少地体验到消极情感（Bakker 和 Oerlemans，2011）。Fisher（2010）则认为工作幸福感是一种能够在工作中体验到的愉悦感知和对工作的愉悦感进行判断的综合结果。在测量方面，Fisher（2010）认为应该从暂时水平、个人水平和单元水平三个方面对工作幸福感进行测量。也有学者从个体内部变化的视角出发，研究个体工作幸福感的短期波动，采用记日记的方法，对其进行动态研究（Garrosa-Hernández等，2013）。陈志霞等（2019）分别从心理学、组织行为学和人力资源管理三种不同视角对工作幸福感的发展进行了梳理，并且从积极—消极情感维度、主观—心理—社会维度、状态—个体—组织水平维度、工作本身—工作环境—组织环境维度对工作幸福感的概念和结构进行探讨，进而提出了工作幸福感的整合模型。时勘等（2020）认为，企业员工的工作幸福感分为认知幸福感和情感幸福感两类维度，认知幸福感包括自主工作、学习成长、胜任工作、工作意义四个方面，情感幸福感包括积极情绪体验和消极情绪体验两个方面，分别对应心理幸福感和主观幸福感的研究视域。对工作幸福感的影响因素研究主要集中在个体因素、领导因素和组织因素三个层面。

个体因素方面，工作需求负向影响员工的工作幸福感（苏涛等，2018），工作投入能够使员工获得充足的工作满意度（Simbula 和 Guglielmi，2013；Li 和 Chen，2023），工作幸福感与员工离职倾向显著负相关（Wu 等，2017）。挑战性压力能够积极影响员工的工作幸福感，而阻碍性压力能够消极影响员工的工作幸福感（刘云等，2019）。员工的社会自我效能感能够通过职场排斥的中介作用影响员工的工作幸福感（刘长在等，2020）。张明等（2020）研究发现，教师职业使命感能够显著影响其工作幸福感，教师的自我效能感在职业使命感对工作幸福感的影响中发挥中介作用。刘长在等（2020）基于自我保存理论分析发现，员工的社会自我效能感能够通过职场排斥显著影响其自身的工作幸福感。马丽和马可逸（2021）研究发现，知识型员工和谐—强迫工作激情能够通过工作—家庭冲突的中介效应影响员工的工作幸福感。研究发现，员工助人行为的频率与其自身的工作幸福感之间存在倒 U 形关系，即增益式助人行为能够提升员工的工作幸福感，而损耗式助人行为能够降低员工的工作幸福感。工匠精神能够对员工工作幸福感产生显著的正向影响。葛蕾蕾和陈昱睿（2022）研究发现，使命效价能够通过缓解情绪衰竭进而提升基层公务员的工作幸福感。职业污名感与工作幸福感之间并不存在显著的相关性，而只有在工作不洁感较低的情况下，职业污名感与工作幸福感之间呈现显著的负相关（王玉梅等，2022）。卫武等（2023）基于资源保存理论，研究讨论了正念和员工工作幸福感之间的关系。一方面，正念通过资源选择增加工作幸福感以实现资源增益效应；另一方面，正念通过资源补偿降低情绪耗竭提升工作幸福感以减少资源损耗效应。李群等（2021）关注制造业员工工匠精神与工作幸福感之间的关系，研究发现，工匠精神能够显著正向影响员工的工作幸福感，职业成长机会、组织容错氛围在工匠精神影响员工工作幸福感的过程中发挥正向调节作用。许新全等（2023）探讨了数字时代信息隐私侵犯感知与员工工作幸福感之间的关系，研究发现，信息隐私侵犯感知通过工作压力的中介作用显著负向影响员工工作幸福感。苗仁涛等（2023）研究发现，员工的工作重塑对其自身工作幸福感具有显著正向影响，员工工作幸福感与其创新行为之间存在倒 U 形曲线关系。

领导因素主要集中在不同领导类型或领导风格对员工工作幸福感的影响，如有研究发现包容型领导显著正向影响员工幸福感（张征，古银华，2017；方阳春等，2022），变革型领导可以通过授权正向提升组织内员工的工作幸福感（Pai和 Krishnan，2015）。利用式领导通过增加员工的工作要求和减少员工的工作资源，从而对员工的工作幸福感产生负面影响（彭坚等，2023）。幽默型领导能够有效提升新入职员工的工作幸福感（Fei 等，2023）。参与型领导不仅能够通过增强员工的组织自尊进而提升其工作幸福感，而且能够通过增加员工的工作负荷进而降低其工作幸福感（彭坚等，2021）。真实型领导能够通过心理资本和领导认同的中介效应影响员工的幸福感（宋萌，董玉杰，2021）。上下级关系对员工幸福感存在"双刃剑"效应，良好的上下级关系一方面能够通过领导资源回报推动下属在工作实际中形成积极的心理体验，从而增加自身工作幸福感；另一方面也能够通过提升员工的工作负担水平，从而降低下属的工作幸福感（付博等，2023）。管理者主动变革行为对员工工作幸福感具有"双刃剑"效应，一方面，管理者主动变革行为能够增加员工工作负担，进而对其工作幸福感产生负面效应；另一方面，管理者主动变革行为能够增强领导—成员交换，进而对其工作幸福感产生积极效应（戴云等，2021）。陈霜叶等（2023）基于"中国学校课程与教学调查项目"数据库数据研究发现，校长教学领导力对学生学校幸福感具有显著的作用，教师教学效能感与师生关系在校长教学领导力与学生学校幸福感之间发挥链式中介作用。

组织因素方面，组织学习与工作幸福感呈正相关关系，工作幸福感在组织学习和员工健康水平之间发挥完全中介作用，同时工作幸福感在组织学习对组织绩效的影响过程中发挥部分中介作用（施涛，曾令凤，2015）。组织公民行为与员工幸福感之间显著正相关（Manish 等，2016），组织支持能够显著提升教师群体的职业幸福感（王钢等，2018），组织认同能够有效提升员工的工作幸福感（Onesti，2022）。组织包容氛围能够通过职业成长的中介效应进而影响员工的工作幸福感（方阳春等，2023）。李朋波（2022）研究发现，职场负面八卦能够通过组织认同和情绪耗竭的中介作用进而影响员工的工作幸福感。Rita 等（2023）通过使用相关的数据实证研究发现，组织内部伦理环境能够显著影响员工的主观幸福感。Cho（2023）对新加坡教师进行调查研究发现，工作休闲冲突能够显著降低个体的主观幸福感。Moreira 等（2023）研究发现，工作家庭冲突或是家庭工作冲突均能够显著降低员工的工作幸福感，工作幸福感能够显著调节工作家庭冲突和家庭工作冲突对工作绩效的影响。一部分学者认为工作时间压力会影响员工工作目标的实现，进而对员工的幸福感产生消极影响（Brown 和 Ryan，2003；Garling 等，2014），也有部分学者认为时间压力能够为员工带来积极的情绪体验，从而提升其自身的工作幸福感（Garhammer，2002；Rodell 和 Judge，2009）。

宋锟泰等（2019）研究发现，当组织内存在服务型领导并且员工属于促进型调节焦点时，工作时间压力对员工工作幸福感的消极影响最小。阳毅等（2022）研究发现组织差别对待分别经由组织自尊和绩效压力感两条中介路径对人才工作幸福感产生"双刃剑"效应。张兴贵等（2023）基于 53 篇文献的 55 项独立研究共计 51750 份样本数据，进行元分析后发现，高绩效工作系统能够显著影响员工幸福感的各个维度，文化情境在高绩效工作系统影响员工幸福感的过程中发挥调节作用，在具有较高的权力距离和集体主义文化的情境下，员工感知的高绩效工作系统对其自身的主观幸福感、心理幸福感和健康幸福感的作用更强烈。张振刚等（2023）研究发现，电子沟通即时响应压力能够显著负向影响员工的工作情绪幸福感。

相比于组织行为和人力资源管理领域对工作幸福感的大量研究，公共管理领域对幸福感的研究则略显不足，现有研究多从政府质量、政府规模或者政府绩效评价方面进行零散探讨。Helliwell（2006）等人运用世界治理指数中的政府效率、法制规范、腐败控制和管理质量来测量各国政府质量，认为政府质量是造成各国居民幸福感差异的重要原因。地方政府开展的反腐治理能够有效提升该地区范围内居民的主观幸福感；反腐治理的力度越大，其所产生的幸福激励效应也越强；反腐治理对提升弱势群体幸福感的作用要明显大于优势群体（柳建坤，2019）。陈刚和李树（2012）运用 CGSS 2006 的数据研究发现，政府效率、公共物品供给和公民财产权利保护等政府质量的构成指标均对居民幸福感具有显著的正向作用。于洋航和缪小林（2022）研究发现，政府行政效率能够有效提升居民的政府满意度，进而增强其自身的主观幸福感，监督制度和问责制度在政府行政效率对政府满意度的影响过程中发挥调节作用。Cárcaba 等（2023）利用 2013 年和 2018 年在西班牙开展的调查研究发现，政府效率对个体主观幸福感具有显著的积极影响，然而问责制却并没有显著提升个体的主观幸福感，腐败治理并没有立刻显著地提升居民主观幸福感，但是却对居民幸福感水平有显著的延迟影响。Ott（2011）通过对 130 个国家的实证研究发现，政府规模与居民幸福感之间的关系很大程度上取决于政府质量，规模大而且质量高的政府能够显著提升居民幸福感，但规模大而质量差的政府在居民幸福感的提升方面却缺乏表现。政府质量中的政府信任、公共服务、民主质量和治安状况均能够显著地积极影响中日韩三国居民的主观幸福感（杨慧青，彭国胜，2023）。马亮（2013）通过对我国地级市公共服务绩效截面数据的分析认为，公共服务的数量与质量对公民幸福感产生重要影响。同样，来自广东的实证数据显示，政府绩效满意度与居民幸福感呈显著正相关关系（李文彬，赖琳慧，2013）。政府满意度的提高能够缩小收入差距，从而提高居民的主观幸福感（申韬等，2023）。Alessio（2020）研究发现，新冠疫情流行期间，地方政府实施的封控措施对被调查者的生活满意度和主观幸福感均产生了显著影响。政府环境信息公开能够通过降低城市的客观环境污染、降低居民感知的主观环境污染和增强居民对政府满意度等渠道进而提升居民的主观幸福感（佟孟华等，2023）。数字政府建设水平与居民幸福感之间存在倒 U 形关系，数字融入能够降低数字政府建设对居民幸福感的积极作用（上官莉娜等，2023）。地方政府在地方发展建设过程中如果设定较高的经济增长目标则会显著降低当地居民的主观幸福感，适当的经济增长差距会激发地方政府积极推动地方经济增长，加强地区基础设施建设，努力提升地方区域内公共服务水平，进而有效提升居民的幸福感。然而，当经济增长差距过大时，地方政府往往会关注短期利益，短视行为的出现则会降低居民的幸福感（方福前，朱庆虎，2021）。

通过对上述有关幸福感研究的各学科领域的梳理发现，现有关于幸福感的研究已经从经济学、心理学逐渐向其他各个学科领域扩展，不同学科对幸福感的相关理论及影响因素等方面进行了广泛的探讨，使得幸福感的相关内容逐渐成为学术研究的热点。经济学通过测量幸福的体验效用，试图回答人类如何才能获得幸福这一问题。社会学家则将幸福看作一种社会产物，并试图将幸福感放置在社会环境的背景中进行探讨。心理学家则将幸福看作一种个人特质，是一种当个体自身需要得到满足时所产生的感知评价及情感体验，是由认知和需求等心理因素及外部客观因素交互作用下的一种复杂心理状态。然而具体来看，从公共管理视角对居民幸福感进行研究仍然相对比较零散，并没有形成系统的研究体系，缺乏从城市治理、社会管理等视角进行的研究。

## 2.4.5    城市层面的幸福感研究

幸福感已经逐渐成为城市研究领域的重要议题（Papachristou 和 Rosas - Casals，2018）。城市层面的幸福感研究多集中于城市幸福指数构建及测量、城市空间因素、城市环境因素及城市经济因素对城市居民幸福感的影响等方面，从城市社区视角对居民幸福感影响因素和具体作用机制的探讨研究仍有待加强。

在城市幸福指数的构成方面，有主观指标、客观指标和主客观指标相结合三种构成方式。幸福指数的主观指标主要把个体主观感受作为幸福指数的衡量标准。例如，邢占军（2003）从体验论的角度出发，编制了《中国城市居民主观幸福感量表简本》，通过 10 个维度、54 个项目对城市居民主观幸福感进行测量。刘杰等（2012）认为城市幸福指数包含总体幸福指数和领域幸福指数两个维度。总体幸福指数包含总体生活满意度、横向和纵向比较的满意度，领域幸福指数包含政治生活满意度、经济生活满意度、文化生活满意度、人际关系满意度、健康状态满意度、环境生活满意度六个方面。陈志霞和李启明（2012）采用包含主观幸福感、心理幸福感和社会幸福感的综合幸福感量表对城市居民幸福指数进行测量。郑方辉（2014）从个人主观感受、对家庭因素满意度、对社会因素满意度、对自然因素满意度和对政府因素满意度构建公众幸福指数。张辉等（2020）从社会条件、身心健康和自身因素三个维度构建城市居民幸福指数。幸福指数的客观指标是指将幸福指数看作一种客观数据，综合客观社会指标对幸福指数进行测量。王慧慧（2016）从经济状况、职业状况、家庭生活、身心健康等六个维度出发，构建了包含 36 个具体指标的中等城市幸福指数。许红吴和寅恺（2020）使用主成分分析法，构建包括经济发展、生活水平、社会事业、生态环境 4 个一级指标和 24 个二级指标构成的幸福城市建设评价指标体系，并通过实证研究发现苏州、南京、无锡得分较高。陈志霞和徐杰（2022）选取城市交通、文化教育、医疗健康、社会保障、就业水平、个人收入、生态环境、城市经济、居住条件、公共安全共 10 个维度 38 个指标，构建了城市幸福指数综合评价指标体系。结合 TOPSIS 和灰色关联分析法，提出城市幸福指数综合评价模型，并通过实证研究发现，成都幸福指数最高、宁波第二、南京第三。主客观指标相结合则是通过对个体主观感受和客观现实数据的结合来进行幸福指数的构建。如陈志霞（2012）以城市满意度、主观幸福感、心理幸福感和社会幸福感作为主观指标，以城市发展指数作为客观指标，构建城市幸福指数。李刚（2015）从生活质量指数、社会公平指数、社会进步指数、社会满意度指数和环境满意度指数五个方面构建了城市幸福指数。

幸福感的空间差异普遍存在，著名经济学家 Oswald（2010）通过对美国不同地域的研究发现，生活在不同州的居民的生活满意度存在显著差异。倪鹏飞等（2012）采用空间计量模型发现，我国城市居民的幸福感具有显著的地域差异性。Ala-Mantila（2017）通过运用地理信息系统验证了幸福感的空间差异，并发现主观空间特征比客观空间特征对幸福感的影响更为强烈。Wang（2016）研究发现北京中心区域市民的生活满意度明显高于郊区地带。党云晓等（2018）发现居民幸福感存在城市间差异性，城市规模与居民幸福感之间呈负相关关系。在城市密度和人口密度方面，Arifwidodo（2012）发现城市区域密度与城市居民幸福感并无显著相关。然而也有研究发现，一定区域内的人口密度可以显著降低城市居民的幸福感（Li 和 Kanazawa，2016）。朱金鹤和王军香（2018）探讨新疆居民幸福的空间分异，研究发现新疆地区居民幸福指数呈"北高南低"态势，各地州幸福指数呈"大聚集、小连片、微散落"的空间格局。徐维祥等（2019）关注浙江省区域"四化同步"与当地居民幸福之间的耦合协调度，研究发现，耦合协调度展现出"东北高，西南低"的空间演进趋势，形成以杭州湾为核心，不断向外扩散，最终以杭州市区—宁波市区为双核心的热点区域分布。殷鹏等（2023）使用网络爬虫技术抓取微博"2020 中国最具幸福感城市榜单"话题内微博用户20875 条有效评论数据，利用文本主题生成模型和 ArcGIS 分析微博用户视角下城市幸福感知的情感响应空间分异。研究发现，全国各地对"最具幸福感城市榜单"的响应呈东高西低的趋势，局部集中在四川、广东、河南、山东、江苏、浙江、湖南等省份，响应热度较高的区域为榜单城市所在省份及其周边，并以榜单城市为中心呈距离衰减趋势。

　　城市环境同样也对居民幸福感具有重要影响。有学者研究发现居民的城市环境满意度对其个体幸福感具有显著正向影响（杨玉文，翟庆国，2016）。许志华等（2018）综合环境污染数据和中国居民幸福感数据发现，大气污染和水污染对居民幸福感具有显著的消极作用。Smyth 等（2008）发现在大气污染和交通拥堵严重的城市，居民自身的幸福感较低，而公园绿地较多城市的居民的幸福感较高。空气质量能够显著影响农民的幸福感（吴云青，闫子兴，2023）。噪声污染作为环境污染的一种典型类型，不仅能够直接降低居民的幸福感，而且还能够通过影响居民对阶级流动性、经济预期、机会不平等、收入差距、社会关系等维度的感知进而对其幸福感产生负面影响（高子茗，吕洋，2023）。林杰和孙斌栋（2017）基于中国劳动力动态调查的大样本数据，从城市和社区两个层面的建成环境分析，探讨了人口密度、人口规模、公共服务设施可达性、公共交通、目的地可达性等对居民幸福感的影响。Saleh 等（2015）发现居住城市的物理环境和社会环境对伊朗年轻女性的幸福感具有显著影响。Wheeler 等（2015）研究发现，绿色空间的生物多样性及其密度能够显著影响城市居民的主观幸福感。在城市范围内，公共服务的便利获得可以显著提升城市居民的环境质量感知和幸福感（Kyttä 等，2016）。社区绿化率能够显著正向影响居民的主观幸福感（Orban，2017）。Brindley 等（2018）发现家庭花园面积大小与居民幸福感呈正相关关系。刘晓菲等（2022）研究发现，住区环境能够显著正向影响居民的主观幸福感，社会环境对居民主观幸福感具有直接影响，而小区环境、社区环境和住房环境对居民主观幸福感影响并不显著。湛东升等（2023）研究发现，城市人居环境感知对居民幸福感具有显著影响，城市人居环境中的城市活力、城市宜居、城市管理、城市舒适和城市包容等因子显著积极影响居民幸福感，城市安全和城市便利等因子则能够对居民幸福感产生消极影响。

　　近年来，有学者开始逐渐关注城市住房与居民幸福感之间的关系。住房产权和住房面积等因素与城市居民幸福感之间具有显著相关性，并存在地域差异和年龄差异（王先柱，王敏，2018）。在房屋产权方面，拥有房产的个体的幸福感要明显高于没有房产的个体（李骏，2017），拥有多套房的个体的幸福感明显高于拥有一套房的个体（林江等，2012）。完全产权、部分产权和小产权住房均能够显著影响居民的幸福感，且三种产权类型的影响程度逐渐减弱，住房价值越大，居民幸福感越高，但产权大于 15 年的住房对居民幸福感具有一定的负向影响（Cheng 等，2016）。房屋面积、住房条件对居民幸福感具有显著正向影响（范红忠，侯亚萌，2017）。Syed（2016）运用 GSS 2009—2013 年的数据研究发现了加拿大房屋价格与当地居民幸福水平之间的关系。Foye 等（2017）发现社会阶层地位在房屋所有权对居民主观幸福感的影响过程中发挥中介作用。然而，Popham 等（2015）运用英国家庭专题调查数据（British Household Panel Survey，BHPS）研究发现，房屋所有权并没有降低城市居民的心理压力。王迪（2020）关注住房不平衡与居民幸福感之间的关系，研究发现，市级层面住房数量不平衡程度和省级层面住房价值不平衡程度能够显著降低居民的幸福感，而市级层面住房价值不平衡程度的提高对居民幸福感具有显著的正向影响。殷俊和周翠俭（2020）研究发现，住房公积金与城市定居并不能显著提升第一代农民工的幸福感，而住房公积金与城市定居却能够显著提升新一代农民工的幸福感。冯明和赵佳涵（2022）研究发现，高房价能够显著地降低居民的幸福感，除真实价格水平外，高物价预期和高房价预期均对居民幸福感产生显著的负向影响，高房价预期则通过"挤占效应""财富效应""悲观预期效应"三种途径对居民幸福感产生影响。刘颜和傅贻忙（2023）研究发现，住房支付能力对居民主观幸福感具有显著的正向影响。魏万青（2023）研究发现，家庭住房状况对已婚群体的幸福感具有显著影响，租房群体如拥有房产即便房产证不署自己或配偶的名字，也能够对其幸福感产生正向作用。

城市层面对居民幸福感的研究较为分散，过多地聚焦于城市幸福指数的构建，导致大量不同测量指标体系的出现，反而导致城市居民幸福指数测量方面统一标准的缺乏，由此出现了统计结果无法验证也无法比较的问题。同时，关于城市因素的研究大多只停留在城市问题的表面现象，未曾触及内在的城市治理因素对居民幸福感的影响机制，更缺乏从城市社区公共服务视角展开的有关居民幸福感的相关研究。

## 2.5 研究述评

公共服务是政府的基本职能之一，城市社区作为城市社会治理的基层单位，如何为社区居民提供更优质的公共服务以满足其日益多元化的物质文化需求，通过提升社区治理水平进而促进居民幸福感增长，是城市治理者需要关注的重要问题，同时是社会转型发展的重要价值追求。随着治理中心的不断下沉，社区治理受到了学界越来越多的关注。与社区治理强调多元主体共同参与相类似，在单位制瓦解和社区制发展的过程中，社区公共服务也展现出了由政府全包模式向多元主体共同供给转变的趋势。政府组织、市场组织、社会组织以及公民个体等不同社区治理主体在社区公共服务供给的过程中都扮演着重要的角色，众多学者也就社区公共服务的模式开展了大量研究。目前我国社区公共服务也存在一定问题，主要表现为供需不均衡和服务价值缺失等现象，众多研究者也针对存在的问题提出了各自的解决方案。现有关于社区公共服务的研究多集中于探讨社区公共服务供给模式和多元供给主体的角色作用，虽然有助于提升社区公共服务供给质量和供给效率，发挥不同供给主体的积极作用，然而却在一定程度上造成了学界对社区公共服务价值关注的不足。为社区居民提供能够满足其自身多元需求的公共服务，进而提升其幸福感是社区治理的价值追求。社区公共服务对居民幸福感的影响及其作用机制的相关研究亟待加强。

满意度的研究缘起于市场营销领域，意在为企业获得更多的利益而进行的对产品服务质量的消费者评价。随着新公共管理理论和新公共服务理论研究的深入，满意度逐渐进入公共管理的研究领域，成为公共管理的重要研究对象，衍生出了如公共服务满意度等相关概念。纵观现有关于公共服务满意度的研究，评价模型大多根据顾客满意度模型和 SERVQUAL 模型进行，也有部分研究根据公共服务的不同种类而进行评价。SERVQUAL 模型多集中于研究某一具体行业的服务质量，而使用顾客满意度模型的学者则多聚焦于综合的服务质量的研究。顾客满意度模型往往将满意度作为核心变量，讨论作为前因变量的服务质量感知和期望的影响以及对信任和抱怨等结果变量的影响。而 SERVQUAL 模型则从服务或产品的特质入手，关注服务质量评价对顾客满意度的影响。顾客满意度模型和 SERVQUAL 模型虽然从个体心理的视角分析了期望、绩效感知等因素在服务使用过程中的心理变化，然而却无法对具体的服务种类和项目维度进行评价，而具体指标种类的评价体系则弥补了这一缺陷。因此，本研究选择从不同类别的具体服务项目出发考察我国城市居民的社区公共服务满意度状况，从而可以更为清晰地从公共服务的类型角度了解目前我国城市社区公共服务现状，准确地把握目前社区公共服务供给的短板和居民对社区公共服务的感知评价，为政策制定者和服务供给者提供更为精准的信息，更有针对性地满足社区居民的公共服务需求。

通过对有关幸福感文献的梳理，现有关幸福感的研究呈现如下特点：一是研究学科众多，研究内容不断深入，多个学科都将幸福感作为自己的研究内容，使得有关幸福感研究的广度和深度不断增强。心理学和经济学等领域的研究开展得较早，社会学等学科也展现出浓厚的研究兴趣。相比其他学科，公共管理学科的研究仍略显欠缺，从城市层面以及社区视角切入的研究依然不足。二是跨学科的研究逐渐增多。从积极心理学关注幸福感到经济学领域的"伊斯特林悖论"的提出，幸福感逐渐引起了全球范围内不同研究领域学者的重视，不同学科不同研究背景的学者已经从不同领域对幸福感进行了积极的探讨，并呈现出跨学科的研究趋势。三是研究结论不一致，争论普遍存在。在不同的研究领域中，目前对于有关幸福感影响因素的研究依旧存在一定的争议，不同数据得出的结果不同，甚至相反。有关幸福感的研究仍然具有较大价值。四是中国居民幸福感成为国内外学者研究重点。国外学者已经从多方面开始研究中国居民幸福感，得出了许多不同的结论。国内学者根据独有优势，积极开展实地调查等方式，试图从多个不同领域研究中国居民幸福感。这主要得益于一段时间以来中国经济的快速发展和人民生活水平的不断提升，而近年来随着我国城市化水平的不断深化，城市社区层面相关因素对居民幸福感的影响更应值得重视。

幸福感的研究已经逐渐成为学界关注的焦点，虽然已有大量研究从微观层面和宏观层面对幸福感进行了相关的讨论，关注个体的人格特质和国家的经济发展对幸福感的影响。然而从城市层面，尤其是城市社区层面这一中观维度的研究并未引起学界的足够重视。同时，从研究领域的角度来看，经济学提出了著名的"伊斯特林悖论"，心理学引导了以幸福感为主要研究内容的积极心理学研究热潮，已经将幸福感作为其学科的重要研究内容。社区公共服务供给在社区治理过程中占有重要地位。社区治理是国家整体存在、发展与治理的基石，无论国家治理还是社会治理都无法避免地需要将社区居民作为政策出发点和落脚点。和谐稳定的社区和幸福健康的居民，是社区治理的最大价值追求和终极意义目标，然而公共管理领域的研究学者并未对幸福感的研究表现出足够的关注。在社区层面，公共管理学者多聚焦于讨论社区治理模式和社区治理创新，然而却在一定程度上忽视了社区治理的价值导向，即如何实现社区居民的幸福感。社区居民的需求满足是其获得幸福感的重要前提，而社区公共服务的供给是对社区居民需求的直接回应，随着城镇化的持续推进，研究城市社区公共服务对居民幸福感的影响具有重要意义。目前我国社区治理主要存在社会资本缺乏和公众参与不足等问题，因此，本研究选择从社会资本和公众参与两条路径探讨城市社区公共服务对居民幸福感的影响及其具体作用机制。

同时，由于受到顾客满意度模型的影响，目前关于公共服务满意度的研究大多关注于如何测评公众对公共服务的满意度水平，以及哪些因素能够对居民公共服务满意度产生影响，即关注于测评指标体系的构建和满意度的前因变量，在一定程度上忽略了公共服务满意度的结果变量，即公共服务满意度究竟会产生哪些结果。探究公共服务满意度所可能产生的结果是进行公共服务满意度研究的重要驱动因素。因此，对公共服务满意度结果变量的研究就显得至关重要。幸福感是个体生活的永恒追求，同时也是国家发展和社会治理的终极目标，更是公共政策制定和执行的价值导向。个体幸福不仅有利于居民自身健康成长，而且对城市健康发展和社会稳定和谐具有重要意义。然而，目前有关公共服务满意度对居民幸福感的影响及其具体作用机制的研究仍有待进一步深入。因此，本研究选择从城市社区的视角分析，考察目前城市社区居民公共服务各具体维度满意度情况，探讨城市社区公共服务满意度对居民幸福感的影响及其具体作用机制。

# 3 ▶▶▶▶

# 城市社区公共服务满意度对居民
# 幸福感影响机制的研究假设

## 3.1　城市社区公共服务满意度对居民幸福感的直接效应

　　城市社区公共服务满意度体现了城市社区居民对其所享受到的由多元主体共同提供的多样化社区公共服务的满意程度，是社区居民对公共服务质量满足其生活需求的主观评价和认知体现。公共服务是政府的重要职能，由于政府在基层社区公共服务供给过程中的主导地位，因此，城市社区公共服务满意度也体现了政府公共服务绩效水平，是社区居民对基层政府绩效的感知认可。随着城市化进程的不断加速和社会治理精细化的持续深入，社区治理成为城市治理的重要抓手。社区治理是国家整体存在、发展与治理的基石，无论国家治理还是社会治理，其治理主体、过程与成果最终都要落脚于社区及其居民。幸福感被视为衡量个人全面发展和社会功能健全的一个重要指标，它既是个体对生活的主观意义和满足程度的一种价值判断，又是对客观条件和所处状态的一种事实判断。和谐善治的社区和幸福健康的居民是社区治理的最大价值追求和终极意义目标。

　　根据马斯洛需求层次理论，个体有满足自身需求的动机，个体幸福源自自身需求的满足，当个体不同层次的需求得到满足后会产生相应的不同层次的幸福感。充足的公共服务能够满足居民多元化的日常需求，对居民幸福感具有显著影响。Helliwell 和 Huang（2008）利用世界价值观调查（World Value Survey，WVS）数据发现，在治理能力较差和经济发展收入水平较低的国家和地区，公共服务的效率和质量能够显著影响居民幸福感。由于政府掌握了大量的资源，公民的日常生活离不开政府的规制，政府的决策和行为会通过政府支出以及公共服务供给等途径影响公民的日常生活。Ingham（2014）通过对英国图书馆和信息服务系统的研究发现，公共图书馆有助于居民个体的健康水平和幸福感的提升。当公民认识到自身所享受到的公共服务质量提升时，自身幸福感水平也会显著提升。充足的基本公共服务保障能够显著提升居民幸福感（赵洁，杨政怡，2017），社会保障类公共服务显著提升我国农村居民的幸福感（许海平，傅国华，2018），城市居民的公共服务满意度与其自身幸福感呈正相关关系（冯亚平，2015），社会环境与女性群体的主观幸福感之间具有显著的相关性（Bergman 和 Daukantaite，2010）。公共服务能够满足城市居民在养老、教育、就业、医疗、住房等多个领域的客观需求，从而有效保障社会公众的基本生活需要，因而对城市居民主观幸福感的提升具有重要作用（Cheng 等，2018）。

从社区公共服务的具体维度分析，不同种类的社区公共服务分别满足了社区居民不同层次的需求。社区基础生活设施为社区居民提供了日常生活所必需的物质资源，社区居住环境为社区居民提供了良好的外部保障，实现了社区居民在社区生活的舒适性，满足了社区居民的生理需求。社区教育、社区基本社会保障为社区居民提供了完备充足的社会福利，对社区弱势群体的基本权益给予充足的保护，社区安全为社区居民的生命财产提供了必要的保障，是社区居民参加社区活动的前提基础，满足了社区居民的安全需求。社区交通为社区居民日常生活和出行提供了便利，社区文体服务为社区居民参与日常社区活动创造了条件，社区居民在参与社区活动的过程中积极表达自身的利益诉求并且形成自身的人际关系网络，感受到了来自社区内多元主体的关心和照顾，爱和归属的需求得到满足。积极参与社区公共事务不仅有助于使社区居民自身利益诉求得到回应，而且为社区居民的共同利益维护做出了贡献，尊重的需求得到满足。社区居民不同层次的需求得到满足后，根据马斯洛需求层次理论，个体会产生不同层次的幸福感。生理需求的满足保障了社区居民基本生活，从而使其获得了感官层面的幸福感。安全需求的满足能够保障社区居民规避风险，在社区之内能够获得足够的安全感，确保人身及财产不被侵害，从而获得安全的幸福感。爱和归属需求的满足，能够使得社区居民对自身所在社区表现得更有依赖性和归属感，在和谐的社区人际关系网络中获得了自身被关心、被照顾、被接纳的幸福感。尊重需求的满足能够使居民在社区内获得来自其他社区主体的肯定和敬佩，个体可以自信笃定地参与社区事务和在社区中生活，从而获得了内在尊重和外在尊重的幸福感。自我实现需求则是居民个体自身较高级别的需求，社区居民在社区内充分挖掘自身的内在潜力，为社区建设及社区发展做出贡献后获得的是自身价值实现的幸福感。

公共服务是政府的重要职能之一，公共服务满意度一方面体现了政府公共服务绩效，另一方面也体现了社会公众对政府质量的感知与评价。政府效率、政治稳定和国家安全、问责、法治程度、规制质量、公共物品供给、腐败控制等变量是衡量政治质量的重要指标（Kaufmann 等，1999；Treisman，2002；Ott，2011；Alesina 和 Zhuravskaya，2011）。福利国家理论主张政府应当为居民提供充足的社会公共服务，通过推行一系列税收政策和社会保障政策，消除社会不平等和贫富差距，保障居民的基本权益。而政府质量是福利国家实施效果的重要前提，政府质量对居民幸福感具有重要影响。Swindell 和 Kelly（2000）通过实证研究认为，政府服务绩效与公民满意度之间具有显著正相关关系，公众满意度可以作为政府公共服务质量的评价指标。相比经济增长的贡献程度，政府质量对居民幸福感提升的影响更大，公共服务供给能够显著提升居民幸福感（陈刚，李树，2012）。政府质量较高意味着政府更注重维护公民利益和司法正义，为居民提供更优质的医疗和教育服务，努力营造平等的社会，因而在这样的国家，居民自身的不同层次的需求会得到满足，幸福感水平得以提升（Ott，2011）。相比政府规模，政府质量对居民幸福感的影响更显著；政府质量维度中，相比民主质量，技术质量与幸福感的相关系数更高（Ott，2010）。客观层面的公共服务质量对居民幸福感的增进作用，其实现过程极有可能是以主观层面的公共服务满意度为中介发生的，公共服务满意度在社会流动感知影响居民幸福感的过程中发挥中介作用（陈丽君等，2022）。较高的公共服务满意度不仅可以缓解社会各阶层因收入不公而导致的对幸福感产生的削弱效应，而且能够提升社会中个体的人力资本，从而降低居民个体的不适感。在社区公共服务供给过程中，治理理论强调多元主体共同参与，以协作的方式降低交易成本，提升治理能力，提供种类丰富的公共服务以满足社区居民多元化的服务需求，提升社区居民幸福感。但是由于除政府以外的其他主体并不具备与社区居民达成具有约束力的治理契约的能力，因而政府在这一过程中的主导地位依然无法撼动。如何提升基层政府质量，为社区居民提供更优质更便捷的公共服务，对社区居民幸福感的提升具有至关重要的作用。

而在城市社区层面，社区自身就具有服务社区居民的功能属性，社区服务以满足社区居民生活需求、提高社区居民生活质量为目标，以公共服务、志愿服务等为主要内容，包括为社区成员提供基本的公共服务和其他物质、文化、生活等多维度的服务。民众的幸福感水平是检验社区建设成效的价值追求，同时也是反映社会治理和社区服务水平的重要指标。相关实证研究表明，社区内完备的基础设施、良好的生活环境以及充足的公共活动空间等均能够满足居民日常生活需要，高质量的社区公共服务和良好的社会支持网络对居民主观幸福感具有积极的影响。社区居民的社区基础设施满意度、社区市政公用设施满意度以及住房条件满意度均对其自身幸福感具有积极影响（张再生，于鹏洲，2015）。优秀的社区的文化建设能够让社区居民拥有一种积极乐观的生活态度，从而能够有效提升居民的幸福感并使得社区居民对未来生活充满信心（王丹，2017）。良好的社区居住环境，包括自然环境和人文环境，均能够显著提升居民幸福感。良好的气候和适度的降水量能够影响居民幸福感（Rehdanz 和 Maddison，2008）。环境污染不仅危害了居民个体的身体健康，而且对居民日常生活造成了不便，对其自身幸福感造成消极影响（Tella 等，2003；Ferreira 和 Moro，2010；黄永明，何凌云，2013）。社区内的公园或图书馆等设施，以及公立学校的质量均与社区居民的生活满意度显著正向相关（Verba 和 Combs，1990；Auh 和 Cook，2009；Filkins 等，2010；张海霞，周玲强，2013）。社区公共基础设施服务能够显著提升老年人群体的健康水平，缓解老年人群体的抑郁倾向（Li 等，2015；Liu 等，2017）。社区内部配置的品质提升型商业配套设施能够提高居民对社区服务的评价水平和社区满意度，进而增强自身的获得感和幸福感（李杨等，2022）。

马斯洛需求层次理论认为个体的幸福源自自身不同层次需求的满足，当个体多元的公共服务需求得到满足后，会相应地产生不同层次的幸福感。高质量且种类丰富的公共服务能够满足居民多元化的服务需求。衡量政府公共服务的管理能力和治理水平的高低，满意度就是其中一个重要的衡量指标（项迎芳，王义保，2021）。在城市社区中，社区治理多元主体综合运用多种公共服务供给模式，为社区居民日常生活提供了能够满足其基本需求的公共服务，从而促进其自身幸福感水平的不断提升。

基于以上分析，本研究做出如下假设：

假设 1：城市社区公共服务满意度与居民幸福感呈正相关关系。

假设 1a：城市社区教育服务满意度与居民幸福感呈正相关关系。

假设 1b：城市社区基本社会保障满意度与居民幸福感呈正相关关系。

假设 1c：城市社区安全满意度与居民幸福感呈正相关关系。

假设 1d：城市社区基础设施满意度与居民幸福感呈正相关关系。

假设 1e：城市社区文体服务满意度与居民幸福感呈正相关关系。

假设 1f：城市社区环境满意度与居民幸福感呈正相关关系。

假设 1g：城市社区交通满意度与居民幸福感呈正相关关系。

## 3.2 社会支持的中介作用

社会支持是社会关系的一种，通常被理解为社会个体通过自身所拥有的社会网络所获得的能够满足其自身精神需求或物质需求的所有支持，是个体缓解自身压力、维持身心健康的重要因素（Cobb，1976；Zimet 等，1988；Sarason，2003；Moonesar 等，2016）。一方面，社区内社会支持可以为居民个体提供充足的保护；另一方面，社区社会支持也对维持社区居民良好的情绪体验具有重要意义。有研究将社会支持分为接收的社会支持和感知的社会支持。接收的社会支持主要是指个体所接收到的具体的所有支持，感知的社会支持主要指个体对其感知到的支持的有效性的主观认知（Sarason 等，1990；Gottlieb 和 Bergen，2010；Nurullah，2012）。二者在理论上具有差异，但彼此之间也存在着一定的联系（Schwarzer，2004）。也有研究将社会支持分为客观支持、主观支持和支持利用度。客观支持指的是个体实际接收到的支持。主观支持指的是个体主观感知的情感层面的支持，包括被尊重以及被支持等。支持利用度指的是个体对自身所拥有的社会支持资源的利用程度（肖水源，1994）。也有学者认为除了上述三类社会支持外，还应包括来自朋友的社会支持、来自子女的社会支持、来自配偶的社会支持（朱俊红，2018）。Krause（1983）从来源方式的视角划分，认为社会支持可以分为工具性支持、情感性支持、资讯性支持等不同类型，工具性支持指的是具体的物质支持，情感性支持指的是主观层面的情感的关心、关怀、理解与支持等，资讯性支持指的是通过向个体传达某种信息或讯号从而提升个体支持感知，也称信任支持。Lin（1986）认为社会支持具有三种不同的层次来源，根据与自身关系的远近，分别是共同体、社会网络和亲密关系，分别与个体的归属感（Belonging）、结合感（Bonding）和紧密感（Binding）密切相关，三种来源的社会支持为个体发展提供了不同的支持，却彼此相互影响，对个体幸福感的影响呈现出由共同体至亲密关系逐渐增强的趋势。

社会支持对个体的身心健康具有重要作用。Pearlin 和 Schooler（1978）发现，社会支持对个体自信心、自我效能感等具有积极的正向作用，可以通过影响免疫系统功能进而影响个体对抗疾病的抵抗力，从而促进个体健康。Lin 和 Ensel（1989）研究发现，社会支持并不会直接影响个体健康，而是通过缓冲压力对个体的影响，进而缓解消极因素对个体健康的不利影响。李东方和刘二鹏（2018）通过 Probit 模型讨论了不同类型社区支持对农村居民身体健康的影响。老年人社会支持与其自身心理健康之间具有显著的正相关关系（陶裕春，申昱，2014；任亮宝，王金梅，2017；顾芮萌等，2019）。较高的社会支持能够有效缓解社会孤立对个体的焦虑和抑郁的影响（Megan 和 Edwin，2022）。经济支持、伴随支持和亲密接触次数对老年人健康具有显著的积极效应（Tang 等，2022）。唐丹和张琨（2023）研究发现，老年人自理能力能够通过家庭网络和朋友网络的中介作用影响其心理健康。社区养老支持可以通过促进老年人参与体育锻炼、提高生活独立性等方式改善老年人身体健康，以及通过保护老年人认知功能、促进社会交往等方式提升其心理健康（陈飞，陈琳，2023）。

社区内的公共服务能够为社区居民提供满足其自身需求的多样的社会支持，包括客观物质支持和主观精神支持。社区内充足的公共服务设施和良好的生活环境可以为社区居民提供满足其日常活动需要的多种客观支持。社区内多样的基本社会保障服务不仅为社区居民提供心灵上的支持和抚慰，而且为社区弱势群体提供物质上的关怀。同时，社区内丰富多彩的文体活动也为社区居民与其他个体互动创造了机会，拓展了社区居民的人际关系网络，从而使得社区居民既能够获得工具性支持，也能够得到情感性支持。社区内多元的福利化的公共服务为社区居民构建了能够增加其自身能力和维护其自身权益的社会支持网络，帮助社区居民获得经济收益、维持身心健康以及获得肯定与尊重（唐钧等，1999；张敏，2007；方曙光，2013；Thoits，2011；Park 等，2013）。

社会资本理论认为组织成员之间相互的支持是社会资本的重要内容，良好的社会支持网络有利于个体缓解心理压力、消除心理障碍，从而增进身体健康并提升幸福感，接收到及感知到良好的社会支持的个体会有更高的生活满意度和更为积极的情绪情感体验（Fikret，2010；Nahum – Shani，2011；宋佳萌，范会勇，2013；Papadopoulos，2015）。社会支持可以通过希望对大学生的社会幸福感产生影响（姚若松，郭梦诗，2018）。非正式支持可以显著提升中老年残疾者的幸福感（罗强强，乔玥，2022）。社会支持在农民工群体收入对其幸福感影响过程中发挥部分中介作用（王玉龙等，2014）。正式的社会支持和非正式的社会支持均能够显著提升生活在农村的老年人群体的主观幸福感（方黎明，2016）。和红和王硕（2016）发现，青年流动人口的社会支持与其自身生活满意度之间具有显著的正相关关系。Newman 等（2018）通过对生活在澳大利亚的 190 名移民裔雇员进行研究发现，心理资本中介了组织支持和家庭支持对个体幸福感的影响。

Golden 等（2009）研究发现，孤独和社交网络支持均能够显著影响社区老年人的幸福感。Ochieng（2011）通过对社区居民的定性研究，讨论了亲属关系、社会支持和邻里关系对居民幸福感的影响。社会支持能够通过自我效能感影响特殊教育教师的主观幸福感（Fu 等，2022）。居民在社交媒体上的政治参与有助于广泛链接自身所拥有的社会资本，从而进一步提升感知社会支持水平，进而有助于其幸福感水平的提升（Guo 和 Chen，2022）。社会支持能够保护农民免受社会压力，进而有助于其自身幸福感水平提升（Avrila 和 Simon，2022）。社会支持能够有效调节父母养育压力对其自身幸福感的负面影响，具有较高社会支持水平的养育父母往往其自身的养育压力也相对较小（Elizabeth，2022）。城市社区是城市居民日常生活和活动休闲的重要场所，社区公共服务不仅能够为其提供客观物质支持，而且也为其提供主观精神支持，从而对社区居民幸福感产生重要影响。

基于以上分析，本研究提出如下假设：

假设 2：城市社区公共服务满意度与社会支持呈正相关关系。

假设 3：社会支持与居民幸福感呈正相关关系。

假设 4：社会支持在城市社区公共服务满意度对居民幸福感影响过程中发挥中介作用。

## 3.3　社区归属感的中介作用

社区归属感是社区心理学和城市社会学研究领域的重要概念，Sarason 最早于 1974 年开展关于社区归属感的研究，并认为社区归属感是社区居民自我内在认同，对所在社区的成员身份并积极参与集体的感觉，社区归属感是满足城市中边缘化群体精神需求的重要因素。社区归属感体现了个体对其自身与社区之间关系的一种主观感知，即个体对于社区的喜爱、认同和依恋，是基于共同的历史、兴趣或者关切而形成的人与人之间的情感连接或纽带（Long 和 Perkins，2003）。关于社区归属感的研究，人类学家主要从文化的视角对其展开研究（Clayton 等，

2017）；社会学家主要从组织的视角探讨家庭、邻居或工作场所等集体单位的重要作用（Hughey 等，1999；Calvard，2015）；心理学家将其视作社区心理的重要变量，探讨相关心理变量之间的关系作用（Peterson 等，2008；Jason 等，2016）；人文地理学家则认为社区归属感是一种"地域归属"（Pred，2010）。Mcmillan 和 Chavis（1986）认为社区归属感包含四个方面：成员感知、影响力、融合和需求满足、情感链接。社区归属感也通常用来描述个体对社区的认同、情感和依赖（Stinner 等，1990；Cicognani 等，2008）。丘海雄（1989）通过个案研究发现，社区居住时间、社区关系密切度、社区活动参与等因素均能够显著影响社区居民的社区归属感。吴新慧（2011）通过对流动儿童的研究发现，学习成绩、社会比较和流动程度是影响其自身社区归属感的重要因素。叶继红（2011）通过对移民群体的研究发现，适应能力、邻里关系、社区居住条件、交往能力等因素能够对其自身社区归属感产生重要影响。王欢和冯亮（2015）研究发现，老年人对所在社区环境的评价能够显著预测其自身社区归属感。刘于琪等（2017）通过对广州市城中村的实证研究发现，城中村改造能够显著影响居民的社区归属感。王玉栋（2022）研究发现，社区基层党组织和社区居委会、业委会、居民等社区多元治理主体通过构建社区社会关系网络与促进社区居民积极参与社区事务两条路径，从而显著正向提升城市居民的社区归属感。

城市社区归属感是城市社区与社区居民之间相互联系的内在的情感纽带，是伴随着城市社区居民在长时间内的良性互动而逐渐形成的。在社区内生活的时间越长，社区居民对社区的满意度和归属感则越强（Filkins 等，2010）。社区归属感对于研究社区治理具有重要意义，尤其是随着城市人口流动性的不断增强，如果社区居民对自身所在社区缺乏足够的认同感和归属感，这就意味着在情感层面社区居民对自身所处的社区文化以及自身在社区内的地位的不认同，有可能对所在社区产生抵触乃至排斥心理，进而导致某些冲突的暴发，引发群体性事件。因而，如何引导社区居民从内心产生对所在社区的喜爱、归属和依恋，从而激发社区居民积极主动的参与社区治理，不仅对社区建设具有重要意义，同时也与城市的可持续发展密切相关。

高质量的社区公共服务不仅能满足社区居民的物质需求，而且通过为社区居民创造良好的社会关系网络，使得社区居民之间形成良好的人际关系，加深社区居民对社区共同体的认同和依赖。Auh 和 Cook（2009）研究发现社区居民对当地政府公共服务的评价与其自身社区归属感和社区满意度之间具有显著的相关性，垃圾回收满意度、水管理满意度和治安情况满意度都对居民个体社区归属感具有显著影响。居民的社区归属感与社区内的公共服务水平密切相关，对社区公共服务水平的评价是建设和谐社区的关键（刘筱，邹燕平，2010）。城市居民对城市公共服务的满意度影响了其对当地政府官员的信任程度和自身的城市归属感（Ryzen 等，2010）。绿色物业管理措施中的垃圾处理、环境绿化、节能管理和污染治理措施等均能够显著提升居民的社区归属感（蒋盛兰，宁艳杰，2015）。社区物业服务质量中的承诺可靠性、硬件先进性、专业保障度、响应及时性、人文关怀度均能够通过价值感知影响社区居民的归属感（殷闽华，2020）。何艳玲和郑文强（2016）通过分析有关城市公共服务能力的调研数据发现，城市公共服务满意度和认同度能够显著提升城市居民的归属感，公共服务水平提升所带来的效果相比其他因素对居民归属感的影响作用更为直接。

群体内成员所具有的归属感是共同体存在的特征和基础，社区的主体是人，如何提升社区居民的归属感从而提升其自身幸福感是社区建设和发展的必然选择和价值导向。大量研究均发现，社区归属感与个体幸福感之间存在正相关关系。Mak 等（2009）通过对中国香港地区 941 位居民的实证研究发现，社区归属感与个体的社会支持和生活质量显著正相关。Kutek 等（2011）使用澳大利亚地区的研究数据发现，社区归属感可以显著预测居民主观幸福感，压力在影响过程中发挥中介作用。Yetim 和 Yetim（2014）通过对土耳其社区的实证研究讨论了社区归属感和个体幸福感之间的关系，社区居民需求满足程度在其中发挥了重要作用。Prati 和 Cicognani（2018）通过使用贝叶斯线性回归模型发现，学生早期的学校社区归属感可以显著预测其后期的幸福感。Sohi（2018）通过对印度锡克族少数民族社区的调查发现，社区归属感能够中介仪式参与对居民社会幸福感的影响。邢占军和张干群（2019）研究发现，社会凝聚所包含的社会资本、社会参与、社会归属、社会信任和社会公平五个方面均能够显著影响居民的主观幸福感。社区满意度能够通过社区归属感影响社区居民的社会幸福感（Chen 等，2020）。具有较高社区归属感的居民能够积极主动地参与社区事务，通过社区事务的广泛参与显著提升自身的幸福感水平（Huang 等，2023）。较高的社区归属感可以帮助个体提升自身心理健康水平，同时也有助于青少年群体自我同一性的形成，从而促进其自身全面健康发展（金庆英，2012）。居民的社区满意度与其自身的社区归属感紧密相连，社区归属感的提升将直接作用于居民自身的社区满意度（李志刚，2011）。社区的软件服务和社区的硬件设置均与居民个体的社区归属感密切相关。社区内物业节能管理、垃圾处理、环境绿化和污染治理措施等方面的提升能够显著提升社区居民的社区归属感，社区居民对社区内基础设施等硬件物质设施建设的满意度同样能够显著影响个体的社区归属感（黄玉捷，1997；蒋盛兰，宁艳杰，2015）。人类有多层次的需求，其中包括爱和归属的需求，当社区中的居民通过社区网络融入社区共同体时，就会表现出对所在社区的喜爱、认同以及依恋，并且相信自己归属于社区，与社区建立起内在的心理的链接，其自身社区归属感也处于较高水平，而在融入社区共同体的过程中，通过广泛参与社区公共事务等方式，自身的社交需求和归属需求被满足，感受到被社区所接纳和认可的幸福感。

基于以上分析，本研究提出假设：

假设5：城市社区公共服务满意度与社区归属感呈正相关关系。

假设6：社区归属感与居民幸福感呈正相关关系。

假设7：社区归属感在城市社区公共服务满意度对居民幸福感影响过程中发挥中介作用。

## 3.4 社会支持和社区归属感的链式中介作用

良好的社区公共服务不仅完善了社区内基础设施建设，而且为居民参与社区公共事务和彼此交流沟通搭建了良好的平台。社区公共服务为社区居民提供了高质量的工具性社会支持和情感性社会支持，在满足社区成员基本需求的同时促使其将社区成员身份与自身社会身份相整合，进而提升其自身的社区归属感。社会支持和社区归属感均能够有效帮助社区成员抵御抑郁和焦虑的消极影响（Leah和Suzanne，2011），同时能够有效地减少社区成员的自杀行为（Datta和Nakhaie，2022）。Penfold和Ogden（2023）研究发现，社会支持和归属感均能够有效缓解个体的赌博成瘾。少先队员的组织支持感可以通过组织文化与同伴关系的链式中介作用对组织归属感产生正向影响（赵彩等，2021）。组织支持感对组织认同具有显著正向作用（Zagenczyk，2011），来自社区的社会支持会让社区居民对社区这一共同体产生强烈的归属感和认同感。社会支持显著提升了个体的生活意义感，如果个体在社区内感受到被排斥，持续的孤独感则会让社区居民的生命意义感不断降低（Stillman，2009）。Krause和Hayward（2013）研究发现，墨西哥裔美国人所感知到的多种类型的教会支持均能够有效提升其归属感。少数民族大学生感知到的社会支持能够通过学校归属感影响其自身的学习投入（左敏，2022）。刘亚楠等（2016）发现，大学生群体感知到的社会支持能够显著影响其自身归属感。张晓州等（2020）研究，农村初中生群体可以通过感知到的社会支持显著正向影响其自身的学校归属感。感知到社会支持水平较高的学生，能够更好地感受到来自老师和同学等的关心与帮助，从而有利于其更好地感知到自身与学校之间的连接和融入，其自身的归属感也较高。当个体接收到和感知到充足的社会支持时，将会对其行为表现造成一定的影响，具体表现为更多的利他行为和更少的破坏和攻击行为（Scarpa和Haden，2006）。网络社区层面，社会个体可以在网络中通过广泛深度的人际沟通、有效的情感交流和物质交换，从而获得较高的网络社会支持，进而推动其自身对所在的网络社区产生较高的认可与一定的依恋，形成较高的网络社区归属感，具有较高网络社区归属感的个体往往能够有效地规避现实社会交往中所出现的隔阂和障碍，在一定程度上可以促进社会成员之间的情感联络，推动社会成员获得较高的情感支持并获得一定的心理寄托，网络社会支持可以通过网络虚拟幸福感显著影响个体的网络社区归属感（梁晓燕等，2015）。社会支持可以通过社区归属感影响用户健康知识分享意愿（魏华等，

2021）。Rollero 等（2014）从性别的视角研究发现，社区归属感对男性和女性的生活质量的影响效果相近，而社会支持对女性生活质量的预测力度更强，收入水平对男性生活质量的预测力度更强。Tang 等（2017）发现，在控制了个体特征和健康情况后，社会参与和社会支持仍旧与社区归属感显著相关。来自网络世界的社会支持可以提升个体对网络世界的认同感和归属感，使个体对网络空间的态度表现得更为积极，从而表现出更多的网络利他行为（杨欣欣等，2017）。高职学生群体所拥有的积极心理品质可以显著提升自身感知社会支持的能力，较高的社会支持系统有利于其获得重组的社会资源，个体归属的需求在一定程度得到满足后，自身对学校的归属感知也随之提升，较高的归属感往往伴随着较多的积极情绪体验，因而自身的幸福感也显著提升（袁文萍等，2021）。

　　社会认同理论指出，来自多元主体的社会支持有助于社区居民增强自身对社区的情感性评价，因而更有可能在社区中表现出更为友好的态度和更多利他行为，更愿意主动地与社区内居民交往和积极地参与社区公共事务。在社区参与的过程中，社区居民会不断拓展自己在社区内部的人际关系网络，同时也会积极表达自身利益诉求，在社区互动过程中社区居民之间持续传递和接收关心、信任和鼓励等积极情感。这些情感能够让社区居民自身感知到自己是被关注的、受人尊重的和有价值的，因而与社区成员之间的感情和联系不断加深，对社区的喜爱和依恋也逐渐得以增加。社区居民从社区活动中获得积极信号，能够让居民个体感受到社区对其自身的理解、重视和关爱，因此社区居民也会更为积极地推动社区发展建设和履行社区共同义务。当个体对某一群体产生认同感和归属感后，更容易与群体内成员之间产生互帮互助行为（Levine 等，2005），表现出更多的亲社会行为和更少的破坏性和攻击性行为。同时，随着社区成员之间交往的不断加深，逐渐增加的社区归属感也更容易实现彼此间信任水平的提升（辛素飞等，2013）。社区归属感是个体自身与所在社区之间的一种紧密的内在联系，当具有较高的社区归属感之后，社区居民便会主动将自己视为社区的一员，心理上对社区的认同持续加深，行为上不断积极参与社区事务，主动维系与社区及社区成员之间的联系。在积极参与社区事务的过程中，社区个体不同层次需求将会得到满足，随后自身幸福感水平也随之提升。同时，根据上述已经分析假设的城市社区公共服务满意度与社会支持的关系和社区归属感与居民幸福感之间的关系，本研究提出假设：

假设8：社会支持与社区归属感呈正相关关系。

假设9：社会支持和社区归属感在城市社区公共服务满意度对居民幸福感影响过程中发挥链式中介作用。

## 3.5　公共服务动机的调节作用

传统的"经济人"假设认为个体行为的目的是追求自身利益的最大化，然而随着有关研究的不断深入，有研究发现个体也存在着一种考虑他人利益和亲社会的动机和行为。公共服务动机关注于个体的利于他人或社会福利的动机或行为，早在1990年Perry和Wise提出的为学界所广泛接受的公共服务动机的概念之前，已有诸多零星的关于公共服务动机的研究。Guyot（1962）通过对公共部门和私人部门的管理人员的比较研究发现，公共部门管理者更重视事业成就。Sikula（1973）发现，公共部门的工作人员比私人企业的工作人员具有更高的服务公民的意识。Perry和Porter（1982）提出了关于公共组织动机的研究框架。Perry和Wise于1990年发表的文章将公共服务动机的概念界定为个体在公共制度和公共组织驱动下进行回应的倾向性，区分了理性动机、规范动机和情感动机三种不同类型的动机，认为当时学界关于公共服务动机的研究明显不足，呼吁学界加强对公共服务动机的研究。此后，众多学者开始关注公共服务动机，使得公共服务动机逐渐成为公共管理学界的研究热点。理性维度认为个体介入公共服务仍然出于自身利益最大化的考量，无法摆脱对自身效用的考虑和追求，这种利益既有可能是参加公共服务获得的物质性收益，也有可能是在服务过程中的获得感等精神层面的满足。规范维度认为个体涉入公共服务是自身对国家及公共责任的承诺或者是自身义务的实现。个人在社会化的基础上，个体会受到一定的社会伦理或者道德规范的约束，这种约束驱使个体参与公共服务，并且通过自身行为为社会公共利益做出贡献。情感维度将个体自身的情感情绪体验与公共事业或公共利益相联系，认为个体参与公共服务既不是为了追求自身利益，也不是受社会道德规范的约束，而是认为参与公共服务是会获得积极情绪情感体验和心理满足的过程，是基于内心的情感偏好的行为过程。

Perry（1996）认为公共服务动机包含公共政策吸引、公共利益承诺、同情心和自我牺牲四个维度，涉及理性动机、规范动机与情感动机三层结构，并编制了相对应的公共服务动机测量量表。在不同的文化情境中，公共服务动机往往具有差异性的表现。随后，Coursey 和 Pande（2007）基于 Perry 编制的量表，进行了简化和修正，构建了包含公共利益承诺、同情心和自我牺牲三个维度的公共服务动机测量量表。Kim 等（2012）对公共服务动机量表的跨文化适用性进行检验，并构建了一个经过 12 个国家验证的共包含四个维度的跨文化公共服务动机量表。Vandenabeele（2008）认为，在美国文化场域下形成的公共服务动机构建在欧洲中并没有表现出较好的适用性，在公共政策吸引、公共利益承诺、自我牺牲以及同情心四个维度之外，还应该包含民主行政价值观这一维度。在中国公共管理情境中，众多学者也进行了诸多具有中国特色的关于公共服务动机结构维度的分析和讨论。李小华（2010）认为，公务员公共服务动机主要包括同情心、公共利益、政策制定、造福社会和自我实现五个维度。舒全峰（2020）研究发现，公众的公共服务动机由同情心、声誉需求、公共利益承诺和自我奉献精神四个维度共同组成。杨开峰和杨慧珊（2021）探索中国化的公共服务动机量表后发现，除 Perry（1996）开发的四维量表，中国化的公共服务动机还应加上社会名声和道德坚持两个维度。张平和刘伟民（2022）采用扎根理论分析后发现，我国社区工作者的公共服务动机包含自我同情心、奉献精神、感恩、公共利益承诺、自我实现需要五个维度。刘华兴和王铮（2022）关注中国公共管理情境下基层公务员的公共服务动机，通过知性研究开发了自我奉献、包含公共参与的兴趣、社会认可与支持、公共价值的承诺、职业道德与操守五个维度的公共服务动机测量量表。其中，公共参与的兴趣、社会认可与支持、公共价值的承诺、职业道德与操守四个维度通过信效度检验，而自我奉献并未通过信效度检验。

公共服务动机可以影响组织工作人员的组织承诺、离职倾向、公民行为、工作绩效等（Wright 和 Pandey，2008；Vandenabeele，2009；Stritch 和 Christensen，2016；Simone 等，2016）。也有研究发现，公职人员对公民和同事的信任、员工与领导的关系、领导风格和工作环境等因素均会显著影响个体的幸福感（Camilleri，2007；Chen，2014；Vandenabeele，2014；李锋，王浦劬，2016）。公共服务动机与个体工作满意度和幸福感密切相关。有研究发现，公共服务动机能够显著影响员工工作满意度（Kim，2004；Liu 和 Tang，2011；朱春奎，吴辰，2012；Roh 等，2016）。郑楠和周恩毅（2017）通过对陕西省基层公务员的实证研究发现，公共服务动机中的同情心、公共价值承诺、自我牺牲和公共参与吸引对公务员工作幸福感具有显著影响。Liu（2015）通过中国东部城市公务员的实证研究发现，公共服务动机调节了工作压力对个体幸福感的影响，公共服务动机较高的个体可以更好地应对工作中的压力。Van Loon 等（2015）发现公共服务动机和员工幸福感之间的关系取决于工作和组织单位的社会影响潜力。Boyd 等（2018）发现社区归属感、社区责任感和公共服务动机均能显著预测个体的幸福感和公共服务组织参与行为。葛蕾蕾和陈昱睿（2022）研究发现，公共服务动机可以调节使命效价对基层公务员工作幸福感的影响，即使命效价能够缓解基层公务员的情绪衰竭进而来提升其工作幸福感。公共服务动机在公务员幸福感影响职场灵性的过程中发挥中介作用（Hassan 等，2022）。公共服务动机能够通过有效降低角色超载的负面作用进而影响公务员的工作满意度（Zhang，2023）。Gutinyu 和 Chang（2023）以赞比亚健康部门的公务员为关注对象，实证研究发现公共服务动机中的自我牺牲维度能够显著提升公务员的工作满意度。Chen 和 Li（2023）研究发现，公共服务动机能够显著调节工作投入对公务员工作幸福感的影响，公共服务动机能够减缓过度的工作投入对公务员工作幸福感的消极影响。

治理理论强调社区多元主体共同参与社区公共事务，当个体拥有较高的公共服务动机时，其更倾向于主动参与社区公共服务供给过程，致力于社区公共服务水平的提升。为他人服务的价值观吸引着个体参与公共服务，推动民主发挥作用和建设美好、安全的社区（登哈特，2010）。公共服务动机是一种自身利他属性的内在动机，自我决定理论认为，个体的内在动机与自我实现等需求密切相关，对幸福感具有较强的预测作用。个体的公共服务动机越高，越乐于在日常工作生活中帮助他人和参与有益于社会的活动，因而其越能够积极主动地参与社会公共服务，并且在这一过程中提供高质量的服务。社区居民是社区公共服务的重要参与者，离开了社区居民的积极参与，社区公共服务难以让社区居民感到满意（申可君，2016）。例如，社区居民主动参与社区老年人服务、妇女服务、残疾人服务等。在这一过程中，高公共服务动机的个体会认为自身的价值观与社会公共利益的匹配度增强，自我实现等需求得到满足，幸福感水平进而得到提升。基于以上分析，本研究提出假设：

假设10：公共服务动机在城市社区公共服务满意度对居民幸福感影响过程中发挥调节作用。

## 3.6 社区政治效能感的调节作用

政治效能感是影响公民政治态度和政治参与行为的重要心理变量。Campbell等（1954）最早将政治效能感界定为"能够在可能的社会政治变革中发挥一定影响力的感觉"[1]，并认为这种感觉将会推动公民去实践他们的公民责任。"政治效能感指的是个体认为自己所在的社会是可以改变的，且自己能够造成这种改变的信心，或是在当前的政治制度中，民众能够通过自身或与其他人合作而影响政府决策的信心。"[2] 在随后的研究中，有学者将其进一步划分为内部政治效能感和外部政治效能感，内部政治效能感是公民个体参与和理解政治的主观感受，外部政治效能感则是公民个体对于政府回应其诉求的感知程度（Balch，1974；Craig，1979）。相关研究发现，内部政治效能感通常能够促使居民产生较多的政治参与行为，而外部政治效能感则往往与政府回应性、政治信任和政治支持等要

---

① Campbell A，G Gurin，W E Miller. The voter decides ［M］. Row，Peterson and Company，1954.
② 刘伟. 政治效能感研究：回顾与展望 ［J］. 内蒙古大学学报（哲学社会科学版），2020，52（5）：65–71.

素相联系（Balch，1974；Abramson 和 Aldrich，1982；Chang，2023）。除内部政治效能感和外部政治效能感之外，也有学者提出集体政治效能感的定义。Lee（2006）认为，集体政治效能感是团队集体共同相信能够一起组织起来及采取相关行为措施以达成特定目标的一种内在信念。除此之外，Fumiko Sasaki（2009）提出网络政治效能感的概念，并将其界定为互联网在多大程度上给公民带来的有关政治赋权的感觉或信心，并且认为在有关网络政治研究中，网络政治效能感比政治效能感更贴切和具体。由中国人民大学组织开展的中国综合社会调查（2010年）的问卷中有 11 道题项涉及居民的政治效能感，如"我觉得自己有能力参与政治"，胡荣（2015）通过因子分析认为，该 11 道题项中只有 5 道题项具有较高的信效度。目前，西方学界对其界定基本形成了三种观点，即"感觉说""能力说"和"形成说"，分别从个体认为自身能够影响政治过程的感觉、个体主观认为的对政治系统的影响力、政治社会化过程中自身效能感的形成过程三个角度对政治效能感进行研究。虽然上述三种观点分别从不同视角对政治效能感的概念进行界定，推动了学界对政治效能感的理解，然而却展现出了一定的工具性倾向，即测量导向的概念界定。同时，只关注于个体自身对政治系统的认知，忽略了二者之间的双向作用。因此，李蓉蓉等（2015）认为政治效能感是个体与政治系统之间的彼此作用所形成的一种稳定的政治态度，并论证了政治效能感和政治参与之间的关系。

有研究发现，经济社会地位、年龄、性别、社会环境能够显著影响个体的政治效能感（Easton 和 Dennis，1967；Wolfsfeld，1986；Kahne 和 Westheimer，2006；Beaumont，2011；Arens 和 Watermann，2017）。Lassen 和 Serritzlew（2011）使用双重差分法，发现管辖权范围可以显著影响公民的内部政治效能感。Jennifer 等（2023）使用 1996—2016 年来自 46 个国家的国际社会调查数据发现，教育和收入与个体的外部政治效能感和内部政治效能呈正相关关系，而女性与较低水平的内部政治效能相关。上官莉娜（2018）关注政协成员的政治效能感，由于各民主党派领导善于将自身的意见建议与公共政策进行融合表达，从而其相关诉求更容易得到政府有关部门的回应，因而拥有民主党派党内职务的个体自身的内部和外部政治效能感高于其他没有民主党派党内职务的个体。谈火生（2023）同样关注政协委员的政治效能感，通过研究发现，来自政协组织内部、政府部门和被代表者的正向积极回应能够显著影响政协委员的政治效能感，进而激发政协委员的政治参与意愿。网络政治效能感方面，Bene（2020）认为，社会公众通过阅读网络新闻或媒体上的报道间接促进自身的政治效能感的形成。黄欣欣（2022）以1293名青少年为研究样本，实证分析发现，网络政治效能感在社交媒体偶遇式新闻接触对青少年潜在政治参与的作用过程中发挥中介作用。政治信任方面，公众对政府在提供公共服务等方面的工作满意度高，其自身的政治效能水平也不断提升，进而产生较多的政治参与行为和较高的政治信任（Scolt，2008）。Anderson（2010）研究发现，社区归属感对个体的政治效能感和政治信任具有重要影响。王浦劬和孙响（2020）研究发现，公众的政府满意度需要借助自身的政治效能感方能转化为政府信任。唐雲和王英（2020）研究发现，外在政治效能感能够显著正向调节主观评价绩效与政治信任之间的关系，同时能够负向调节客观制度绩效与政治信任之间的关系。政治效能感能够通过社会公平感的中介作用影响政治信任（麻宝斌，于丽春，2020）。政治行为方面，裴志军和陈姗姗（2017）通过对农村女性群体的研究发现，政治效能感能够显著影响农村女性群体的政治参与行为。肖唐镖和易申波（2018）研究发现，内部政治效能感较高、外部政治效能感较低的个体最容易表现出维权抗争行为。Reichert（2016）根据计划行为理论，利用德国选举数据研究发现，内部政治效能感和投票意愿在政治知识对政治参与行为的影响过程中发挥链式中介作用。Oh 和 Lim（2016）通过问卷收集韩国地方司法管辖区的横截面数据，构建结构方程模型发现了政治参与和行政参与之间的关系，政治参与和行政参与均可以通过政治效能感互相影响。Chan 和 Guo（2013）发现青年人使用 Facebook 和政治效能感的交互作用负向影响政治参与，说明社交媒体的使用可以促进青年人群体产生更多的公民参与，特别是那些认为自己对政治事务理解和参与能力有限的人。有学者用主观幸福感代替经济指标对公民投票意愿的变化做出解释（Liberini 等，2016）。相比公共政策有效执行所带来的积极结果，具有政治倾向的居民的幸福感更易于被选举结果所影响（Tella 和 Macculloch，2005）。陈升和卢雅灵（2021）研究发现，政府回应公众的及时性和征求公众意见的情况能够显著影响个体的政治效能感，政治效能感在社会资本影响公众参与社会矛盾治理的过程中发挥中介作用。薛天山（2023）研究发现，政治效能感在政府信任影响网络在线政治参与的过程中发挥调节作用，公众具有越高的政治效能感，其自身政府信任对网络在线政治参与的消极作用越少。社会资本能够通过提升个体的政治效能感进而促进个体政治参与意愿（Du 等，2023）。

社会公众的政治效能感是维持民主制度正常运转的重要因素，因为较高的政治效能感意味着社会公众对政治系统具有较高水平的支持（Easton 和 Dennis，1967）。政治效能感体现了个体与政治系统之间的相互联系，较高的政治效能感会引起公民更多的政治参与行为，也会让公民更加相信政府会对其自身利益诉求做出回应，公民自身需求的满足会显著提升其主观幸福感。社区居民日常的社区生活，也包括社区政治生活，如关注社区内部公共事务的进展和参与社区领导人选举等活动。社区居民是社区治理的重要主体之一，社区居民参与社区公共事务是社区治理的重要环节。由此，根据政治效能感的相关定义，李蓉蓉（2013）将政治效能感置于社区之中，提出了社区政治效能感的概念，认为在社区的建设过程中，社区居民认为自己的行为能够对社区的公共事务产生影响，同时相信社区居委会能够对自身的诉求进行回应。社区政治效能感同样也分为内部社区政治效能感和外部社区政治效能感。内部社区政治效能感代表了社区居民个体认为其自身行为能够对社区居委会及社区公共事务产生的影响，外部社区政治效能感意味着社区居民个体相信自己的诉求能够得到社区居委会的回应。

根据治理理论，社区公共服务的供给需要多元主体的共同参与，社区政治效能感是社区居民参与社区公共事务的重要心理变量。当社区居民具有较高的政治效能感时，其对社区公共事务的关注度也较高，也更有意愿通过各种渠道参与到社区公共服务的供给过程中。社区内部政治效能感较高的个体更相信通过自己的社区参与行为能够影响社区公共服务供给，社区外部政治效能感较高的个体则认为社区居委会等组织能够对自己关于社区公共服务状况的诉求进行回应，从而可以有针对性地提升现有社区公共服务质量。在政治效能感驱动的社区参与过程中，社区居民自身关于公共服务的诉求得到表达和回应，并且在一定程度上提升了所在社区的公共服务质量，自身对社区公共服务的满意度水平也得以提升。同时其内在的多元需求得到不同程度的满足，幸福感水平从而得以提升。基于以上分析，本研究提出如下假设：

假设 11：社区政治效能感在城市社区公共服务满意度对居民幸福感影响过程中发挥调节作用。

## 3.7　研究假设汇总与研究模型

基于马斯洛需求层次理论、治理理论、新公共服务理论和社会资本理论等理论，本章分析了城市社区公共服务满意度对居民幸福感的直接效应，社会支持的中介作用，社区归属感的中介作用，社会支持和社区归属感的链式中介作用，以及公共服务动机和社区政治效能感的调节作用。共提出 18 条理论假设，具体汇总如表 3-1 所示。

表 3-1　理论假设汇总

| 编号 | 理论假设 |
| --- | --- |
| 假设 1 | 城市社区公共服务满意度与居民幸福感呈正相关关系 |
| 假设 1a | 城市社区教育服务满意度与居民幸福感呈正相关关系 |
| 假设 1b | 城市社区基本社会保障满意度与居民幸福感呈正相关关系 |
| 假设 1c | 城市社区安全满意度与居民幸福感呈正相关关系 |
| 假设 1d | 城市社区基础设施满意度与居民幸福感呈正相关关系 |
| 假设 1e | 城市社区文体服务满意度与居民幸福感呈正相关关系 |
| 假设 1f | 城市社区居住环境满意度与居民幸福感呈正相关关系 |
| 假设 1g | 城市社区交通满意度与居民幸福感呈正相关关系 |
| 假设 2 | 城市社区公共服务满意度与社会支持呈正相关关系 |

| 编号 | 理论假设 |
| --- | --- |
| 假设 3 | 社会支持与居民幸福感呈正相关关系 |
| 假设 4 | 社会支持在城市社区公共服务满意度对居民幸福感影响过程中发挥中介作用 |
| 假设 5 | 城市社区公共服务满意度与社区归属感呈正相关关系 |
| 假设 6 | 社区归属感与居民幸福感呈正相关关系 |
| 假设 7 | 社区归属感在城市社区公共服务满意度对居民幸福感影响过程中发挥中介作用 |
| 假设 8 | 社会支持与社区归属感呈正相关关系 |
| 假设 9 | 社会支持和社区归属感在城市社区公共服务满意度对居民幸福感影响过程中发挥链式中介作用 |
| 假设 10 | 公共服务动机在城市社区公共服务满意度对居民幸福感影响过程中发挥调节作用 |
| 假设 11 | 社区政治效能感在城市社区公共服务满意度对居民幸福感影响过程中发挥调节作用 |

城市社区作为居民日常生活的重要场所，如何为社区居民提供更为优质的公共服务，以满足社区居民日益多样化的物质文化需求、提升居民自身幸福感体验成为社区治理的重要追求。马斯洛需求层次理论认为当个体不同层次的需求得到满足后，个体自身的幸福感会得到不断提升。社区教育服务、社区基本社会保障服务、社区安全服务、社区基础设施服务、社区文体服务、社区环境服务、社区交通服务等多种不同种类的社区公共服务能够分别满足社区居民不同类型的需求，从而提升社区居民不同层次的幸福感。公共服务是政府的基本职能之一，"为人民服务"是我国政府的宗旨，公共服务满意度是社会公众对公共服务质量进行评价的重要方式，不仅体现了政府公共服务绩效，而且是政府质量在社会公众层面的主观反映。城市社区公共服务满意度体现了城市社区居民对其所享受到的由多元主体提供的多样化的社区公共服务的满意程度，是城市社区居民对城市

社区公共服务满足其自身需求的主观评价和认知体现（于洋航，2021）。幸福是人类的永恒追求，同时也是国家发展和社会治理的终极目标。因此，不断提升社区公共服务水平以满足社区居民的多元需求、增强社区居民自身幸福体验是城市发展和社区治理的重要价值追求。

中国目前快速的城市化是由政府所主导进行的，除政府之外的其他治理主体并不具备强大的治理能力，也无法与社区居民之间形成具有约束力的治理契约，因此政府主体仍旧是我国社区治理和社区公共服务供给过程中的主导力量。然而有研究发现，政府主导的公共服务供给模式无法完全契合社会公众实际的公共服务需求，政府偏好在一定程度上代替了社会公众的真实需求，这意味着现有社区公共服务供给无法完全满足社区居民的多样化的公共服务需求（陈水生，2017）。即现有公共服务状况能否显著提升居民幸福感仍然存在一定的不确定性，这也构成了本研究的问题导向。社区公共服务是社区治理的基础内容（马全中，2017），社区公共需求是社区治理体系构建的基本导向（姜晓萍，2014），优质高效的社区公共服务供给离不开社区良好的治理效果。大量研究均发现，社区社会资本不足和社区居民参与缺乏是目前社区治理过程中存在的重要问题（胡荣，2006；燕继荣，2010；郑建君，2015；程秀英，孙柏瑛，2017；何海兵等，2017）。因此，选择从社区社会资本和社区居民参与的视角分析城市社区公共服务满意度对居民幸福感的影响机制。社会支持和社区归属感是社会资本的重要变量。社会资本一方面可以降低社会运转过程中的人际交往成本，提升社区集体的行动能力，另一方面社会资本能够帮助解决社区治理过程中的制度供给等相关问题（高红，杨秀勇，2018）。社会资本较高的社区，其往往具有较高的社区包容度和治理绩效，能够有效地应对纠纷、促进社区发展、缓解贫困和促进就业。而社区社会资本较为匮乏，则通常会导致社区凝聚力衰退、社区居民信任缺失、社区治理网络不畅、社区互动缺失以及居民参与度低等问题（Narayan，1999；Kavanaugh 等，2005；Kay，2006）。作为社会关系的一种，社会支持通常被理解为社会个体通过自身所拥有的社会网络所获得的能够满足其自身精神需求或物质需求的所有支持。良好的社会支持网络有利于个体缓解心理压力、消除心理障碍从而增进身体健康并提升幸福感。城市社区归属感是城市社区与社区居民之间相互联系的内在的情感纽带，是城市居民对所在社区的喜爱、认同和依恋。社区公共服务为社区居民提供了高质量的工具性社会支持和情感性社会支持，在满足社区成员基本需求的同时，促使其将社区成员身份与自身社会身份相整合，促进其主动参与社区公共事务，从而满足自身不同层次的需求。公共服务动机和社区政治效能感是体现社区居民社区政治参与意愿的重要变量。社区居民自身内在所具有的参与素养越高，其主动参与社区治理的意愿和动力越强（张必春，2023）。党的十九届四中全会提出："建立人人有责、人人尽责、人人享有的社会治理共同体。"① 如何提升社区居民参与社区治理的意愿和能力是提升社区治理水平的关键。公共服务动机是个体自身存在的利于他人或社会福利的动机，社区政治效能感是社区居民认为自己能够对社区事务产生影响，并相信社区居委会能够对自身诉求进行回应的心理变量。公共服务动机和社区政治效能感均是社区居民参与社区公共事务的重要驱动因素。当社区居民具有较高的社区参与意愿时，社区居民更容易在社区公共事务的参与过程中表达自身公共服务诉求和实现社区公共价值，从而更有助于自身不同层次需求的满足和幸福感的提升。因此，选取社会支持和社区归属感作为中介变量，公共服务动机和社区政治效能感作为调节变量，根据理论分析和研究假设，本研究提出的研究模型如图3-1所示。

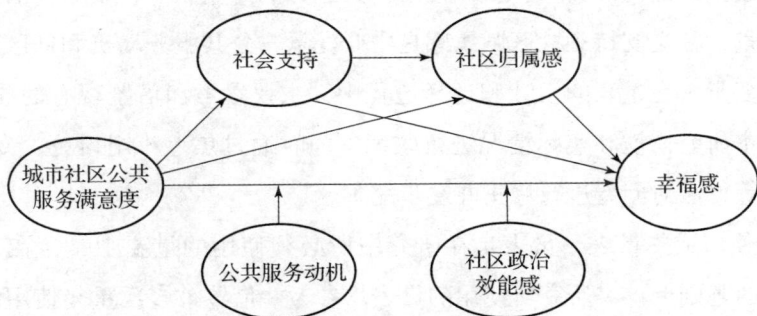

图3-1 理论假设模型

---

① 中共中央关于制定国民经济和社会发展第十四个五年规划和二〇三五年远景目标的建议 [EB/OL]. http：//www. gov. cn/zhengce/2020-11/03/content_ 5556991. htm.

# 4 >>>>

## 城市社区公共服务满意度对居民
## 幸福感影响机制的研究设计

### 4.1 研究量表设计

根据前一章所论述的理论假设和构建的研究模型，本研究共涉及六个变量：城市社区公共服务满意度、居民幸福感、社会支持、社区归属感、公共服务动机、社区政治效能感。其中，城市社区公共服务满意度属于自变量，居民幸福感属于因变量，社会支持和社区归属感是中介变量，公共服务动机和社区政治效能感是调节变量。在量表的设计和选择过程中，主要参考和借鉴现有的成熟量表，并且根据本研究情境和实际情况进行改编，同时通过焦点小组讨论、专家访谈、量化分析等方法对问卷进行修正并逐步完善。

（1）使用成熟量表。量表是在研究中所必须使用的重要工具，在大量文献梳理工作的基础上，本研究所使用的量表均参考并借鉴被多次重复使用的、被证实质量较高的成熟量表。然而，将问卷运用于不同的研究中时，通常会将研究情境纳入考虑范围，因此，本研究将在相关学者研究的基础上，遵循以下原则选择并修正研究量表：第一，从研究情境出发，选择最适合本研究的量表；第二，选择已经被证实具有良好信度和效度的量表；第三，选择多次被广泛使用的量表。

同时，需要注意的是，由于本研究参考了部分外国学者编制的研究量表，为了降低量表受文化差异的影响和在语言转换过程中可能出现的歧义，本研究邀请了3位分别来自公共管理领域、心理学领域和政治学领域的海外高校博士研究生对量表进行语言翻译，初步形成了研究量表。随后，在所就读学院范围内，组织4位博士研究生和4位硕士研究生对问卷进行集中研讨，以确定量表翻译后表达清晰、语言准确和逻辑规范。最后，根据反馈的相关问题对量表进行有针对性的调整和修订。

（2）专家访谈。同时，本研究中城市社区公共服务满意度问卷是在现有成熟的城市公共服务满意度问卷的基础上进行修订的，因此为确保研究量表的准确性，本研究选择了5位公共管理领域的专家，采用访谈的方式，并且根据专家的意见和建议，对问卷进行了初步修订。随后，为进一步确定问卷量表的内容效度，邀请了3名来自社区居委会的工作人员和3名来自民政部门负责社区工作的工作人员，根据自身实际情况对量表的具体内容提出相关建议，并对量表进行再次修订。最后，邀请了5名公共管理专业博士研究生进行焦点小组讨论，逐条对量表内容进行修订，确保量表的简洁和准确，并初步形成研究量表。

（3）数据预试。为确保量表的准确性，防止在大规模实地调研过程中出现问题，在初步确定研究量表后，本研究对问卷进行了预测试。在预测试过程中，选择武汉市洪山区和东湖高新技术开发区的两个城市社区分别发放50份问卷。共计发放100份问卷，回收有效问卷88份。随后，对预测试问卷进行了数据分析，并对量表进行了再次修订与优化。

## 4.2　研究量表测度

所有变量的测量均要求城市社区居民根据自身真实情况进行判断，并在问卷上选择最符合实际情况的相应选项。本研究所有变量的测量均采用李克特五点计分法。在城市社区公共服务满意度量表中，"1"代表"非常不满意"，"2"代表

"比较不满意"，"3"代表"一般"，"4"代表"比较满意"，"5"代表"非常满意"。其余量表中，"1"代表"非常不符合"，"2"代表"比较不符合"，"3"代表"一般"，"4"代表"比较符合"，"5"代表"非常符合"。

## 4.2.1 城市社区公共服务满意度量表

公共服务满意度是社会公众对公共服务质量进行评价的重要方式，同时也是政策制定者制定公共政策的重要基础（Walle 和 Ryzin，2011）。随着我国城市化进程的不断深入，城市社区逐步成为我国公共部门实现公共服务有效供给和提升基层治理水平的关键主体和重要单元。城市社区公共服务是以城市社区为单位的由多元主体共同提供的以满足社区居民需求的多样化的社会服务，而城市社区公共服务满意度则体现了城市社区居民对在其所居住的城市社区内所享受到的公共服务的满意程度。孙宗锋（2018）采用锚定场景法分析了个体经历、期望、政治态度、政府经济绩效、城市人口密度、空气质量等因素对城市公共服务满意度的影响。徐金燕等（2015）从知晓性、时效性、参与度、回应性、充足性、便民性、多样性和公平性 8 个维度构建了社区公共服务满意度指标体系。曹现强和林建鹏（2019）构建的城市公共服务满意度指标体系包含公共教育、公共环境、社会保障、公共事业、文化休闲、公共医疗、公共交通、公共安全 8 个维度，共计27 个服务指标。上海交通大学钟杨主编的《中国城市公共服务公众满意度蓝皮书》从 2013 年开始公开发布，对中国多个城市的公共服务质量进行了大规模的满意度追踪研究，具有较高的权威性和影响力。例如，在 2015—2016 年度的蓝皮书中，调研范围涉及全国 35 个主要城市，其构建和使用的基本公共服务指标体系包括中小学教育、公立医院服务、房价稳定、社会保障、环境保护、社会治安、基础设施建设、休闲娱乐设施建设、公共交通 9 个维度。因此，本研究以《中国城市公共服务公众满意度蓝皮书》中的公共服务指标为参考依据，在大量的实地深度调研和考察访谈的基础上，结合我国城市社区建设和发展的实际特点以及城市社区居民的真实诉求，从社区教育服务满意度、社区基本社会保障满意度、社区安全满意度、社区基础生活设施满意度、社区文体服务满意度、社区居住环境满意度和社区交通满意度 7 个维度进行测量。社区教育服务满意度从社区幼儿园满意度、社区小学教育满意度、社区中学教育满意度和社区培训机构满意度 4 个方面测量。社区基本社会保障满意度从社区医疗服务满意度、社区养老服务满意度、社区困难家庭救助服务满意度和社区就业服务满意度 4 个维度测量。社区安全满意度从社区安全设施设备满意度、社区警务人员工作满意度和社区安全知识宣传满意度 3 个维度测量。社区基础生活设施满意度从社区商业设施和社区市政设施 2 个维度测量，涉及社区超市、社区理发店、社区公共厕所和社区垃圾收集点 4 个具体题项。社区文体服务满意度包括社区文体活动场所满意度、社区文体活动设施设备满意度和社区文体活动种类满意度 3 个维度。社区居住环境满意度包括社区绿化程度满意度、社区噪声处理满意度、社区照明设施满意度和社区小摊贩管理满意度 4 个维度。社区交通满意度包括社区道路建设及维护满意度、社区公共交通满意度和社区停车满意度 3 个维度（见表 4-1）。

表 4-1　城市社区公共服务满意度量表

| 构念 | 参考来源 | 维度 | 具体测度 |
|---|---|---|---|
| 社区公共<br>服务满意度 | Akinboade<br>（2012）；<br>钟杨（2017） | 社区教育 | 幼儿园 |
| | | | 小学 |
| | | | 中学 |
| | | | 培训机构 |
| | | 社区基本<br>社会保障 | 医疗服务 |
| | | | 养老服务 |
| | | | 困难家庭救助服务 |
| | | | 就业服务 |
| | | 社区安全 | 安全设施设备 |
| | | | 警务人员工作 |
| | | | 安全知识宣传 |

| 构念 | 参考来源 | 维度 | 具体测度 |
|---|---|---|---|
| 社区公共<br>服务满意度 | Akinboade<br>（2012）；<br>钟杨（2017） | 社区基础<br>生活设施 | 超市 |
| | | | 理发店 |
| | | | 公共厕所 |
| | | | 垃圾收集点 |
| | | 社区文体服务 | 文体活动场所 |
| | | | 文体活动设施设备 |
| | | | 文体活动种类 |
| | | 社区居住环境 | 绿化程度 |
| | | | 噪声处理 |
| | | | 照明设施 |
| | | | 小摊贩管理 |
| | | 社区交通 | 道路建设及维护 |
| | | | 公共交通 |
| | | | 停车 |

## 4.2.2  幸福感量表

幸福感是个体对自身生活状态和整体感觉的评估，主观幸福感是从积极心理学视角出发对个体的生活质量进行综合全面衡量和评估的指标（Diener 等，1999），包括生活满意度和情绪情感体验，可以通过对个体生活状态的感知和日常生活中的经历来测量（Kahneman，2004；Dolan 和 Metcalfe，2012）。Fazio（1977）编制了总体幸福感量表（General Well–Being Schedule，GWB），该量表关注个体的内在情绪体验，以及个体对自身健康状况的认知和评估，综合反映了个体对自身生活质量的主观感受。积极心理学家塞利格曼提出了关于幸福感的

PERMA 模型，认为幸福感是能够显著促进个体健康发展的具有多重维度的心理健康指标，包含积极情绪、成就、投入、关系和意义 5 个维度。纽芬兰纪念大学幸福度量表（Memorial University of Newfoundland Scale of Happiness，MUNSH）通常适用于测量老年人群体的主观幸福感自评量表。邢占军（2003）从人际适应体验、成长进步体验、目标价值体验、知足充裕体验、自我接受体验、心理健康体验、心态平衡体验、社会信心体验、身体健康体验、家庭氛围体验 10 个维度编制了中国城市居民主观幸福感量表（SWBS-CC）。众多大型调查研究（如 China General Social Survey，World Value Survey 等）普遍采用一维的幸福感测量方式，直接询问被试最近一段时间的幸福体验。虽然很多学者认为此种测量方式具有一定的可信性，可以被普遍使用，然而却仍旧受到了部分学者的诟病（Diener，1994）。尽管如此，一维的幸福感测量方式因其独有的便利性，也在众多的学术研究中得到广泛运用，众多学者使用公开的大型调查研究的数据进行有关研究，并且得出了诸多有意义的结论（何立新，潘春阳，2011；刘军强等，2012；Francesco 和 Małgorzata，2017；Michael 和 Harris，2017；Lim 等，2019；李林，郭宇畅，2019；于洋航，缪小林，2022；邱启文，张荣光，2023）。也有众多学者从各自研究领域出发，编制了适用于相关领域特定主体的幸福感量表。黄亮和彭璧玉（2015）从工作情绪幸福感、职业幸福感、社会幸福感和认知幸福感 4 个维度对个体的工作情绪幸福感进行测量。詹染（2017）认为旅游者幸福感包含满足感、积极情绪和自我价值实现 3 个维度。姚茹和孟万金（2021）编制了包含积极心理幸福感、环境宜人幸福感、健康生活幸福感、经济如意幸福感、人际和谐幸福感和尚德敬业幸福感 6 个分量表的中国中小学教师综合幸福感测评量表。李瑶等（2023）认为户外徒步旅游幸福感包含 3 个维度：旅游满意度、高峰体验和旅游意义。钟晓晓等（2023）编制了包括生活满意、积极关系、生命提升、自我成长、幸福体验和自主掌控 6 个维度在内的大学生旅游幸福感量表。

现有关幸福感的概念界定普遍采用幸福感研究权威学者 Diener（1984）的定义，认为幸福感包括生活满意度和情绪情感体验，分别体现了个体对自身生

活状态和日常事件的认知性评价和情感性体验。生活满意度量表最初由 Diener
等人于 1985 年编制，在后期的研究中得到多次修订与完善。对居民生活满意
度的评价是个体幸福感测量结构中的重要组成维度（张进，马月婷，2007），
生活满意度评价也体现了居民个体对自身生活状况的一种全面综合的认知评
价。此次使用的量表由 Pavot 和 Diener 于 1993 年在上述量表的基础上进行修订
而成，并在学术研究中得到多次运用（Wang 等，2009）。共包含五个问题：
"大部分情况下，我现在的生活和我理想的生活状态很接近""我的生活状态
很好""我对我的生活感到满意""到目前为止，我基本已经得到了我想要的
重要的东西""我不会对我现在的生活状态做太大改变"。无论主观幸福感的
概念结构和测量方法发生多大变化，情绪始终是其中不可或缺的构成维度
（Diener，1984；Watson 等，1988），情绪评价体现了居民个体对日常生活中所
发生的事件的情感体验。情绪情感体验量表来源于 Campbell（1976）编制的幸
福指数量表，该量表在国内外研究中得到多次的使用和检验。国内学者汪向东
在其所著的《心理卫生评定量表手册》中对其进行了权威的翻译，通过询问被
试近一段时间内的情绪情感体验进行测量，共包含 7 个条目："有趣的""快
乐的""有价值的""朋友很多的""充实的""充满希望的""有奖励的"（见
表 4-2）。

表 4-2　幸福感量表

| 构念 | 参考来源 | 维度 | 具体题项 |
|------|----------|------|----------|
| 幸福感 | Diener（1984）；Pavot 和 Diener（1993）；Wang（2009） | 生活满意度 | 大部分情况下，我现在的生活和我理想的生活状态很接近 |
| | | | 我的生活状态很好 |
| | | | 我对我的生活感到满意 |
| | | | 到目前为止，我基本已经得到了我想要的重要的东西 |
| | | | 我不会对我现在的生活状态做太大改变 |

续表

| 构念 | 参考来源 | 维度 | 具体题项 |
|------|----------|------|----------|
| 幸福感 | Campbell（1976）；汪向东（1999） | 情绪情感体验 | 有趣的 |
| | | | 快乐的 |
| | | | 有价值的 |
| | | | 朋友很多的 |
| | | | 充实的 |
| | | | 充满希望的 |
| | | | 有奖励的 |

## 4.2.3　社会支持量表

社会支持作为个体缓解自身压力、维持身心健康的重要因素，一般指社会中的个体根据其自身所拥有的社会网络所获得的能够满足其精神需求或物质需求的所有支持（Cobb，1976；Zimet 等，1988；Berkman 和 Glass，2000；Gottlieb 和 Bergen，2010；Moonesar 等，2016）。Andrews 等人（1978）编制了包含支持、邻里关系和参与 3 个维度的社会支持量表。Sarason（1981）编制的社会支持量表中包含社会支持的数量和对所接收到的社会支持的满意度。社会支持的数量是客观层面的实际获得，而社会支持满意度则是主观层面的内在评价。Henderson 等（1981）编制了包含社会支持的可利用度和自我感知的社会支持的适合度 2 个维度的社会接触调查量表。Norbeck 等（1983）编制了包含功能支持、网络支持和支持丧失 3 个维度的社会支持量表。Furman 等（1992）编制的社会支持量表包含冲突、亲密感、工具性支持、对关系的满意度、陪伴娱乐性支持、价值增进、情感支持和惩罚 8 个维度。肖水源（1994）编制了社会支持评定量表，包含客观支持、主观支持和支持利用度，共计 3 个维度。个体与个体之间存在巨大的差异，因而个体对所能获得的社会支持的使用方面也存在着巨大的差异。例如，有些社会个体拥有巨大的社会支持资源，但是由于各种原因，却选择了拒绝接受社会中其他个体或群体的帮助和支持。因此，肖水源（1994）在基于主观社会支持和客观社会支持的基础上，又加入了社会支持的利用度这一维度。在该量表中，对个体与邻居、同事和朋友的关系亲密程度，突发紧急状况时如何寻求帮助和参加活动情况等进行了测量。部分学者从领悟社会支持和实际社会支持两个维度对社会支持开展相关研究。领悟社会支持指的是个体对社会支持的内在期望和主观评价，是个体认为对自身可能接收到的社会支持的感觉和信念。实际社会支持指的是个体在实际层面接收到的社会支持，是个体在社会生活中面临压力或遇到困难时身边群体给予其提供的实际帮助和支持。实际社会支持是一种客观的实际存在，而领悟社会支持通常被视为一种稳定的感知，而这一感知在不同个体之间存在一定的差异（Barrera，1986；叶俊杰，2006；叶宝娟等，2014；张帆等，2018；Kim 和 Hee，2023）。Poel（1993）将社会支持区分为工具支持、网络支持和满足自尊的支持等不同种类。也有一部分学者在对社会支持进行研究时，从正式支持和非正式支持两个维度对社会支持进行衡量，正式支持主要是指来自政府的支持，非正式支持以个体所拥有的社会关系网络的质量与规模为主（石智雷，彭慧，2015；李东方，刘二鹏，2018）。罗雪峰等（2017）使用儿童及青少年群体社会支持量表，从老师、同学、父母、好友以及学校 5 个维度对中国中学生群体的社会支持状况进行测量。桂勇和黄荣贵（2008）编制的社区社会资本量表中，设计了"你是否经常征求邻居的意见""你是否可以顺利从邻居家借到需要的东西""如果你有一天要出远门，能不能指望小区其他居民帮你收挂号信、拿牛奶和报纸等""过去三个月，小区居民是否曾经为你提供帮助" 4 个题项对社会支持进行测量。

考虑到本次研究主要探讨中国文化情境下城市社区内的社会支持，相关量表的使用需要符合和凸显城市社区内居民个体社会支持的情境特点，因此采用陈志霞和李启明于 2013 年编制的城市社会支持量表，该量表在城市环境内得到验证，具有良好的信度和效度。具体包括 3 个维度：帮助对象情况、亲密对象情况和倾诉对象情况。具体题项包含："在社区中遇到烦恼时，我很容易找到可以倾诉的

对象""在社区中遇到困难时，我可以获得帮助""在社区中我能很方便地获得
所需要的信息"（见表4-3）。

表4-3　社会支持量表

| 构念 | 参考来源 | 具体题项 |
|---|---|---|
| 社会支持 | 陈志霞和李启明（2013） | 在社区中遇到烦恼时，我很容易找到可以倾诉的对象 |
| | | 在社区中遇到困难时，我可以获得帮助 |
| | | 在社区中我能很方便地获得所需要的信息 |

## 4.2.4　社区归属感量表

社区归属感是社区内生活的个体与社区之间联系的情感纽带或对社区的情感依附，也通常用来描述个体对不同社区的认同、情感和依赖（Stinner 等，1990；Cicognani 等，2008；Jason 等，2016）。城市社区归属感对城市居民个体自身身心健康、社区稳定和谐与城市可持续发展都具有至关重要的作用（吴新慧，2011）。Kasarda 和 Janowitz（1974）使用了一套包含三个题项的量表测试了居民的社区态度和情绪，具体为："你所在的社区是否让你有家的感觉""你对社区事务的关心程度""你是否愿意离开你所在的社区"。主要涉及居民对自身所在社区的内在主观认同程度、居民对所在社区公共事务的关注和参与程度、居民对所在社区的内心留恋和不舍程度等方面。Doolittle 和 Macdonald（1978）设计了包含参与邻里事务的意愿、隐私、非正式互动、与邻居互动的偏好和安全 5 个维度的社区归属感量表（Sense of Community Scale，SCS）。Chavis 等（1986）从成员意识、共同的情感联系、需求的整合与实现和居民与社区间影响为视角，开发了共计有 12 个题项的"社区归属感指数"量表（Sense of Community Indes，SCI），然而这 12 个测量题项皆是是非题项。Long 于 2003 年开发了包含社会关系、互相关注和社区价值观 3 个维度、共计 8 个题项的"简明的社区归属感指数"量表（Brief Sense of Community）。Obst 和 White（2004）在 Chavis（1986）开发的量表的基础上进行进一步修订，删除

了部分质量较差的题项，形成了新的"社区归属感指数修订"量表（Sense of Community Index Revised，SCI-R）。Peterson 等（2010）在 Hughey（1999）的基础上，对社区组织归属感量表进行了简化和修订，开发了修订版社区组织归属感量表（Revised Community Organization Sense of Community Scale，COSOC-R），包含 4 个维度：组织关系、组织调节、组织影响和组织链接。2008 年，Chavis 进一步以需求的整合与实现、成员意识、居民与社区间影响和共同的情感联系为维度分析，重新修订了社区归属感量表，形成了第二版社区归属感指数量表（SCI-II）。国内方面，单菁菁（2008）从对社区组织形式的认同、社区主人翁意识、社区事务关心程度、社区喜爱和社区依恋 5 个维度进行测量。刘筱和邹燕平（2010）参考相关学者研究，从社区认同感、社区荣誉感、社区依恋感、社区参与意识和社区事务关心程度 5 个维度对城市居民社区归属感进行测量。由于社区归属感在不同文化和情景中是具有一定差异表现的，因而社区归属感的有关研究应当保持对情景差异的敏感性，针对不同情景需要开展有针对性的具体研究（Hill，1996；Bess 等，2002；Dalton 等，2009）。因此，也有部分学者从研究关注的具体情景差异出发，分别开发设计了适用多种不同情境的归属感量表。Goodenow 等（1992）从个人接受、学生感觉到的喜好、包容、尊重及鼓励参与以及感觉到的其他学生的回应等维度编制开发了学校归属感量表，该量表以青年学生为主要关注对象，共有 18 个测量题项。胡凡刚（2011）设计了包含学习者社区喜爱、对社区的认同感和主人翁意识、社区人际关系、社区依恋、自我实现 5 个维度的教育虚拟学习社区归属感问卷，共计 22 个题项。

考虑到本次研究讨论的内容是城市社区居民的社区归属感，因此在相关学者研究基础上，以单菁菁（2008）和杜宗斌等（2012）学者已使用的社区归属感量表为参考，从以下 5 个条目对社区归属感进行测量："我喜欢我所在的社区""我非常关心社区日常事务""如果我要搬离此社区，我会感到十分留恋""如果条件允许，我希望长期居住在本社区""我在社区中有很多朋友"（见表 4-4）。

表4-4 社区归属感量表

| 构念 | 参考来源 | 具体题项 |
|------|----------|----------|
| 社区归属感 | 单菁菁（2008）；杜宗斌等（2012） | 我喜欢我所在的社区 |
| | | 我非常关心社区日常事务 |
| | | 如果我要搬离此社区，我会感到十分留恋 |
| | | 如果条件允许，我希望长期居住在本社区 |
| | | 我在社区中有很多朋友 |

## 4.2.5 公共服务动机量表

公共服务动机指个体超越自身利益和组织利益，关注于社会福祉的信念、态度以及价值观。在测量方面上分为直接测量法和间接测量法，目前使用较多的是基于问卷量表的直接测量法。Perry（1996）通过因子分析法，开发了测量公共服务动机的量表，共包含公共利益承诺、同情心、公共政策制定和自我牺牲4个维度，共计24个题项。该量表的提出和使用极大地推动了有关公共服务动机的研究，许多学者使用该量表测量公共服务动机，并探索公共服务动机的前因变量和结果变量。不同国家所选择的不同公共服务供给体制通常会导致不同的公共服务动机结构和内容（Huston，2011）。因此，也有部分学者对该量表提出了一定的异议，并基于不同的文化和管理情景对公共服务动机量表进行调整和创新。Kim（2009）研究发现，"政策制定吸引"这一维度在韩国的研究中并未能得到印证，可能的原因是在韩国集体主义文化的影响下，人们普遍认为公共服务动机主要是以利他成分为主，以个人效用为基础的理性动机并未予以考虑。Vandenabeele（2008）基于比利时公务人员样本的研究发现，"公共利益承诺"和"自我牺牲"两个维度无法得到验证，随后，Vandenabeele（2008）使用除美国以外的国家和地区的调研数据分析，认为需要在原有量表的基础上添加"民主治理"的维度。也有学者认为 Perry（1996）开发的量表题目过多，难以适用大型的调查研究，应当进行一定的删减和修订（Bradley 等，2013）。Coursey 和

Pandey（2003）删除 Perry（1996）开发的公共服务动机量表中的"自我牺牲"这一维度，由此提出了一个由 3 个维度 10 个题项组成的新的量表。Castaing（2006）开发的公共服务量表仅包含"致力于公共利益"这单一维度，该变量由 4 个题项组成，随后 Castaing 使用该量表测量了法国公务人员的公共服务动机。随后，在 2009 年，Coursey 和 Pandey 进一步研究并开发了包含自我牺牲、社会公正、致力于公共利益和同情心 4 个维度 5 个题项的公共服务动机量表。Wright 等（2013）则认为不需要对公共服务动机的具体维度进行区分。Kim 等（2013）考虑到跨文化研究的可比较性，开发了一个可以在不同文化背景国家间进行测量的跨文化研究的公共服务动机量表。该量表中，自我牺牲维度代表了公共服务动机的最基本的概念和属性，公共参与吸引、公共价值承诺和同情心分别对应公共服务动机的理性维度、规范维度和情感维度，共计 16 个题项。为实现中国情境下本土化测量的准确性和可靠性，相关学者也基于中国公共部门人力资源管理实践进行了诸多尝试。Liu 等（2008）基于中国公共部门工作人员和在职研究生的调查，提出了一个包含政策制定的吸引力、致力于公共利益和自我牺牲 3 个维度的公共服务动机量表，该量表包含 12 个题项。Liu 和 Perry（2016）在对中国华东某大城市 241 名公务员的研究后，对该量表进行进一步修订，在原有三个维度的基础上增加了"同情心"这一维度，提出包含 18 个题项的公共服务动机量表。王亚华和舒全峰（2018）在 Perry（1996）提出的公共服务动机量表的基础上，开发了包含同情心、决策吸引力、公共利益承诺和牺牲精神 4 个维度的乡村干部公共服务动机问卷，共计 24 个题项，并在中国不同区域的行政村村主任和村支书群体中进行实证检验。杨开峰和杨慧珊（2021）通过访谈和扎根理论探讨基于中国公共管理情景的公共服务动机量表，在 Perry（1996）开发的四维度量表的基础上增加了"社会认可与名声"和"道德支持"2 个维度，提出了一个包含 6 个维度的符合中国公共管理情境的公共服务动机量表。刘华兴和王铮（2022）基于扎根理论建构适用于中国基层公务员的公共服务动机量表，该量表包含自我奉献、职业道德与操守、公共参与的兴趣、社会认可与支持、公共价值的承诺 5 个主要维度，而且研究发现，理性动机（公共参与的兴趣）与规范动机（职业道德与操守、社会认可与支持、公共价值的承诺）具有较好的信度和效度，但是，情感动机（自我奉献）则未通过问卷质量检验。在不同国家不同文化情境中开展有关公共服务动机的研究时，应充分考虑地区之间的文化和国情差异（Vandenabeele，2008；Leisink 和 Steijn，2009）。包元杰和李超平（2016）在 Kim（2013）开发的跨文化公共服务动机量表的研究基础上，将公共服务动机看作一个具有整体性的概念，通过严格的"翻译—回译"程序和统计检验方法，于 2016 年开发了较为精简的包含 4 个维度 8 个题项的量表，在后续相关研究中得到广泛使用。由于问卷具有较高的信效度，符合中国文化情境，并且没有使用主体的限制，因此，本研究采用包元杰和李超平开发的量表对社区居民的公共服务动机进行测量（见表4-5）。

表4-5　公共服务动机量表

| 构念 | 参考来源 | 具体题项 |
| --- | --- | --- |
| 公共服务动机 | 包元杰，<br>李超平<br>（2016） | 有意义的公益活动对我很重要 |
| | | 对我而言，为社会公益做贡献很重要 |
| | | 我认为，公民机会均等很重要 |
| | | 公务员的行为一定要符合伦理规则 |
| | | 当看到他人遇到困难时，我会很难受 |
| | | 当看到他人遭到不公正对待时，我会很气愤 |
| | | 我愿意为社会公益付出个人努力 |
| | | 我愿意为了社会公益而牺牲自身的利益 |

## 4.2.6　社区政治效能感量表

社区政治效能感源于政治效能感，作为影响公民政治态度和政治行为的心理变量，是社区居民参与社区政治生活的重要因素。政治效能感包括内部政治效能感和外部政治效能感，内部效能感是公民个体参与和理解政治的主观感受，外部效能感则是公民个体对于政府对其诉求回应的感知程度（Balch，1974；Craig，1979）。1952 年，美国密歇根大学调查研究中心开发了首套测量政治效能感的问卷，一共包含 4 个测量题项，每个题目的选项包含"同意"与"不同意"。具体题项如"有时政治和政府看起来很复杂，不是像我一样的人可以了解的""投票是对于像我这样的人能够对政府运作发表看法的唯一方式""我认为政府根本不会顾及像我这样的人的想法""像我一样的人根本不会影响政府的做法"。4 个题项中，前两题是内部政治效能感测量题项，而后两题则是外部政治效能感的测量题项。McPherson（1977）在使用该量表进行研究时发现，外部政治效能感的题项具有较高的信度，但是内部政治效能感的两个测量题项则并不具有较高的信度。美国选举研究中心所使用的"全国选举研究"调查问卷中，有 3 个题项测量个体的政治效能感，"像我这样的人对政府的行为选择没有任何的影响力"和"我认为政府官员不会在意像我一样的人的想法"测量的是个体的外部政治效能感，"有时候，我感觉政治太复杂，不是像我这样的人能够明白的"该题项测量的是个体的内部政治效能感。中国综合社会调查是我国最早的全国性、综合性、连续性学术调查项目，该调查数据被众多学者所广泛使用。在中国综合社会调查 2010 年的调查问卷中有 11 道题项关于居民个体政治效能感，并采用李克特五点量表进行测量。Campbell 等（1974）开发了包含 5 个测量题项的量表，如"我认为政府官员不会关心像我这样的人的想法""政治和政府非常复杂，不是像我这样的人能够理解的"等。Miller 等（1980）分别测量了公民的内部政治效能感和外部政治效能感。Craig（1990）设计了包含 7 个题项的内部政治效能感问卷，具体题项如"我觉得自己很有能力参与政治""我认为自己和大多数人一样了解政治和政府的情况""我认为自己很理解国家面临的重要政治问题"。国内大部分学者是按照西方研究者关于政治效能感的测量维度进行测量的（李蓉蓉，2014；胡荣，2015；裴志军，2015）。周翔等（2014）参考西方成熟量表，并结合中国特殊国情，设计了共有 24 个题项的政治效能感测量量表，并且通过因子分析内部效能感、外部效能感、集体效能感和个人负面效能感 4 个因子。李燕等（2017）从政府信息优势、对国家事务的关注程度、参与能力 3 个方面测量公民的内在政治效能感，通过测量政府对民众诉求的回应程度、影响政府的可能性、参与有效性 3 个方面来描述公民的外在政治效能感。郭晓东（2021）选择"自己的政治素养和参政议政能力"

"参与社会公共事务管理的意愿""自己建议被党政部门采纳的可能性"3个维度测量个体的内部政治效能感，选择"向党政部门寻求帮助的意愿""党政部门对问题的重视程度""对党政部门处理结果的满意度"3个维度测量个体的外部政治效能感。李蓉蓉（2013）将政治效能感放置于社区之中，认为社区政治效能感是在社区的建设过程中，社区居民认为自己的行为能够对社区公共事务产生影响，同时相信社区居委会会对自身诉求进行回应的主观心理感知。同时也构建了社区政治效能感的测量量表，从社区内部政治效能感和社区外部政治效能感进行测量，被证实具有良好的信度和效度。社区内部政治效能感指社区居民认为自己有能力参与社区公共事务及相应的政治生活中，并且相信自己能够对社区居委会及其干部和社区政治事务等施加影响。社区外部政治效能感指社区居民认为社区居委会及其干部以及相应的社区治理主体可以对社区居民的利益诉求予以重视并有所回应的内在感知。鉴于本研究的关注点在于城市社区公共服务满意度对居民幸福感的影响机制，因此参照李蓉蓉（2013）的量表，从社区内部政治效能感和社区外部政治效能感两个维度对社区政治效能感进行测量（见表4-6）。

**表4-6 社区政治效能感量表**

| 构念 | 参考来源 | 具体题项 |
|---|---|---|
| 社区政治效能感 | 李蓉蓉（2013） | 我很熟悉社区的规章管理制度 |
| | | 我很关注社区居委会的运行情况 |
| | | 我能够对居委会所做出的决定造成一定影响 |
| | | 社区居委会在做出决定过程中会重视我的建议 |
| | | 社区居委会做出的决定结果可以反映出我的意愿 |
| | | 如果我有困难找社区居委会的干部解决，他们会采取措施进行处理 |

## 4.3 数据分析工具及方法

本研究主要使用的统计软件为 SPSS 20.0 和 AMOS 20.0。SPSS 主要用于描述性统计、差异检验、信度分析、效度分析、探索性因子分析、相关分析和回归分析。AMOS 主要用于验证性因子分析和构建结构方程模型。

### 4.3.1 描述性统计

描述性统计主要用于对本研究中所使用的研究样本的性别、年龄、学历、职业、家庭人均年收入、社区类型、房屋性质、家庭人均住房面积等人口统计变量的情况进行描述。同时，对本研究所涉及的自变量城市社区公共服务满意度，因变量幸福感，中介变量社会支持和社区归属感，调节变量公共服务动机和社区政治效能感的极大值、极小值、均值、标准差等进行统计分析。

### 4.3.2 同源偏差检验

共同方法偏差（Common method bias）是指由于数据来源、测量环境以及语境的相同所造成的效标变量与预测变量之间存在的人为的共变，而这种共变作为一种系统误差，有可能对研究结果产生混淆及误导（周浩，龙立荣，2004）。因此，为避免这种人为的共变对本研究结论可能产生的影响，本研究根据相关学者的研究建议（Podsakoff 等，2003；周浩，龙立荣，2004），采取"Harman 单因素检验"方法对问卷数据进行检验。

### 4.3.3 因子分析

因子分析分为探索性因子分析和验证性因子分析。探索性因子分析是通过对量表进行分析，从而从中萃取出具有相同特性的共同因子，描述量表中各要素之间的关系。在探索性因子分析中，首先报告 KMO 值和进行巴特利特球形检验（Bartlett），以确定是否适宜进行因子分析。随后，使用主成分分析法，提取出特征根值大于 1 的因子。本研究中对城市社区公共服务满意度变量进行探索性因子分析，考察其因子结构。同时，为检验居民幸福感、社会支持、社区归属感、公共服务动机和社区政治效能感的问卷质量，采用验证性因子分析以确定其结构效度。

### 4.3.4 信度、效度检验

信度是指测量量表的可信性、可靠性，多采用内部一致性进行测量。本研究将采用学界惯用做法，报告量表的 Cronbach's α （克朗巴哈系数）来检验量表的信度。克朗巴哈系数越高，往往认为问卷具有更好的内部一致性。本研究将检验城市社区公共服务满意度、幸福感、社会支持、社区归属感、公共服务动机、社区政治效能感的克朗巴哈系数。效度检验将检验测量问卷的内容效度、结构效度和收敛效度，以确定测量问卷的有效性。

### 4.3.5 方差分析

方差分析多用来探讨研究变量在不同控制变量间区别和差异。本研究将性别、年龄、学历、职业、家庭人均年收入、社区类型、房屋性质、家庭人均住房面积等人口统计学变量作为控制变量，考察城市社区公共服务满意度、幸福感、社会支持、社区归属感、公共服务动机和社区政治效能感等相关研究变量之间的人口统计学差异。

### 4.3.6 相关分析

相关分析主要用来检验各变量之间是否存在一定的相关性，并考察各变量相关系数的大小。本研究将使用 Pearson 相关系数来检验城市社区公共服务满意度、幸福感、社会支持、社区归属感、公共服务动机和社区政治效能感之间的相关系数，为下一步进行回归分析和构建结构方程模型进行基础性检验。

### 4.3.7 回归分析

回归分析主要是指分析自变量与因变量之间线性或非线性数量模型的函数表达式，当自变量涉及两个或两个以上时，需要使用多元回归分析，当研究需要检验中介变量和调节变量的作用时，则采用层次回归分析。本研究主要使用多元回归分析检验城市社区公共服务满意度对居民幸福感的影响，考察公共服务动机和社区政治效能感在城市社区公共服务满意度对居民幸福感影响过程中的调节作用。

### 4.3.8 结构方程模型

通过构建结构方程模型，可以有效地考察和检验各潜变量之间的关系。结构方程模型可以有效地结合因子分析和路径分析等方法，是检验中介作用和调节作用的重要方法。本研究通过构建结构方程模型，检验城市社区公共服务满意度及其各潜变量对居民幸福感的影响，同时考察社会支持的中介作用、社区归属感的中介作用，以及社会支持和社区归属感的链式中介作用。

## 4.4 数据收集

2012 年 4 月，湖北省武汉市出台了全国首个"幸福城市"建设专项规划，计划到 2020 年基本建成"幸福之城"。在此之前，武汉市发改委就《武汉市建设人民幸福城市规划》征求了全市人民意见，探索性地提出了建设人民幸福城市主要预期指数表，包含社会保险综合覆盖率、市民安全感指数、食品监督抽检合格率等指标维度，为建设"富足、保障、宜居、公平、文明"的幸福武汉指明了具体路线。通过多年的建设，在 2017 年发布的《中国经济生活大调查（2017—2018）》中，武汉排名"中国十大幸福城市"之首。2021 年 12 月，"2021 中国最具幸福感城市"调查结果发布，在省会及计划单列市这一层级中，武汉再次入选中国十大幸福感城市之一。

在宣布建设幸福城市的同一年，武汉市开始启动幸福社区建设活动，力争在 5 年时间内，将全市共计 1470 个类型不同的城乡社区建成幸福社区。为确保幸福社区创建活动的顺利实施，武汉市政府出台了《关于进一步加强城乡社区建设的意见》，对"十二五"期间幸福社区建设进行了规划指导。意见中指出每年将为武汉市幸福社区建设投入 3 亿元财政资金，并积极开展幸福社区评级活动。同时，武汉市政府将老旧社区的幸福社区建设活动列入市政府 2012 年"为民办十件实事"的工作清单之中。由此，武汉市幸福社区建设在全市范围内逐渐得到广泛实施，并取得了一定成效。因此，本次研究选择武汉市作为调研城市，选择武汉城市社区作为调研社区。问卷发放采用网络发放和现场发放两种方式进行，问卷发放及回收共历时 3 个月。从城市社区的不同类型考虑，采用分层随机抽样的方法，实地调研武汉市洪山区关山街道办事处 Z 社区、东湖新技术开发区佛祖岭街道办事处 F 社区、东湖新技术开发区关东街道办事处 N 社区和 T 社区、汉阳区江堤街道办事处 H 社区。其中，洪山区关山街道办事处 Z 社区是典型的单位制社区，东湖新技术开发区关东街道办事处 T 社区为老旧小区，关东街道办事处 N 社区为城中村社区，佛祖岭街道办事处 F 社区为公租房社区，汉阳区江堤街道办事处 H 社区为商品住宅小区。分别实地调研不同类型的社区，从而使得本研究样本类型具有一定的代表性。现场发放问卷即在上述不同类型社区内采用随机抽样的方式，对社区居民发放调查问卷，在社区居民填写完成后对问卷进行现场回收。部分社区居民由于年纪较大或者文化水平较低，需由调查者为其现场讲解问卷内容，并根据其回答勾选相对应选项。为进一步扩大样本量和丰富调查社区类型，同时由于资金等因素的限制，也采用简单随机抽样的方式，通过网络渠道对武汉市内城市社区居民发放问卷。网络调查通过网络调查平台"问卷星"进行，提前将问卷内容在网络平台中进行编辑，并由网络渠道随机发送至武汉市城市社区居民进行填写。

本研究共发放问卷 600 份，回收 566 份问卷，经过对问卷进行筛选，共剩余有效问卷 534 份。样本统计数据如表 4-7 所示。性别方面，男性 217 人（40.6%），女性 317 人（59.4%），女性群体多于男性群体；年龄分布方面，30 岁及以下 286 人（53.6%），31~40 岁 116 人（21.7%），41~50 岁 92 人（17.2%），51 岁及以上有 40 人（7.5%）；学历分布方面，初中及以下 53 人（9.9%），高中（包括高职）93 人（17.4%），大学（包括本科和大专）272 人（50.9%），硕士及以上 116 人（21.8%）；职业分布方面，各级党政机关、事业单位工作人员 71 人（13.3%），国有企业工作人员 75 人（14.0%），非公有制企业工作人员 84 人（15.7%），自由职业者 61 人（11.4%），离退休人员 27 人（5.1%），家庭主妇 22 人（4.1%），学生 137 人（25.7%），其他 57 人（10.7%）；家庭人均年收入方面，2 万元及以下 183 人（34.3%），2 万~5 万元 140 人（26.2%），5 万~8 万元 100 人（18.7%），8 万~10 万元 50 人（9.4%），10 万元以上 61 人（11.4%）；社区类型方面，参照沈千帆（2011）对北京市社区公共服务的研究，从商品住宅小区、单位制社区、城中村社区、公租房社区、老旧小区和其他六大类进行考察，具体数据样本为：商品住宅小区 212 人（39.7%），单位制社区 42 人（7.9%），城中村社区 49 人

（9.2%），公租房社区 68 人（12.7%），老旧小区 58 人（10.9%），其他 105 人（19.6%）；房屋性质方面，参照沈千帆（2011）的分类研究，从自购房、老屋、租赁房和其他四大类进行考察，具体样本数据为：自购房 269 人（50.4%），老屋 94 人（17.6%），租赁房 82 人（15.3%），其他 89 人（16.7%）；家庭人均住房面积方面，20 平方米及以下 119 人（22.3%），21～40 平方米 195 人（36.5%），41～60 平方米 100 人（18.7%），61 平方米及以上 120 人（22.5%）。

表 4-7　数据样本特征分析

| | 分类 | 频次 | 百分比（%） | 累计百分比（%） |
|---|---|---|---|---|
| 性别 | 男性 | 217 | 40.6 | 40.6 |
| | 女性 | 317 | 59.4 | 100.0 |
| 年龄 | 30 岁及以下 | 286 | 53.6 | 53.6 |
| | 31～40 岁 | 116 | 21.7 | 75.3 |
| | 41～50 岁 | 92 | 17.2 | 92.5 |
| | 51 岁及以上 | 40 | 7.5 | 100.0 |
| 学历 | 初中及以下 | 53 | 9.9 | 9.9 |
| | 高中（包括职高） | 93 | 17.4 | 27.3 |
| | 大学（包括本科及大专） | 272 | 50.9 | 78.2 |
| | 硕士及以上 | 116 | 21.8 | 100 |
| 职业 | 各级党政机关、事业单位工作人员 | 71 | 13.3 | 13.3 |
| | 国有企业工作人员 | 75 | 14.0 | 27.3 |
| | 非公有制企业工作人员 | 84 | 15.7 | 43.0 |
| | 自由职业者 | 61 | 11.4 | 54.4 |
| | 离退休人员 | 27 | 5.1 | 59.5 |
| | 家庭主妇 | 22 | 4.1 | 63.6 |
| | 学生 | 137 | 25.7 | 89.3 |
| | 其他 | 57 | 10.7 | 100.0 |

|  | 分类 | 频次 | 百分比（%） | 累计百分比（%） |
|---|---|---|---|---|
| 家庭人均年收入 | 2万元及以下 | 183 | 34.3 | 34.3 |
|  | 2万~5万元 | 140 | 26.2 | 60.5 |
|  | 5万~8万元 | 100 | 18.7 | 79.2 |
|  | 8万~10万元 | 50 | 9.4 | 88.6 |
|  | 10万元以上 | 61 | 11.4 | 100.0 |
| 社区类型 | 商品住宅小区 | 212 | 39.7 | 39.7 |
|  | 单位制社区 | 42 | 7.9 | 47.6 |
|  | 城中村社区 | 49 | 9.2 | 56.8 |
|  | 公租房社区 | 68 | 12.7 | 69.5 |
|  | 老旧小区 | 58 | 10.9 | 80.4 |
|  | 其他 | 105 | 19.6 | 100.0 |
| 房屋性质 | 自购房 | 269 | 50.4 | 50.4 |
|  | 老屋 | 94 | 17.6 | 68.0 |
|  | 租赁房 | 82 | 15.3 | 83.3 |
|  | 其他 | 89 | 16.7 | 100.0 |
| 家庭人均住房面积 | 20平方米及以下 | 119 | 22.3 | 22.3 |
|  | 21~40平方米 | 195 | 36.5 | 58.8 |
|  | 41~60平方米 | 100 | 18.7 | 77.5 |
|  | 61平方米及以上 | 120 | 22.5 | 100.0 |

## 4.5 量表质量分析

### 4.5.1 同源偏差检验

共同方法偏差（Common method bias）是指由于数据来源、测量环境以及语境的相同所造成的效标变量与预测变量之间存在的人为的共变，作为一种系统误差，有可能对研究结果产生混淆及误导（周浩，龙立荣，2004）。因此，为避免这种人为的共变对本研究结论可能产生的影响，我们根据相关学者的研究建议（Podsakoff 等，2003；周浩，龙立荣，2004），采取 Harman 单因素检验方法对问卷数据进行检验。

采用 SPSS 软件，将本研究所涉及的所有测量题项全部一同进行探索性因子分析，最终得出特征根值大于 1 的因子共有 7 个，累积方差贡献率 74.015%，其中第一个因子的方差解释率为 28.676%，小于 40%，说明不存在严重的共同方法偏差。

## 4.5.2 信度检验

信度是指通过使用测量工具所得到结果的可信性、可靠性和内部一致性（吴明隆，2010）。Cortina（1993）建议使用克朗巴哈系数（Cronbach's α）检验问卷的信度，这也是目前学界通用的做法。因此，在本研究中，通过测量克朗巴哈系数从而对问卷信度进行检验。根据吴明隆（2010）等人的建议，目前学界普遍认为，克朗巴哈系数如果小于 0.50，则意味着问卷信度不理想；当克朗巴哈系数大于 0.50，小于 0.60 时，表明信度可以接受，但是需要进行修订；当克朗巴哈系数大于 0.60，小于 0.70 时，表明信度勉强可以接受；当克朗巴哈系数大于 0.70，小于 0.80 时，表明信度较为理想，可以接受；当克朗巴哈系数大于 0.80，小于 0.90 时，表明信度很高；而当克朗巴哈系数大于 0.90，则意味着问卷的信度非常高（见表 4-8）。

表 4-8　Cronbach's α 标准表

| Cronbach's α | 量表信度 |
| --- | --- |
| 0.50 以下 | 不理想，量表可不用 |
| 0.50 ~ 0.60 | 不太理想，需要修订 |
| 0.60 ~ 0.70 | 勉强接受 |
| 0.70 ~ 0.80 | 比较理想 |
| 0.80 ~ 0.90 | 理想 |
| 0.90 以上 | 非常理想 |

在本研究中，我们通过测试问卷的克朗巴哈系数以检验其信度，结果如表4-9所示。社区公共服务满意度问卷的克朗巴哈系数为0.973，幸福感问卷的克朗巴哈系数为0.957，社会支持问卷的克朗巴哈系数0.931，社区归属感问卷的克朗巴哈系数0.917，公共服务动机问卷的克朗巴哈系数0.946，社区政治效能感问卷的克朗巴哈系数为0.953。表明本研究所使用问卷均具有良好的信度，适合进行实证研究。

表4-9 各变量信度分析

| 变量 | 维度 | CITC | Cronbach's α |
|---|---|---|---|
| 社区公共服务满意度 | 社区教育——幼儿园 | 0.732 | 0.973 |
| | 社区教育——小学 | 0.752 | |
| | 社区教育——中学 | 0.737 | |
| | 社区教育——培训机构 | 0.737 | |
| | 社区基本社会保障——医疗服务 | 0.764 | |
| | 社区基本社会保障——养老服务 | 0.782 | |
| | 社区基本社会保障——困难家庭救助服务 | 0.780 | |
| | 社区基本社会保障——就业服务 | 0.764 | |
| | 社区安全——安全设施设备 | 0.790 | |
| | 社区安全——警务人员工作 | 0.767 | |
| | 社区安全——安全知识宣传 | 0.785 | |
| | 社区基础生活设施——超市 | 0.763 | |
| | 社区基础生活设施——理发店 | 0.734 | |
| | 社区基础生活设施——公共厕所 | 0.737 | |
| | 社区基础生活设施——垃圾收集点 | 0.761 | |
| | 社区文体服务——文体活动场所 | 0.817 | |
| | 社区文体服务——文体活动设施设备 | 0.830 | |
| | 社区文体服务——文体活动种类 | 0.830 | |

| 变量 | 维度 | CITC | Cronbach's α |
|---|---|---|---|
| 社区公共服务满意度 | 社区居住环境——绿化程度 | 0.759 | 0.973 |
| | 社区居住环境——噪声处理 | 0.679 | |
| | 社区居住环境——照明设施 | 0.760 | |
| | 社区居住环境——小摊贩管理 | 0.711 | |
| | 社区交通——道路建设及维护 | 0.763 | |
| | 社区交通——公共交通 | 0.749 | |
| | 社区交通——停车 | 0.731 | |
| 幸福感 | 生活满意度——理想生活状态 | 0.782 | 0.957 |
| | 生活满意度——生活状态很好 | 0.800 | |
| | 生活满意度——生活满意 | 0.819 | |
| | 生活满意度——生活满足 | 0.784 | |
| | 生活满意度——生活改变 | 0.641 | |
| | 情绪情感体验——有趣的 | 0.825 | |
| | 情绪情感体验——快乐的 | 0.827 | |
| | 情绪情感体验——有价值的 | 0.827 | |
| | 情绪情感体验——朋友很多的 | 0.734 | |
| | 情绪情感体验——充实的 | 0.804 | |
| | 情绪情感体验——充满希望的 | 0.817 | |
| | 情绪情感体验——有奖励的 | 0.782 | |
| 社会支持 | 倾诉对象 | 0.836 | 0.931 |
| | 帮助对象 | 0.863 | |
| | 信息获取 | 0.878 | |

续表

| 变量 | 维度 | CITC | Cronbach's α |
|---|---|---|---|
| 社区归属感 | 社区喜爱 | 0.796 | 0.917 |
| | 社区关心 | 0.760 | |
| | 社区留恋 | 0.846 | |
| | 社区长居 | 0.805 | |
| | 社区朋友 | 0.733 | |
| 公共服务动机 | 公益活动 | 0.757 | 0.946 |
| | 社会贡献 | 0.830 | |
| | 机会均等 | 0.813 | |
| | 符合伦理规则 | 0.802 | |
| | 对他人困难感到难过 | 0.822 | |
| | 对他人不公待遇气愤 | 0.820 | |
| | 为社会公益付出努力 | 0.859 | |
| | 为社会公益牺牲自身利益 | 0.727 | |
| 社区政治效能感 | 熟悉社区规章制度 | 0.791 | 0.953 |
| | 关注居委会运行 | 0.821 | |
| | 影响居委会决定 | 0.890 | |
| | 居委会重视自身建议 | 0.895 | |
| | 居委会决定反映自身意愿 | 0.898 | |
| | 居委会处理自身困难 | 0.823 | |

## 4.5.3　效度检验

效度是指经过测量得到的结果能够有效反映出问卷初始设计时试图考察的内容的程度。本研究中所使用的量表均来源于国内外较为成熟的量表，均经过了严格严谨的学术翻译和有关学术研究的验证，在使用过程中征求了相关专家和一线工作人员的意见并且经过了预测试，问卷内容得以不断完善。因此，本研究所使用的问卷具有良好的内容效度。

首先，检验问卷的 KMO 值，并且对问卷进行巴特利特球形检验。分析结果显示，社区公共服务满意度问卷的 KMO 值为 0.965，幸福感问卷的 KMO 值为 0.949，社会支持问卷的 KMO 值为 0.761，社区归属感问卷的 KMO 值为 0.883，公共服务动机问卷的 KMO 值为 0.908，社区政治效能感问卷的 KMO 值为 0.880，且显著性全部为 0.000，显著性水平达标（见表 4-10）。KMO 值一般用于比较变量间相关系数，是问卷进行因子分析的重要先验指标。根据 Kaiser（1974）的研究结论，当 KMO 值大于 0.90 时表明问卷非常适宜进行因子分析。城市社区公共服务满意度变量的 KMO 值达到 0.965，表明适宜进行因子分析，因此我们对城市社区公共服务满意度进行探索性因子分析，以确定城市社区公共服务满意度变量的具体维度。采用主成分分析法进行因子抽取，最大方差法进行因子旋转，结果如表 4-11 显示，共提取 7 个因子。因此，表明城市社区公共服务满意度问卷具有良好的结构效度。

表 4-10　各变量效度分析

| 测量变量 | KMO 值 | Bartlett's 球形检验 | | |
|---|---|---|---|---|
| | | 近似卡方（$\chi^2$） | 自由度（df） | 显著性（Sig.） |
| 社区公共服务满意度 | 0.965 | 13415.202 | 300 | 0.000 |
| 幸福感 | 0.949 | 6340.136 | 66 | 0.000 |
| 社会支持 | 0.761 | 1320.492 | 3 | 0.000 |
| 社区归属感 | 0.883 | 1882.051 | 10 | 0.000 |
| 公共服务动机 | 0.908 | 4215.685 | 28 | 0.000 |
| 社区政治效能感 | 0.880 | 3584.130 | 15 | 0.000 |

表 4-11　探索性因子分析

| 指标 | 具体维度 | 因子1 | 因子2 | 因子3 | 因子4 | 因子5 | 因子6 | 因子7 |
|---|---|---|---|---|---|---|---|---|
| 社区教育 | 幼儿园 | 0.773 | | | | | | |
| | 小学 | 0.811 | | | | | | |
| | 中学 | 0.798 | | | | | | |
| | 培训机构 | 0.582 | | | | | | |
| 社区基本社会保障 | 医疗服务 | | 0.679 | | | | | |
| | 养老服务 | | 0.748 | | | | | |
| | 困难家庭救助服务 | | 0.776 | | | | | |
| | 就业服务 | | 0.745 | | | | | |
| 社区安全 | 安全设施设备 | | | 0.595 | | | | |
| | 警务人员工作 | | | 0.736 | | | | |
| | 安全知识宣传 | | | 0.705 | | | | |
| 社区基础生活设施 | 超市 | | | | 0.596 | | | |
| | 理发店 | | | | 0.766 | | | |
| | 公共厕所 | | | | 0.628 | | | |
| | 垃圾收集点 | | | | 0.547 | | | |
| 社区文体服务 | 文体活动场所 | | | | | 0.705 | | |
| | 文体活动设施设备 | | | | | 0.723 | | |
| | 文体活动种类 | | | | | 0.681 | | |
| 社区居住环境 | 绿化程度 | | | | | | 0.602 | |
| | 噪声处理 | | | | | | 0.707 | |
| | 照明设施 | | | | | | 0.517 | |
| | 小摊贩管理 | | | | | | 0.659 | |
| 社区交通 | 道路建设及维护 | | | | | | | 0.755 |
| | 公共交通 | | | | | | | 0.726 |
| | 停车 | | | | | | | 0.614 |

由于幸福感、社会支持、社区归属感、公共服务动机和社区政治效能感5个变量均直接使用已有的成熟问卷进行测量，因此对其进行验证性因子分析以确定其结构效度。根据表4-12的结果显示，幸福感量表的拟合指数为：$\chi^2/DF$ = 3.563，RMSEA = 0.069，GFI = 0.944，CFI = 0.979，IFI = 0.979，TLI = 0.973。社会支持量表的拟合指数为：$\chi^2/DF$ = 3.773，RMSEA = 0.079，GFI = 0.991，CFI = 0.996，IFI = 0.996，TLI = 0.987。社区归属感量表的拟合指数为：$\chi^2/DF$ = 2.185，RMSEA = 0.047，GFI = 0.995，CFI = 0.987，IFI = 0.996，TLI = 0.989。公共服务动机量表的拟合指数为：$\chi^2/DF$ = 4.370，RMSEA = 0.080，GFI = 0.976，CFI = 0.989，IFI = 0.989，TLI = 0.978。社区政治效能感量表的拟合指数为：$\chi^2/DF$ = 2.822，RMSEA = 0.058，GFI = 0.992，CFI = 0.997，IFI = 0.997，TLI = 0.992。根据Carmines等（1981）以及Brown（1993）等人的研究，$\chi^2/DF$值接近1表明模型拟合度越好，小于2表明模型拟合度较为理想，当其大于2小于5时认为模型处于可接受范围内。RMSEA大于0.08小于0.1时表示模型拟合度可以接受，RMSEA处于0.05和0.08之间表明拟合度尚可，小于0.05表示拟合度不错，若小于0.01则表示拟合度非常好。GFI、IFI、CFI、TLI取值一般在0和1之间，数值越大，表明拟合度越好。根据结果，居民幸福感、社会支持、社区归属感、公共服务动机和社区政治效能感量表的拟合指数均属于可接受范围内，表明上述五套问卷具有良好的结构效度。

表4-12　验证性因子分析

| 变量 | $\chi^2/DF$ | RMSEA | GFI | CFI | IFI | TLI |
|---|---|---|---|---|---|---|
| 幸福感 | 3.563 | 0.069 | 0.944 | 0.979 | 0.979 | 0.973 |
| 社会支持 | 3.773 | 0.079 | 0.991 | 0.996 | 0.996 | 0.987 |
| 社区归属感 | 2.185 | 0.047 | 0.995 | 0.987 | 0.996 | 0.989 |
| 公共服务动机 | 4.370 | 0.080 | 0.976 | 0.989 | 0.989 | 0.978 |
| 社区政治效能感 | 2.822 | 0.058 | 0.992 | 0.997 | 0.997 | 0.992 |

为进一步确定假设模型的收敛效度，我们通过构建多因子模型，从而对不同模型的拟合指数进行比较，从而确定最合适的研究模型。表 4-13 结果显示，相比于其他模型，六因子模型的拟合指数最好，模型适配度较高（$\chi^2/DF = 3.949$，RMSEA $= 0.078$，GFI $= 0.907$，CFI $= 0.909$，IFI $= 0.909$，TLI $= 0.901$），说明在该模型中，6 个研究构面彼此独立，具有良好的收敛效度，六因子模型可以作为最适宜的假设模型开展相关研究。

表4-13　研究模型适配度比较

| | $\chi^2/DF$ | RMSEA | GFI | CFI | IFI | TLI |
|---|---|---|---|---|---|---|
| 一因子模型 | 11.178 | 0.138 | 0.652 | 0.676 | 0.677 | 0.657 |
| 二因子模型 | 9.272 | 0.125 | 0.708 | 0.737 | 0.738 | 0.721 |
| 三因子模型 | 7.690 | 0.112 | 0.765 | 0.788 | 0.788 | 0.774 |
| 四因子模型 | 7.209 | 0.108 | 0.781 | 0.804 | 0.804 | 0.791 |
| 五因子模型 | 6.328 | 0.092 | 0.804 | 0.833 | 0.820 | 0.833 |
| 六因子模型 | 3.949 | 0.078 | 0.907 | 0.909 | 0.909 | 0.901 |

一因子模型：社区公共服务满意度 + 幸福感 + 社会支持 + 社区归属感 + 公共服务动机 + 社区政治效能感

二因子模型：社区公共服务满意度 + 幸福感 + 社会支持 + 社区归属感 + 公共服务动机，社区政治效能感

三因子模型：社区公共服务满意度 + 幸福感 + 社会支持 + 社区归属感，公共服务动机，社区政治效能感

四因子模型：社区公共服务满意度 + 幸福感 + 社会支持，社区归属感，公共服务动机，社区政治效能感

五因子模型：社区公共服务满意度 + 幸福感，社会支持，社区归属感，公共服务动机，社区政治效能感

六因子模型：社区公共服务满意度，幸福感，社会支持，社区归属感，公共服务动机，社区政治效能感

# 5 >>>>

城市社区公共服务满意度对居民
幸福感影响机制的实证分析

## 5.1 描述性统计

通过对问卷数据进行描述性统计以实现对研究变量的直观考察。根据表 5 - 1 结果，在城市社区公共服务满意度、幸福感、社会支持、社区归属感、公共服务动机和社区政治效能感 6 个显变量中，公共服务动机得分最高（3.614 ± 0.961），社会支持得分最低（2.931 ± 1.146）。社区公共服务满意度（3.226 ± 0.974）、幸福感（3.141 ± 0.956）、社区归属感（3.053 ± 1.069）、社区政治效能感（3.048 ± 1.020）分别排名第二至第五位（见图 5 - 1）。结果说明城市社区居民自身具有较高的公共服务动机，具有较高的利他动机，愿意主动服务他人。社区公共服务满意度得分排名第二，表明社区居民对目前我国城市社区多元主体提供的公共服务水平总体较为满意。然而，社会支持得分排名最后，这说明在城市社区日常生活中社区居民往往感受到较少的社会支持。社区政治效能感得分排名倒数第二，这说明社区居民主观政治参与能力不足，缺乏较高的对自身的政治认知能力和政治影响能力的感知，并缺乏积极的对社区回应自身诉求的感知。同时，所有变量的峰度和偏度的统计量绝对值均小于 1，根据 Kline（1998）的研究结论，表明数据服从正态分布，可以进一步进行后续相关研究。

表 5-1 测量题项描述性统计

| 变量 | 极小值 | 极大值 | 均值 | 标准差 | 偏度 | | 峰度 | |
|---|---|---|---|---|---|---|---|---|
| | | | | | 统计量 | 标准误 | 统计量 | 标准误 |
| 1 社区公共服务满意度 | 1 | 5 | 3.226 | 0.974 | -0.218 | 0.106 | -0.296 | 0.211 |
| 1.1 社区教育——幼儿园 | 1 | 5 | 3.277 | 1.277 | -0.329 | 0.106 | -0.817 | 0.211 |
| 1.2 社区教育——小学 | 1 | 5 | 3.363 | 1.231 | -0.404 | 0.106 | -0.661 | 0.211 |
| 1.3 社区教育——中学 | 1 | 5 | 3.354 | 1.248 | -0.415 | 0.106 | -0.721 | 0.211 |
| 1.4 社区教育——培训机构 | 1 | 5 | 3.091 | 1.266 | -0.097 | 0.106 | -0.921 | 0.211 |
| 1.5 社区基本社会保障——医疗服务 | 1 | 5 | 3.225 | 1.235 | -0.260 | 0.106 | -0.807 | 0.211 |
| 1.6 社区基本社会保障——养老服务 | 1 | 5 | 3.142 | 1.228 | -0.212 | 0.106 | -0.775 | 0.211 |
| 1.7 社区基本社会保障——困难家庭救助服务 | 1 | 5 | 3.036 | 1.242 | -0.085 | 0.106 | -0.835 | 0.211 |
| 1.8 社区基本社会保障——就业服务 | 1 | 5 | 2.936 | 1.242 | 0.009 | 0.106 | -0.851 | 0.211 |
| 1.9 社区安全——安全设施设备 | 1 | 5 | 3.195 | 1.243 | -0.235 | 0.106 | -0.803 | 0.211 |
| 1.10 社区安全——警务人员工作 | 1 | 5 | 3.213 | 1.248 | -0.235 | 0.106 | -0.842 | 0.211 |
| 1.11 社区安全——安全知识宣传 | 1 | 5 | 3.204 | 1.229 | -0.193 | 0.106 | -0.819 | 0.211 |
| 1.12 社区基础生活设施——超市 | 1 | 5 | 3.511 | 1.225 | -0.540 | 0.106 | -0.593 | 0.211 |
| 1.13 社区基础生活设施——理发店 | 1 | 5 | 3.339 | 1.228 | -0.333 | 0.106 | -0.761 | 0.211 |

| 变量 | 极小值 | 极大值 | 均值 | 标准差 | 偏度 | | 峰度 | |
|---|---|---|---|---|---|---|---|---|
| | | | | | 统计量 | 标准误 | 统计量 | 标准误 |
| 1.14 社区基础生活设施——公共厕所 | 1 | 5 | 3.058 | 1.265 | -0.070 | 0.106 | -0.953 | 0.211 |
| 1.15 社区基础生活设施——垃圾收集点 | 1 | 5 | 3.322 | 1.248 | 0.337 | 0.106 | -0.826 | 0.211 |
| 1.16 社区文体服务——文体活动场所 | 1 | 5 | 3.242 | 1.269 | -0.251 | 0.106 | -0.918 | 0.211 |
| 1.17 社区文体服务——文体设施设备 | 1 | 5 | 3.172 | 1.248 | -0.178 | 0.106 | -0.870 | 0.211 |
| 1.18 社区文体服务——文体活动种类 | 1 | 5 | 3.060 | 1.237 | -0.060 | 0.106 | -0.852 | 0.211 |
| 1.19 社区居住环境——绿化程度 | 1 | 5 | 3.506 | 1.229 | -0.548 | 0.106 | -0.567 | 0.211 |
| 1.20 社区居住环境——噪声处理 | 1 | 5 | 3.109 | 1.243 | -0.195 | 0.106 | -0.905 | 0.211 |
| 1.21 社区居住环境——照明设施 | 1 | 5 | 3.311 | 1.241 | -0.293 | 0.106 | -0.841 | 0.211 |
| 1.22 社区居住环境——小摊贩管理 | 1 | 5 | 3.275 | 1.262 | -0.282 | 0.106 | -0.867 | 0.211 |
| 1.23 社区交通——道路建设及维护 | 1 | 5 | 3.251 | 1.241 | -0.278 | 0.106 | -0.847 | 0.211 |
| 1.24 社区交通——公共交通 | 1 | 5 | 3.322 | 1.251 | -0.333 | 0.106 | -0.839 | 0.211 |
| 1.25 社区交通——停车 | 1 | 5 | 3.125 | 1.274 | -0.116 | 0.106 | -0.964 | 0.211 |

续表

| 变量 | 极小值 | 极大值 | 均值 | 标准差 | 偏度 | | 峰度 | |
|---|---|---|---|---|---|---|---|---|
| | | | | | 统计量 | 标准误 | 统计量 | 标准误 |
| 2 幸福感 | 1 | 5 | 3.141 | 0.956 | -0.212 | 0.106 | -0.090 | 0.211 |
| 3 社会支持 | 1 | 5 | 2.931 | 1.146 | 0.008 | 0.106 | -0.686 | 0.211 |
| 4 社区归属感 | 1 | 5 | 3.053 | 1.069 | -0.033 | 0.106 | -0.560 | 0.211 |
| 5 公共服务动机 | 1 | 5 | 3.614 | 0.961 | -0.701 | 0.106 | 0.486 | 0.211 |
| 6 社区政治效能感 | 1 | 5 | 3.048 | 1.020 | -0.216 | 0.106 | -0.261 | 0.211 |

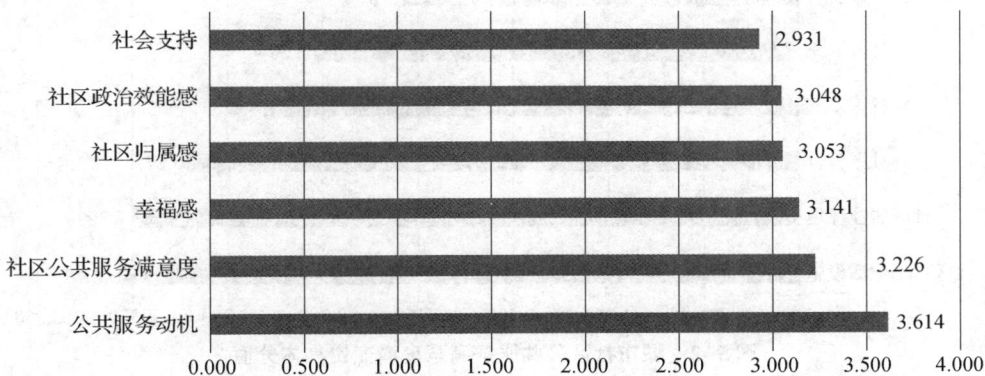

图 5-1　各显变量具体分值

在社区公共服务满意度的 7 个潜变量中，得分由高到低依次为社区基本生活设施满意度（3.308±1.077）、社区居住环境满意度（3.300±1.062）、社区教育满意度（3.271±1.134）、社区交通满意度（3.233±1.117）、社区安全满意度（3.204±1.144）、社区文体服务满意度（3.158±1.192）、社区基本社会保障满意度（3.085±1.130），如图 5-2、图 5-3 所示。社区居民对社区基本生活设施具有较高的满意度，而对社区基本社会保障服务的满意度较低，这说明社区居民普遍认为目前社区在基本生活设施硬件提供方面做得较好，但是在社会保障服务提供方面仍旧存在一定提升空间。在城市社区公共服务满意度各具体题项中，排名前三位的是社区基础生活设施——超市满意度（3.511±1.225）、社区

居住环境——绿化程度满意度（3.506 ± 1.229）、社区教育——小学满意度
（3.363 ± 1.231），排名后三位的是社区基本社会保障——就业服务满意度
（2.936 ± 1.242）、社区基本社会保障——困难家庭救助服务满意度（3.036 ±
1.242）、社区基础生活设施——公共厕所满意度（3.058 ± 1.265）。这说明，社
区居民对居住社区的日用产品购买便利度、环境绿化程度和小学类教育资源具有
较高的满意度，而认为社区的基本社会保障服务，尤其是就业服务和困难家庭救
助服务仍有待提升。

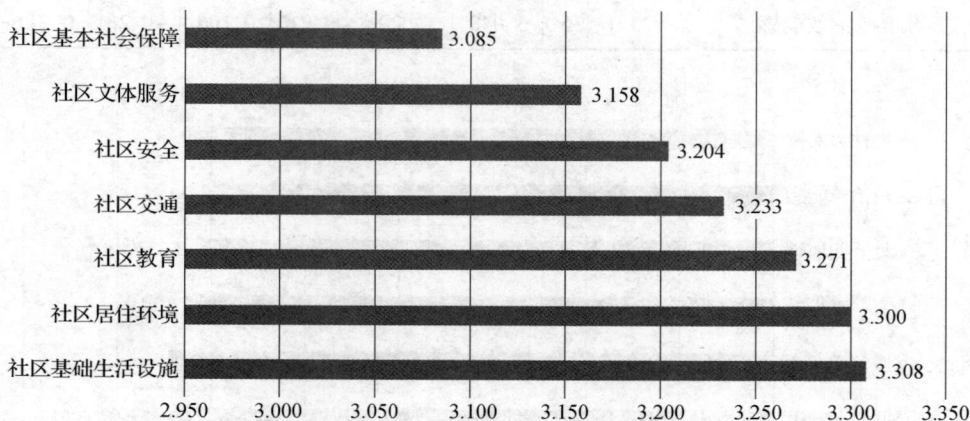

**图 5-2  城市社区公共服务满意度潜变量具体分值**

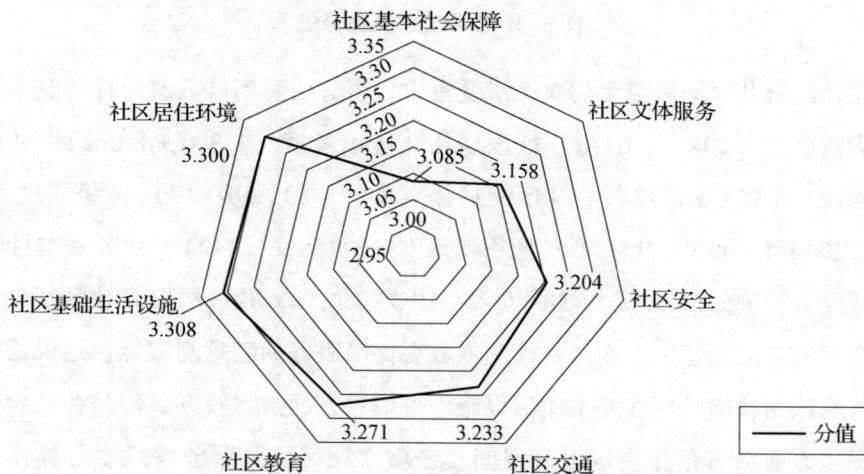

**图 5-3  城市社区公共服务满意度潜变量雷达图**

在社区教育满意度方面，小学教育满意度最高（3.363±1.231），其次为中学教育满意度（3.354±1.248）和幼儿园教育满意度（3.277±1.277），培训机构教育满意度（3.091±1.266）得分最低（见图5-4）。同时，幼儿园、小学、中学和培训机构四个维度中"较为满意"和"非常满意"的社区居民分别占比44.7%、47.8%、48.9%和37.3%，"非常不满意"的占比分别为13.5%、11.0%、11.6%和14.2%。这说明社区居民对社区教育服务中的小学教育、中学教育和幼儿园教育满意度较高，而对培训机构的满意度较低。整体而言，社区居民对社区教育服务较为满意，不满意的比例较低（见表5-2）。

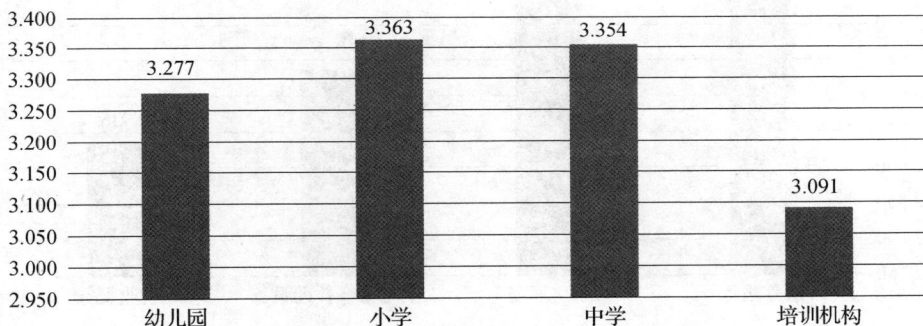

**图5-4 城市社区教育服务满意度具体分值**

**表5-2 城市社区教育服务满意度的具体分布情况**

|  | 非常不满意 | 较为不满意 | 一般 | 较为满意 | 非常满意 |
|---|---|---|---|---|---|
| 幼儿园 | 72（13.5%） | 56（10.5%） | 167（31.3%） | 130（24.3%） | 109（20.4%） |
| 小学 | 59（11.0%） | 54（10.1%） | 166（31.1%） | 144（27.0%） | 111（20.8%） |
| 中学 | 62（11.6%） | 58（10.9%） | 153（28.6%） | 151（28.3%） | 110（20.6%） |
| 培训机构 | 76（14.2%） | 88（16.5%） | 171（32.0%） | 110（20.6%） | 89（16.7%） |

在城市社区基本社会保障服务满意度方面，医疗服务满意度最高（3.225±1.235），其次为养老服务满意度（3.142±1.228）和困难家庭救助服务满意度（3.036±1.242），就业服务满意度最低（2.936±1.242），如图5-5所示。同

时，社区医疗服务、养老服务、困难家庭救助服务和就业服务四个维度中"较为满意"和"非常满意"的社区居民分别占比43.1%、39.1%、34.4%和31.1%，"非常不满意"的占比分别为12.0%、13.5%、15.2%和16.7%（见表5-3）。这说明社区居民对社区基本社会保障服务中的医疗服务和养老服务满意度较高，这也在一定程度反映了社区居民对卫生服务中心和养老中心等组织的认可，而对困难家庭救助服务和就业服务的满意度相对较低。

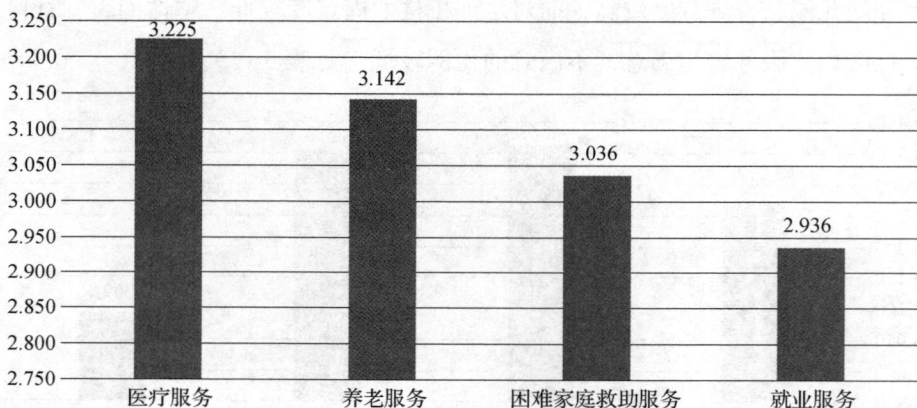

图5-5　城市社区基本社会保障服务满意度具体分值

表5-3　城市社区基本社会保障服务满意度的具体分布情况

|  | 非常不满意 | 较为不满意 | 一般 | 较为满意 | 非常满意 |
|---|---|---|---|---|---|
| 医疗服务 | 64（12.0%） | 75（14.0%） | 165（30.9%） | 137（25.7%） | 93（17.4%） |
| 养老服务 | 72（13.5%） | 71（13.3%） | 182（34.1%） | 127（23.8%） | 82（15.3%） |
| 困难家庭救助服务 | 81（15.2%） | 81（15.2%） | 188（35.2%） | 106（19.8%） | 78（14.6%） |
| 就业服务 | 89（16.7%） | 92（17.2%） | 187（35.0%） | 96（18.0%） | 70（13.1%） |

在城市社区安全满意度方面，警务人员工作满意度最高（3.213±1.248），其次为安全知识宣传满意度（3.204±1.229），得分最低的是安全设施设备满意度（3.195±1.243），如图5-6所示。安全设施设备、警务人员工作、安全知识

宣传题项中选择"较为满意"和"非常满意"的社区居民分别占比41.5%、42.3%和41.0%,"非常不满意"的占比分别为13.2%、12.4%和11.4%(见表5-4)。这说明社区居民对社区警务人员信任度较高,认可其在维护社区安全方面所做的工作,同时也认为社区应进一步配备相关的安全设施设备,提高安全设施的质量。

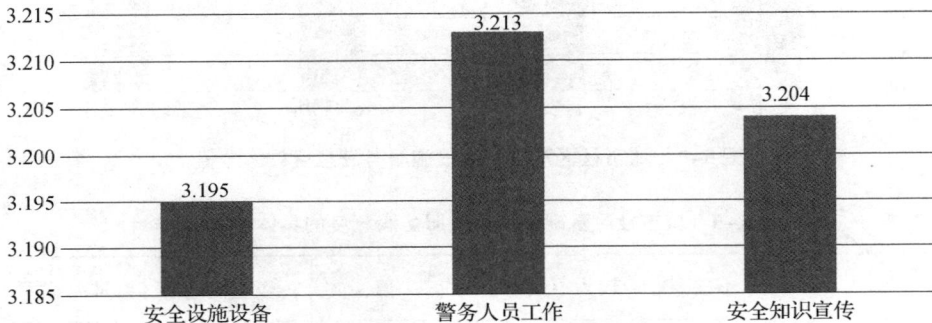

**图5-6 城市社区安全服务满意度具体分值**

**表5-4 城市社区安全服务满意度的具体分布情况**

|  | 非常不满意 | 较为不满意 | 一般 | 较为满意 | 非常满意 |
|---|---|---|---|---|---|
| 安全设施设备 | 70(13.2%) | 69(12.9%) | 173(32.4%) | 131(24.5%) | 91(17.0%) |
| 警务人员工作 | 66(12.4%) | 76(14.2%) | 166(31.1%) | 130(24.3%) | 96(18.0%) |
| 安全知识宣传 | 61(11.4%) | 82(15.4%) | 172(32.2%) | 125(23.4%) | 94(17.6%) |

在城市社区基础生活设施满意度方面,市政公用设施中垃圾收集点满意度较高(3.322±1.248),公共厕所满意度较低(3.058±1.265);商业服务设施中超市服务较高(3.511±1.225),理发店服务满意度较低(3.339±1.228),如图5-7所示。超市服务、理发店服务、公共厕所服务和垃圾收集服务中"较为满意"和"非常满意"分别占比55.4%、47.0%、37.0%和47.8%,"非常不满意"的占比分别为9.0%、10.1%、14.5%和10.9%(见表5-5)。总体而言,社区居民对市政公用设施的满意度低于对商业服务设施满意度。

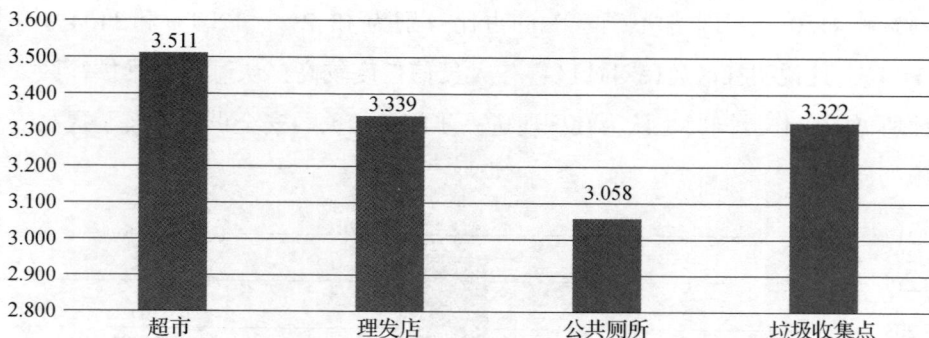

**图5-7　城市社区基础生活设施服务满意度具体分值**

**表5-5　城市社区基础生活设施服务满意度的具体分布情况**

|  | 非常不满意 | 较为不满意 | 一般 | 较为满意 | 非常满意 |
|---|---|---|---|---|---|
| 超市 | 48（9.0%） | 58（10.9%） | 132（24.7%） | 165（30.9%） | 131（24.5%） |
| 理发店 | 54（10.1%） | 71（13.3%） | 158（29.6%） | 142（26.6%） | 109（20.4%） |
| 公共厕所 | 77（14.5%） | 97（18.2%） | 162（30.3%） | 114（21.3%） | 84（15.7%） |
| 垃圾收集点 | 58（10.9%） | 75（14.0%） | 146（27.3%） | 147（27.6%） | 108（20.2%） |

　　在城市社区文体服务满意度方面，文体活动场所满意度最高（3.242 ± 1.269），其次为文体活动设施设备满意度（3.172 ± 1.248），文体活动种类满意度最低（3.060 ± 1.237），如图5-8所示。文体活动场所、文体活动设施设备和文体活动种类中"较为满意"和"非常满意"分别占比34.6%、40.4%和35.2%，"非常不满意"的占比分别为12.2%、12.5%和13.7%（见表5-6）。社区居民大多认为社区内具有充足的社区活动场所和开展活动所需的设施设备，然而在文体活动的丰富程度上依然有待提高。

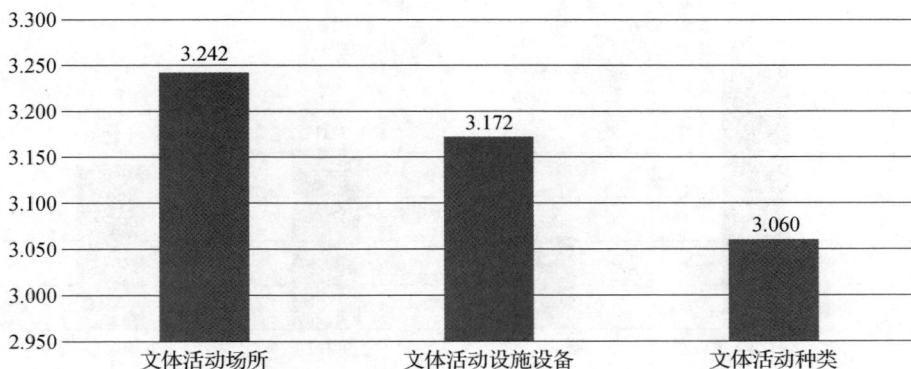

**图5-8　城市社区文体服务满意度具体分值**

**表5-6　城市社区文体服务满意度的具体分布情况**

|  | 非常不满意 | 较为不满意 | 一般 | 较为满意 | 非常满意 |
|---|---|---|---|---|---|
| 文体活动场所 | 65（12.2%） | 82（15.3%） | 149（27.9%） | 135（25.3%） | 103（19.3%） |
| 文体活动设施设备 | 67（12.5%） | 83（15.6%） | 168（31.5%） | 123（23.0%） | 93（17.4%） |
| 文体活动种类 | 73（13.7%） | 92（17.2%） | 181（33.9%） | 106（19.8%） | 82（15.4%） |

　　在城市社区居住环境满意度方面，绿化程度满意度最高（3.506±1.229），其次为照明设施满意度（3.311±1.241）和小摊贩管理满意度（3.275±1.262），噪声处理满意度最低（3.109±1.243），如图5-9所示。绿化程度、噪声处理、照明设施和小摊贩管理中"较为满意"和"非常满意"分别占比54.8%、40.8%、46.4%和45.1%，"非常不满意"的占比分别为9.6%、13.9%、10.3%和11.8%（见表5-7）。社区居民对社区居住环境的满意度整体较高，普遍对社区绿化程度和照明工作评价较高，然而却认为社区内存在一定的噪声污染，社区噪声处理工作有待进一步加强。

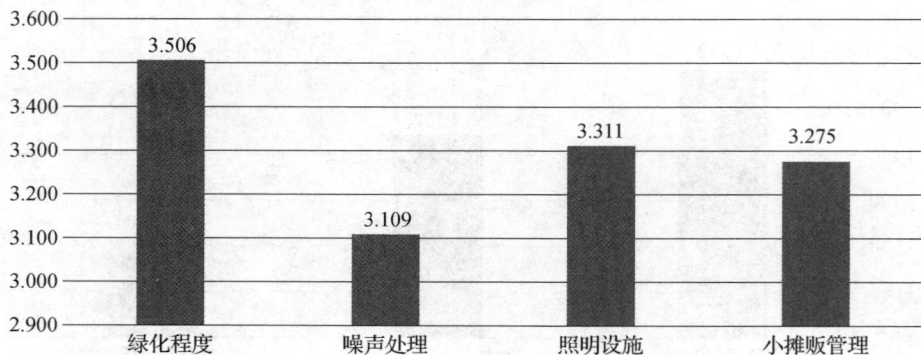

图5-9　城市社区居住环境满意度具体分值

表5-7　城市社区居住环境满意度的具体分布情况

|  | 非常不满意 | 较为不满意 | 一般 | 较为满意 | 非常满意 |
|---|---|---|---|---|---|
| 绿化程度 | 51（9.6%） | 52（9.7%） | 138（25.9%） | 162（30.3%） | 131（24.5%） |
| 噪声处理 | 74（13.9%） | 88（16.5%） | 154（28.8%） | 142（26.6%） | 76（14.2%） |
| 照明设施 | 55（10.3%） | 80（15.0%） | 151（28.3%） | 140（26.2%） | 108（20.2%） |
| 小摊贩管理 | 63（11.8%） | 75（14.1%） | 155（29.0%） | 134（25.1%） | 107（20.0%） |

在城市社区交通满意度方面，公共交通满意度最高（3.322±1.251），其次为道路建设及维护满意度（3.251±1.241），社区停车满意度最低（3.125±1.274），如图5-10所示。公共交通、道路建设及维护、社区停车三个题项中选择"较为满意"和"非常满意"的社区居民分别占比45.1%、47.7%和39.3%，选择"非常不满意"的占比分别为11.4%、10.9%和13.5%（见表5-8）。社区居民对居住社区的公共交通便利程度的评价较高，同时普遍认为社区内存在停车难的问题。

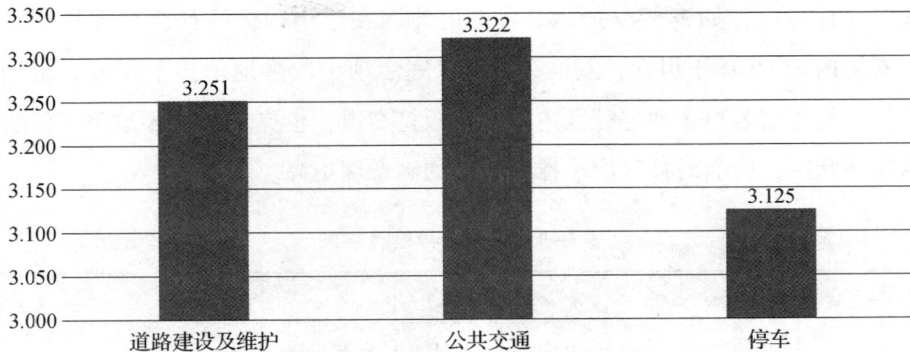

**图 5-10　城市社区交通状况满意度具体分值**

**表 5-8　城市社区交通状况满意度的具体分布情况**

|  | 非常不满意 | 较为不满意 | 一般 | 较为满意 | 非常满意 |
|---|---|---|---|---|---|
| 道路建设及维护 | 61（11.4%） | 81（15.2%） | 151（28.3%） | 145（27.1%） | 96（18.0%） |
| 公共交通 | 58（10.9%） | 76（14.2%） | 145（27.2%） | 146（27.3%） | 109（20.4%） |
| 停车 | 72（13.5%） | 93（17.4%） | 159（29.8%） | 116（21.7%） | 94（17.6%） |

## 5.2　差异检验

通过差异检验可以确定本研究所涉及的研究变量是否在人口统计学变量上存在显著性差异。因此，本研究选择人口统计变量中的性别、年龄、学历、职业、家庭人均年收入、社区类型、房屋性质和家庭人均住房面积进行差异检验，考察相关研究变量在人口统计学变量上的差异，同时排除可能的由人口统计变量引起的对主要变量间作用的干扰。

### 5.2.1　性别差异检验

在性别差异上，只有社区环境满意度中的小摊贩管理满意度存在性别差异（$p = 0.007$），女性（$3.397 \pm 1.214$）对社区小摊贩管理满意度显著高于男性

（3.097±1.311），如表5-9所示。可能的原因在于中国传统社会往往是"男主外、女主内"，相比于男性，女性在日常家庭活动中较多地承担了家庭日常起居的任务，往往需要更多地与社区内的小摊贩打交道，也更了解社区治理主体管理小摊贩的状况，因而对社区内小摊贩管理的满意度更高。

表5-9 性别差异检验结果

| | 男 | | 女 | | $t$ | $p$ |
|---|---|---|---|---|---|---|
| | M | SD | M | SD | | |
| 1 社区公共服务满意度 | 3.174 | 1.015 | 3.261 | 0.944 | −1.008 | 0.314 |
| 1.1 社区教育——幼儿园 | 3.221 | 1.349 | 3.319 | 1.226 | −0.907 | 0.365 |
| 1.2 社区教育——小学 | 3.295 | 1.253 | 3.410 | 1.215 | −1.062 | 0.289 |
| 1.3 社区教育——中学 | 3.240 | 1.283 | 3.432 | 1.219 | −1.755 | 0.080 |
| 1.4 社区教育——培训机构 | 3.041 | 1.299 | 3.123 | 1.243 | −0.731 | 0.465 |
| 1.5 社区基本社会保障——医疗服务 | 3.258 | 1.243 | 3.202 | 1.231 | 0.516 | 0.606 |
| 1.6 社区基本社会保障——养老服务 | 3.212 | 1.221 | 3.095 | 1.231 | 1.085 | 0.278 |
| 1.7 社区基本社会保障——困难家庭救助服务 | 3.078 | 1.276 | 3.006 | 1.220 | 0.658 | 0.511 |
| 1.8 社区基本社会保障——就业服务 | 2.991 | 1.269 | 2.889 | 1.223 | 0.838 | 0.402 |
| 1.9 社区安全——安全设施设备 | 3.161 | 1.311 | 3.218 | 1.196 | −0.514 | 0.607 |
| 1.10 社区安全——警务人员工作 | 3.230 | 1.334 | 3.202 | 1.187 | 0.259 | 0.796 |
| 1.11 社区安全——安全知识宣传 | 3.240 | 1.319 | 3.180 | 1.165 | 0.552 | 0.581 |
| 1.12 社区基础生活设施——超市 | 3.461 | 1.265 | 3.546 | 1.197 | −0.787 | 0.432 |

| | 男 | | 女 | | $t$ | $p$ |
|---|---|---|---|---|---|---|
| | M | SD | M | SD | | |
| 1.13 社区基础生活设施——理发店 | 3.267 | 1.259 | 3.388 | 1.206 | −1.116 | 0.265 |
| 1.14 社区基础生活设施——公共厕所 | 2.963 | 1.276 | 3.123 | 1.256 | −1.436 | 0.152 |
| 1.15 社区基础生活设施——垃圾收集点 | 3.207 | 1.287 | 3.401 | 1.217 | −1.761 | 0.079 |
| 1.16 社区文体服务——文体活动场所 | 3.184 | 1.310 | 3.281 | 1.240 | −0.862 | 0.389 |
| 1.17 社区文体服务——文体设施设备 | 3.111 | 1.311 | 3.215 | 1.203 | −0.945 | 0.345 |
| 1.18 社区文体服务——文体活动种类 | 2.972 | 1.273 | 3.120 | 1.211 | −1.354 | 0.176 |
| 1.19 社区居住环境——绿化程度 | 3.382 | 1.253 | 3.590 | 1.207 | −1.920 | 0.055 |
| 1.20 社区居住环境——噪声处理 | 3.074 | 1.249 | 3.132 | 1.241 | −0.536 | 0.592 |
| 1.21 社区居住环境——照明设施 | 3.203 | 1.286 | 3.385 | 1.205 | −1.669 | 0.096 |
| 1.22 社区居住环境——小摊贩管理 | 3.097 | 1.311 | 3.397 | 1.214 | −2.721 | **0.007** |
| 1.23 社区交通——道路建设及维护 | 3.171 | 1.328 | 3.306 | 1.176 | −1.240 | 0.215 |
| 1.24 社区交通——公共交通 | 3.244 | 1.291 | 3.375 | 1.233 | −1.190 | 0.235 |
| 1.25 社区交通——停车 | 3.055 | 1.304 | 3.174 | 1.252 | −1.053 | 0.293 |
| 2 幸福感 | 3.089 | 1.018 | 3.176 | 0.911 | −1.011 | 0.313 |
| 3 社会支持 | 2.822 | 1.178 | 3.006 | 1.119 | −1.832 | 0.068 |
| 4 社区归属感 | 3.013 | 1.111 | 3.081 | 1.042 | −0.720 | 0.472 |
| 5 公共服务动机 | 3.516 | 1.049 | 3.682 | 0.889 | −1.910 | 0.057 |
| 6 社区政治效能感 | 3.078 | 1.067 | 3.028 | 0.988 | 0.561 | 0.575 |

城市社区公共服务满意度各维度中，除社区基本社会保障满意度和社区安全满意度呈现出女性低于男性的趋势外，其余各具体维度男性的满意度均低于女性。而在社区公共服务满意度、幸福感、社会支持、社区归属感、公共服务动机和社区政治效能感等主要研究变量中，只有社区政治效能感呈现女性低于男性的趋势，其余各变量在性别维度均呈现女性高于男性的特点（见图5-11、图5-12）。

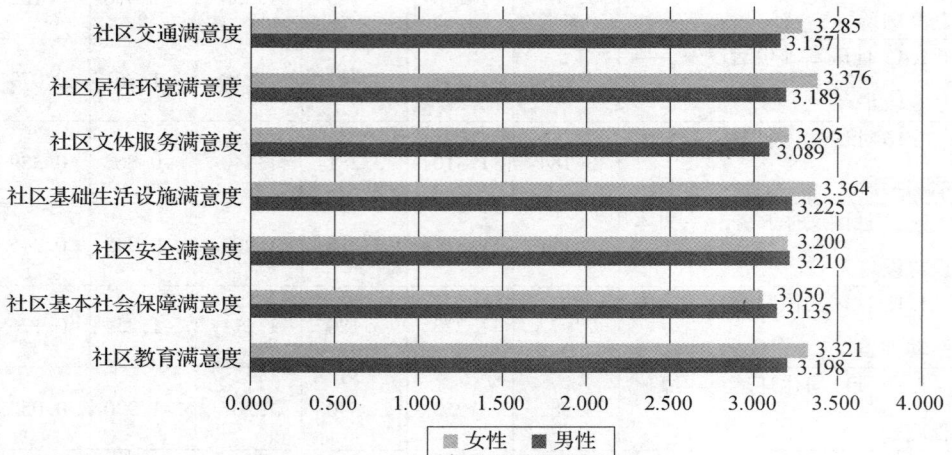

图 5-11 城市社区公共服务满意度各维度性别差异

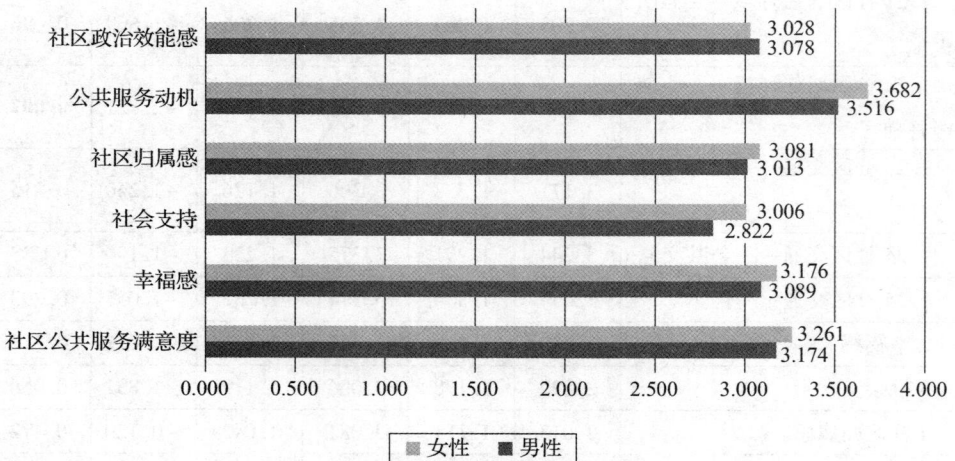

| 维度 | 女性 | 男性 |
|---|---|---|
| 社区交通满意度 | 3.285 | 3.157 |
| 社区居住环境满意度 | 3.376 | 3.189 |
| 社区文体服务满意度 | 3.205 | 3.089 |
| 社区基础生活设施满意度 | 3.364 | 3.225 |
| 社区安全满意度 | 3.200 | 3.210 |
| 社区基本社会保障满意度 | 3.050 | 3.135 |
| 社区教育满意度 | 3.321 | 3.198 |

**图 5-11　城市社区公共服务满意度各维度性别差异**

图 5-12 各主要研究变量性别差异

| 变量 | 女性 | 男性 |
|---|---|---|
| 社区政治效能感 | 3.028 | 3.078 |
| 公共服务动机 | 3.682 | 3.516 |
| 社区归属感 | 3.081 | 3.013 |
| 社会支持 | 3.006 | 2.822 |
| 幸福感 | 3.176 | 3.089 |
| 社区公共服务满意度 | 3.261 | 3.174 |

**图 5-12　各主要研究变量性别差异**

## 5.2.2　年龄差异检验

在年龄方面，只有社区交通满意度中的公共交通满意度存在差异（$p = 0.039$），其他显变量或潜变量均不存在统计学显著性差异，如表 5-10 所示。51 岁及以上社区居民对公共交通的满意度最高（3.700 ± 1.174），其次为 31~40 岁的群体（3.448 ± 1.334）和 30 岁及以下的群体（3.340 ± 1.155），41~50 岁群体对公共交通的满意度最低（3.022 ± 1.422）。可能的原因在于，老年人往往拥有更多的闲暇时光，出行时间安排比较随意，并不需要一定在早高峰或晚高峰时间段出行，同时可以享受更多的公共交通乘车福利，对城市公共交通的满意度较高。

表 5-10　年龄差异检验结果

| | 30 岁及以下 | | 31~40 岁 | | 41~50 岁 | | 51 岁及以上 | | $F$ | $p$ |
|---|---|---|---|---|---|---|---|---|---|---|
| | M | SD | M | SD | M | SD | M | SD | | |
| 1 社区公共服务满意度 | 3.218 | 0.924 | 3.266 | 0.975 | 3.154 | 1.136 | 3.436 | 0.942 | 0.547 | 0.650 |
| 1.1 社区教育——幼儿园 | 3.261 | 1.244 | 3.345 | 1.188 | 3.228 | 1.513 | 3.350 | 1.461 | 0.190 | 0.903 |
| 1.2 社区教育——小学 | 3.353 | 1.190 | 3.388 | 1.178 | 3.272 | 1.438 | 3.800 | 1.105 | 1.032 | 0.378 |
| 1.3 社区教育——中学 | 3.405 | 1.198 | 3.224 | 1.216 | 3.293 | 1.456 | 3.600 | 1.142 | 0.921 | 0.430 |
| 1.4 社区教育——培训机构 | 3.069 | 1.170 | 2.991 | 1.322 | 3.196 | 1.469 | 3.500 | 1.318 | 1.178 | 0.317 |
| 1.5 社区基本社会保障——医疗服务 | 3.271 | 1.177 | 3.129 | 1.241 | 3.130 | 1.408 | 3.500 | 1.235 | 0.885 | 0.449 |
| 1.6 社区基本社会保障——养老服务 | 3.147 | 1.168 | 3.069 | 1.228 | 3.185 | 1.406 | 3.300 | 1.301 | 0.285 | 0.836 |

| | 30 岁及以下 | | 31~40 岁 | | 41~50 岁 | | 51 岁及以上 | | $F$ | $p$ |
|---|---|---|---|---|---|---|---|---|---|---|
| | M | SD | M | SD | M | SD | M | SD | | |
| 1.7 社区基本社会保障——困难家庭救助服务 | 3.020 | 1.201 | 3.000 | 1.292 | 3.054 | 1.345 | 3.400 | 1.095 | 0.628 | 0.597 |
| 1.8 社区基本社会保障——就业服务 | 2.925 | 1.178 | 2.845 | 1.262 | 3.000 | 1.422 | 3.350 | 1.182 | 1.039 | 0.375 |
| 1.9 社区安全——安全设施设备 | 3.173 | 1.176 | 3.267 | 1.315 | 3.152 | 1.350 | 3.300 | 1.380 | 0.245 | 0.865 |
| 1.10 社区安全——警务人员工作 | 3.199 | 1.189 | 3.233 | 1.181 | 3.174 | 1.403 | 3.500 | 1.235 | 0.403 | 0.751 |
| 1.11 社区安全——安全知识宣传 | 3.176 | 1.204 | 3.181 | 1.241 | 3.272 | 1.293 | 3.450 | 1.276 | 0.424 | 0.736 |
| 1.12 社区基础生活设施——超市 | 3.520 | 1.168 | 3.552 | 1.211 | 3.380 | 1.421 | 3.750 | 1.209 | 0.649 | 0.584 |
| 1.13 社区基础生活设施——理发店 | 3.356 | 1.174 | 3.405 | 1.237 | 3.196 | 1.353 | 3.350 | 1.424 | 0.549 | 0.649 |
| 1.14 社区基础生活设施——公共厕所 | 3.059 | 1.175 | 3.103 | 1.308 | 2.989 | 1.479 | 3.100 | 1.373 | 0.147 | 0.931 |
| 1.15 社区基础生活设施——垃圾收集点 | 3.284 | 1.228 | 3.397 | 1.201 | 3.304 | 1.365 | 3.550 | 1.317 | 0.458 | 0.712 |
| 1.16 社区文体服务——文体活动场所 | 3.176 | 1.231 | 3.379 | 1.242 | 3.217 | 1.413 | 3.550 | 1.276 | 1.130 | 0.336 |
| 1.17 社区文体服务——文体设施设备 | 3.141 | 1.191 | 3.319 | 1.234 | 3.054 | 1.409 | 3.350 | 1.387 | 1.009 | 0.388 |

续表

| | 30 岁及以下 | | 31~40 岁 | | 41~50 岁 | | 51 岁及以上 | | F | p |
|---|---|---|---|---|---|---|---|---|---|---|
| | M | SD | M | SD | M | SD | M | SD | | |
| 1.18 社区文体服务——文体活动种类 | 3.007 | 1.162 | 3.198 | 1.287 | 3.043 | 1.382 | 3.150 | 1.387 | 0.713 | 0.545 |
| 1.19 社区居住环境——绿化程度 | 3.513 | 1.185 | 3.638 | 1.226 | 3.293 | 1.379 | 3.600 | 1.142 | 1.407 | 0.240 |
| 1.20 社区居住环境——噪声处理 | 3.101 | 1.190 | 3.121 | 1.300 | 3.130 | 1.385 | 3.050 | 1.099 | 0.031 | 0.993 |
| 1.21 社区居住环境——照明设施 | 3.333 | 1.190 | 3.431 | 1.246 | 3.033 | 1.378 | 3.550 | 1.191 | 2.201 | 0.087 |
| 1.22 社区居住环境——小摊贩管理 | 3.281 | 1.212 | 3.422 | 1.300 | 3.109 | 1.362 | 3.100 | 1.294 | 1.192 | 0.312 |
| 1.23 社区交通——道路建设及维护 | 3.222 | 1.208 | 3.422 | 1.151 | 3.054 | 1.463 | 3.600 | 0.995 | 2.104 | 0.099 |
| 1.24 社区交通——公共交通 | 3.340 | 1.155 | 3.448 | 1.334 | 3.022 | 1.422 | 3.700 | 1.174 | 2.817 | **0.039** |
| 1.25 社区交通——停车 | 3.121 | 1.202 | 3.129 | 1.309 | 3.065 | 1.474 | 3.450 | 1.191 | 0.502 | 0.681 |
| 2 幸福感 | 3.147 | 0.913 | 3.093 | 0.905 | 3.134 | 1.121 | 3.367 | 1.095 | 0.471 | 0.703 |
| 3 社会支持 | 2.956 | 1.100 | 2.899 | 1.157 | 2.862 | 1.261 | 3.050 | 1.281 | 0.261 | 0.854 |
| 4 社区归属感 | 3.017 | 1.037 | 3.041 | 1.028 | 3.139 | 1.234 | 3.280 | 1.025 | 0.618 | 0.604 |
| 5 公共服务动机 | 3.624 | 0.910 | 3.664 | 0.918 | 3.519 | 1.160 | 3.613 | 0.996 | 0.414 | 0.743 |
| 6 社区政治效能感 | 3.023 | 1.008 | 3.078 | 0.934 | 3.056 | 1.175 | 3.233 | 0.963 | 0.315 | 0.815 |

　　城市社区公共服务满意度各维度中，除社区居住环境满意度呈现出 31~40 岁群体得分最高的特点外，其余各维度满意度，包括社区交通满意度、社区文体服务满意度、社区基础生活设施满意度、社区安全满意度、社区基本社会保障满意度和社区教育满意度均呈现出年长者得分较高的特点。在社区公共服务满意度、幸福感、社会支持、社区归属感、公共服务动机和社区政治效能感等主要研究变量中，除公共服务动机呈现出 31~40 岁群体得分最高的特点外，其余各变量也均呈现出年长者得分较高的特点。30 岁及以下群体的社区归属感和社区政治效能感得分最低，社区归属感呈现出随年龄的增长而不断提升的趋势（见图 5-13、图 5-14）。

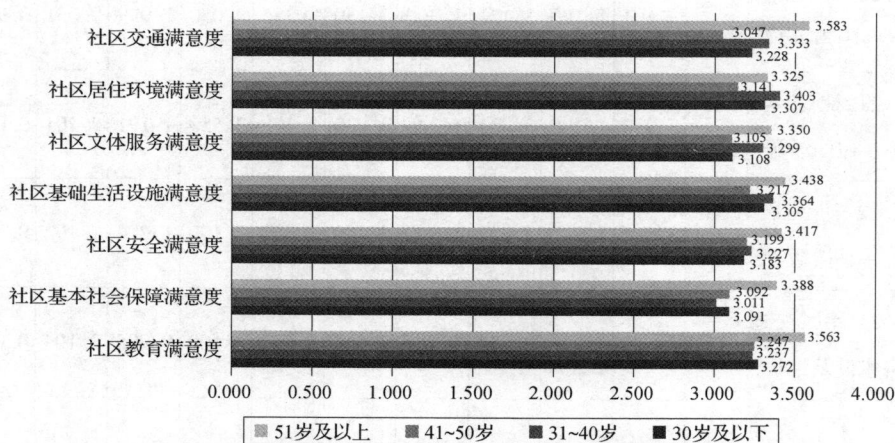

**图 5-13　城市社区公共服务满意度各维度年龄差异**

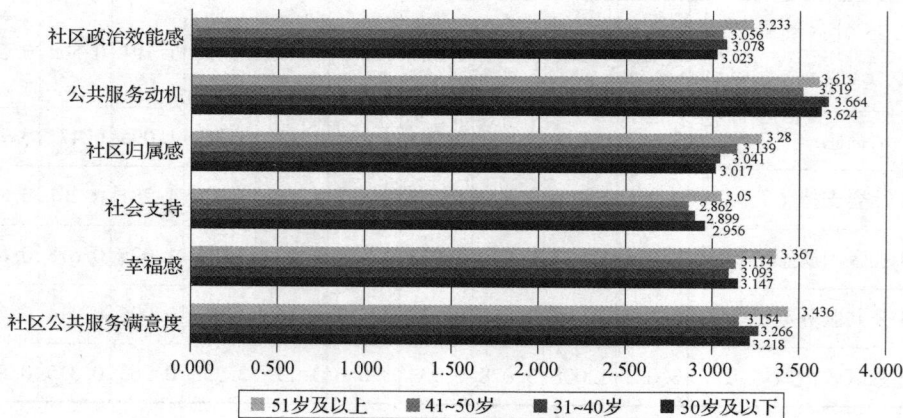

**图 5-14　各主要研究变量年龄差异**

## 5.2.3　学历差异检验

在学历方面，社区教育满意度中的社区幼儿园满意度（$p = 0.001$）和社区培训机构满意度（$p = 0.008$）存在显著差异，社区基本社会保障服务满意度中的医疗服务满意度（$p = 0.020$）、养老服务满意度（$p = 0.025$）和困难家庭救助服务满意度（$p = 0.028$）存在显著差异，社区安全满意度中的安全知识宣传满意度（$p = 0.028$）存在显著差异，社区居住环境满意度中的绿化程度满意度（$p = 0.030$）和社区交通满意度中的公共交通满意度（$p = 0.022$）存在显著差异，如表 5-11、图 5-15 所示。社区幼儿园满意度、社区培训机构满意度、社区医疗服务满意度、社区养老服务满意度、社区困难家庭救助服务满意度和社区安全知识宣传满意度都呈现出具有高中学历的社区居民满意度最高，而初中及以下学历的居民满意度最低的特征。较高的学历往往伴随着更为独立的思维，因而更倾向于对社区公共服务持批判态度。而初中及以下学历的社区居民往往由于自身能力或收入的限制，在享受社区公共服务的时候往往容易受到各种限制，对社区公共服务的满意度最低。社区绿化程度满意度和社区公共交通满意度都呈现出随学历的提升而不断上升的趋势，较高的学历往往也伴随着较高的收入，往往会选择入住环境较好以及较为便利的社区，因而社区绿化满意度和社区公共交通满意度较高。

表 5-11　学历差异检验结果

| | 初中及以下 | | 高中（包括职高） | | 本科（包括本科及大专） | | 硕士及以上 | | $F$ | $p$ |
|---|---|---|---|---|---|---|---|---|---|---|
| | M | SD | M | SD | M | SD | M | SD | | |
| 1 社区公共服务满意度 | 3.011 | 1.019 | 3.385 | 1.065 | 3.225 | 0.990 | 3.196 | 0.816 | 1.734 | 0.159 |
| 1.1 社区教育——幼儿园 | 2.735 | 1.470 | 3.570 | 1.272 | 3.346 | 1.256 | 3.129 | 1.154 | 5.732 | **0.001** |

续表

| | 初中及以下 | | 高中<br>（包括职高） | | 本科（包括<br>本科及大专） | | 硕士及以上 | | *F* | *p* |
|---|---|---|---|---|---|---|---|---|---|---|
| | M | SD | M | SD | M | SD | M | SD | | |
| 1.2 社区教育——<br>小学 | 3.170 | 1.411 | 3.570 | 1.219 | 3.412 | 1.190 | 3.172 | 1.225 | 2.399 | 0.067 |
| 1.3 社区教育——<br>中学 | 3.208 | 1.350 | 3.484 | 1.299 | 3.434 | 1.219 | 3.129 | 1.205 | 2.218 | 0.085 |
| 1.4 社区教育——<br>培训机构 | 3.075 | 1.342 | 3.323 | 1.361 | 3.154 | 1.229 | 2.759 | 1.284 | 4.002 | **0.008** |
| 1.5 社区基本社会<br>保障——医疗服务 | 2.811 | 1.345 | 3.452 | 1.281 | 3.261 | 1.216 | 3.147 | 1.152 | 3.301 | **0.020** |
| 1.6 社区基本社会<br>保障——养老服务 | 2.830 | 1.383 | 3.441 | 1.246 | 3.129 | 1.222 | 3.078 | 1.112 | 3.132 | **0.025** |
| 1.7 社区基本社会<br>保障——困难家庭救<br>助服务 | 2.887 | 1.382 | 3.301 | 1.223 | 3.070 | 1.247 | 2.810 | 1.141 | 3.045 | **0.028** |
| 1.8 社区基本社会<br>保障——就业服务 | 2.849 | 1.406 | 3.161 | 1.313 | 2.971 | 1.218 | 2.716 | 1.133 | 2.416 | 0.066 |
| 1.9 社区安全——<br>安全设施设备 | 2.981 | 1.395 | 3.290 | 1.332 | 3.180 | 1.235 | 3.250 | 1.086 | 0.793 | 0.498 |
| 1.10 社区安全——<br>警务人员工作 | 2.868 | 1.345 | 3.452 | 1.323 | 3.180 | 1.227 | 3.259 | 1.168 | 2.624 | 0.051 |
| 1.11 社区安全——<br>安全知识宣传 | 3.057 | 1.292 | 3.548 | 1.238 | 3.140 | 1.234 | 3.147 | 1.144 | 3.057 | **0.028** |
| 1.12 社区基础生活<br>设施——超市 | 3.340 | 1.315 | 3.688 | 1.225 | 3.456 | 1.238 | 3.578 | 1.143 | 1.295 | 0.275 |

| | 初中及以下 | | 高中<br>（包括职高） | | 本科（包括<br>本科及大专） | | 硕士及以上 | | *F* | *p* |
|---|---|---|---|---|---|---|---|---|---|---|
| | M | SD | M | SD | M | SD | M | SD | | |
| 1.13 社区基础生活设施——理发店 | 3.132 | 1.287 | 3.570 | 1.280 | 3.316 | 1.231 | 3.302 | 1.136 | 1.671 | 1.172 |
| 1.14 社区基础生活设施——公共厕所 | 3.038 | 1.330 | 3.290 | 1.395 | 3.004 | 1.237 | 3.009 | 1.183 | 1.278 | 0.281 |
| 1.15 社区基础生活设施——垃圾收集点 | 3.170 | 1.297 | 3.462 | 1.348 | 3.276 | 1.251 | 3.388 | 1.133 | 0.886 | 0.448 |
| 1.16 社区文体服务——文体活动场所 | 3.208 | 1.392 | 3.398 | 1.320 | 3.184 | 1.261 | 3.267 | 1.190 | 0.686 | 0.561 |
| 1.17 社区文体服务——文体设施设备 | 3.000 | 1.345 | 3.344 | 1.371 | 3.132 | 1.238 | 3.207 | 1.115 | 1.047 | 0.371 |
| 1.18 社区文体服务——文体活动种类 | 2.943 | 1.307 | 3.194 | 1.369 | 3.081 | 1.230 | 2.957 | 1.106 | 0.811 | 0.488 |
| 1.19 社区居住环境——绿化程度 | 3.151 | 1.277 | 3.376 | 1.318 | 3.529 | 1.236 | 3.716 | 1.078 | 3.008 | **0.030** |
| 1.20 社区居住环境——噪声处理 | 3.019 | 1.293 | 3.151 | 1.327 | 3.114 | 1.244 | 3.103 | 1.160 | 0.129 | 0.943 |
| 1.21 社区居住环境——照明设施 | 3.189 | 1.302 | 3.280 | 1.338 | 3.316 | 1.234 | 3.379 | 1.155 | 0.309 | 0.819 |
| 1.22 社区居住环境——小摊贩管理 | 2.925 | 1.357 | 3.312 | 1.302 | 3.276 | 1.251 | 3.405 | 1.194 | 1.809 | 0.144 |
| 1.23 社区交通——道路建设及维护 | 2.962 | 1.358 | 3.323 | 1.312 | 3.228 | 1.248 | 3.379 | 1.093 | 1.509 | 0.211 |
| 1.24 社区交通——公共交通 | 2.849 | 1.392 | 3.333 | 1.322 | 3.342 | 1.238 | 3.483 | 1.115 | 3.277 | **0.022** |

| | 初中及以下 | | 高中<br>（包括职高） | | 本科（包括<br>本科及大专） | | 硕士及以上 | | F | p |
|---|---|---|---|---|---|---|---|---|---|---|
| | M | SD | M | SD | M | SD | M | SD | | |
| 1.25 社区交通——停车 | 2.868 | 1.287 | 3.312 | 1.376 | 3.107 | 1.260 | 3.138 | 1.215 | 1.413 | 0.238 |
| 2 幸福感 | 2.898 | 1.026 | 3.183 | 1.112 | 3.138 | 0.950 | 3.226 | 0.778 | 1.516 | 0.209 |
| 3 社会支持 | 2.723 | 1.178 | 3.014 | 1.217 | 2.961 | 1.161 | 2.891 | 1.032 | 0.853 | 0.465 |
| 4 社区归属感 | 3.030 | 1.048 | 3.148 | 1.160 | 3.093 | 1.095 | 2.893 | 0.932 | 1.249 | 0.291 |
| 5 公共服务动机 | 3.342 | 1.137 | 3.552 | 1.088 | 3.635 | 0.966 | 3.739 | 0.701 | 2.261 | 0.080 |
| 6 社区政治效能感 | 2.984 | 1.016 | 3.181 | 1.094 | 3.037 | 1.048 | 2.999 | 0.892 | 0.696 | 0.555 |

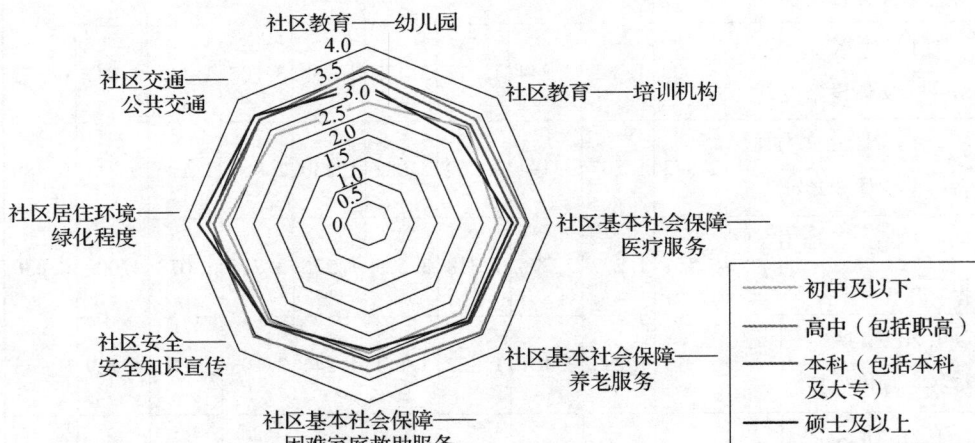

**图 5-15　学历差异检验雷达图**

城市社区公共服务满意度各维度中，在学历维度上均表现出初中及以下学历群体的满意度最低的特点，低学历群体普遍对社区公共服务的满意度不高。高中（包括职高）学历群体的社区文体服务满意度、社区基础生活设施满意度、社区安全满意度、社区基本社会保障满意度和社区教育满意度得分最高。在社区公共服务满意度、幸福感、社会支持、社区归属感、公共服务动机和社区政治效能感等主要研究变量中，除社区归属感之外，其余各变量也均表现出初中及以下学历群体的得分最低的特点。其中，公共服务动机呈现出随学历的提升而不断提高的趋势。高中（包括职高）学历群体在社区政治效能感、社区归属感、社会支持和社区公共服务满意度方面均得分最高（见图 5-16、图 5-17）。

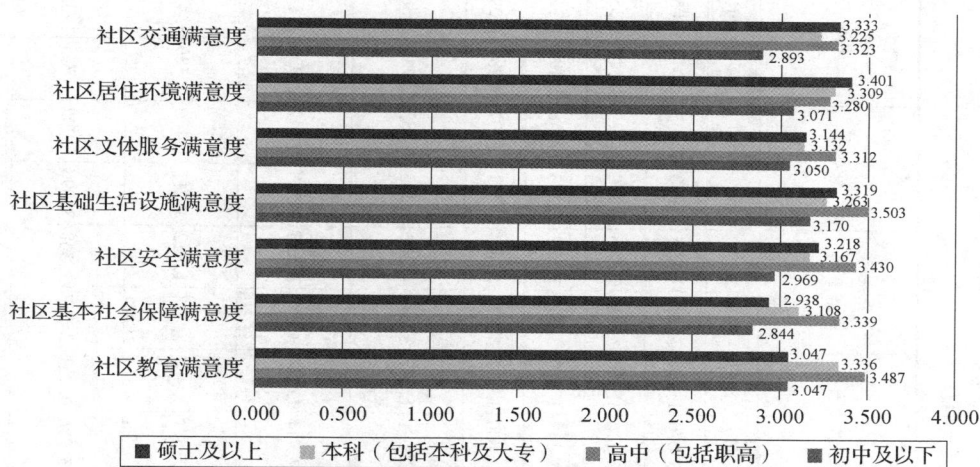

**图 5-16　城市社区公共服务满意度各维度学历差异**

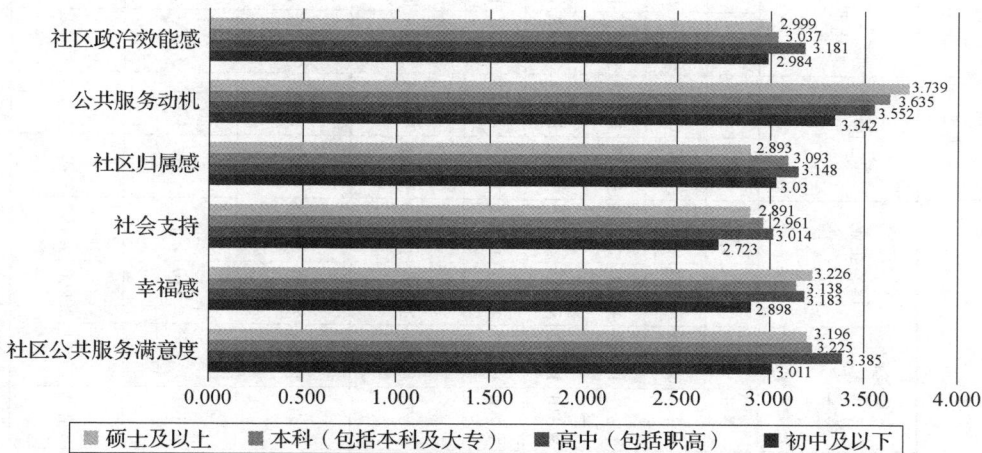

**图 5-17　各主要研究变量学历差异**

## 5.2.4　职业差异检验

在职业方面，社区公共服务满意度、居民幸福感、社会支持、社区归属感、公共服务动机和社区政治效能感均不存在统计学显著性差异，如表 5-12 所示。

表5-12 职业差异检验结果

| | 各级党政机关、事业单位工作人员 | | 国有企业工作人员 | | 非公有制企业工作人员 | | 自由职业者 | | 离退休人员 | | 家庭主妇 | | 学生 | | 其他 | | F | p |
|---|---|---|---|---|---|---|---|---|---|---|---|---|---|---|---|---|---|---|
| | M | SD | M | SD | M | SD | M | SD | M | SD | M | SD | M | SD | M | SD | | |
| 1 社区公共服务满意度 | 3.274 | 0.895 | 3.220 | 0.949 | 3.280 | 0.966 | 3.283 | 1.003 | 3.080 | 1.162 | 3.195 | 1.075 | 3.233 | 0.972 | 3.040 | 1.054 | 0.413 | 0.895 |
| 1.1社区教育——幼儿园 | 3.352 | 1.288 | 3.200 | 1.230 | 3.417 | 1.328 | 3.328 | 1.326 | 2.714 | 1.496 | 3.136 | 1.246 | 3.280 | 1.224 | 3.140 | 1.355 | 0.554 | 0.793 |
| 1.2社区教育——小学 | 3.310 | 1.272 | 3.293 | 1.171 | 3.452 | 1.284 | 3.443 | 1.311 | 3.143 | 1.069 | 3.545 | 1.262 | 3.389 | 1.158 | 3.193 | 1.329 | 0.416 | 0.893 |
| 1.3社区教育——中学 | 3.296 | 1.247 | 3.253 | 1.164 | 3.345 | 1.285 | 3.410 | 1.321 | 3.000 | 1.732 | 3.227 | 1.307 | 3.471 | 1.207 | 3.281 | 1.292 | 0.446 | 0.873 |
| 1.4 社区教育——培训机构 | 2.873 | 1.241 | 3.013 | 1.257 | 3.226 | 1.293 | 3.148 | 1.340 | 3.571 | 1.272 | 3.182 | 1.402 | 3.153 | 1.183 | 2.930 | 1.361 | 0.839 | 0.555 |
| 1.5 社区基本社会保障——医疗服务 | 3.113 | 1.248 | 3.333 | 1.107 | 3.488 | 1.256 | 3.180 | 1.348 | 2.714 | 1.254 | 3.273 | 1.316 | 3.223 | 1.147 | 2.930 | 1.387 | 1.370 | 0.216 |
| 1.6 社区基本社会保障——养老服务 | 3.141 | 1.162 | 3.120 | 1.115 | 3.345 | 1.237 | 3.230 | 1.296 | 2.571 | 1.397 | 2.773 | 1.412 | 3.217 | 1.140 | 2.789 | 1.436 | 1.645 | 0.120 |
| 1.7 社区基本社会保障——困难家庭救助服务 | 3.085 | 1.251 | 3.000 | 1.197 | 3.071 | 1.278 | 3.131 | 1.258 | 3.286 | 0.951 | 2.818 | 1.368 | 3.096 | 1.202 | 2.754 | 1.327 | 0.690 | 0.681 |

续表

| | 各级党政机关、事业单位人员 | | 国有企业工作人员 | | 非公有制企业工作人员 | | 自由职业者 | | 离退休人员 | | 家庭主妇 | | 学生 | | 其他 | | $F$ | $p$ |
|---|---|---|---|---|---|---|---|---|---|---|---|---|---|---|---|---|---|---|
| | M | SD | M | SD | M | SD | M | SD | M | SD | M | SD | M | SD | M | SD | | |
| 1.8 社区基本社会保障——就业服务 | 3.028 | 1.230 | 2.920 | 1.136 | 3.071 | 1.259 | 3.016 | 1.348 | 3.429 | 1.272 | 2.909 | 1.411 | 2.898 | 1.161 | 2.614 | 1.386 | 0.964 | 0.457 |
| 1.9 社区安全——安全设施设备 | 3.479 | 1.054 | 3.200 | 1.241 | 3.226 | 1.236 | 3.295 | 1.370 | 3.000 | 1.528 | 2.955 | 1.397 | 3.172 | 1.205 | 2.860 | 1.315 | 1.341 | 0.228 |
| 1.10 社区安全——警务人员工作 | 3.521 | 1.169 | 3.280 | 1.300 | 3.333 | 1.186 | 3.164 | 1.368 | 2.857 | 1.345 | 3.136 | 1.356 | 3.121 | 1.189 | 2.947 | 1.301 | 1.365 | 0.218 |
| 1.11 社区安全——安全知识宣传 | 3.352 | 1.084 | 3.347 | 1.121 | 3.262 | 1.183 | 3.459 | 1.311 | 2.571 | 1.134 | 3.182 | 1.435 | 3.083 | 1.235 | 2.895 | 1.359 | 1.710 | 0.104 |
| 1.12 社区基础生活设施——超市 | 3.521 | 1.132 | 3.533 | 1.277 | 3.583 | 1.224 | 3.721 | 1.171 | 3.429 | 1.618 | 3.500 | 1.300 | 3.439 | 1.189 | 3.351 | 1.369 | 0.520 | 0.819 |
| 1.13 社区基础生活设施——理发店 | 3.296 | 1.235 | 3.267 | 1.223 | 3.381 | 1.181 | 3.705 | 1.283 | 3.000 | 1.633 | 3.273 | 1.279 | 3.325 | 1.156 | 3.140 | 1.342 | 1.141 | 0.336 |

续表

| | 各级党政机关、事业单位工作人员 | | 国有企业工作人员 | | 非公有制企业工作人员 | | 自由职业者 | | 离退休人员 | | 家庭主妇 | | 学生 | | 其他 | | F | p |
|---|---|---|---|---|---|---|---|---|---|---|---|---|---|---|---|---|---|---|
| | M | SD | M | SD | M | SD | M | SD | M | SD | M | SD | M | SD | M | SD | | |
| 1.14 社区基础生活设施——公共厕所 | 3.028 | 1.219 | 2.920 | 1.271 | 3.119 | 1.226 | 3.361 | 1.367 | 3.143 | 1.676 | 3.136 | 1.424 | 3.070 | 1.199 | 2.789 | 1.319 | 1.046 | 0.398 |
| 1.15 社区基础生活设施——垃圾收集点 | 3.380 | 1.100 | 3.240 | 1.334 | 3.381 | 1.231 | 3.475 | 1.286 | 3.143 | 1.676 | 3.227 | 1.378 | 3.261 | 1.226 | 3.333 | 1.300 | 0.316 | 0.947 |
| 1.16 社区文体服务——文体活动场所 | 3.211 | 1.170 | 3.253 | 1.274 | 3.298 | 1.210 | 3.492 | 1.324 | 3.286 | 1.496 | 3.318 | 1.249 | 3.178 | 1.298 | 3.053 | 1.329 | 0.615 | 0.744 |
| 1.17 社区文体服务——文体设施设备 | 3.225 | 1.111 | 3.253 | 1.285 | 3.214 | 1.193 | 3.180 | 1.408 | 3.286 | 1.496 | 3.182 | 1.097 | 3.140 | 1.243 | 3.000 | 1.350 | 0.253 | 0.971 |
| 1.18 社区文体服务——文体活动种类 | 3.141 | 1.099 | 3.093 | 1.286 | 3.119 | 1.226 | 3.098 | 1.350 | 3.143 | 1.345 | 2.864 | 1.246 | 3.045 | 1.200 | 2.895 | 1.359 | 0.316 | 0.947 |
| 1.19 社区居住环境——绿化程度 | 3.648 | 1.070 | 3.600 | 1.325 | 3.417 | 1.234 | 3.328 | 1.221 | 3.571 | 1.397 | 3.409 | 1.260 | 3.567 | 1.231 | 3.386 | 1.278 | 0.596 | 0.759 |
| 1.20 社区居住环境——噪声处理 | 3.113 | 1.115 | 3.067 | 1.308 | 3.190 | 1.227 | 3.049 | 1.257 | 3.286 | 1.496 | 3.045 | 1.463 | 3.140 | 1.217 | 3.018 | 1.329 | 0.169 | 0.991 |

续表

| | 各级党政机关、事业单位工作人员 | | 国有企业工作人员 | | 非公有制企业工作人员 | | 自由职业者 | | 离退休人员 | | 家庭主妇 | | 学生 | | 其他 | | F | p |
|---|---|---|---|---|---|---|---|---|---|---|---|---|---|---|---|---|---|---|
| | M | SD | M | SD | M | SD | M | SD | M | SD | M | SD | M | SD | M | SD | | |
| 1.21 社区居住环境——照明设施 | 3.380 | 0.947 | 3.107 | 1.279 | 3.321 | 1.214 | 3.230 | 1.383 | 3.000 | 1.414 | 3.409 | 1.297 | 3.395 | 1.275 | 3.333 | 1.286 | 0.545 | 0.800 |
| 1.22 社区居住环境——小摊贩管理 | 3.479 | 1.067 | 3.253 | 1.376 | 3.238 | 1.276 | 3.049 | 1.347 | 2.429 | 1.397 | 3.455 | 1.335 | 3.299 | 1.190 | 3.316 | 1.352 | 1.089 | 0.369 |
| 1.23 社区交通——道路建设及维护 | 3.380 | 1.047 | 3.320 | 1.307 | 3.083 | 1.214 | 3.262 | 1.315 | 3.143 | 1.574 | 3.409 | 1.221 | 3.312 | 1.203 | 3.018 | 1.408 | 0.762 | 0.619 |
| 1.24 社区交通——公共交通 | 3.254 | 1.143 | 3.467 | 1.266 | 3.310 | 1.192 | 3.295 | 1.321 | 2.857 | 1.574 | 3.091 | 1.444 | 3.401 | 1.203 | 3.193 | 1.407 | 0.597 | 0.758 |
| 1.25 社区交通——停车 | 3.239 | 1.165 | 3.160 | 1.386 | 3.119 | 1.265 | 3.016 | 1.297 | 3.429 | 1.813 | 3.409 | 1.260 | 3.153 | 1.210 | 2.842 | 1.360 | 0.777 | 0.607 |
| 2 幸福感 | 3.313 | 0.850 | 3.192 | 0.917 | 3.221 | 0.894 | 3.037 | 1.054 | 2.976 | 1.219 | 2.879 | 1.030 | 3.178 | 0.909 | 2.871 | 1.131 | 1.507 | 0.162 |
| 3 社会支持 | 3.103 | 1.187 | 2.982 | 1.083 | 2.952 | 1.118 | 2.842 | 1.126 | 3.429 | 1.134 | 2.636 | 1.098 | 2.992 | 1.100 | 2.602 | 1.332 | 1.445 | 0.185 |
| 4 社区归属感 | 3.180 | 1.041 | 3.072 | 1.081 | 3.007 | 0.997 | 2.911 | 1.066 | 2.971 | 1.016 | 2.973 | 1.200 | 3.150 | 1.054 | 2.863 | 1.201 | 0.775 | 0.600 |
| 5 公共服务动机 | 3.671 | 0.925 | 3.622 | 0.939 | 3.653 | 0.920 | 3.406 | 0.987 | 3.446 | 1.241 | 3.278 | 1.204 | 3.744 | 0.902 | 3.493 | 1.051 | 1.424 | 0.193 |
| 6 社区政治效能感 | 3.200 | 0.941 | 2.982 | 1.002 | 3.071 | 1.026 | 2.984 | 0.939 | 3.190 | 1.020 | 2.924 | 1.152 | 3.132 | 1.020 | 2.784 | 1.150 | 1.073 | 0.379 |

城市社区公共服务满意度各维度中，社区交通满意度方面，国有企业工作人员得分最高，其他群体得分最低。社区居住环境满意度方面，各级党政机关、事业单位工作人员得分最高，离退休人员得分最低。社区文体服务满意度方面，自由职业者群体得分最高，其他群体得分最低。社区基础生活设施满意度方面，自由职业者得分最高，其他群体得分最低。社区安全满意度方面，各级党政机关、事业单位工作人员得分最高，离退休人员得分最低。社区基本社会保障满意度方面，非公有制企业工作人员得分最高，其他群体得分最低。社区教育满意度方面，非公有制企业工作人员得分最高，离退休人员得分最低（见图5-18）。

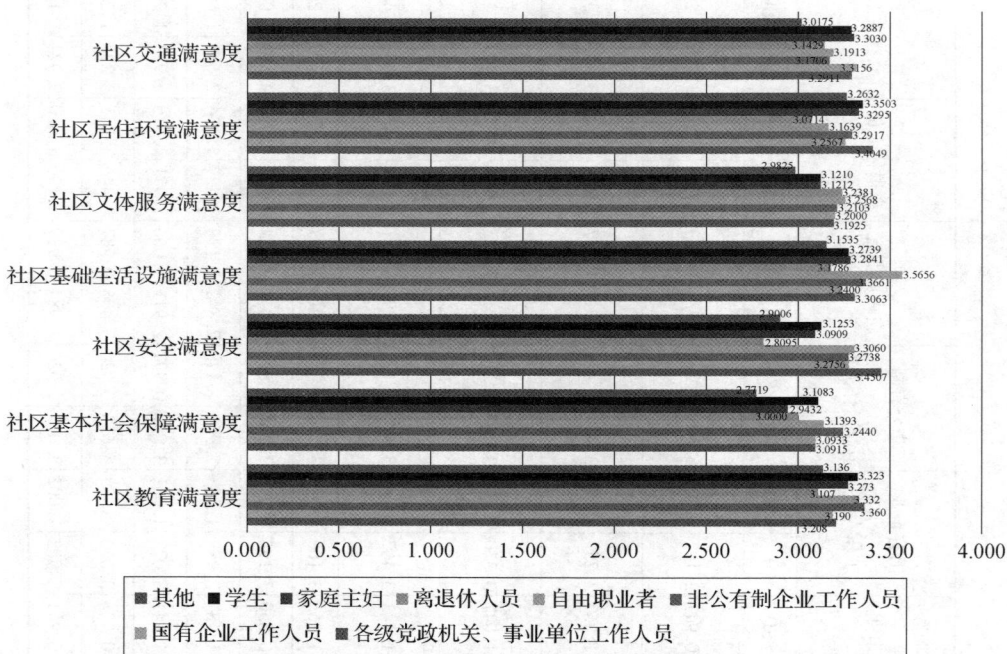

图5-18 城市社区公共服务满意度各维度职业差异

在社区公共服务满意度、公共服务动机、社区归属感、社会支持、幸福感和社区政治效能感等主要研究变量中，社区公共服务满意度方面，自由职业者得分最高，其他群体得分最低。公共服务动机方面，学生群体得分最高，家庭主妇得分最低。社区归属感方面，各级党政机关、事业单位工作人员得分最高，其他群体得分最低。社会支持方面，离退休人员得分最高，其他群体得分最低。幸福感方面，各级党政机关、事业单位工作人员得分最高，家庭主妇得分最低。社区政治效能感方面，各级党政机关、事业单位工作人员得分最高，其他群体得分最低（见图5-19）。

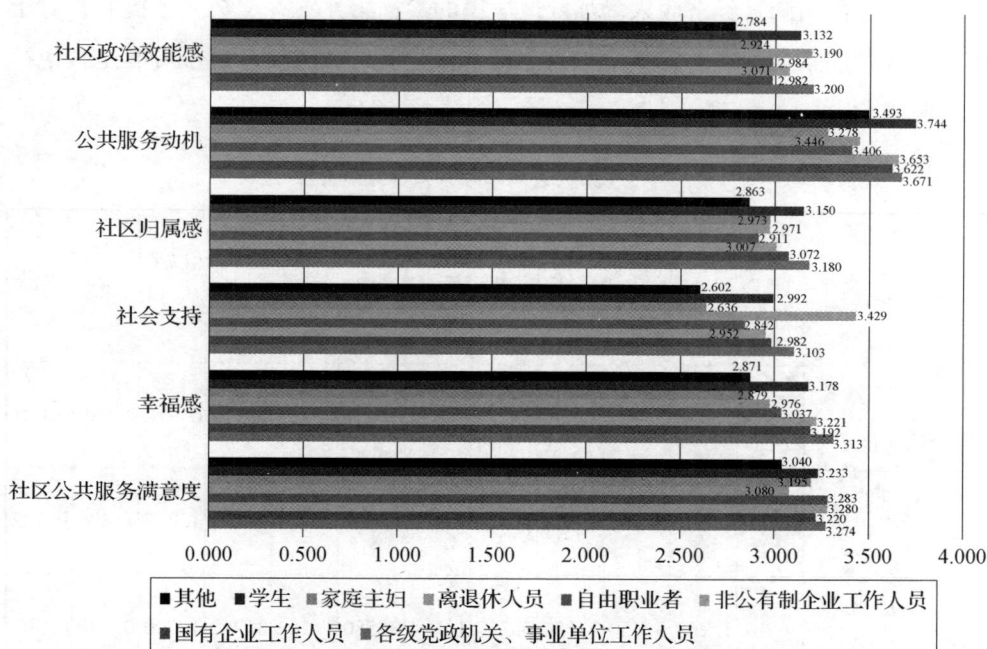

**图5-19　各主要研究变量职业差异**

## 5.2.5　家庭人均年收入差异检验

在家庭人均年收入方面，社区基本社会保障满意度中的养老服务满意度（$p = 0.039$）、社区基础生活设施满意度中的垃圾收集点满意度（$p = 0.007$）、社区文体服务满意度中的文体活动场所满意度（$p = 0.011$）、文体活动设施设备满意度（$p = 0.008$）、文体活动种类满意度（$p = 0.009$）、社区居住环境满意度中的绿化程度满意度（$p = 0.022$）、社区交通满意度中的公共交通满意度（$p = 0.019$）存在显著差异，如表5-13、图5-20所示。社区养老服务满意度、社区文体活动场所满意度、社区文体活动设施设备满意度、社区文体活动种类满意度、社区公共交通满意度都随收入的增长呈现出一种M形分布，说明不同收入阶层对社区公共服务的满意度的要求不同，进而对其进行的评价也存在差异。同时，根据研究结果，幸福感（$p=0.023$）也存在收入差异，并且呈现出一种波浪式的上升趋势，而非一种简单的线性上升，这与"伊斯特林悖论"相一致，说明在一定范围内随着经济收入增加社区居民的幸福感并不一定会显著提升，对于不同收入阶层来说，影响其幸福感的因素不再主要是经济收入而很可能是其他社会性需求。

表5-13　家庭人均年收入差异检验结果

| | 2万元及以下 | | 2万～5万元 | | 5万～8万元 | | 8万～10万元 | | 10万元以上 | | $F$ | $p$ |
|---|---|---|---|---|---|---|---|---|---|---|---|---|
| | M | SD | M | SD | M | SD | M | SD | M | SD | | |
| 1 社区公共服务满意度 | 3.078 | 1.048 | 3.304 | 1.039 | 3.278 | 0.839 | 3.459 | 0.753 | 3.211 | 0.912 | 2.089 | 0.081 |
| 1.1 社区教育——幼儿园 | 3.104 | 1.307 | 3.336 | 1.350 | 3.320 | 1.162 | 3.500 | 1.165 | 3.410 | 1.257 | 1.496 | 0.202 |
| 1.2 社区教育——小学 | 3.301 | 1.263 | 3.450 | 1.254 | 3.310 | 1.134 | 3.580 | 1.162 | 3.262 | 1.290 | 0.829 | 0.507 |
| 1.3 社区教育——中学 | 3.290 | 1.257 | 3.421 | 1.281 | 3.330 | 1.138 | 3.720 | 1.179 | 3.131 | 1.335 | 1.805 | 0.126 |
| 1.4 社区教育——培训机构 | 3.148 | 1.229 | 3.100 | 1.348 | 3.030 | 1.243 | 3.220 | 1.166 | 2.885 | 1.305 | 0.682 | 0.604 |
| 1.5 社区基本社会保障——医疗服务 | 3.104 | 1.295 | 3.350 | 1.217 | 3.230 | 1.145 | 3.480 | 1.111 | 3.082 | 1.308 | 1.543 | 0.188 |
| 1.6 社区基本社会保障——养老服务 | 3.005 | 1.316 | 3.321 | 1.242 | 3.200 | 1.073 | 3.360 | 1.025 | 2.869 | 1.245 | 2.548 | **0.039** |

|  | 2万元及以下 | | 2万~5万元 | | 5万~8万元 | | 8万~10万元 | | 10万元以上 | | $F$ | $p$ |
|---|---|---|---|---|---|---|---|---|---|---|---|---|
|  | M | SD | M | SD | M | SD | M | SD | M | SD |  |  |
| 1.7 社区基本社会保障——困难家庭救助服务 | 2.967 | 1.334 | 3.179 | 1.260 | 3.080 | 1.140 | 3.080 | 1.236 | 2.803 | 1.236 | 1.185 | 0.316 |
| 1.8 社区基本社会保障——就业服务 | 2.814 | 1.317 | 3.114 | 1.270 | 2.940 | 1.108 | 3.080 | 1.085 | 2.770 | 1.244 | 1.608 | 0.171 |
| 1.9 社区安全——安全设施设备 | 3.066 | 1.286 | 3.157 | 1.364 | 3.270 | 1.072 | 3.460 | 1.014 | 3.328 | 1.235 | 1.365 | 0.245 |
| 1.10 社区安全——警务人员工作 | 3.044 | 1.262 | 3.200 | 1.348 | 3.310 | 1.134 | 3.440 | 1.110 | 3.410 | 1.216 | 1.801 | 0.127 |
| 1.11 社区安全——安全知识宣传 | 3.082 | 1.288 | 3.279 | 1.292 | 3.230 | 1.109 | 3.280 | 1.107 | 3.295 | 1.188 | 0.721 | 0.578 |
| 1.12 社区基础生活设施——超市 | 3.322 | 1.236 | 3.586 | 1.286 | 3.600 | 1.073 | 3.840 | 1.167 | 3.492 | 1.273 | 2.275 | 0.060 |
| 1.13 社区基础生活设施——理发店 | 3.219 | 1.203 | 3.379 | 1.344 | 3.420 | 1.148 | 3.480 | 1.216 | 3.361 | 1.170 | 0.753 | 0.556 |

续表

| | 2万元及以下 | | 2万~5万元 | | 5万~8万元 | | 8万~10万元 | | 10万元以上 | | F | p |
|---|---|---|---|---|---|---|---|---|---|---|---|---|
| | M | SD | M | SD | M | SD | M | SD | M | SD | | |
| 1.14 社区基础生活设施——公共厕所 | 2.913 | 1.289 | 3.129 | 1.329 | 3.170 | 1.231 | 3.300 | 1.074 | 2.951 | 1.217 | 1.481 | 0.206 |
| 1.15 社区基础生活设施——垃圾收集点 | 3.082 | 1.296 | 3.471 | 1.311 | 3.500 | 1.106 | 3.600 | 1.107 | 3.180 | 1.176 | 3.586 | **0.007** |
| 1.16 社区文体服务——文体活动场所 | 3.005 | 1.385 | 3.429 | 1.309 | 3.260 | 1.143 | 3.580 | 1.032 | 3.213 | 1.066 | 3.304 | **0.011** |
| 1.17 社区文体服务——文体设施设备 | 2.929 | 1.297 | 3.329 | 1.365 | 3.260 | 1.107 | 3.520 | 0.974 | 3.115 | 1.127 | 3.478 | **0.008** |
| 1.18 社区文体服务——文体活动种类 | 2.842 | 1.268 | 3.221 | 1.331 | 3.160 | 1.108 | 3.400 | 1.069 | 2.902 | 1.150 | 3.441 | **0.009** |
| 1.19 社区居住环境——绿化程度 | 3.301 | 1.268 | 3.514 | 1.322 | 3.610 | 1.053 | 3.900 | 1.055 | 3.607 | 1.215 | 2.885 | **0.022** |
| 1.20 社区居住环境——噪声处理 | 3.022 | 1.279 | 3.136 | 1.353 | 3.050 | 0.989 | 3.340 | 1.239 | 3.213 | 1.253 | 0.835 | 0.503 |

| | 2万元及以下 | | 2万~5万元 | | 5万~8万元 | | 8万~10万元 | | 10万元以上 | | $F$ | $p$ |
|---|---|---|---|---|---|---|---|---|---|---|---|---|
| | M | SD | M | SD | M | SD | M | SD | M | SD | | |
| 1.21 社区居住环境——照明设施 | 3.142 | 1.302 | 3.336 | 1.323 | 3.390 | 1.091 | 3.580 | 1.126 | 3.410 | 1.146 | 1.656 | 0.159 |
| 1.22 社区居住环境——小摊贩管理 | 3.093 | 1.265 | 3.336 | 1.350 | 3.360 | 1.078 | 3.440 | 1.181 | 3.410 | 1.359 | 1.542 | 0.189 |
| 1.23 社区交通——道路建设及维护 | 3.044 | 1.296 | 3.307 | 1.372 | 3.330 | 1.016 | 3.480 | 1.054 | 3.426 | 1.176 | 2.200 | 0.068 |
| 1.24 社区交通——公共交通 | 3.098 | 1.306 | 3.374 | 1.348 | 3.370 | 1.098 | 3.660 | 1.042 | 3.541 | 1.163 | 2.960 | **0.019** |
| 1.25 社区交通——停车 | 3.016 | 1.273 | 3.157 | 1.343 | 3.210 | 1.192 | 3.160 | 1.267 | 3.213 | 1.266 | 0.547 | 0.701 |
| 2 幸福感 | 2.974 | 1.025 | 3.224 | 0.988 | 3.146 | 0.844 | 3.422 | 0.735 | 3.213 | 0.936 | 2.867 | **0.023** |
| 3 社会支持 | 2.827 | 1.215 | 2.974 | 1.149 | 2.950 | 1.090 | 3.173 | 0.855 | 2.918 | 1.215 | 0.994 | 0.410 |
| 4 社区归属感 | 3.007 | 1.121 | 3.141 | 1.078 | 2.976 | 1.009 | 3.200 | 0.918 | 2.997 | 1.111 | 0.732 | 0.571 |
| 5 公共服务动机 | 3.470 | 1.039 | 3.685 | 0.986 | 3.633 | 0.887 | 3.728 | 0.654 | 3.762 | 0.957 | 1.777 | 0.132 |
| 6 社区政治效能感 | 2.959 | 1.152 | 3.215 | 1.010 | 2.985 | 0.971 | 3.150 | 0.634 | 2.954 | 0.929 | 1.650 | 0.160 |

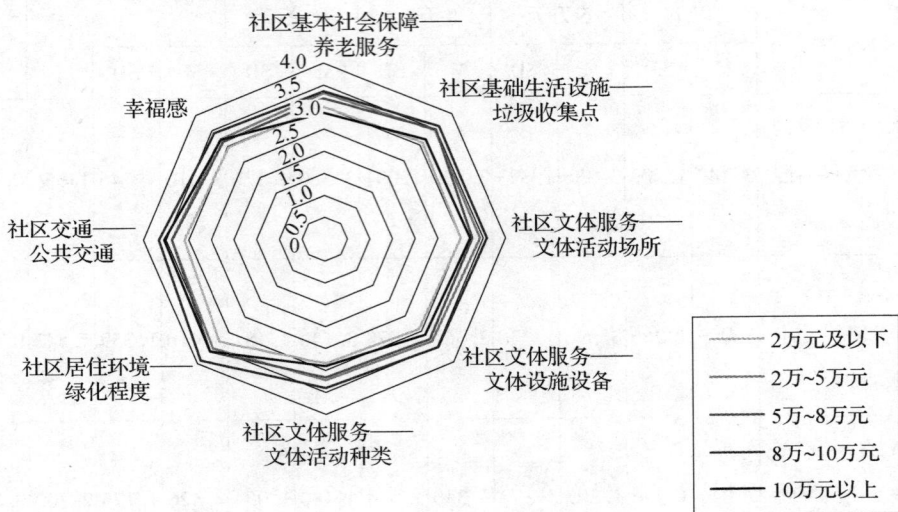

**图5-20　家庭人均年收入差异检验雷达图**

在家庭人均年收入差异方面，城市社区公共服务满意度各维度并没有呈现出随经济收入的增加而提升的趋势，反而呈现出家庭人均年收入8万~10万元这一群体得分最高的特点，家庭人均年收入2万元及以下群体在社区交通满意度、社区居住环境满意度、社区文体服务满意度、社区基础生活设施满意度、社区安全满意度方面得分最低，低收入群体的社区公共服务满意度仍有一定提升空间。在社区公共服务满意度、幸福感、社会支持、社区归属感、公共服务动机和社区政治效能感等主要研究变量中，除公共服务动机和社区政治效能感之外，其余各变量得分方面，家庭人均年收入在8万~10万元这一群体均排名首位。家庭人均年收入2万元及以下群体在公共服务动机、社会支持、幸福感和社区公共服务满意度方面得分最低（见图5-21、图5-22）。

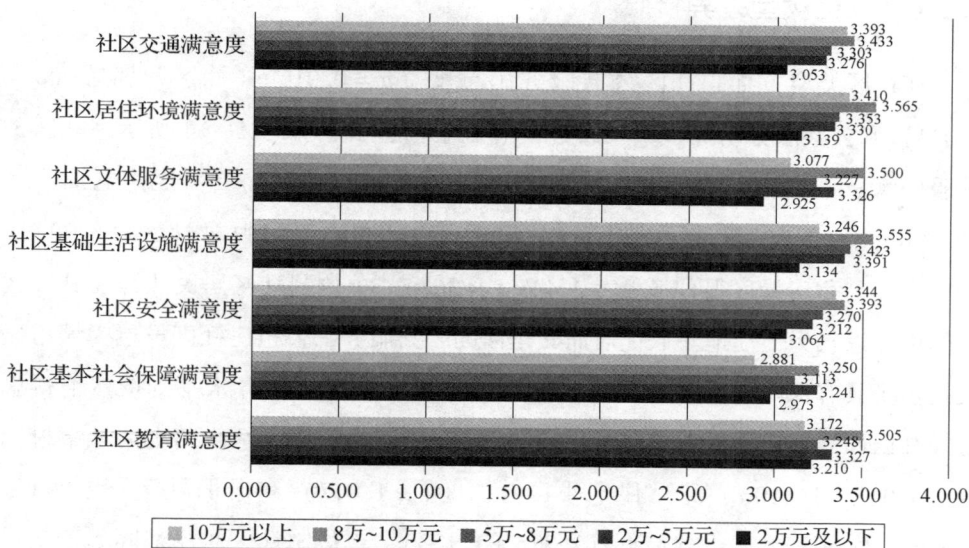

图 5-21　城市社区公共服务满意度各维度收入差异

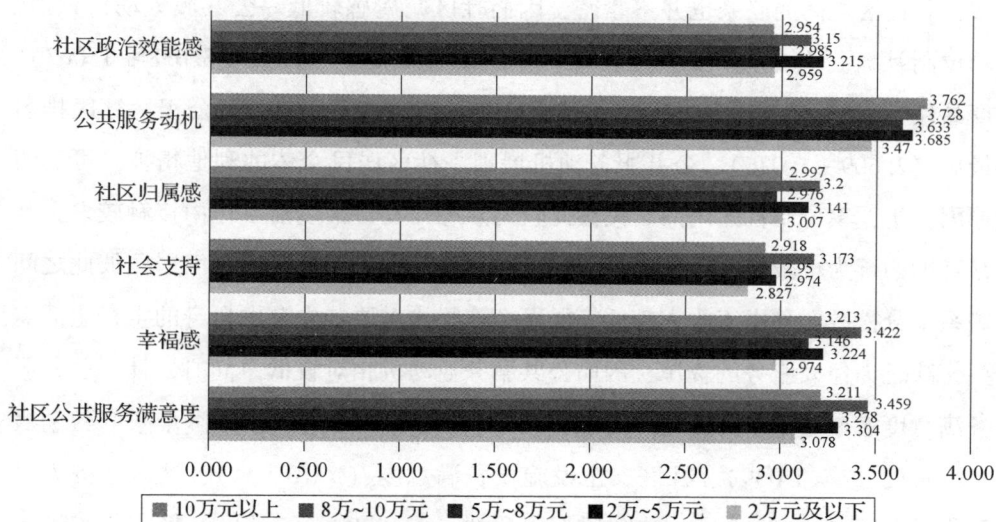

图 5-22　各主要研究变量收入差异

### 5.2.6 社区类型差异检验

在社区类型方面，社区公共服务满意度（$p = 0.016$）、社区归属感（$p = 0.043$）和公共服务动机（$p = 0.041$）存在显著差异，如表 5-14 所示。社区公共服务满意度方面，单位制社区得分最高（$3.557 \pm 0.882$），其次为老旧小区（$3.326 \pm 0.988$）、商品住宅小区（$3.262 \pm 0.883$）和城中村社区（$3.232 \pm 1.154$），公租房社区得分最低（$2.445 \pm 1.367$）。单位制社区居民认为在其社区范围内可以较为便捷地获取优质而又全面的公共服务，公租房社区虽然为城市居民提供了具有保障性的居住场所，然而如何提升其配套服务水平则依然值得思考。社区归属感方面，单位制社区得分最高（$3.500 \pm 1.111$），其次为城中村社区（$3.057 \pm 1.150$）、商品住宅小区（$3.004 \pm 1.017$）和老旧社区（$2.996 \pm 1.086$），公租房社区得分最低（$2.375 \pm 1.173$）。单位制社区居民都同属于某一个单位，彼此之间较多的工作以及生活上的联系使得其具有较高的社区归属感，而公租房社区则是为中低收入居民提供的保障性住房，居民并没有房屋的所有权，与社区之间的联系也并不紧密，因而社区归属感较低。公共服务动机方面，单位制社区得分最高（$3.780 \pm 0.966$），其次为城中村社区（$3.638 \pm 1.067$）、商品住宅小区（$3.632 \pm 0.884$）和老旧社区（$3.472 \pm 1.021$），公租房社区排名最后（$2.609 \pm 1.036$）。公共服务动机展现了社区居民个体的利他精神，可能的原因在于，单位制社区内的居民彼此较为熟悉，在日常生活工作中接触较多，互帮互助的行为也较多，因而展现出较多的利他动机，而公租房社区居民彼此之间联系十分松散，且由于收入较低，居民个体往往需要首先考虑自身的生存生活需要，缺乏为他人服务的资源，因而公共服务业动机相对较低。同时，社区公共服务满意度潜变量中，社区幼儿园教育满意度（$p = 0.028$）、社区困难家庭救助服务满意度（$p = 0.039$）、社区安全设施设备满意度（$p = 0.034$）、社区警务人员工作满意度（$p = 0.020$）、社区超市满意度（$p = 0.026$）、社区垃圾收集点满意度（$p = 0.004$）、社区文体活动场所满意度（$p = 0.018$）、社区文体活动设施设备满意度（$p = 0.010$）、社区文体活动种类满意度（$p = 0.031$）、社区环境绿化程度满意度（$p=0.036$）、社区小摊贩管理满意度（$p=0.002$）和社区公共交通满意度（$p=0.022$）也存在社区性质上的显著差异。从图 5-23 可以发现，公租房社区居民的各项公共服务满意度明显低于其他类型社区，这也说明公租房社区在社区公共服务质量方面仍具有较大提升空间。

**表 5-14　社区类型差异检验结果**

| | 商品住宅小区 | | 单位制社区 | | 城中村社区 | | 公租房社区 | | 老旧社区 | | 其他 | | $F$ | $p$ |
|---|---|---|---|---|---|---|---|---|---|---|---|---|---|---|
| | M | SD | M | SD | M | SD | M | SD | M | SD | M | SD | | |
| 1 社区公共服务满意度 | 3.262 | 0.883 | 3.557 | 0.882 | 3.232 | 1.154 | 2.445 | 1.367 | 3.326 | 0.988 | 3.096 | 0.998 | 2.819 | **0.016** |
| 1.1 社区教育——幼儿园 | 3.344 | 1.239 | 3.381 | 1.343 | 3.551 | 1.292 | 2.125 | 1.553 | 3.345 | 1.319 | 3.115 | 1.246 | 2.526 | **0.028** |
| 1.2 社区教育——小学 | 3.349 | 1.236 | 3.595 | 1.170 | 3.571 | 1.307 | 2.500 | 1.604 | 3.466 | 1.188 | 3.267 | 1.200 | 1.665 | 0.141 |
| 1.3 社区教育——中学 | 3.274 | 1.281 | 3.690 | 1.239 | 3.449 | 1.355 | 2.625 | 1.598 | 3.517 | 1.217 | 3.321 | 1.153 | 1.620 | 0.153 |
| 1.4 社区教育——培训机构 | 3.057 | 1.283 | 3.452 | 1.131 | 3.041 | 1.399 | 2.625 | 1.598 | 3.362 | 1.165 | 2.982 | 1.237 | 1.738 | 0.124 |
| 1.5 社区基本社会保障——医疗服务 | 3.193 | 1.237 | 3.571 | 1.151 | 3.163 | 1.372 | 2.625 | 1.598 | 3.259 | 1.208 | 3.212 | 1.199 | 1.104 | 0.357 |
| 1.6 社区基本社会保障——养老服务 | 3.113 | 1.195 | 3.381 | 1.248 | 3.163 | 1.375 | 2.125 | 1.356 | 3.224 | 1.170 | 3.133 | 1.222 | 1.503 | 0.187 |
| 1.7 社区基本社会保障——困难家庭救助服务 | 2.953 | 1.246 | 3.500 | 1.065 | 3.184 | 1.395 | 2.250 | 1.282 | 3.155 | 1.182 | 2.976 | 1.225 | 2.355 | **0.039** |

续表

| | 商品住宅小区 | | 单位制社区 | | 城中村社区 | | 公租房社区 | | 老旧社区 | | 其他 | | *F* | *p* |
|---|---|---|---|---|---|---|---|---|---|---|---|---|---|---|
| | M | SD | M | SD | M | SD | M | SD | M | SD | M | SD | | |
| 1.8 社区基本社会保障——就业服务 | 2.934 | 1.202 | 3.333 | 1.183 | 3.061 | 1.329 | 2.375 | 1.302 | 3.017 | 1.249 | 2.800 | 1.260 | 1.744 | 0.123 |
| 1.9 社区安全——安全设施设备 | 3.288 | 1.157 | 3.643 | 1.078 | 3.082 | 1.367 | 2.875 | 1.642 | 3.241 | 1.288 | 2.994 | 1.276 | 2.425 | **0.034** |
| 1.10 社区安全——警务人员工作 | 3.307 | 1.170 | 3.667 | 1.183 | 3.122 | 1.364 | 2.375 | 1.506 | 3.190 | 1.304 | 3.055 | 1.260 | 2.702 | **0.020** |
| 1.11 社区安全——安全知识宣传 | 3.245 | 1.159 | 3.548 | 1.064 | 3.184 | 1.409 | 2.375 | 1.302 | 3.379 | 1.167 | 3.048 | 1.292 | 2.226 | 0.051 |
| 1.12 社区基础生活设施——超市 | 3.604 | 1.202 | 3.667 | 1.162 | 3.551 | 1.308 | 2.375 | 1.506 | 3.655 | 1.278 | 3.345 | 1.182 | 2.567 | **0.026** |
| 1.13 社区基础生活设施——理发店 | 3.325 | 1.233 | 3.667 | 1.223 | 3.408 | 1.290 | 2.875 | 1.642 | 3.500 | 1.203 | 3.218 | 1.185 | 1.387 | 0.228 |
| 1.14 社区基础生活设施——公共厕所 | 3.014 | 1.233 | 3.405 | 1.149 | 3.122 | 1.481 | 2.625 | 1.598 | 3.241 | 1.233 | 2.964 | 1.254 | 1.326 | 0.251 |
| 1.15 社区基础生活设施——垃圾收集点 | 3.392 | 1.115 | 3.667 | 1.141 | 3.388 | 1.397 | 2.250 | 1.581 | 3.552 | 1.202 | 3.097 | 1.340 | 3.526 | **0.004** |

| | 商品住宅小区 | | 单位制社区 | | 城中村社区 | | 公租房社区 | | 老旧社区 | | 其他 | | $F$ | $p$ |
|---|---|---|---|---|---|---|---|---|---|---|---|---|---|---|
| | M | SD | M | SD | M | SD | M | SD | M | SD | M | SD | | |
| 1.16 社区文体服务——文体活动场所 | 3.302 | 1.178 | 3.714 | 1.132 | 3.286 | 1.414 | 2.375 | 1.506 | 3.276 | 1.281 | 3.061 | 1.319 | 2.745 | **0.018** |
| 1.17 社区文体服务——文体设施设备 | 3.245 | 1.167 | 3.690 | 1.199 | 3.102 | 1.358 | 2.250 | 1.581 | 3.155 | 1.295 | 3.018 | 1.257 | 3.062 | **0.010** |
| 1.18 社区文体服务——文体活动种类 | 3.085 | 1.197 | 3.476 | 1.131 | 2.980 | 1.377 | 2.250 | 1.581 | 3.259 | 1.208 | 2.915 | 1.237 | 2.479 | **0.031** |
| 1.19 社区居住环境——绿化程度 | 3.613 | 1.189 | 3.810 | 1.042 | 3.551 | 1.339 | 2.625 | 1.598 | 3.483 | 1.143 | 3.327 | 1.274 | 2.402 | **0.036** |
| 1.20 社区居住环境——噪声处理 | 3.146 | 1.201 | 3.452 | 1.087 | 2.816 | 1.349 | 3.250 | 1.581 | 3.224 | 1.200 | 3.012 | 1.288 | 1.551 | 0.172 |
| 1.21 社区居住环境——照明设施 | 3.377 | 1.152 | 3.667 | 1.097 | 3.306 | 1.357 | 2.500 | 1.690 | 3.207 | 1.281 | 3.212 | 1.296 | 1.800 | 0.111 |
| 1.22 社区居住环境——小摊贩管理 | 3.373 | 1.207 | 3.571 | 1.172 | 3.245 | 1.407 | 2.000 | 1.195 | 3.517 | 1.188 | 3.061 | 1.282 | 3.837 | **0.002** |
| 1.23 社区交通——道路建设及维护 | 3.354 | 1.189 | 3.452 | 1.152 | 3.204 | 1.291 | 2.125 | 1.356 | 3.259 | 1.319 | 3.133 | 1.257 | 2.165 | 0.057 |

续表

| | 商品住宅小区 | | 单位制社区 | | 城中村社区 | | 公租房社区 | | 老旧社区 | | 其他 | | $F$ | $p$ |
|---|---|---|---|---|---|---|---|---|---|---|---|---|---|---|
| | M | SD | M | SD | M | SD | M | SD | M | SD | M | SD | | |
| 1.24 社区交通——公共交通 | 3.425 | 1.192 | 3.619 | 1.035 | 3.408 | 1.306 | 2.500 | 1.512 | 3.414 | 1.377 | 3.097 | 1.270 | 2.665 | **0.022** |
| 1.25 社区交通——停车 | 3.231 | 1.250 | 3.310 | 1.316 | 2.857 | 1.384 | 2.250 | 1.282 | 3.241 | 1.288 | 3.024 | 1.234 | 1.981 | 0.080 |
| 2 幸福感 | 3.215 | 0.867 | 3.319 | 0.987 | 3.223 | 1.069 | 2.667 | 0.825 | 3.063 | 0.994 | 3.027 | 1.004 | 1.549 | 0.173 |
| 3 社会支持 | 2.899 | 1.111 | 3.222 | 1.101 | 3.075 | 1.248 | 2.458 | 1.154 | 2.879 | 1.204 | 2.897 | 1.148 | 1.055 | 0.385 |
| 4 社区归属感 | 3.004 | 1.017 | 3.500 | 1.111 | 3.057 | 1.150 | 2.375 | 1.173 | 2.966 | 1.086 | 3.065 | 1.069 | 2.309 | **0.043** |
| 5 公共服务动机 | 3.632 | 0.884 | 3.780 | 0.966 | 3.638 | 1.067 | 2.609 | 1.036 | 3.472 | 1.021 | 3.641 | 0.976 | 2.329 | **0.041** |
| 6 社区政治效能感 | 3.050 | 0.952 | 3.210 | 1.103 | 3.054 | 1.119 | 2.313 | 1.048 | 2.931 | 1.096 | 3.081 | 1.021 | 1.234 | 0.292 |

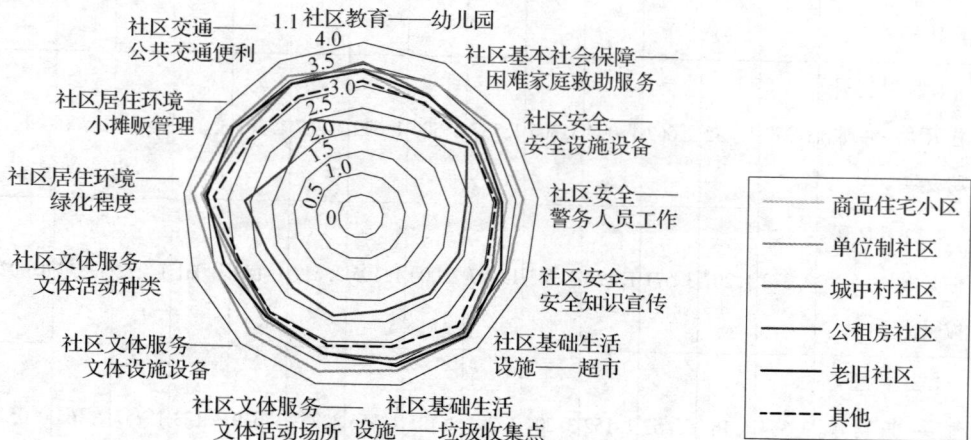

图 5-23 社区类型差异检验雷达图

在社区类型差异方面，城市社区公共服务满意度各具体维度以及社区公共服务满意度、幸福感、社会支持、社区归属感、公共服务动机和社区政治效能感等主要研究变量，均呈现出单位制社区居民得分最高，而公租房社区居民得分最低的特点，且公租房社区居民与其他类型社区居民之间的分值差距较为显著（见图5-24、图5-25）。

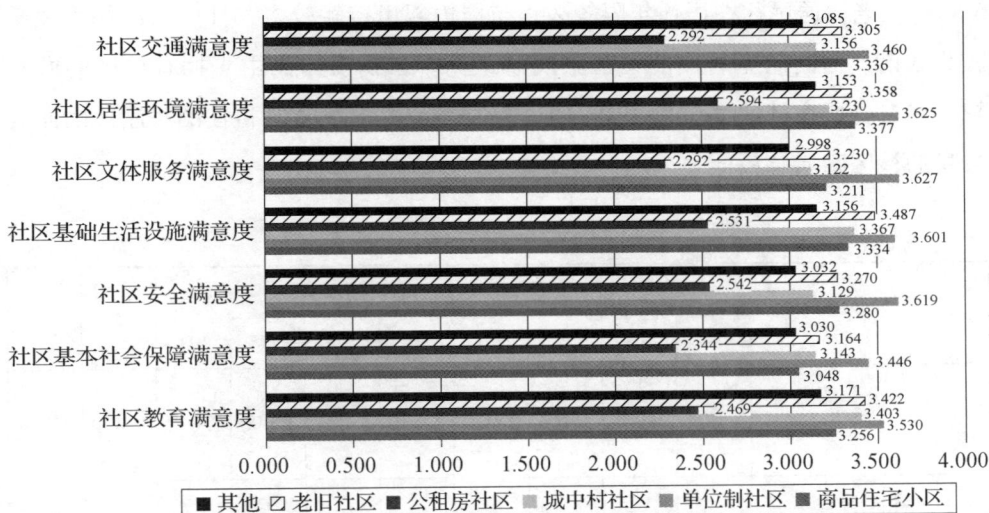

**图5-24　城市社区公共服务满意度各维度社区类型差异**

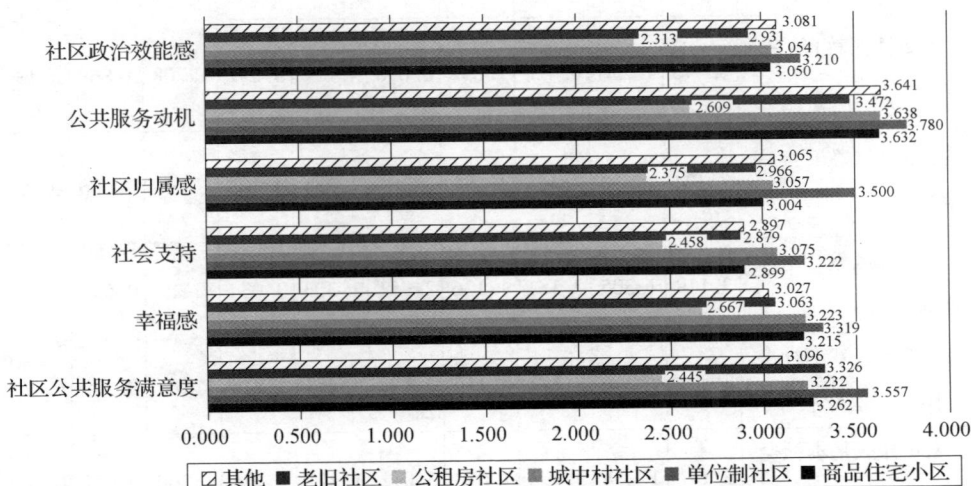

**图5-25　各主要研究变量社区类型差异**

## 5.2.7 房屋性质差异检验

在房屋性质上，社区交通满意度中的公共交通便利满意度（$p = 0.039$）和社区归属感（$p = 0.012$）存在显著差异，如表 5-15 所示。在社区归属感中，老屋居民（$3.126 \pm 1.108$）高于自购房居民（$3.107 \pm 1.077$）和租赁房居民（$2.695 \pm 0.998$）。老屋居民往往居住年限较久，与周边邻里接触较多，社区内部邻里关系较为和谐，因而老屋居民的社区归属感最高。自购房居民由于拥有房屋的所有权，对自身所在社区也较为认同，而租赁房则只是居民暂时租住的房屋，因而其自身的社区归属感最低。

表 5-15　房屋性质差异检验结果

|  | 自购房 | | 老屋 | | 租赁房 | | 其他 | | $F$ | $p$ |
|---|---|---|---|---|---|---|---|---|---|---|
|  | M | SD | M | SD | M | SD | M | SD | | |
| 1 社区公共服务满意度 | 3.309 | 0.951 | 3.194 | 0.910 | 3.136 | 1.041 | 3.090 | 1.032 | 1.499 | 0.214 |
| 1.1 社区教育——幼儿园 | 3.405 | 1.294 | 3.298 | 1.076 | 3.012 | 1.356 | 3.112 | 1.309 | 2.604 | 0.051 |
| 1.2 社区教育——小学 | 3.446 | 1.276 | 3.426 | 1.052 | 3.098 | 1.273 | 3.292 | 1.208 | 1.868 | 0.134 |
| 1.3 社区教育——中学 | 3.394 | 1.313 | 3.426 | 1.073 | 3.195 | 1.281 | 3.303 | 1.191 | 0.686 | 0.561 |
| 1.4 社区教育——培训机构 | 3.119 | 1.305 | 3.181 | 1.136 | 2.951 | 1.323 | 3.034 | 1.229 | 0.594 | 0.619 |
| 1.5 社区基本社会保障——医疗服务 | 3.275 | 1.266 | 3.181 | 1.116 | 3.122 | 1.261 | 3.213 | 1.247 | 0.379 | 0.768 |
| 1.6 社区基本社会保障——养老服务 | 3.171 | 1.258 | 3.191 | 1.070 | 3.012 | 1.272 | 3.124 | 1.260 | 0.412 | 0.745 |

| | 自购房 | | 老屋 | | 租赁房 | | 其他 | | *F* | *p* |
|---|---|---|---|---|---|---|---|---|---|---|
| | M | SD | M | SD | M | SD | M | SD | | |
| 1.7 社区基本社会保障——困难家庭救助服务 | 3.078 | 1.263 | 3.085 | 1.104 | 2.890 | 1.277 | 2.989 | 1.292 | 0.570 | 0.635 |
| 1.8 社区基本社会保障——就业服务 | 2.981 | 1.235 | 2.872 | 1.175 | 2.951 | 1.295 | 2.854 | 1.293 | 0.335 | 0.800 |
| 1.9 社区安全——安全设施设备 | 3.305 | 1.199 | 3.096 | 1.245 | 3.195 | 1.290 | 2.966 | 1.309 | 1.913 | 0.126 |
| 1.10 社区安全——警务人员工作 | 3.327 | 1.214 | 3.160 | 1.212 | 3.122 | 1.318 | 3.011 | 1.301 | 1.736 | 0.158 |
| 1.11 社区安全——安全知识宣传 | 3.268 | 1.182 | 3.287 | 1.188 | 3.159 | 1.271 | 2.966 | 1.352 | 1.537 | 0.204 |
| 1.12 社区基础生活设施——超市 | 3.572 | 1.263 | 3.500 | 1.075 | 3.537 | 1.269 | 3.315 | 1.212 | 1.003 | 0.391 |
| 1.13 社区基础生活设施——理发店 | 3.405 | 1.256 | 3.351 | 1.124 | 3.329 | 1.277 | 3.135 | 1.198 | 1.086 | 0.354 |
| 1.14 社区基础生活设施——公共厕所 | 3.134 | 1.292 | 3.032 | 1.222 | 3.085 | 1.219 | 2.831 | 1.263 | 1.302 | 0.273 |
| 1.15 社区基础生活设施——垃圾收集点 | 3.428 | 1.165 | 3.298 | 1.234 | 3.244 | 1.384 | 3.101 | 1.357 | 1.695 | 0.167 |
| 1.16 社区文体服务——文体活动场所 | 3.338 | 1.231 | 3.191 | 1.297 | 3.220 | 1.315 | 3.022 | 1.297 | 1.467 | 0.223 |
| 1.17 社区文体服务——文体设施设备 | 3.301 | 1.232 | 3.032 | 1.231 | 3.122 | 1.290 | 2.978 | 1.252 | 2.132 | 0.095 |

| | 自购房 | | 老屋 | | 租赁房 | | 其他 | | *F* | *p* |
|---|---|---|---|---|---|---|---|---|---|---|
| | M | SD | M | SD | M | SD | M | SD | | |
| 1.18 社区文体服务——文体活动种类 | 3.182 | 1.234 | 2.915 | 1.206 | 3.000 | 1.286 | 2.899 | 1.216 | 1.881 | 0.132 |
| 1.19 社区居住环境——绿化程度 | 3.621 | 1.215 | 3.426 | 1.196 | 3.402 | 1.236 | 3.337 | 1.229 | 1.667 | 0.171 |
| 1.20 社区居住环境——噪声处理 | 3.141 | 1.244 | 3.160 | 1.185 | 3.037 | 1.242 | 3.022 | 1.314 | 0.347 | 0.791 |
| 1.21 社区居住环境——照明设施 | 3.409 | 1.164 | 3.234 | 1.204 | 3.146 | 1.380 | 3.247 | 1.359 | 1.241 | 0.294 |
| 1.22 社区居住环境——小摊贩管理 | 3.401 | 1.217 | 3.181 | 1.182 | 3.098 | 1.375 | 3.157 | 1.348 | 1.884 | 0.131 |
| 1.23 社区交通——道路建设及维护 | 3.368 | 1.226 | 3.149 | 1.191 | 3.098 | 1.253 | 3.146 | 1.310 | 1.646 | 0.178 |
| 1.24 社区交通——公共交通 | 3.465 | 1.226 | 3.096 | 1.254 | 3.305 | 1.254 | 3.146 | 1.284 | 2.810 | **0.039** |
| 1.25 社区交通——停车 | 3.186 | 1.294 | 3.074 | 1.175 | 3.061 | 1.241 | 3.056 | 1.351 | 0.408 | 0.747 |
| 2 幸福感 | 3.234 | 0.936 | 3.068 | 0.915 | 2.984 | 0.943 | 3.081 | 1.051 | 1.898 | 0.129 |
| 3 社会支持 | 2.985 | 1.159 | 2.908 | 1.144 | 2.825 | 1.075 | 2.891 | 1.179 | 0.480 | 0.696 |
| 4 社区归属感 | 3.107 | 1.077 | 3.126 | 1.018 | 2.695 | 0.998 | 3.144 | 1.114 | 3.702 | **0.012** |
| 5 公共服务动机 | 3.704 | 0.921 | 3.525 | 0.988 | 3.421 | 0.949 | 3.615 | 1.037 | 2.175 | 0.090 |
| 6 社区政治效能感 | 3.131 | 1.008 | 2.968 | 0.972 | 2.811 | 1.019 | 3.101 | 1.083 | 2.364 | 0.070 |

在房屋性质差异方面，城市社区公共服务满意度各维度均呈现出自购房群体得分最高的特点，租赁房群体在社区居住环境满意度、社区基本生活保障满意度和社

区教育满意度得分最低。这说明社区居民租住的临时住房往往缺乏足够高质量的社区公共服务，在租住房屋时，经济因素和地理因素可能是租住群体需要首要考虑的因素，而并不是居住质量因素。在社区公共服务满意度、幸福感、社会支持、社区归属感、公共服务动机和社区政治效能感等主要研究变量中，除社区归属感外，自购房群体在其他变量中均排名首位，租赁房群体的社区政治效能感、公共服务动机、社区归属感、社会支持和幸福感得分最低（见图 5-26、图 5-27）。

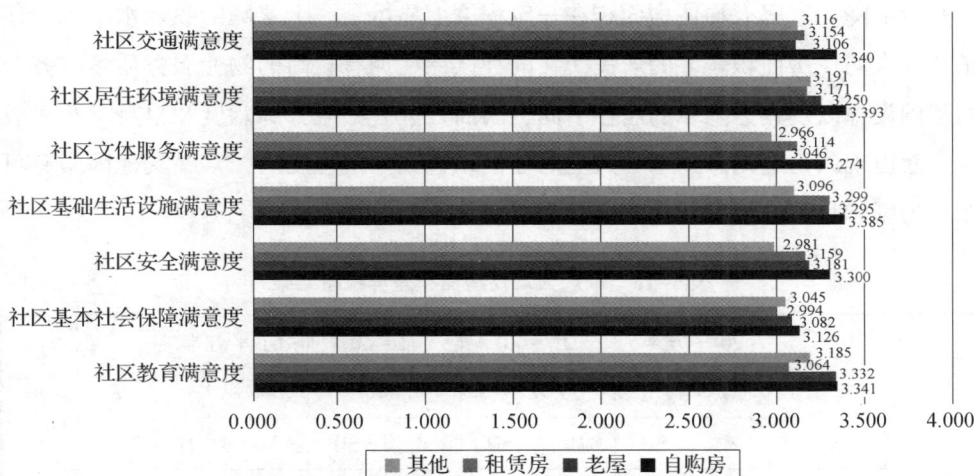

图 5-26　城市社区公共服务满意度各维度房屋性质差异

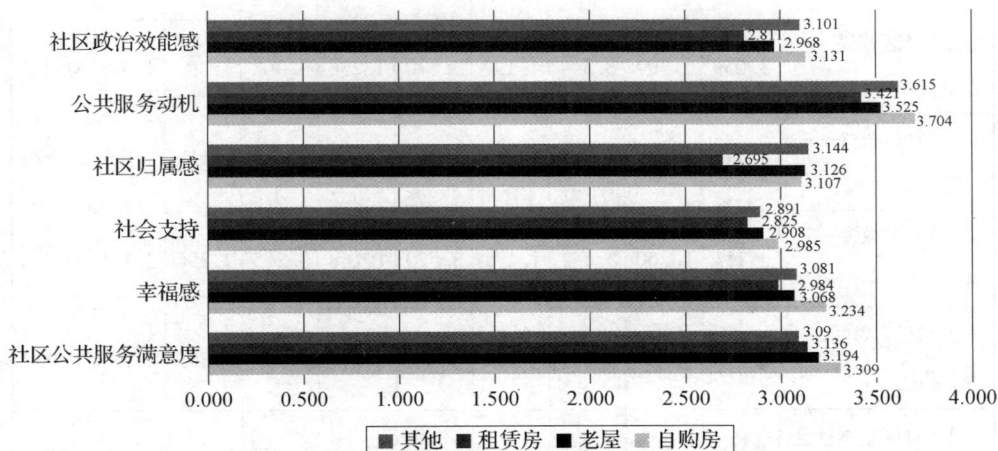

图 5-27　各主要研究变量房屋性质差异

### 5.2.8 家庭人均住房面积差异检验

在家庭人均住房面积方面，社区基本社会保障满意度中的医疗服务满意度（$p = 0.009$）、社区环境满意度中的绿化程度满意度（$p = 0.011$）、照明设施满意度（$p = 0.023$）和幸福感（$p = 0.012$）存在显著差异，并且都呈现随着人均居住面积的增长而不断上升的趋势，在人均居住面积达到61平方米出现拐点，随后有所下降。家庭人均住房面积在一定程度上显示了一个家庭的收入水平和居住条件，人均住房面积较多的居民所在的社区往往拥有较高的物业服务质量、齐全的基础设施以及较为隐私的居住空间，因而社区公共服务满意度和自身幸福感较高。而出现的拐点则意味着当人均居住面积达到一定程度后，某些其他因素有可能成为影响相关变量发展的主要原因（见表5-16、图5-28）。

表5-16　家庭人均住房面积差异检验结果

| | 20平方米及以下 | | 21~40平方米 | | 41~60平方米 | | 61平方米及以上 | | F | p |
|---|---|---|---|---|---|---|---|---|---|---|
| | M | SD | M | SD | M | SD | M | SD | | |
| 1 社区公共服务满意度 | 3.079 | 1.094 | 3.256 | 0.882 | 3.360 | 0.809 | 3.208 | 1.099 | 1.613 | 0.185 |
| 1.1 社区教育——幼儿园 | 3.059 | 1.304 | 3.344 | 1.197 | 3.370 | 1.236 | 3.308 | 1.395 | 1.541 | 0.203 |
| 1.2 社区教育——小学 | 3.218 | 1.257 | 3.415 | 1.170 | 3.490 | 1.159 | 3.317 | 1.353 | 1.077 | 0.359 |
| 1.3 社区教育——中学 | 3.151 | 1.260 | 3.441 | 1.171 | 3.520 | 1.168 | 3.275 | 1.396 | 2.126 | 0.096 |
| 1.4 社区教育——培训机构 | 3.101 | 1.380 | 3.108 | 1.190 | 3.120 | 1.104 | 3.025 | 1.399 | 0.139 | 0.937 |
| 1.5 社区基本社会保障——医疗服务 | 2.975 | 1.311 | 3.277 | 1.169 | 3.520 | 1.049 | 3.142 | 1.355 | 3.889 | **0.009** |

| | 20 平方米及以下 | | 21~40平方米 | | 41~60平方米 | | 61 平方米及以上 | | $F$ | $p$ |
|---|---|---|---|---|---|---|---|---|---|---|
| | M | SD | M | SD | M | SD | M | SD | | |
| 1.6 社区基本社会保障——养老服务 | 2.975 | 1.324 | 3.221 | 1.196 | 3.290 | 1.008 | 3.058 | 1.330 | 1.679 | 0.171 |
| 1.7 社区基本社会保障——困难家庭救助服务 | 2.950 | 1.346 | 3.067 | 1.149 | 3.220 | 1.040 | 2.917 | 1.418 | 1.335 | 0.262 |
| 1.8 社区基本社会保障——就业服务 | 2.933 | 1.376 | 2.887 | 1.174 | 3.200 | 1.005 | 2.800 | 1.363 | 2.100 | 0.099 |
| 1.9 社区安全——安全设施设备 | 3.042 | 1.374 | 3.205 | 1.184 | 3.350 | 1.038 | 3.200 | 1.351 | 1.125 | 0.339 |
| 1.10 社区安全——警务人员工作 | 3.084 | 1.325 | 3.210 | 1.167 | 3.360 | 1.106 | 3.225 | 1.399 | 0.890 | 0.446 |
| 1.11 社区安全——安全知识宣传 | 3.109 | 1.339 | 3.256 | 1.169 | 3.330 | 1.025 | 3.108 | 1.358 | 0.947 | 0.418 |
| 1.12 社区基础生活设施——超市 | 3.412 | 1.285 | 3.554 | 1.145 | 3.590 | 1.138 | 3.475 | 1.358 | 0.521 | 0.674 |
| 1.13 社区基础生活设施——理发店 | 3.202 | 1.253 | 3.400 | 1.168 | 3.400 | 1.101 | 3.325 | 1.391 | 0.743 | 0.527 |
| 1.14 社区基础生活设施——公共厕所 | 3.034 | 1.346 | 3.067 | 1.214 | 3.110 | 1.100 | 3.025 | 1.399 | 0.101 | 0.960 |

续表

| | 20 平方米及以下 | | 21~40 平方米 | | 41~60 平方米 | | 61 平方米及以上 | | F | p |
|---|---|---|---|---|---|---|---|---|---|---|
| | M | SD | M | SD | M | SD | M | SD | | |
| 1.15 社区基础生活设施——垃圾收集点 | 3.143 | 1.323 | 3.359 | 1.203 | 3.520 | 1.123 | 3.275 | 1.328 | 1.777 | 0.151 |
| 1.16 社区文体服务——文体活动场所 | 3.092 | 1.390 | 3.256 | 1.254 | 3.340 | 1.037 | 3.283 | 1.342 | 0.800 | 0.494 |
| 1.17 社区文体服务——文体设施设备 | 2.983 | 1.321 | 3.205 | 1.235 | 3.330 | 1.055 | 3.175 | 1.333 | 1.492 | 0.216 |
| 1.18 社区文体服务——文体活动种类 | 3.000 | 1.262 | 3.051 | 1.205 | 3.170 | 1.129 | 3.042 | 1.356 | 0.367 | 0.777 |
| 1.19 社区居住环境——绿化程度 | 3.185 | 1.308 | 3.559 | 1.202 | 3.680 | 0.984 | 3.592 | 1.332 | 3.747 | **0.011** |
| 1.20 社区居住环境——噪声处理 | 2.975 | 1.324 | 3.113 | 1.152 | 3.180 | 1.140 | 3.175 | 1.382 | 0.683 | 0.563 |
| 1.21 社区居住环境——照明设施 | 3.050 | 1.358 | 3.313 | 1.193 | 3.560 | 0.978 | 3.358 | 1.352 | 3.190 | **0.023** |
| 1.22 社区居住环境——小摊贩管理 | 3.092 | 1.359 | 3.282 | 1.196 | 3.370 | 1.070 | 3.367 | 1.402 | 1.234 | 0.297 |
| 1.23 社区交通——道路建设及维护 | 3.059 | 1.355 | 3.292 | 1.180 | 3.290 | 1.113 | 3.342 | 1.312 | 1.272 | 0.283 |

续表

| | 20 平方米及以下 | | 21~40 平方米 | | 41~60 平方米 | | 61 平方米及以上 | | $F$ | $p$ |
|---|---|---|---|---|---|---|---|---|---|---|
| | M | SD | M | SD | M | SD | M | SD | | |
| 1.24 社区交通——公共交通 | 3.118 | 1.421 | 3.421 | 1.120 | 3.390 | 1.163 | 3.308 | 1.333 | 1.569 | 0.196 |
| 1.25 社区交通——停车 | 3.042 | 1.349 | 3.108 | 1.194 | 3.300 | 1.142 | 3.092 | 1.420 | 0.836 | 0.474 |
| 2 幸福感 | 2.940 | 1.058 | 3.135 | 0.862 | 3.364 | 0.810 | 3.165 | 1.079 | 3.655 | **0.012** |
| 3 社会支持 | 2.908 | 1.273 | 2.868 | 1.012 | 3.063 | 1.004 | 2.947 | 1.321 | 0.662 | 0.576 |
| 4 社区归属感 | 2.946 | 1.175 | 3.022 | 0.951 | 3.246 | 0.985 | 3.050 | 1.196 | 1.541 | 0.203 |
| 5 公共服务动机 | 3.437 | 1.075 | 3.656 | 0.846 | 3.710 | 0.794 | 3.642 | 1.119 | 1.849 | 0.137 |
| 6 社区政治效能感 | 2.985 | 1.139 | 3.053 | 0.903 | 3.177 | 0.909 | 2.997 | 1.151 | 0.783 | 0.504 |

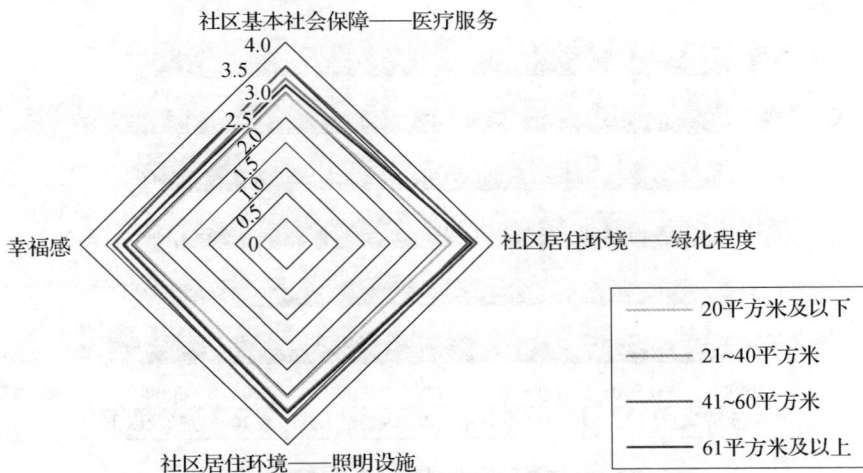

图 5-28　家庭人均住房面积差异检验雷达图

在人均住房面积差异方面，城市社区公共服务满意度各维度以及社区公共服务满意度、幸福感、社会支持、社区归属感、公共服务动机和社区政治效能感等主要研究变量中，住房面积41~60平方米这一群体的得分均为最高。人均住房面积20平方米及以下群体对社区公共服务各具体维度的满意度均为最低，同时，人均住房面积20平方米及以下群体的社区政治效能感、公共服务动机、社区归属感、幸福感和社区公共服务满意度也得分最低（见图5-29、图5-30）。

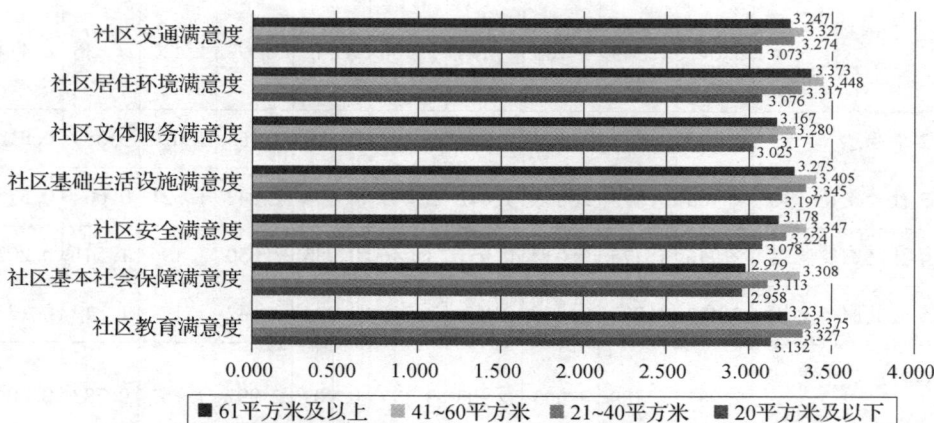

**图5-29 城市社区公共服务满意度各维度家庭人均住房面积差异**

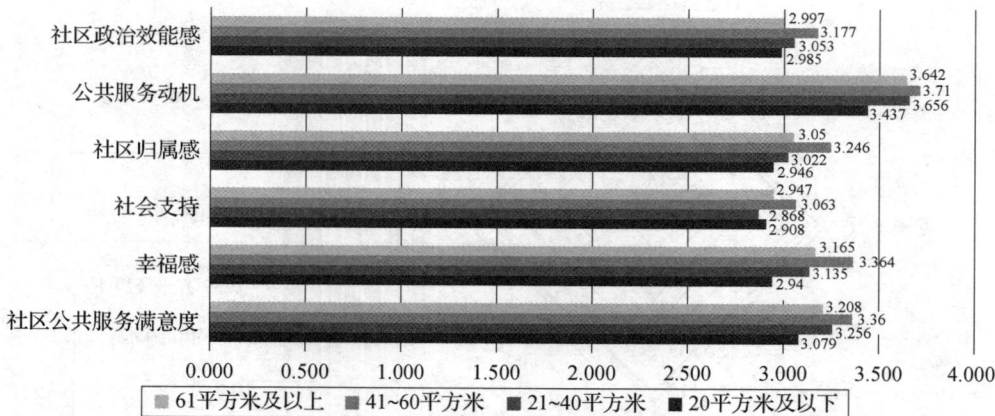

**图5-30 各主要研究变量家庭人均住房面积差异**

## 5.3 相关性分析

将性别、年龄、学历、职业、家庭人均年收入、社区类型、房屋性质和家庭人均住房面积作为控制变量，对城市社区公共服务满意度、居民幸福感、社会支持、社区归属感、公共服务动机和社区政治效能感进行偏相关分析。从表5-17中可以发现，城市社区公共服务满意度与幸福感、社会支持、社区归属感、公共服务动机和社区政治效能感均存在显著正相关关系（$r=0.700$，$p \leqslant 0.001$；$r=0.643$，$p \leqslant 0.001$；$r=0.687$，$p \leqslant 0.001$；$r=0.587$，$p \leqslant 0.001$；$r=0.634$，$p \leqslant 0.001$）。幸福感与社会支持、社区归属感、公共服务动机和社区政治效能感均存在显著正相关关系（$r=0.721$，$p \leqslant 0.001$；$r=0.768$，$p \leqslant 0.001$；$r=0.640$，$p \leqslant 0.001$；$r=0.674$，$p \leqslant 0.001$）。社会支持与社区归属感、公共服务动机和社区政治效能感显著正相关（$r=0.797$，$p \leqslant 0.001$；$r=0.530$，$p \leqslant 0.001$；$r=0.688$，$p \leqslant 0.001$）。社区归属感与公共服务动机和社区政治效能感显著正相关（$r=0.661$，$p \leqslant 0.001$；$r=0.729$，$p \leqslant 0.001$）。公共服务动机与社区政治效能感显著正相关（$r=0.611$，$p \leqslant 0.001$）。所有变量两两之间都存在显著的正相关关系，为后续研究的开展提供了基础。

表5-17  主要研究变量间的相关性分析

| | 1 | 2 | 3 | 4 | 5 | 6 |
|---|---|---|---|---|---|---|
| 1 社区公共服务满意度 | 1 | | | | | |
| 2 幸福感 | 0.700*** | 1 | | | | |
| 3 社会支持 | 0.643*** | 0.721*** | 1 | | | |
| 4 社区归属感 | 0.687*** | 0.768*** | 0.797*** | 1 | | |
| 5 公共服务动机 | 0.587*** | 0.640*** | 0.530*** | 0.661*** | 1 | |
| 6 社区政治效能感 | 0.634*** | 0.674*** | 0.688*** | 0.729*** | 0.611*** | 1 |
| 均值 | 3.226 | 3.141 | 2.931 | 3.053 | 3.614 | 3.048 |
| 标准差 | 0.974 | 0.956 | 1.145 | 1.069 | 0.961 | 1.020 |

注释：*表示$p \leqslant 0.05$；**表示$p \leqslant 0.01$；***表示$p \leqslant 0.001$，下同。

## 5.4 理论假设检验

### 5.4.1 城市社区公共服务满意度对居民幸福感的直接效应检验

运用 AMOS 构建如图 5-31 所示的结构方程模型以检验城市社区公共服务满意度对居民幸福感的直接影响，模型相关拟合指数为：$\chi^2 = 614.498$，DF = 140，$\chi^2/DF = 4.389$，RMSEA = 0.080，RMR = 0.091，NFI = 0.941，IFI = 0.954，TLI = 0.943，CFI = 0.953。拟合指数良好，表明模型具有较高的适配度，模型可以被接受。城市社区公共服务满意度对居民幸福感具有显著的正向影响，标准化路径系数为 0.570（$p \leqslant 0.001$），假设 1 成立，城市社区公共服务满意度对居民幸福感具有显著正向影响。

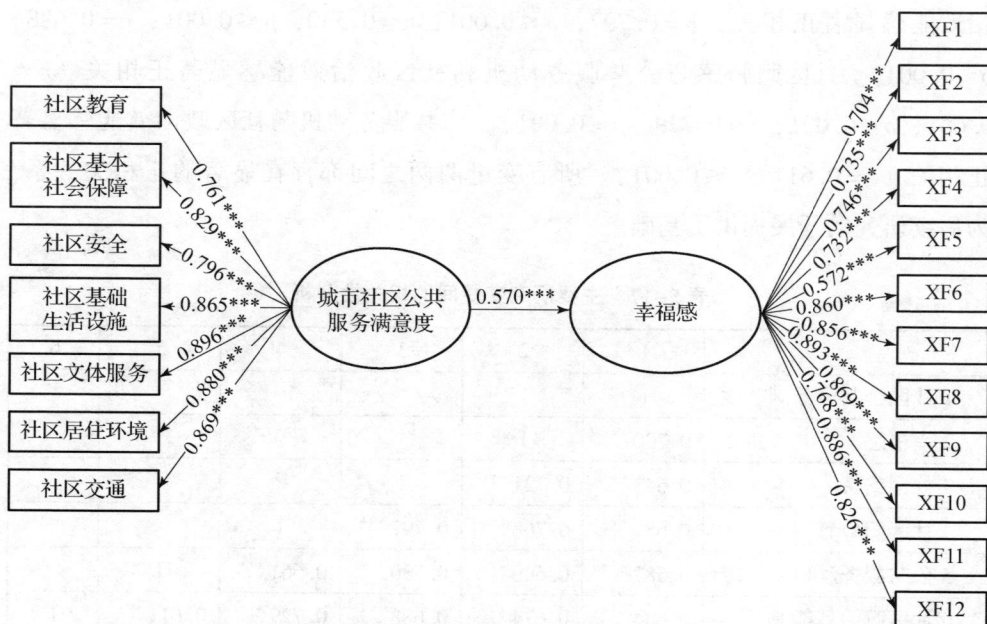

图 5-31 城市社区公共服务满意度对居民幸福感直接影响的结构方程模型

为进一步验证城市社区公共服务满意度中各个潜变量对居民幸福感的影响，本研究构建如图 5-32 所示的结构方程模型，模型相关拟合指数为：$\chi^2 =$

516.150，DF = 123，$\chi^2$/DF = 4.196，RMSEA = 0.077，RMR = 0.088，NFI = 0.950，IFI = 0.962，TLI = 0.946，CFI = 0.961。各项拟合指数良好，表明模型通过检验，具有良好的适配度。社区教育满意度和社区基础生活设施满意度对居民幸福感影响的标准化路径系数分别为 0.052 和 0.044，然而显著性检验并未通过，表明假设 1a 和假设 1d 未通过验证，即城市社区教育满意度和社区基础生活设施满意度对居民幸福感并不存在显著影响。各变量路径系数如表 5–18 所示，城市社区基本社会保障满意度对居民幸福感影响的标准化路径系数为 0.130（$p \leqslant 0.05$），假设 1b 得到验证，城市社区基本社会保障满意度与居民幸福感呈正相关关系。城市社区安全满意度对居民幸福感影响的标准化路径系数为 0.144（$p \leqslant 0.05$），假设 1c 得到验证，城市社区安全满意度与居民幸福感呈正相关关系。城市社区文体服务满意度对居民幸福感影响的标准化路径系数为 0.094（$p \leqslant 0.05$），假设 1e 得到验证，城市社区文体服务满意度与居民幸福感呈正相关关系。城市社区居住环境满意度对居民幸福感影响的标准化路径系数为 0.294（$p \leqslant 0.001$），假设 1f 得到验证，城市社区居住环境满意度与居民幸福感呈正相关关系。城市社区交通满意度对居民幸福感影响的标准化路径系数为 0.206（$p \leqslant 0.001$），假设 1g 得到验证，城市社区交通满意度与居民幸福感呈正相关关系。

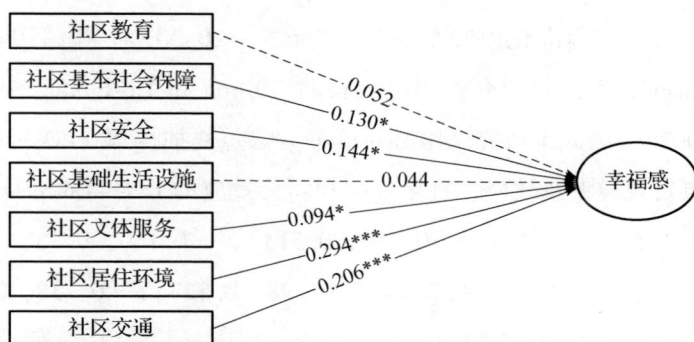

图 5–32 城市社区公共服务满意度各潜变量对居民幸福感影响的结构方程模型

表 5-18  城市社区公共服务满意度各潜变量对居民幸福感影响的路径系数

| 路径 | Estimate | S. E. | C. R. |
|---|---|---|---|
| 社区教育→幸福感 | 0.052 | 0.038 | 0.943 |
| 社区基本社会保障→幸福感 | 0.130* | 0.043 | 2.123 |
| 社区安全→幸福感 | 0.144* | 0.042 | 2.383 |
| 社区基础生活设施→幸福感 | 0.044 | 0.046 | 0.701 |
| 社区文体服务→幸福感 | 0.094* | 0.043 | 1.451 |
| 社区居住环境→幸福感 | 0.294*** | 0.052 | 4.269 |
| 社区交通→幸福感 | 0.206*** | 0.045 | 3.294 |

## 5.4.2  社会支持的中介作用检验

为检验社会支持在城市社区公共服务满意度对居民幸福感影响过程中的中介作用，构建如图 5-33 所示的结构方程模型，相关拟合指数为：$\chi^2 = 868.886$，$DF = 197$，$\chi^2/DF = 4.411$，$RMSEA = 0.080$，$RMR = 0.078$，$NFI = 0.929$，$IFI = 0.944$，$TLI = 0.934$，$CFI = 0.944$。模型拟合指数良好，表明模型具有良好的适配度。路径系数结果如表 5-19 所示，城市社区公共服务满意度对社会支持具有显著正向影响，标准化回归系数为 0.807（$p \leqslant 0.001$），社会支持对居民幸福感具有显著正向影响，标准化回归系数为 0.356（$p \leqslant 0.001$）。在结构方程模型中通常采用 Bootstrap 方法对中介作用进行检验（Efron 和 Tibshirani，1993；Shrout 和 Bolger，2002），因此本研究采用 Bootstrap 方法重复抽样 2000 次对中介作用进行检验，结果发现模型总效应、直接效应和间接效应的 Bias-Corrected 95% 置信区间分别为 [0.580，0.789]、[0.289，0.513]、[0.160，0.335]，Percentile 95% 置信区间分别为 [0.585，0.793]、[0.298，0.523]、[0.138，0.339]，置信区间内均不包含 0（见表 5-20），说明中介作用成立。假设 2、假设 3 和假设 4 成立，城市社区公共服务满意度与社会支持呈正相关关系，社会支持与居民幸福感呈正相关关系，社会支持在城市社区公共服务满意度对居民幸福感影响过程中发挥中介作用。

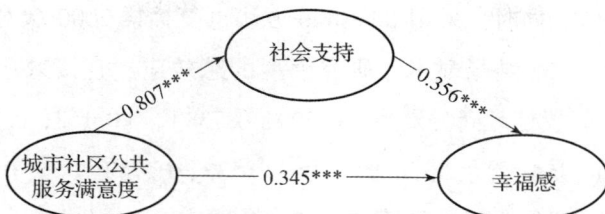

**图 5-33　社会支持的中介作用的结构方程模型**

**表 5-19　社会支持中介作用检验的路径系数**

| 路径 | Estimate | S. E. | C. R. |
|---|---|---|---|
| 社区公共服务满意度→幸福感 | 0.345 *** | 0.042 | 8.306 |
| 社区公共服务满意度→社会支持 | 0.807 *** | 0.046 | 17.620 |
| 社会支持→幸福感 | 0.356 *** | 0.036 | 9.763 |

**表 5-20　社会支持中介作用检验的 Bootstrap 结果**

| | Estimates | S. E. | Bootstrapping | | | |
|---|---|---|---|---|---|---|
| | | | Bias-Corrected 95% CI | | Percentile 95% CI | |
| | | | lower | upper | lower | upper |
| 总效应 | 0.688 | 0.053 | 0.580 | 0.789 | 0.585 | 0.793 |
| 直接效应 | 0.382 | 0.057 | 0.289 | 0.513 | 0.298 | 0.523 |
| 间接效应 | 0.306 | 0.053 | 0.160 | 0.335 | 0.138 | 0.339 |

## 5.4.3　社区归属感的中介作用检验

为检验社区归属感在城市社区公共服务满意度对居民幸福感影响过程中的中介作用，构建如图 5-34 所示的结构方程模型，相关拟合指数为：$\chi^2 = 1029.213$，$DF = 237$，$\chi^2/DF = 4.343$，$RMSEA = 0.079$，$RMR = 0.080$，$NFI = 0.921$，$IFI = 0.938$，$TLI = 0.928$，$CFI = 0.938$。模型拟合指数良好，表明模型适配度较好。路径系数如表 5-21 所示，"城市社区公共服务满意度→幸福感"标准化路径系数 $\beta = 0.268$（$p \leqslant 0.001$），"城市社区公共服务满意度→社区归属感"标准化路径系数 $\beta = 0.792$（$p \leqslant 0.001$），"社区归属感→幸福感"标准化路径系数 $\beta =$

0.469（$p \leqslant 0.001$）。同时，采用 Bootstrap 方法重复抽样 2000 次对模型的中介作用进行检验，表 5-22 结果显示，研究模型的总效应、直接效应和间接效应的 Bias-Corrected 95%置信区间分别为 [0.529，0.738]、[0.162，0.394]、[0.270，0.466]，Percentile 95%置信区间分别为 [0.533，0.742]、[0.171，0.401]、[0.262，0.458]，置信区间内均不包含 0，说明中介作用成立。因此，假设 5、假设 6 和假设 7 成立，城市社区公共服务满意度与社区归属感呈正相关关系，社区归属感与居民幸福感呈正相关关系，社区归属感在城市社区公共服务满意度对居民幸福感影响过程中发挥中介作用。

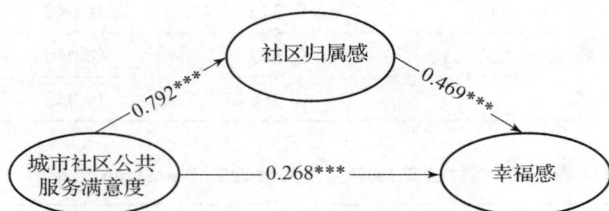

**图 5-34 社区归属感的中介作用的结构方程模型**

**表 5-21 社区归属感中介作用检验的路径系数**

| 路径 | Estimate | S. E. | C. R. |
|---|---|---|---|
| 社区公共服务满意度→幸福感 | 0.268 *** | 0.042 | 6.349 |
| 社区公共服务满意度→社区归属感 | 0.792 *** | 0.047 | 16.879 |
| 社区归属感→幸福感 | 0.469 *** | 0.045 | 10.499 |

**表 5-22 社区归属感中介作用检验的 Bootstrap 结果**

| | Estimates | S. E. | Bootstrapping | | | |
|---|---|---|---|---|---|---|
| | | | Bias-Corrected 95% CI | | Percentile 95% CI | |
| | | | lower | upper | lower | upper |
| 总效应 | 0.638 | 0.053 | 0.529 | 0.738 | 0.533 | 0.742 |
| 直接效应 | 0.278 | 0.059 | 0.162 | 0.394 | 0.171 | 0.401 |
| 间接效应 | 0.360 | 0.050 | 0.270 | 0.466 | 0.262 | 0.458 |

## 5.4.4　社会支持和社区归属感的链式中介作用检验

为检验社会支持和社区归属感在城市社区公共服务满意度对居民幸福感影响过程中的链式中介作用，构建如图 5-35 所示的结构方程模型，相关拟合指数为：$\chi^2 = 1241.419$，DF = 307，$\chi^2/\text{DF} = 4.044$，RMSEA = 0.076，RMR = 0.078，NFI = 0.918，IFI = 0.937，TLI = 0.928，CFI = 0.937。各项拟合指数良好，表明模型具有较高的适配度。路径系数结果如表 5-23 所示，"城市社区公共服务满意度→幸福感"路径的标准化系数 $\beta = 0.237$（$p \leqslant 0.001$），"城市社区公共服务满意度→社会支持"路径的标准化系数 $\beta = 0.803$（$p \leqslant 0.001$），"城市社区公共服务满意度→社区归属感"路径的标准化系数 $\beta = 0.295$（$p \leqslant 0.001$），"社会支持→幸福感"路径的标准化系数 $\beta = 0.130$（$p \leqslant 0.01$），"社会支持→社区归属感"路径的标准化系数 $\beta = 0.623$（$p \leqslant 0.001$），"社区归属感→幸福感"路径的标准化系数 $\beta = 0.374$（$p \leqslant 0.001$）。此外，为进一步检验中介作用，运用 Bootstrap 方法重复抽样 2000 次，研究结果显示，模型中介作用的三段路径的 Bias-Corrected 95% 置信区间分别为 [0.085，0.211]、[0.076，0.150] 和 [0.101，0.193]，Percentile 95% 置信区间分别为 [0.084，0.207]、[0.074，0.148]、[0.099，0.189]，置信区间内均不包含 0，说明三段中介作用均成立（见表 5-24）。因此，假设 8 和假设 9 均得到验证，社会支持与社区归属感呈正相关关系，社会支持和社区归属感在城市社区公共服务满意度对居民幸福感影响过程中发挥链式中介作用。

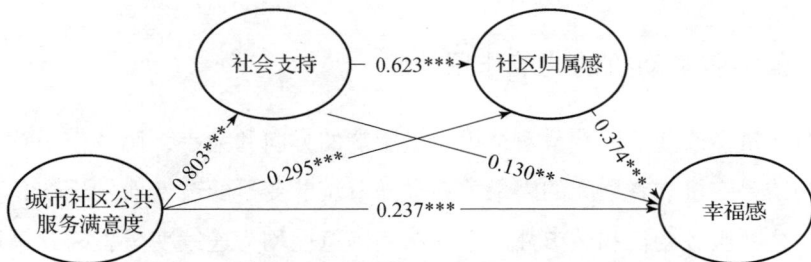

**图 5-35　社会支持和社区归属感的链式中介作用的结构方程模型**

表5-23　社会支持和社区归属感链式中介作用检验的路径系数

| 路径 | Estimate | S. E. | C. R. |
|---|---|---|---|
| 社区公共服务满意度→幸福感 | 0.237*** | 0.041 | 5.770 |
| 社区公共服务满意度→社会支持 | 0.803*** | 0.046 | 17.596 |
| 社区公共服务满意度→社区归属感 | 0.295*** | 0.042 | 7.080 |
| 社会支持→幸福感 | 0.130** | 0.050 | 2.585 |
| 社会支持→社区归属感 | 0.623*** | 0.041 | 15.085 |
| 社区归属感→幸福感 | 0.374*** | 0.061 | 6.116 |

表5-24　社会支持和社区归属感的链式中介作用检验的 Bootstrap 结果

| | Estimates | S. E. | Bootstrapping | | | |
|---|---|---|---|---|---|---|
| | | | Bias-Corrected 95% CI | | Percentile 95% CI | |
| | | | lower | upper | lower | upper |
| 间接效应（社会支持） | 0.146 | 0.032 | 0.085 | 0.211 | 0.084 | 0.207 |
| 间接效应（社区归属感） | 0.109 | 0.019 | 0.076 | 0.150 | 0.074 | 0.148 |
| 间接效应（社会支持、社区归属感） | 0.142 | 0.023 | 0.101 | 0.193 | 0.099 | 0.189 |

## 5.4.5　公共服务动机的调节作用检验

调节变量会改变前因变量对结果变量影响的方向和大小，调节作用意味着前因变量和结果变量二者之间的因果关系会随着调节变量的改变而发生变化。由于幸福感、公共服务动机和城市社区公共服务满意度均为连续变量，因此采用层级回归的方法检验公共服务动机在城市社区公共服务满意度对居民幸福感影响过程中的调节作用。根据表5-25所示，我们将居民幸福感设定为因变量，在模型一中放入控制变量作为自变量，即人口统计学变量：性别、年龄、学历、家庭人均年收入和家庭人均住房面积。在模型二中，放入城市社区公共服务满意度作为自变量，结果显示城市社区公共服务满意度对居民幸福感有显著正向影响（$\beta = 0.696$，$p \leqslant 0.001$）。在模型三中，同时放入城市社区公共服务满意度和公共服务动机，结果显示两个变量均对居民幸福感产生显著正向影响（$\beta = 0.496$，$p \leqslant 0.001$；$\beta = 0.345$，$p \leqslant 0.001$），说明公共服务动机能够显著影响居民幸福感，公共服务动机较高的个体往往具有较高的幸福感。为检验公共服务动机的调节作用，构建交互项即城市社区公共服务满意度与公共服务动机的乘积，将其放入模型四，结果显示交互项回归系数显著（$\beta = 0.124$，$p \leqslant 0.05$），说明调节作用存在，公共服务动机在城市社区公共服务满意度对居民幸福感的影响过程中发挥正向调节作用，假设 10 得到验证。社区居民的公共服务动机越高，其自身感知到的社区公共服务满意度对其幸福感的影响就越强烈。公共服务动机在城市社区公共服务满意度对居民幸福感影响过程中的调节作用如图 5-36 所示。

**表 5-25　公共服务动机的调节作用检验结果**

| | 幸福感 | | | |
|---|---|---|---|---|
| | 模型一 | 模型二 | 模型三 | 模型四 |
| 性别 | 0.039<br>(0.084) | 0.010<br>(0.060) | 0.009<br>(0.056) | 0.008<br>(0.056) |
| 年龄 | 0.056<br>(0.054) | 0.051<br>(0.039) | 0.042<br>(0.036) | 0.041<br>(0.036) |
| 学历 | 0.070<br>(0.057) | 0.078*<br>(0.041) | 0.041<br>(0.038) | 0.042<br>(0.038) |
| 家庭人均年收入 | 0.063<br>(0.034) | 0.013<br>(0.025) | 0.009<br>(0.023) | 0.010<br>(0.023) |
| 家庭人均住房面积 | 0.068<br>(0.041) | 0.051<br>(0.029) | 0.044<br>(0.027) | 0.043<br>(0.027) |

| | 幸福感 | | | |
|---|---|---|---|---|
| | 模型一 | 模型二 | 模型三 | 模型四 |
| 社区公共服务满意度 | | 0.696 *** <br> (0.030) | 0.496 *** <br> (0.034) | 0.485 *** <br> (0.034) |
| 公共服务动机 | | | 0.345 *** <br> (0.034) | 0.359 *** <br> (0.035) |
| 社区公共服务满意度 × <br> 公共服务动机 | | | | 0.124 * <br> (0.035) |
| F | 2.233 * | 88.326 *** | 102.793 ** | 89.830 *** |
| $R^2$ | 0.021 | 0.501 | 0.578 | 0.599 |
| $\Delta R^2$ | 0.011 | 0.496 | 0.572 | 0.592 |
| N | 534 | 534 | 534 | 534 |

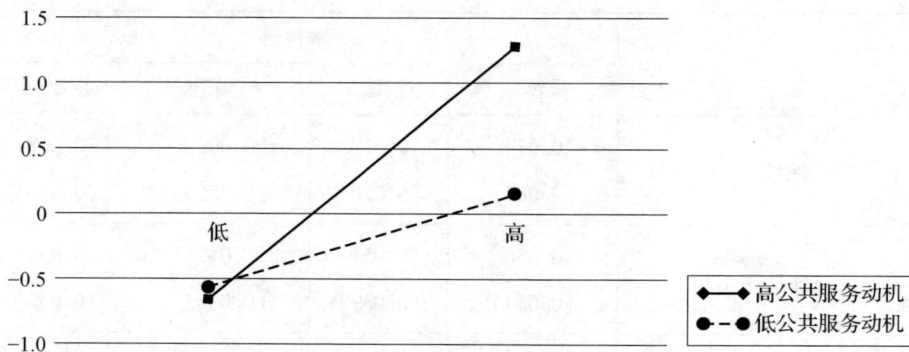

图 5-36 公共服务动机的调节作用示意

## 5.4.6 社区政治效能感的调节作用检验

为检验社区政治效能感在城市社区公共服务满意度对居民幸福感影响过程中的调节作用，采用层级回归的方法进行检验。根据表 5-26 所示，将居民幸福感设定为因变量，在模型一中放入控制变量作为自变量，即人口统计学变量：性别、年龄、学历、家庭人均年收入和家庭人均住房面积。在模型二中，将城市社区公共服务满意度放入模型中作为自变量，结果显示城市社区公共服务满意度对居民幸福感有显著正向影响（$\beta = 0.696$，$p \leq 0.001$）。在模型三中，同时放入城市社区公共服务满意度和社区政治效能感，结果显示两个变量均对居民幸福感产生显著正向影响（$\beta = 0.455$，$p \leq 0.001$；$\beta = 0.380$，$p \leq 0.001$），说明社区政治效能感对居民幸福感具有显著正向作用，社区居民的社区政治效能感越高，其自身感知到的幸福感也越高。为检验社区政治效能感的调节作用，构建交互项即城市社区公共服务满意度与社区政治效能感的乘积，将其放入模型四中，结果显示交互项回归系数不显著（$\beta = 0.019$，$p = 0.515$），说明调节作用不存在，社区政治效能感在城市社区公共服务满意度对居民幸福感的影响过程中并未发挥调节作用，假设 11 未得到验证。

表 5-26　社区政治效能感的调节作用检验结果

| | 幸福感 | | | |
| --- | --- | --- | --- | --- |
| | 模型一 | 模型二 | 模型三 | 模型四 |
| 性别 | 0.039<br>(0.084) | 0.010<br>(0.060) | 0.028<br>(0.055) | 0.027<br>(0.055) |
| 年龄 | 0.056<br>(0.054) | 0.051<br>(0.039) | 0.043<br>(0.035) | 0.045<br>(0.035) |
| 学历 | 0.070<br>(0.057) | 0.078*<br>(0.041) | 0.080*<br>(0.037) | 0.080*<br>(0.037) |
| 家庭人均年收入 | 0.063<br>(0.034) | 0.013<br>(0.025) | 0.030<br>(0.022) | 0.027<br>(0.023) |
| 家庭人均住房面积 | 0.068<br>(0.041) | 0.051<br>(0.029) | 0.050<br>(0.027) | 0.051<br>(0.027) |
| 社区公共服务满意度 | | 0.696***<br>(0.030) | 0.455***<br>(0.035) | 0.453***<br>(0.035) |

| | 幸福感 | | | |
|---|---|---|---|---|
| | 模型一 | 模型二 | 模型三 | 模型四 |
| 社区政治效能感 | | | 0.380*** (0.035) | 0.380*** (0.035) |
| 社区公共服务满意度× 社区政治效能感 | | | | 0.019 (0.022) |
| F | 2.233* | 88.326*** | 107.011*** | 93.585*** |
| $R^2$ | 0.021 | 0.501 | 0.587 | 0.588 |
| $\Delta R^2$ | 0.011 | 0.496 | 0.582 | 0.582 |
| N | 534 | 534 | 534 | 534 |

## 5.5　理论假设检验汇总

本研究聚焦于考察城市社区公共服务满意度对居民幸福感的影响机制，讨论了社会支持、社区归属感的中介作用和公共服务动机、社区政治效能感的调节作用。共计提出了 18 个研究假设，根据研究结果，共有 15 个假设得到验证，3 个假设未得到验证。研究假设统计结果如表 5-27 所示。

表 5-27　研究假设检验结果汇总

| 编号 | 假设内容 | 检验结果 |
|---|---|---|
| 假设 1 | 城市社区公共服务满意度与居民幸福感呈正相关关系 | 成立 |
| 假设 1a | 城市社区教育服务满意度与居民幸福感呈正相关关系 | 不成立 |
| 假设 1b | 城市社区基本社会保障满意度与居民幸福感呈正相关关系 | 成立 |
| 假设 1c | 城市社区安全满意度与居民幸福感呈正相关关系 | 成立 |
| 假设 1d | 城市社区基础生活设施满意度与居民幸福感呈正相关关系 | 不成立 |

| 编号 | 假设内容 | 检验结果 |
|---|---|---|
| 假设1e | 城市社区文体服务满意度与居民幸福感呈正相关关系 | 成立 |
| 假设1f | 城市社区居住环境满意度与居民幸福感呈正相关关系 | 成立 |
| 假设1g | 城市社区交通满意度与居民幸福感呈正相关关系 | 成立 |
| 假设2 | 城市社区公共服务满意度与社会支持呈正相关关系 | 成立 |
| 假设3 | 社会支持与居民幸福感呈正相关关系 | 成立 |
| 假设4 | 社会支持在城市社区公共服务满意度对居民幸福感影响过程中发挥中介作用 | 成立 |
| 假设5 | 城市社区公共服务满意度与社区归属感呈正相关关系 | 成立 |
| 假设6 | 社区归属感与居民幸福感呈正相关关系 | 成立 |
| 假设7 | 社区归属感在城市社区公共服务满意度对居民幸福感影响过程中发挥中介作用 | 成立 |
| 假设8 | 社会支持与社区归属感呈正相关关系 | 成立 |
| 假设9 | 社会支持和社区归属感在城市社区公共服务满意度对居民幸福感影响过程中发挥链式中介作用 | 成立 |
| 假设10 | 公共服务动机在城市社区公共服务满意度对居民幸福感影响过程中发挥调节作用 | 成立 |
| 假设11 | 社区政治效能感在城市社区公共服务满意度对居民幸福感影响过程中发挥调节作用 | 不成立 |

（1）城市社区公共服务满意度对居民幸福感的直接效应假设。研究结果表明城市社区公共服务满意度与社区居民幸福感具有显著的正相关关系，即当社区居民对社区公共服务的满意度越高时，其自身幸福感也越高。社区公共服务满意度中的部分潜变量也与居民幸福感显著正相关，城市社区基本社会保障满意度与居民幸福感呈显著正相关关系，城市社区安全满意度与居民幸福感呈正相关关系，城市社区文体服务满意度与居民幸福感呈正相关关系，城市社区居住环境满

意度与居民幸福感呈正相关关系，城市社区交通满意度与居民幸福感呈正相关关系。而根据研究结果发现，城市社区教育服务满意度与居民幸福感呈正相关关系的假设未得到验证，城市社区基础生活设施满意度与居民幸福感呈正相关关系的假设未得到验证。因此，假设1、假设1b、假设1c、假设1e、假设1f、假设1g成立，假设1a、假设1d不成立。

（2）社会支持在城市社区公共服务满意度对居民幸福感影响过程中的中介作用假设。社区公共服务满意度通过社会支持的中介作用影响居民幸福感。研究结果显示，城市社区公共服务满意度与社会支持呈正相关关系，居民的社区公共服务满意度越高，其自身就会感受到更多的社会支持，假设2成立。社会支持与居民幸福感呈正相关关系，即随着居民得到更多的社会支持，其自身的幸福感体验也不断增强，假设3成立。社会支持在城市社区公共服务满意度对居民幸福感影响过程中发挥中介作用，假设4成立。

（3）社区归属感在城市社区公共服务满意度对居民幸福感影响过程中的中介作用假设。社区公共服务满意度通过社区归属感的中介作用影响居民幸福感。研究结果显示，城市社区公共服务满意度与社区归属感呈正相关关系，社区居民对社区公共服务的满意度越高，其自身对社区的归属感越强烈，假设5成立。社区归属感与居民幸福感呈正相关关系，当社区居民对所在社区表现出更强烈的归属感时，其自身的幸福感水平也不断提升，假设6成立。社区归属感在城市社区公共服务满意度对居民幸福感影响过程中发挥中介作用，假设7成立。

（4）社会支持与社区归属感在社区公共服务满意度对居民幸福感影响过程中的链式中介作用假设。社区公共服务满意度通过社会支持和社区归属感的链式中介作用影响居民幸福感。研究结果显示，社会支持与社区归属感呈正相关关系，即当社区居民感受到更多的来自社区的社会支持时，将会表现出更强烈的对所在社区的归属感，假设8成立。社会支持和社区归属感在城市社区公共服务满意度对居民幸福感影响的过程中发挥链式中介作用，即城市社区公共服务满意度通过影响社会支持，进而作用于社区归属感，而后对社区居民的幸福感产生影响，假设9成立。

（5）公共服务动机在城市社区公共服务满意度对居民幸福感影响过程中的调节作用假设。研究结果显示，公共服务动机正向调节城市社区公共服务满意度对居民幸福感的影响，即当个体公共服务动机越高时，城市社区公共服务满意度对居民幸福感的影响越强烈，假设 10 成立。

（6）社区政治效能感在城市社区公共服务满意度对居民幸福感影响过程中的调节作用假设。研究结果显示，社区政治效能感未能调节城市社区公共服务满意度对居民幸福感的影响，即个体的社区政治效能感高低并不能显著地干预自身社区公共服务满意度对幸福感的影响，假设 11 不成立。

# 6 ▶▶▶▶

---

# 研究结论与讨论

---

和谐善治的社区和幸福健康的居民是社区治理的终极目标和价值追求。城市社区公共服务满意度是城市社区居民对其享受到的社区公共服务的主观认知评价，不仅体现了城市社区公共服务的质量水平，而且是地方政府基层治理绩效的直观表现。幸福感被视为能够衡量个人全面发展和社会功能健全的一个重要指标，既是个体对生活的主观意义和满足程度的一种价值判断，又是对客观条件和所处状态的一种事实判断。本研究聚焦于城市社区公共服务满意度对居民幸福感的影响机制，探讨社会支持和社区归属感在这一影响过程中的中介作用，以及公共服务动机和社区政治效能感的调节作用。在本章中，我们将对通过实证研究得出的结论进行总结，并联系社区实际状况进行讨论，进而提出政策建议以及研究不足和未来展望，以期丰富有关城市社区公共服务和幸福感的研究内容，为后续相关学术研究和具体实践工作提供有重要价值的参考。

## 6.1 研究结论

### 6.1.1 城市社区公共服务满意度对居民幸福感的直接影响

研究结果显示，城市社区公共服务满意度与居民幸福感呈显著正相关关系，即当社区居民认为其享受到高效优质的公共服务时，其自身的幸福感体验将处于较高水平，反之，当社区公共服务质量下降时，其自身幸福感体验也有所降低。本研究的研究结果也在一定程度上验证了之前相关学者的研究，论证了公共服务与居民幸福感之间的关系（马亮，2013；冯亚平，2015；赵洁，杨政怡，2017；许海平，傅国华，2018；廖福崇，2020；朱春奎等，2022；申韬等，2023）。然而现有关于公共服务与居民幸福感的研究，往往从宏观视角出发探讨公共服务政策、基本公共服务供给、政府购买公共服务、公共服务支出或公共服务绩效对城市或者农村居民幸福感的影响（卢盛峰，陈思霞，2014；伍如昕，2017；杨阳等，2022；申韬等，2023），却在一定程度上忽略了从中观视角出发考察城市社区公共服务对居民幸福感的影响。随着"单位制社会"的逐渐瓦解，社区越来越多承担起了曾经嵌入单位中的公共服务职能和社会管理职能。社区作为社会的基层组织单位，社区治理便成为社会治理系统的基层单元，在推进国家治理体系和治理能力现代化的过程中发挥着基础性的作用。城市社区作为居民日常生活的重要场所，如何为社区居民提供更为优质的公共服务以满足社区居民日益多样化的物质文化需求、提升居民自身幸福感体验成为社区治理的重要追求。在实践层面，全国各地关于"幸福社区"的建设已经开展多年，积累了丰富的实践经验并取得了一定的成效，幸福社区建设成绩斐然，然而理论层面的研究相比较而言却依然十分欠缺。建设幸福社区是落脚点，是提升所有生活在社区范围内居民的幸福感，使居民日常生活的社区成为管理有序、服务完善、文明祥和的社会共同体。社区居民的幸福体验也从侧面反映了一个地区社区政策的优劣（Cummins，2018），实际上也体现了地方基层治理和社区建设发展的实际成效。根据本研究的结论，城市社区公共服务对于提升社区居民的幸福感具有重要作用，也为实践层面提升社区居民幸福感提供了理论上的支撑。以往的研究往往将公共服务满意度作为结果变量，探讨哪些因素可以影响居民的公共服务满意度。诚然，如何提升公共服务质量是政府的重要职能之一，同样也是众多学者研究关注的焦点，因此探讨如何提升居民的公共服务满意度，对提升政府治理绩效和回应民生需求具有重要意义和显著作用。然而，随着服务型政府建设的开展和居民需求的日益多样化，公共服务满意度也应该作为前因变量进行考量，探讨公共服务满意度提升之后由此引发的对城市发展或个体心理带来的后续影响，有助于促进地方政府在治理过程中把握建设规律和实现持续发展。因此，本研究将城市社区公共服务满意度作为自变量，从城市社区发展的视角出发，探讨城市社区公共服务满意度对社区居民幸福感的影响。

本研究参考有关城市公共服务满意度的研究成果，对现阶段城市社区公共服务满意度各潜变量的情况进行了分类考察，并实证检验了城市社区教育服务满意度、城市社区基本社会保障满意度、城市社区安全满意度、城市社区基础设施满意度、城市社区文体服务满意度、城市社区居住环境满意度、城市社区交通满意度与居民幸福感之间的关系。研究结果发现，城市社区公共服务满意度 7 个维度中，分值由高到低依次为社区基本生活设施满意度（3.308±1.077）、社区居住环境满意度（3.300±1.062）、社区教育满意度（3.271±1.134）、社区交通满意度（3.233±1.117）、社区安全满意度（3.204±1.144）、社区文体服务满意度（3.158±1.192）、社区基本社会保障满意度（3.085±1.130）。在目前城市社区建设过程中，随着社区硬件基础设施建设水平的不断提升，目前大部分社区已经配备了数量足、质量高的现代化的社区基础设施，社区基础生活设施能够满足社区居民日常生活的各种需求，社区居民对社区基础硬件设施方面满意度最高。社区居民也普遍认为目前社区内部环境较好，而且在社区内部及周边可以获得相对令人满意的教育资源，社区硬件环境和教育资源也成为城市居民选择居住社区的重要考虑因素。而社区居民普遍对社区基本社会保障服务感到不满意，这可能由于医疗服务、养老服务等基本社会保障与居民日常生活相关性较高，居民对其期望往往较高，而当现状无法达到自身原有期望时，则会导致满意度的降低。同时也说明社区社会保障服务在现阶段的供给过程中需要进行一定的改进和提升，从而更有针对性地满足社区居民自身多元需求。

通过差异检验，本研究发现，性别、年龄、学历、家庭人均年收入、家庭人均住房面积、社区类型和房屋性质等方面的居民城市社区公共服务满意度均存在一定的差异性。初中及以下学历群体、公租房社区居民群体、人均住房面积 20

平方米及以下群体在城市社区公共服务满意度各具体维度方面均得分最低。人均住房面积 41~60 平方米群体、自购房群体、家庭人均年收入 8 万~10 万元群体、单位制社区居民群体的城市社区公共服务满意度各维度得分均为最高。因此，社区治理多元主体需要有针对性地对不同群体得分较低的方面进行专门提升。

城市社区公共服务满意度各具体维度与居民幸福感之间的关系方面。结果显示，城市社区基本社会保障满意度、城市社区安全满意度、城市社区文体服务满意度、城市社区居住环境满意度、城市社区交通满意度均与居民幸福感之间存在显著的正相关关系。社会保障通过对国民收入的再分配从而保障社会公民的基本生活质量，作为最基本的民生问题，对缩小社会贫富差距、维护社会稳定具有重要作用。以往研究发现，参加医疗保险和养老保险等各类社会保险的居民往往自身的幸福感水平也相对较高（孙良顺，2016；侯志阳，2018；王震，刘天琦，2021；褚雷，邢占军，2022；谢娅婷等，2023；姜茂敏，涂爱仙，2023）。基本社会保障满足了城市社区居民的生活需求和安全需求，当社区居民生病或家庭出现困难状况以及年老时，可以依然享受到一定的生活保障，基本生活需求的满足能够有效提升社区各年龄段居民的幸福感水平。社区安全保障了社区居民日常生活的人身安全和财产安全，满足了社区居民的安全需求。安全感与幸福感之间具有显著的正相关关系（Cummins，2012；胡三嫚，钟华，2015；唐鑫，2017；聂建亮，钟涨宝，2017；黄晴，徐雅静，2021；湛东升等，2023）。生活在城市社区中的居民只有感受到足够的安全感，才有可能主动地参与社区公共事务以及沉浸于日常的生活和工作中，进而获得幸福体验。而当社区居民无法保障自身的人身安全和财产安全时，就难以正常地参加各类活动以及沉浸于平时的正常生活，幸福体验难以获得。参与文体活动能够显著提升居民幸福感（Bailey，2012；Ruseski 等，2014；刘米娜，2016；蒲毕文等，2023；满江虹等，2023）。城市社区文体服务为社区居民提供了日常休闲的场地和设施设备以及丰富多样的活动内容，社区居民可以通过参加形式多样的社区文体活动，一方面结识更多的社区朋友，丰富自身的人际关系网络，另一方面可以通过文化体育活动，提升自身身心健康水平，从而自身幸福感水平也得以显著提升。居民日常的生活环境对其自身的幸福感具有重要影响（Mair 等，2008；张聪，慈勤英，2016；Dong 和 Qin，2017；刘旭辉，于一凡，2023；高子茗，吕洋，2023）。社区环境不仅包括社区自然环境也包括社区人文环境，良好的自然环境有利于社区居民身体健康，浓厚的文化氛围则有助于推动社区居民积极参与社区文化活动，社区自然环境和人文环境共同作用于社区居民的幸福感。通勤时间是影响居民幸福感的重要因素（Dickerson 等，2014；Martin 等，2014；Chng 等，2016；胥建华，韩云月，2019；王丽艳等，2023）。便利的社区交通可以节省社区居民由居住地前往工作场所的时间，通勤时间的缩短可以提升居民通勤效用，进而有利于居民幸福感水平的提升。

## 6.1.2  社会支持的中介作用

研究结果显示，社会支持在城市社区公共服务满意度对居民幸福感的影响过程中发挥中介作用，即城市社区公共服务满意度通过社会支持作用于居民幸福感。这一结论也验证了之前关于社会支持与幸福感之间关系的研究（Chan 和 Lee，2006；Kafetsios，2006；徐岩，2017；Hori 和 Kamo，2017；朱俊红等，2018；刘志侃，程利娜，2019；贺青霞等，2021；袁爱清，朱国丽，2022）。社会支持的主体来源一般分为政府机构和非政府组织。政府机构如民政部门、基层政府以及街道办事处等通过制定相关政策参与社区建设，一方面直接提供有关人力和物力等方面的资源支持，另一方面积极创造机会及平台引导多元主体共同参与社区公共服务供给。非政府组织在社区公共服务供给中也承担了重要角色。居民委员会是居民自我管理、自我教育、自我服务的基层群众性自治组织。《中华人民共和国城市居民委员会组织法》规定了居民委员会的主要职责，如"协助人民政府或者它的派出机关做好与居民利益有关的公共卫生、计划生育、优抚救济、青少年教育等项工作"，这一规定为居委会参与社区公共服务做出了进一步要求。同时，由于社区居委会的主任、副主任和委员等均由社区居民选举产生，因此社区居委会在联系群众以及调动社区居民积极性等方面具有极大优势。市场组织主要通过合同生产、特许经营等形式向社区居民提供优质的公共服务。例如，社区业主委员会通过订立合同的形式将所在社区的物业管理服务委托给特定的物业服务公司，社区学校、社区养老院等服务由市场组织特许经营。市场组织在公共服务供给方面通常具有较高的供给效率和有效的灵活性，可以根据社区居民个体多元化和个性化的需求有效提供相对应的服务。由于政府机构和市场组织都存在失灵的情况，社会组织在社区公共服务供给中也发挥了巨大作用。社会组织不但可以直接为社区公共服务提供必要的资金和人力支持，而且也搭建了社区治理多元主体之间的沟通交流平台。社会组织参与社区公共服务，不但可以提供种类丰富的具有人文关怀的服务，以满足社区居民多种类多层次的需求，同时也有利于居民参与行为的产生和社区居民自治水平的提升。Barrera 和 Ainlay（1983）从社会支持的类型上分析，认为社会支持不仅包括物质上的资助，还应包含紧密的社会交往行为。社区资源支持、社会网络支持和交往行为支持均有利于社区居民幸福感水平的提升。社区公共服务为社区居民提供了日常生活休闲的必要设施设备和活动场地，保障了社区居民的基本生活需要，种类丰富的文体活动和完善的社区服务体系不仅有利于社区居民身体健康，同时也为居民创造了相互结识的环境和彼此联系的桥梁。社区居民频繁深入互动离不开一定的具体空间为支撑，居民在共同的物理或虚拟空间内存在是社区邻里互动产生的重要基础。分布合理且质量较高的社区公共空间及相应的社区基础设施的存在，能够有效提高社区居民邻里互动和自发活动的出现频率。在社会支持基础上的社区互动，不仅有助于激发社区居民公共行为的产生，推动社区居民积极参与社区公共事务。在积极参与社区公共事务的过程中，社区居民能够有效感知到社区治理主体对自身多元需求的有效回应，同时与社区成员之间进行深入的交流，进而满足社区居民自身的物质需求和精神需求，其自身幸福感也随之不断提升。

### 6.1.3 社区归属感的中介作用

研究结果显示，社区归属感在城市社区公共服务满意度对居民幸福感的影响过程中发挥中介作用，即城市社区公共服务满意度通过影响居民的社区归属感进而作用于其幸福感。这一结论验证了众多学者提出的关于提升社区归属感以推动社区治理的判断（刘筱，邹燕平，2010；唐有财，侯秋宇，2017；朱健刚，何瑞，2017；方亚琴，夏建中，2019；杨秀勇，高红，2020；王玉栋，2022），以及关于社区归属感与居民幸福感之间关系的研究（Davidson 和 Cotter，1991；Yetim，2014；Ng 和 Fisher，2016；李东等，2020；叶静，张戌凡，2021）。社区是一种内在具有亲密情感的社会共同体，社区所特有的亲密情感属性是社区存在的基础性特征。相比于农村社区，城市社区社会结构相对复杂，人际关系相对较为松散。随着城市化进程的持续加速，城市社区呈现出新的空间特征：社区功能的片面化、社区内社会关系的单一化以及社区的开放性（方亚琴，夏建中，2019）。社区内人际关系的简单化削弱了城市社区在社区居民日常生活中的重要地位，弱化了社区居民原有的在社区内部进行人际交往的需求，而城市社区所具有的开放性不仅促进跨社区关系的发展，同时减少了社区居民对自身所在社区的依赖，这也在一定程度上造成了城市社区内部邻里关系的疏远与人际关系的淡漠。而社区归属感则从一个侧面体现了社区居民个体与社区组织整体之间的链接深度和紧密关系，因此，社区归属感对于城市社区建设和基层治理效果而言尤为重要。社区归属感体现了社区居民对自身所居住社区的价值认同和情感依恋，是社会地域生活共同体的重要情感基础，也是社区秩序建构的重要基础。社区归属感能帮助居民逐渐适应和完全融入自身所在的社区，在社区中获得多种支持，从而形成一种有关社区的"共同体"的意识。社区作为聚集了私人物品和公共物品的生活地域空间，社区居民不仅有保护自身私有财产的需要，同时也对社区公共服务的供给提出了更为多样化的要求。社区归属感来源于社区居民对社区的满意度，即社区公共服务水平对社区居民日常需求的满足程度（单菁菁，2008）。根据社会比较理论，社区居民会将自身所在社区的公共服务水平与其他社区进行比较，低质量的社区公共服务会刺激社区居民产生离开现在所居住社区的想法，而高质量的社区公共服务则能够让社区居民感受到更多的社区归属感。这一方面是由于良好的社区基础设施和基本公共服务满足了社区居民的基本生活需求，另一方面来源于在公共服务供给过程中居民积极参与所创造的良好的社区人际关系及和谐的社区氛围。社区居民个体和社区多元主体在互动中形成的互惠、信任、合作的关系对自身社区归属感的提升具有重要促进作用。社区居民对所处社区内部公共事务较为熟悉，倾向于通过自愿协商等形式达成共识和表达自身偏好，因而通过社区参与提供的公共服务更能满足社区居民的需求偏好，这也凸显了不同利益主体之间相互抗争、妥协、合作的公共性内涵。而社区公共性和居民自治性的缺失则往往导致了社区内部居民之间的联系松散，无法进行有效的自治行为和集体行动，从而导致了社区治理的无效和失效。同时，社区内部良好的人际关系和通过社区参与表达自身诉求以及形成的归属感和自豪感均对社区居民幸福感的提升具有重要意义（Diener，1994；Myers，1999；Brouns，2009；李东等，2020；徐旻霞，郑路，2022）。因此，高质量的社区公共服务通过提升社区基础设施水平和创造居民参与平台培育居民的社区归属感，进而满足了个体处于社区环境内的情感归属等多元需求，因而推动其自身幸福感体验得以提升。

## 6.1.4　社会支持和社区归属感的链式中介作用

研究结果显示，社会支持和社区归属感在城市社区公共服务满意度对居民幸福感的影响过程中发挥链式中介作用，即城市社区公共服务满意度通过提升居民社会支持感知，进而提升居民自身的社区归属感水平，最终使得个体幸福感也随之提升。这一结论验证了相关学者关于社会支持和社区归属感的研究（Vieno等，2007；Kutek等，2011；Oh等，2014；梁晓燕等，2015；曾润喜等，2016；袁文萍等，2020；兀巍，2022）。安东尼·吉登斯的结构化理论认为城市社区是城市居民与社会制度等要素之间长期相互作用而形成的社会关系。社会结构既能够推动个体在社会中开展行动，又对居民个体的行动进行了一定的限制；个体的行动既在一定程度上改变了社会结构，同时也有效地维护了结构的稳定性。Eisenberger 和 Stinglhamber（1986）从组织行为的视角提出了组织支持感，即员工感受到的来自组织单位的支持，与个体的工作满意度和组织承诺显著相关。社区社会支持不仅是社区内部社会资源的支持，更重要的是通过社区秩序维持和关系重构，从而实现社区居民个体对社区整体的情感喜爱、认同与依恋。个体对群体的认同意识会对个体的行为方式产生巨大的影响，个体通常会通过社会比较和社会分类等策略以选择不同的行为方式（Tajfel 和 Turner，1979）。社区内异质性程度能够影响居民个体与社区邻里之间的互动程度和参与社区公共事务的强度，社区内群体异质性程度越高，居民参与社区活动的意愿越低，同时社区居民对社区依恋程度也越低（Rice 和 Steele，2001）。当社区居民感知到来自社区的社会支持时，他们就有可能对社区建设表现出足够的责任心，并试图通过内在的社区身份认同从而融入社区，实现对社区社会支持的回报。这样的一个社区融入的过程并不是由社会支持直接刺激产生的，而是伴随着一定的个体自身内部的自我反思，即社区居民个体在感知到社区社会支持后，会对自身内在的社会观念和情感认知进行重新构建，进而在个体行为方面做出相对应的改变，即通过个体自身心理层面的社区社会支持感知实现个体自身行为层面的社区融入。此外，居住在同一社区的居民由于共同生活在一个可界定的空间范围之内，从而在一定程度上会产生具有共同性的问题与共同的生活需求。由此，社区居民会积极寻求有关办法来解决所面临的共同问题和满足彼此的共同需求，社区内邻里之间的互助与合作所形成的种类多样的社会支持能够进一步激发居民对自身所在社区的情感归属。具体而言，社区基本社会保障服务的提供为社区某些特殊群体感知社会支持进而融入社区和提升幸福感做出了贡献。例如，为社区困难家庭提供救助服务，为社区老年人提供养老服务，为社区居民提供便捷的医疗服务等，社区居民感知到了来自社区专业化、组织化的社会支持。在这样具体的稳定的长期的社区公共服务供给过程中，社区居民会更加倾向于主动融入社区，感知到社区所给予其巨大的支持，其自身的社区归属感也会得以逐步提升。Ryan 和 Deci（2000）根据自我决定理论认为，幸福感的产生源自个体能力感和归属感等心理需求的满足程度。当个体遇到来自外界歧视的压力时，群体情感认同可以帮助高归属需要的个体维持一定的幸福感体验（刘霞等，2013）。在社区中，当社区居民意识到自己被社区群体所接纳，其来源于社区群体内部的地位感和价值感体验也不断增强，对社区的认同、喜爱和依恋促进了其幸福感水平的不断提升。

### 6.1.5 公共服务动机的调节作用

研究结果显示，公共服务动机在城市社区公共服务满意度对居民幸福感的影响过程中发挥调节作用，即当社区居民的公共服务动机越高时，城市社区公共服务满意度对其幸福感的影响就越强，当公共服务动机越低时，城市社区公共服务满意度对其幸福感的影响就越弱。公共服务动机视角下的基层治理能力指的是，存在于基层治理主体内在的能够对其所供给的公共服务的质量及效率等方面产生巨大影响的一种支配力、吸引力和柔性力（张平等，2021）。公共服务动机是一种主动利他的亲社会动机，不仅能够直接促进个体幸福感体验或工作满意度（朱春奎，吴辰，2012；Taylor，2014；Homberg 等，2015；郑楠，周恩毅，2017；刘华兴，2020；黄斯琦，姜雨峰，2023），同时可以调节个体工作压力对幸福感的消极影响（Liu 等，2015），增强使命效价对公务员工作幸福感的影响（葛蕾蕾，陈昱睿，2022）。动机作为个体的心理内部倾向和驱动力，是激发和维持个体行为的重要因素，动机系统是一种结合了利己与利他等众多因素的混合系统。以追求公共利益为导向的公共服务动机是一种利他动机，而这里的"他"并不是私人领域的个人，而是指存在于公共领域的人民、社会以及国家等。公共服务动机是个体自愿为公共服务做出努力的动机而不仅仅是服务于公共部门的动机（Brewer 和 Selden，1998）。具有较高公共服务动机的个体会积极参与到政府服务的过程中，并进行有利于提高公共利益的工作实践（Brewer 等，2000）。公共服务动机就是个体在社会公共领域进行的有利于他人和能够提升社会福祉的动机和行为（Perry 和 Hondeghem，2008）。居住于社区中的个体如果认为自己可以在社区活动中有所作为或认为自己有责任参与社区公共事务，那么他们会更为积极地融入社区生活，也更倾向于在社区事务中解决问题（Keeter 等，2002）。社区是社区居民生活和活动的公共空间，社区公共服务的供给除了市场组织以外，同样也离不开自治组织、社会组织以及居民集体的参与。公共服务动机对社区居民积极参与社区活动具有显著的促进作用，具有较高公共服务动机的社区居民往往在公共利益承诺、同情心、公共决策吸引等方面表现得更加显著（熊婉彤，周永康，2021）。相比于市场组织依靠金钱激励员工，自治组织及社会组织更多依靠的是员工自身的公共服务动机，而公共服务动机也凸显了社区治理过程中的公共价值和公共利益。大量研究发现公共服务动机与组织公民行为、工作绩效以及组织绩效密切相关（Alonso 和 Lewis，2001；Kim，2006；Paarlberg 和 Lavigna，2010；Bellé，2013；Nowell 等，2016；陈振明，林亚清，2016；谢明，刘巧虹，2021；陈鼎祥，刘帮成，2021）。因此，当个体具有较高的公共服务动机时，由于他们并不看重金钱、物质回报，往往会表现出更高的参与社区自治组织和社会组织的意愿，期望在参与的过程中无私地奉献自己和帮助他人。因此也会表现出更高的组织公民行为和个体绩效产出，从而以一种更高效和更积极的态度为社区提供更为优质的公共服务，持续优化提升社区公共服务质量。同时，由于高公共服务动机的个体拥有与公共利益更为一致的价值观，往往具有较高的热情和期望，从而更有可能表现出积极参与社区公共服务的意愿和行为，追求社区内部公共利益的最大化，个体自身的价值理念与组织的价值理念更为契合，因此在这一过程中会体验到较高的满意度和幸福感。

## 6.1.6 社区政治效能感的调节作用

研究结果显示，社区政治效能感在城市社区公共服务满意度对居民幸福感的影响过程中并未发挥调节作用，原假设未得到验证。政治效能感是公民个体认为其自身能够在政治变革和社会变革中发挥影响力的心理知觉，是推动个体践行公民责任的重要心理因素（Campbell，1954）。政治效能感作为个体自身的政治态度，具有一定的行为预测功能，因此有大量研究发现其与个体的政治参与行为紧密相连（Thomson，2009；Krap，2013；Hu 等，2015；徐延辉，李明令，2021；汤志伟，叶昶秀，2022；张新文，陆渊，2023）。也有研究发现，政治参与能够有效促进个体政治效能感的提升，阿尔蒙德和维巴（2014）在其著作中论述道，如果地方政府允许社会公众进行广泛的政治参与，那么就能够有效提升公民个体参与公共事务的效能感。然而，在现实政治生活中，政治效能感与个体的政治参与行为并非简单的因果关系，即使个体自身具有一定的政治效能感，但是也并不意味着一定会转化为政治参与行为（李蓉蓉，2014）。一方面，个体政治效能感转化为政治参与行为需要一定的激发条件，即现实社会的政治系统需要满足个体的某些内在需求，或者由于其自身的某些利益被现实中的政治系统所影响从而刺激其将自身政治效能感转化为政治行为。另一方面，由于政治参与类型种类繁多，生活在社区内的居民最常见的政治参与形式是常规的政治投票，而其他非常规的政治参与行为则较为少见。同时，由于个体间的差异，政治效能感的稳定性和强度等往往也由于个体的文化背景等因素存在一定的差异性。有研究发现，台湾地区在校女性大学生的政治效能感显著高于在校男性大学生（陈陆辉，陈映男，2013），年轻群体的政治效能感显著高于老年群体（Easton 和 Dennis，1967），受教育程度越高的个体往往具有越高的内在政治效能感（黄信豪，2005）。居民参与社区公共服务，不仅需要个体通过选举等形式参与社区自治组织，同时也包含社区居民积极参与社区内有关公共服务供给的相关活动。从另一个角度分析，由于政治系统的稳定性，在现实生活中，很难出现所有政治效能感高的个体全部都参与政治活动的现象。为了维持政治系统的正常运转，只有部分政治效能感高的个体在一定外部因素的刺激下，才有可能表现出更多的政治参与行为。由于政府组织、社区自治组织、社会组织和市场组织在社区公共服务供给过程中的角色和功能的不同，因此社区公共服务的供给是一个多元主体共同参与、彼此协作的过程，各个主体在这一过程中都扮演了非常重要的角色。社区居民可以积极参与社区公共服务供给过程，在参与和服务的过程中实现自身需求的满足，从而获得幸福体验。

## 6.2  讨论

### 6.2.1  社区公共服务供给的多重约束

研究结论发现，城市社区公共服务对居民幸福感具有重要影响，城市社区内种类丰富、高水平的公共服务满足了社区居民的多元需求，从而提升了其自身的内在幸福体验。本研究结果也验证了之前有关学者的研究结论（马亮，2013；冯亚平，2015；赵洁，杨政怡，2017；伍如昕，2017；许海平，傅国华，2018；张应良，徐亚东，2020；龙学文等，2022；朱春奎等，2022），公共服务可以显著提升居民幸福感。社区公共服务与社区居民的日常生活密切相关，本研究从城市社区的视角分析，发现城市社区公共服务与社区居民自身幸福体验之间的重要关系。然而在实践过程中，社区公共服务供给依然会受到多种现实因素的制约，使得社区公共服务无法完全满足社区居民的多元需求，从而导致社区居民幸福体验的降低。因此，需要对社区公共服务供给的相关约束条件进行探讨，从而提高社区公共服务供给效率和质量水平，避免公共服务"供需错位"等问题的发生，有助于有针对性地满足社区居民的多元需求，促进社区居民幸福感水平的提升。具体而言，社区公共服务供给过程中存在交易成本约束、公共价值约束、财政约束和制度约束等多种约束条件（见图6-1）。

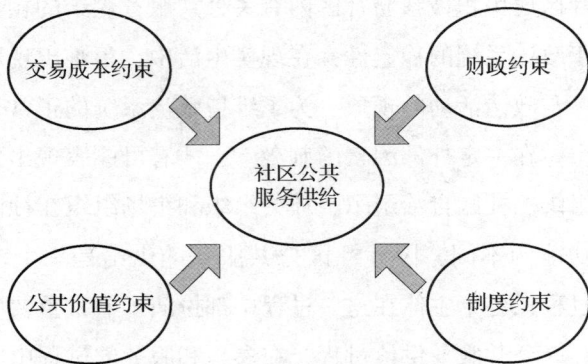

图6-1　城市社区公共服务供给的多重约束

### 6.2.1.1　交易成本约束

根据交易成本理论，不论地方政府在公共服务供给过程中选择内部生产还是外部购买的方式，均不可避免地会受到交易成本的制约。交易成本即为了达成交易所产生的成本，具体可以分为事前交易成本和事后交易成本。事前交易成本主要来自信息不对称以及谈判和签约等过程中产生的成本，而事后交易成本则由政策执行、监督和反馈等成本构成。然而需要注意的是，不同公共服务的属性以及交易对象的特性都有可能对交易成本造成影响。因此，在政府选择采取自身内部生产或是外部购买社区公共服务时，需要对这一过程中产生的交易成本进行衡量和综合考虑。

党的十八届三中全会明确要求引入竞争机制，通过合同和委托等形式向社会购买服务。财政部印发的《政府购买服务管理办法》也于2020年3月1日起正式施行，在这一文件中对购买内容和目录、购买主体和承接主体、购买活动的实施、合同及履行、监督管理和法律责任等进行了规定，并明确了政府购买服务的"负面清单"。由此可见，政府购买服务已经成为地方政府提供公共服务的重要方式，而且将在未来公共服务供给过程中继续发挥更大的作用。作为一项重要的公共服务供给方式，合同外包通过引入市场机制，将政府自身非核心服务职能委托于市场或社会力量，能够缩减政府财政开支、降低政府成本并且提升政府服务效率、改善政府服务质量（萨瓦斯，2015；王雁红，2016；蓝剑平，詹国彬，2016）。在这一模式下，尽管公共服务的供给方是营利组织或非营利组织，但是由于外包资金仍然来源于政府税收，且有关公共服务的具体内容的决定权仍然由公共政策制定者掌握，因此服务外包仍然保持了公共服务的公共性和公益性。公共服务合同外包过程中所产生的存在于公共部门内部的管理费用以及公共部门外部的市场交易费用都可以称之为公共服务的交易成本。黄新华（2013）认为公共服务合同外包中存在信息成本、争议成本、谈判和决策成本、寻租成本、监督成本以及违约与转换成本。

　　社区公共服务合同外包本质上意味着公共部门以更低的成本提供更优质的社区公共服务，然而合同外包也存在一定的风险。有学者通过元分析发现，合同外包与政府节约成本之间并无较大关联（Boyne，1998）。宋世明（2016）通过对美国开展政府公共服务市场化的经验进行分析，发现公共服务市场化并没有带来经济性、效率性与效能性的提升。公共服务市场化的过程中容易出现公共性缺失的问题（梅锦萍，2016），公共服务市场化实际上是一种按照私人部门希望的提供公共服务的方式，这一方式往往只关注短期效应，因而往往会导致社会中差异和不平等的持续扩大（句华，2006）。因此，在社区公共服务合同外包过程中，有以下几点需要注意。首先，由于不确定性和信息不对称的存在，交易的主体之间很难对未来发生的情况进行完整和准确的预判，因而无法对合同细节开展具体化的操作。交易成本理论假设认为代理方追求自身利益最大化，因此，在这种不确定性的前提下，政府部门需要警惕合同外包承担单位可能发生的机会主义行为。其次，社区公共服务外包的有关法律法规不完善。虽然各级政府都制定了鼓励公共服务合同外包的相关政策，然而对公共服务合同外包的相关问题规范方面仍然缺乏专门的法律法规进行解释。最后，公共部门在社区公共服务合同外包过程中的监督力度不够。政府机构虽然通过合同外包将社区部分公共服务的供给职能交由市场或社会力量，但是由于合同外包承接方自身实力问题和追求自身利益最大化的本质，以及信息不对称等现象的存在，政府需要对合同外包全过程加强监督管理，以确保通过合同外包等形式进行供给的社区公共服务的质量。

### 6.2.1.2 公共价值约束

将竞争性市场机制引入公共服务供给过程，虽然理论上能够通过内在激励提升服务效率和降低行政成本，但是在实践中，往往存在着衡量供给绩效和监督合约者的困难，造成了管理成本的额外增加。同时，过于强调市场竞争机制，将居民视为顾客，则有可能对正义、公平、平等等公共价值造成损害，忽略了对居民幸福感的追求。市场机制虽然能够在公共服务供给方面提升效率和质量，但这种有关资源优化配置只存在于生产和消费领域，并不能在分配领域发挥重要作用，公共服务市场化会导致社会不公平程度的进一步加深（梅锦萍，2006）。著名学者 Rhodes（1994）认为私有化和市场化导致了大量的治理问题。

Moore（1995）虽然并未对公共价值进行具体定义，但是基于对新公共管理理论所推崇的公共服务供给市场化的反思，他认为公共价值的分配框架应该基于全社会的公共利益需求，改变以个人利益为主的分配方式，聚焦公平正义，关注社会弱势群体，以克服市场的局限。同时，Moore 强调公共行政人员应当具有准确的公共使命和伦理意识，对公共价值能够做出准确的判断和回应。Kelly 等（2002）将公共价值定义为由来自公共服务、信任或合法性以及结果所共同组成的价值集合。Meynhardt（2002）从心理学的视角对公共价值进行研究，强调个体与社会之间的紧密关系和相互渗透，认为公共价值是可以衡量的。Bozeman（2007）关注的是公共价值的社会层面，认为公共价值应该具有一定的规范性共识，包括公民的权利和利益、公民应尽的义务以及政府应遵循的原则。公共价值的结构组成并不是单一的，而是多元结构和多维导向，多元主体在创造公共价值的过程中实际上是在彼此可能存在冲突的价值体系中完成选择和形成平衡，进而达成最终的共识。

公共价值的重要性在于，公共价值围绕并超越了强调政府公共行为目的和方法的其他概念（Bryson 等，2014）。Sager（2002）发现，社会个体通过评议（Deliberation），可以将其自身的偏好向集体福利进行转变。新公共服务理论并不是一味地拒绝市场化，而是强调具有公共性基础的公共服务市场的重要性。同时，以社会为中心取代以市场为中心，将公共利益、公民精神等公共性贯穿于公共服务供给的全过程。强调公共价值的公共服务供给也展现了制度设计的重要转向，即从以个人主义为基础的理性制度安排转为以合作、互信为基础的社会性制度安排。创造公共价值的行动不仅仅在社区一级存在，州、国家以及国际等层级也均强调公共价值的重要性（Bryson 等，2017）。在公共服务供给过程中，多元主体如何实现价值共创也受到诸多学者关注（王学军，牟田，2022；王欢明，刘馨，2023；赵新峰，高凡，2023）。"价值共创是在公共服务交换和资源整合过程中为用户及其他相关利益者创造的福祉。"①

"在一个富有创新能力的社区中，解决问题和寻求变革常常是行政管理者、公民、企业和公民组织之间努力合作的结果。"② 因此，公共服务供给也可以被理解为一种社会的建构方式和过程，公共价值应该是政策设计和制度安排的起点和要求，公共服务的供给应当以公共利益最大化为价值追求。所以，如何实现居民幸福成为治理主体需要考虑的重要问题。新公共服务理论认为公共利益产生于社区多方主体在以共享价值为基础的对话过程中，而非是社区个别居民利益的集合。因此，在社区公共服务供给过程中，公共服务供给者的目标不应当是提供某些特殊公共服务以满足个别公民的偏好，而是要以公共价值为基础，以居民幸福为导向，在追求公共利益最大化的过程中，通过多方参与等形式共同提供高质量的社区公共服务。

---

① 王欢明，刘馨. 从合作生产转向价值共创：公共服务供给范式的演进历程 [J]. 理论与改革，2023（5）：138–154 + 172.

② 全钟燮. 公共行政的社会建构：解释与批判 [M]. 北京：北京大学出版社，2008.

### 6.2.1.3 财政约束

公共财政的本质是以实现社会公共利益为最终追求，根据社会公众的需求通过对资源的合理安排从而提供公共产品或服务。我国的公共财政具有公共性、非营利性和规范性等特征（2008）。1994 年施行的分税制使得我国中央和地方之间的关系在一定程度上表现出"财权上收，事权下放"的特征。党的十八届三中全会通过的《中共中央关于全面深化改革若干重大问题的决定》中指出："加强中央政府宏观调控职责和能力，加强地方政府公共服务、市场监管、社会管理、环境保护等职责。"基层地方政府承担着大量的公共服务职能，在医疗、教育和社会保障等领域的财政支出依然巨大，然而伴随着财税资源的逐级向上集中，财权和事权的不对等导致了地方政府在一定程度上面临着财政困境。有研究表明，县级政府的财政压力对公共服务供给造成了显著的消极影响，而且随着时间的推移，这种消极影响呈现出逐渐增强的趋势（余靖雯等，2018）。

一般而言，财政关系基本是在政府机构层面展开讨论（刘守刚，2022）。但是，社区作为我国日益关键的基层治理单元，其内在的公共服务职能也愈发明显，因而，社区内部的资源分配与管理也同样具有财政逻辑（陈家建，刘伟，2023），在社区层面分析讨论财政相关问题具有重要意义（蒋经法，罗青林，2012）。充足的资金是社区建设和发展的有力保障，也是城市社区实现有效公共服务供给的重要基础。北京于 2005 年在全国范围内最早制定了面向社区一级的基层公益事业专项经费补助政策，使公共财政延伸至社区这一层面。目前，成都和武汉等城市已经积极践行社区公共财政制度。社区公共财政是实现社区治理创新的重要物质基础和平衡社区各方利益的重要方式方法。城市社区建设通常是按照标准的流程开展，社区建设经费在拨付程序和额度以及建设项目上呈现出同一化或同质化等特征，而对于社区居民多元化和个性化的需求往往无法完全满足，导致社区居民对社区财政主动供给的公共服务并不满意，而社区居民真正需要的公共服务，社区却往往无法有效供给（陈俊等，2020）。政府部门是社区公共服务供给的重要资金来源，然而大量研究均发现，我国社区公共服务的供给存在财政资金支持不足的情况（温俊萍，2009；刘斌，李丽清，2013；陈荣卓，申鲁菁，2016；柳建文，2016；李春生，韩志明，2022；原珂，2023）。根据公共物品的属性，纯公共品性质的公共服务由政府予以提供，所需相关费用全部列入政府预算开支，而准公共物品性质的公共服务，其相关费用应由政府、企业、社会组织等多元主体共同承担，政府将应承担的相关部分列入预算开支。温来成（2011）认为目前在我国社区公共服务领域，政府预算管理方面依然存在着财政资金投入不足、各级政府资金投入比例和责任划分不清、预算科目无法完全满足社区公共服务发展需求等问题。陈家建和刘伟（2023）研究发现，目前我国社区财政存在行政化和自治化的二元属性，其二元属性之间的矛盾导致社区财政在日常运转过程中出现了部分不协调的状况。有些时候社区财政的运行过于行政化，管理规则的僵化导致社区财政的使用脱离了社区居民的真实需求，有些时候社区财政可能缺乏足够的行政监管，社区层面过于宽泛的自我管理权限导致财政资金的使用脱离了提升社区公共服务质量的目标。

理论上，政府在社区公共服务供给过程中应当尽可能地为社区居民提供日常生活所需的各类公共服务。但是在实践过程中，由于受到经济社会发展水平、政府财政收支差异、社区居民生活方式、区域文化传统等相关因素影响，政府部门往往只有能力提供一部分公共服务，而且不同城市、不同社区之间可能存在较大差异。因此，在政府预算管理中，需要大体明确政府提供社区公共服务的具体种类、范围以及标准，从而保证社区居民都能够获得所必需的基本公共服务。

当前，基层治理所需要的财政资源主要来自国家层面自上而下的财政再分配体系。公共财政支出是社区公共服务供给的重要保障。地方政府应调整财政支出的规模和结构，加大对社区公共服务的财政投入，建立完善的适应社区基层治理现实和符合国家全面深化改革要求的社区公共财政制度，将公共财政支出向基层倾斜、向民生倾斜。同时要强化对社区公共服务资金的监管，提升公共财政的使用效率。此外，社区建设部门也应积极拓宽社区公共服务资金的来源渠道，采用多种形式吸引社会资本支持社区公共服务供给，确保充足的社区公共服务建设资金，从而最大限度地满足社区居民的多样化的公共服务需求，提升社区居民的幸福体验。

### 6.2.1.4　制度约束

公共服务是政府的基本职能之一，公共服务供给不可避免地需要嵌入一定的政治和法律框架内。由于政府行为会受到来自法律和政治等制度性因素的制约，因而这样一种框架则可以被视作公共服务供给的外部制度，对公共服务供给过程产生重要影响。

组织并不是一个完全封闭的系统，组织行为会受到所处环境的影响。制度和过程对公共价值的创造和实现等具有重要意义（Moore，2011；Jacobs，2014；Kalambokidis，2014）。新制度主义研究者并没有拘泥于从正式的科层制的视角对公共部门进行审视，而是将公共机构嵌入网络结构之中，从更为宏观的制度背景进行思考。新制度主义大致分为三类研究学派：历史制度主义、理性选择制度主义和社会学制度主义。历史制度主义强调制度和个体观念以及行为之间的关系，理性选择制度主义则从经济人假设出发分析个体追求自身利益最大化过程中的行动选择，社会学制度主义则强调文化和符号在影响行动者身份建构过程中所发挥的重要作用。虽然三种研究流派各有侧重，但是总体上都将政治制度作为研究的重点，强调规则和程序，关注制度的变迁过程（何俊志等，2007）。一个社会中存在的所有正式和非正式制度的总和形成了社会的制度结构，内在本质是既定环境中多种制度之间的相互关系（姚伟，2006）。正式制度和非正式制度的存在，严格约束了公共服务供给过程中的多元主体之间的合作关系。正式的制度会对违反合同规定的一方采取强制性的规范和惩罚，而非正式的制度则会对破坏契约的一方造成社会舆论的压力和道德方面的不利影响。多种类制度的规律性集聚是建立制度结构的基础，制度结构实际上就是特定场域内存在的所有制度的彼此之间的排列组合（涂永式，2006）。李德国（2017）根据埃莉诺·奥斯特罗姆提出的制度分析与发展理论，从影响制度的层级因素分析，认为制度可以分为操作规则、宪政规则和集体选择规则三个层级。宪政规则层是最高层次，通过规划等方式长期影响公共资源的分配和使用；集体选择规则层是通过政策制定等方式将宪政规则层所涉及内容进一步制度化，为操作规则层提供具体的施行体制；操作规则层是集体选择规则层的进一步细化，为公共资源的实施行为提供具体的操作细则（埃莉诺·奥斯特罗姆，2000）。因此，在公共服务供给过程中，存在服务机制选择程序、组织结构类型和政治因素三类不同的制度层面的影响因素。

社区治理位于我国科层治理的结构末端，在治理的实际过程中，基层政府通过一系列的行为方式将行政权力内嵌于社区治理的全过程。在目前我国压力型体制和行政发包制运行的背景下，社区组织在一定程度上成为街道的“执行机构”（曾维和，2023）。科层体制的存在使得基层政府按照管理逐级分解指标和任务，将相关任务指标下派至社区，并在一定期限内对社区进行考核。由此，社区内部相关组织忙于执行来自基层政府的行政指令，即在行政发包制度下基层政府主体发包的各种行政事务，对社区公共服务的注意力分配在一定程度上造成一定影响。目前我国的基层社区治理制度体系已经初步建立并且不断完善。《关于加强和改进城市基层党的建设工作的意见》《中国共产党农村基层组织工作条例》等文件中对党领导社区治理做出明确规定，健全了党领导社区治理的制度基础。《中共中央　国务院关于加强和完善城乡社区治理的意见》《中共中央　国务院关于加强基层治理体系和治理能力现代化建设的意见》等相关文件的出台进一步巩固了党的执政基础，不断夯实国家治理的基层保障。《城乡社区服务体系建设规划》（2016—2020 年）等文件的出台，进一步明确城乡社区公共服务职能，以社区居民需求为导向的基本公共服务体系逐步建立和完善。但是，目前我国社区公共服务供给过程中仍然存在着多元供给主体之间权责关系不明晰等问题，从而导致了各供给主体之间的分工以及互动缺乏清晰的制度规范和约束。此外，政府购买公共服务过程中的法律规范仍在一定程度上不完备，政府购买公共服务的制度化建设依然有待加强。因此，如何优化制度环境，完善约束机制和激励机制，提升社区公共服务供给的制度化水平就显得至关重要。同时，由于社区公共服务存在多元供给主体，在政府购买公共服务的过程中所涉及的复杂的委托代理关系，需要明晰的法律法规对各方主体的行为进行规范和约束，从而健全政府购买公共服务的合法性机制。

### 6.2.2　社区居民公共服务需求的复杂性

社区是国家治理的基本单元和人民生活的重要场所，承载着国家治理现代化的愿景和人民美好生活的期待①。本研究结果发现，城市社区公共服务对居民幸福感具有显著正向作用，但是由于社区居民主体广泛，个体差异巨大，因而其公共服务需求也具有复杂性，需要对社区居民的复杂需求进行探讨，从而更好地实现社区公共服务供给与居民服务需求的对接。需求在公共服务体系的建构中具有重要的作用和意义，社会服务的发展就是承认居民需求从而组织资源去满足需求的发展（容志，2017）。党的十九大报告指出："我国社会主要矛盾已经转化为人民日益增长的美好生活需要和不平衡不充分的发展之间的矛盾。"在以人民为中心思想指导下对公共服务需求进行管理是转化社会主要矛盾的重要路径（盛明科，蔡振华，2018）。党的十九届四中全会明确指出："要推动社会治理和服务重心向基层下移，把更多资源下沉到基层，更好提供精准化、精细化服务。"根据马斯洛需求层次理论，只有当居民自身不同层次的需求得到满足后，个体才会感受到幸福体验。因此，在社区公共服务供给过程中，需要社区多元供给主体采取多种方式，对社区居民多元化的公共服务需求进行精准化的识别和回应，才有可能满足居民个性化的需求，在社区居民充分表达自身复杂的公共服务需求基础上的社区公共服务供给才最有可能实现社区居民利益最大化，最大限度地发挥对社区居民幸福感的提升作用。

### 6.2.2.1 社区居民公共服务需求复杂性的背景因素

城市社区居民日益复杂的公共服务需求是伴随着我国经济社会持续发展、城市化进程不断推进和信息技术快速更新等众多背景环境下逐渐展现的。

中国经济社会的快速发展带来了经济社会的一系列变革。胡鞍钢（2012）认为中国经济社会从原有的工业化和农业化的二元结构转向了由城市现代产业部门、城市非正规部门、农村工业部门和农村就业部门组成的四元结构。杨振闻（2016）认为目前经济社会发展具有高度的复杂性，呈现出农业社会向工业社会过渡和计划经济向市场经济过渡"双转交织"并存的态势。一方面，经济社会的快速转型推动了国家经济的快速增长，居民人均收入水平的不断增长也提高了

---

① 徐增阳，张磊．筑牢国家治理体系的社区基础：新时代我国社区治理探索的成就与经验 [J]．社会主义研究，2022（6）：131-138．

居民对公共服务质量和数量的要求。2020 年，全国居民人均可支配收入比 2019 年实际增长 2.1%，为 32189 元，成为世界最大规模中等收入人口国家，城镇居民人均可支配收入 43834 元，农村居民人均可支配收入 17131 元（胡鞍钢，2021）。另一方面，经济社会的迅速发展也推动着社会价值观的改变。随着改革开放的不断深入，社会主义市场经济取代了传统的计划经济体制，封闭的社会福利系统逐渐被打破，民主法治不断完善。在整个社会中，居民曾经单一的价值观念也逐渐地向多元的价值观念转变，公众的主体意识不断觉醒，自主性和权利意识不断增强。高海燕等（2022）基于 1990—2012 年世界价值观调查数据研究发现，中国公众在私人领域的价值观趋于开放，后物质主义价值观表现出先上升而后下降的趋势。居民公共服务需求也由改革开放之前的单一需求逐渐向多元需求转变，因而社区居民对公共服务质量和数量的要求也不断提升。

城市化进程的不断推进提升了城市社区居民公共服务需求的复杂性。国家统计局在 2023 年公布的《中华人民共和国 2022 年国民经济和社会发展统计公报》中显示，2022 年年末全国大陆城镇常住人口 92071 万人，占总人口比重（常住人口城镇化率）为 65.22%[①]。快速的城镇化使得大量原本生活在农村的农民涌入城市，在城市内生活和工作，从而转变为城市居民。一方面，城市空间结构的改变会引起城市公共服务设施空间布局的调整，不同收入、社会地位的城市居民会选择居住在不同的社区，而不同地理位置和不同档次的社区往往具有不同质量的公共服务设施。另一方面，城市化进程带来了城市人口结构的改变。人口老龄化水平的不断加剧会引起社会服务支出中有关养老类支出的增加，老年人所偏好的医疗、卫生、社会保障等方面的公共服务需求也逐步得到提升。同时，城市化过程中流动人口的增加也导致了居民公共服务需求的多样化。然而目前，我国城乡公共服务在均等化等方面依然存在一些不足（缪小林，高跃光，2016；李丹，裴育，2019；杨晓军，陈浩，2020；史新杰等，2023）。杜巍等（2016）从农民工代际层次差异和农民工城市生活阶段差异两方面论述了农民工群体的公共服务

---

① 国家统计局. 中华人民共和国 2023 年国民经济和社会发展统计公报 [EB/OL]. http://www.stats.gov.cn/sj/zxfb/202302/t20230228_1919011.html? eqid = a7c5ef9d0004e81e00000003642bdfd1.

需求差异。从第一代农民工发展至第三代农民工，其公共服务需求层次也展现出由低到高的趋势。农民工在城市生活的初级阶段、中级阶段和高级阶段也分别对应着个体的生存需求、家庭需求和发展需求。

信息技术高速发展加速了公共服务需求的复杂化。互联网、物联网和云计算等信息技术的发展推动了公共服务模式和政府治理理念的变革，公共服务的数字化转型已然成为当下和未来的重要发展方向。2022年国务院印发的《"十四五"数字经济发展规划》中指出"数字化公共服务更加普惠均等"。一方面，信息技术的发展使得社区居民接触公共服务更加方便快捷。智慧社区的建设打破了社区公共服务供给主体和客体之间的"信息孤岛"，社区政务服务平台将原本分割零碎的公共服务予以整合，重塑办事流程，提升了社区服务效率。此外，社区公共服务资源通过网络信息技术实现了移动化和数字化，社区居民获取公共服务不再受限于时间和空间等因素的约束。另一方面，信息技术的发展也使得社区居民与公共服务供给主体之间的沟通变得更为便捷。网络信息技术的发展改变了公共服务供给主体和接收客体之间的不对等关系，网上评议等网络参与方式的出现为社区居民参与社区公共事务提供了更为便捷的渠道，同时社区居民也更倾向于选择通过网络平台更为便捷地表达自身利益诉求。相比于传统的社区公共服务供给方式，智慧化公共服务供给方式能够全面整合海量数据、提前预判匹配供需关系、服务终端迅速响应，因而，在一定程度上是对传统社区公共服务供给方式的超越和重塑（何继新，何海清，2019）。公众多样化、个性化的公共服务需求要求公共服务供给组织改变以往传统官僚制所表现的被动式管理为主动式服务，通过信息技术对公民公共服务需求进行回应。

### 6.2.2.2　社区居民公共服务需求复杂性的表现

随着经济社会的不断发展、城市化水平的不断提升和信息技术的快速更新，城市社区居民对公共服务的需求也发生了巨大的变化，社区居民公共服务需求的复杂性表现为公共服务需求的多样性、个性化和交叉性。

公共服务需求的多样性表现为社区居民对公共服务数量和质量需求的增加。横向上，表现为社区居民对社区公共服务需求的数量增加，对社区公共服务产品种类的要求不断提升。社区居民希望社区公共服务不仅能够满足自身生存需求，如完善社区基础公共服务设施等，而且要求社区公共服务能够满足自身安全需求和情感需求等高级别的需求，如提供社区安全服务和社会保障服务等。纵向上，表现为社区居民对社区公共服务的质量需求不断提高。随着人民生活水平的不断提高，社区居民不仅要求公共服务能够满足自身的多种基本需求，同时期望能够享受到高质量的公共服务。社区公共服务的质量可以分为"有形质量"和"无形质量"。"有形质量"指的是社区公共服务的客观绩效产出，具体表现为供给充足和便利获取，即社区居民可以在空间和时间维度上便捷地获取自身需要的多种公共服务，以及对自身所获取的公共服务能否满足自身需求的客观评价。而"无形质量"则凸显了社区公共服务的公共价值，具体表现为社区公共服务供给和分配的均衡，即社区公共服务在区域、城乡和收入等方面存在不同差异的人群之间的均等化水平，反映了社区福利资源在社区内部的再分配。

由于社区的区域差异和社区居民的个体差异，社区居民公共服务需求具有个性化特征。一方面，不同社区之间由于地理位置、房屋开发商、物业管理水平、街道主管部门等因素的差异，社区公共服务供给水平存在一定的差异。上海市的餐饮购物设施、医疗保健设施、基础教育设施、休闲体育设施等公共服务设施供给存在明显的区域分布不均衡现象，公共服务供给错配较为严重（吴培培等，2023）。因此，不同区域范围内的社区居民对公共服务的需求就难免会表现出一定的区域特点。另一方面，同一个社区内的居民自身也存在收入、工作性质、学历、性别、社会阶层等个体差异，社区居民对社区公共服务的需求也存在巨大的个性化差异，不同社会群体对社区公共服务的需求存在差异性。吴培培等（2023）研究发现，不同年龄、性别、家庭人均收入、家庭常住人口的居民对上海市公共服务设施的需求偏好存在明显差异。

社区公共服务需求的交叉性即某一项社区公共服务在内容上存在交叠和模糊等特性，往往无法由单一的公共服务供给主体提供，需要多家供给机构或组织协同供给。一方面，政府部门存在关于社区公共服务事项上的管理职能的交叉。例如，社区环境保护服务涉及宣传部门、环保部门、城管执法部门、公共安全部门等相关单位；社区文化服务涉及民政部门、文化部门和体育部门等多家单位。另一方面，社区公共服务事项往往需要政府、市场及社会组织多方主体共同参与协同供给。例如，社区安全服务需要公共安全部门、消防部门、物业公司等多元供给主体共同参与、彼此协作，才能确保社区安全得到保障。例如，颜玉凡（2017）通过对 N 市城市社区公共文化服务供给流程考察后发现，政府、居民、文化服务组织等多元主体之间的有效互动是城市社区公共文化服务有效供给的关键。陈沛然和汪娟娟（2020）对南京市江宁区新型农村社区公共服务供给研究发现，政府、社区、村民等多元主体之间明确职责、彼此协作是提升农村社区公共服务能力的关键要素。

### 6.2.2.3 社区居民公共服务需求的精细化管理

由于社区居民存在复杂的公共服务需求，因此，社区公共服务的有效供给需要对社区居民的公共服务需求进行精细化管理。实现社区公共服务的精准化供给的前提在于对社区居民真实需求的有效识别和管理。以往有关公共服务的研究过于关注公共服务的供给端，往往聚焦于公共服务的服务质量、服务能力和服务水平的提升，然而却在一定程度上导致了对公共服务接受者及其需求的忽略（陈水生，2017）。政府主导的服务供给并没有完全满足公民的真实需求，因而出现了各种各样的供需错位以及供需脱节等问题（倪咸林，2023）。社区居民的公共服务需求管理指的是社区居民通过多种渠道表达自身服务需求，在实际调查收集相关需求信息的基础上，将相关需求信息整合并传递至社区公共服务的决策主体和供给主体，进而将居民公共服务需求吸纳并且转化为实际社区中可供居民使用的公共服务的整个过程。公共服务需求是社区公共服务有效供给的基础和前提，社区居民公共服务需求的满足是社区居民获得幸福感的重要前提和保障。

社区居民公共服务需求的表达与收集。公共服务需求管理的基础和前提是真实可靠的公民服务需求信息，通过自下而上的需求信息表达和自上而下的需求信息收集，消除公共服务接受者和供给者之间的沟通阻碍，确保社区居民服务需求信息的真实、全面、可靠。目前，由于社会公众的需求往往缺乏精准和及时表达的方式和途径，因而政府机构难以获取准确的公共服务信息，进而导致政府等多元主体在公共服务供给过程中缺乏明确的目标和精准的定位，政府等多元主体所供给的公共服务与社区居民真正需求之间出现一定的偏差（齐海丽，2021）。首先，构建和完善形式多样的公共服务需求表达机制，拓宽社区居民表达自身利益诉求的渠道，鼓励社区居民积极参与社区事务，通过制度化以及非制度化的方式对自身需求进行有效的表达。其次，公共服务多元供给方应做好居民公共服务信息的调查与收集工作，采取咨询会、听证会、专题研讨、基层调研等多种方式收集社区居民真实的需求偏好信息。同时，积极利用云计算、物联网等现代化网络信息技术，以智慧化的方式手段实现需求信息收集程序的简便化和可操作化，增进供给主体与社区居民之间的互动频率，提升交流内容的透明性和公平性，通过政务公众号、政务服务平台等线上或线下平台多渠道广泛收集居民公共服务需求信息。

社区居民公共服务需求的整合与传递。经过初步收集而来的社区居民公共服务信息内容繁杂，需要对信息内容进行归类整理和合并筛选，剔除重复无用和不现实的需求信息。在这一过程中，不仅需要对公共服务需求信息进行归并处理，同时要做好需求信息数据的分析评估工作，从而挑选出具有公共价值的、社区居民急需的和符合社区建设发展实际情况的公共服务需求信息，并按照科学严谨的方法进行数据排序，从而对公共服务需求的优先等级进行内部整理。在整合社区居民公共服务需求的同时，需要注意将根据需求信息所生成的数据信息进行标准化存储，实现数据信息的实时访问和实时处理，确保公共服务需求信息的可操作性和可加工性。公共服务需求信息的传递是指将已经处理整合的居民公共服务需求信息按照一定的规则和程序要求输入至公共服务决策中心和公共服务供给方的过程。在这一过程中，需要制定严密的信息传递程序和规则，明确需求信息传递的主体、时限、路径、策略和技术保障等，从而确保需求信息传递的准确性、有效性和及时性。同时，可以依托现代化信息技术，建立社区多元治理主体之间的数据共享机制，建立社区居民需求信息数据仓库，实现社区多元治理主体之间的有效数据交换，确保社区居民需求数据的动态更新和实时传递。

社区居民公共服务需求的吸纳与回应。社区居民公共服务信息传递至公共服务决策中心和公共服务供给方后，相关供给主体需要对信息内容进行综合考虑和积极回应，将公共服务需求信息迅速转化为社区公共服务的实施政策和具体项目，从而对社区居民需求信息做出积极有效的回应。在这一阶段，可以依托信息技术手段开发能够实现社区公共服务供需精准匹配的辅助决策模型，实现决策方案的可视化和可比较性，在充分吸纳社区居民需求信息的基础上优化公共服务供给的决策机制。通过开放政策议程以及构建社区公共服务平台等方式，鼓励居民积极参与社区公共事务，使社区居民能够有机会参与公共决策过程，从而更好地将社区居民的公共服务需求偏好融入公共服务的决策过程，促进社区公共服务供给更准确地对接社区居民的实际需求，实现社区多元治理主体实时掌握社区居民公共服务需求的发展变化，从而有效地对社区居民公共服务需求进行精准供给和提前预判，避免供给滞后以及供需错位等情况的发生，有助于促进社区居民幸福感水平的提升（见图6-2）。

图6-2　公共服务需求管理流程

## 6.2.3　社区公共服务"需求—供给"逻辑

伴随着社会主义市场经济的不断发展和服务型政府建设的持续推进，城市社区基本公共服务水平取得了长足的发展，然而政府资源的有限性和公众需求的无限性之间的矛盾也在一定程度上降低了社区公共服务的供给质量和供给效率（曹海军，2017）。政府主导的公共服务供给模式无法完全契合社会公众实际的公共服务需求，政府偏好在一定程度上代替了社会公众的真实需求，现有社区公共服务供给无法完全满足社区居民的多样化的公共服务需求，同时也造成了大量公共资源的浪费（陈水生，2017）。公民需求的满足是提升其幸福感的重要前提，因此，基于社区居民真实需求的社区公共服务供给是上述问题的关键解决路径。政府部门是公共服务供给的主导者，社区居民是社区公共服务的接受者，政府机构和社区居民是社区公共服务供给和需求两端的关键主体，因此，需要从自上而下和自下而上的逻辑分析政府机构和社区居民在社区公共服务供需关系中的重要作用。

提供公共服务是政府的基本职能之一。虽然治理理论强调多元主体共同参与社区治理，但是由于公共服务的"非竞争性"和"非排他性"，私营机构为了追逐自身利益的最大化，往往并不愿意主动负担和提供回报率极低的公共服务，同时社会组织也缺乏足够的经济支持来提供大型的优质的公共服务。因此，政府部门仍然是公共服务生产和供给的重要主体，居于主导性地位（曾保根，2013）。此外，政府机构一切行为的出发点均是为了追求公共利益和公共价值的最大化，政府居于公共服务的主导性地位，可以有效保障公共服务的公共属性。在公共服务供给过程中，政府部门扮演了制度设计者、财政调配者、监督管理者等重要角色。首先，政府部门需要对公共服务供给的流程、数量、质量等标准进行权威规定，设定有关公共服务的基本要求。其次，大量的公共财政资金的投入确保了公共服务的正常供给，如果缺乏足够的财政支持，则无法实现有效的公共服务高质量供给。最后，政府机构需要对公共服务外包方所承担的有关公共服务生产和供给的相关事项进行监督管理。因此，政府在社区公共服务供给过程中的主导作用并不单单是通过直接对社区公共服务进行生产和供给实现的，更重要的是通过扮演不同的角色，在制度的精心设计和有效安排的基础上，充分调动社区公共服务供给多元主体的积极性，形成协同供给的良好局面。

社区内部运转实际上是一个均衡的体系构架，社区内的任何部分都会对社区整体的生态均衡和动态发展产生重要作用（Yang，2003）。社区内的多元治理主体都在按照自定义的规则开展行动，而这一自定义规则的形成则是来源于主体自身行为和服务对象期望。政府主导的社区公共服务供给往往容易导致公共服务产出与社区居民真实需求不匹配，以政府公共服务偏好代替了公民真实的服务需求，从而造成了公共服务的供需失衡，浪费了大量的公共资源。因此，社区公共服务的精准供给需要对接和采纳社区居民的公共服务需求。首先，拓宽社区居民公共服务需求表达渠道，鼓励居民积极主动表达自身服务需求偏好。同时，政府部门及其他服务主体需要采取多种方法主动全面地收集居民真实的需求偏好信息。其次，通过信息筛选和评定排序等流程，将居民已经表达的需求信息进行科学的加工和处理。随后，迅速准确地将具有较强公共价值且可操作性较高的信息传递到社区公共服务供给的多元主体处。社区多元公共服务供给主体在对信息内容进行综合全面考虑的基础上，将公共服务需求信息迅速转化为社区公共服务的实施政策和具体项目，以实现对社区居民公共服务需求的有效回应（见图6-3）。

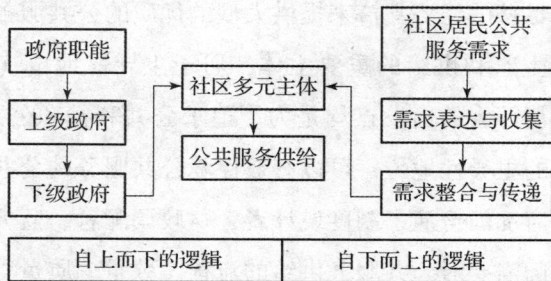

图6-3　社区公共服务的"需求—供给"逻辑

　　社区公共服务的有效精准供给离不开自上而下的政府主导、多方协同，同时也需要社区居民自下而上地充分表达自身公共服务需求偏好。只有将自上而下和自下而上的双重路径相结合，才能够有效地实现政府部门对社区居民真实的公共服务需求的了解和回应，从而有针对性地通过各种措施满足社区居民的多元服务需求，进而促进社区居民幸福感水平的不断提升（见图6-4）。

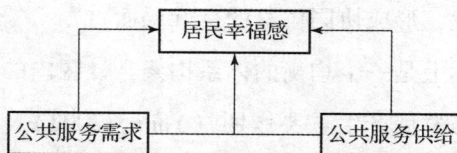

图6-4　以居民幸福感为目标的公共服务供需模型

## 6.2.4　基于公民幸福的社区公共服务供给模式

　　明确社区居民的公共服务需求是实现社区公共服务精准供给的前提，而社区居民公共服务需求的满足程度是其自身幸福感实现的重要基础。随着社区居民公共服务需求的日益多元化和个性化，如何有效满足社区居民公共服务需求、避免公共服务供需错位等现象的发生，对提升社区治理质量和社区居民幸福体验至关重要。以公民需求为基础的社区公共服务供给强调政府的服务属性，不仅重视公共服务的供给侧，更关注公共服务的需求方。因此，创新公共服务供给模式，通过整合性社区公共服务供给模式、合作性社区公共服务供给模式、混合性社区公共服务供给模式和智慧化公共服务供给模式的应用，不断提升公共服务对居民需求的满足程度，促进社区居民幸福感的提升。

### 6.2.4.1　整合性社区公共服务供给模式

传统的公共服务供给模式是根据服务种类的不同将相关任务分配到不同的工作单位，并由具体的不同部门负责某一类别公共服务的供给。单一机构供给公共服务可以有效地满足社会公众的某一类具体的服务需求，但是随着公众需求复杂性的不断提升，高度分割且功能独立的公共服务供给体系往往造成了公共服务供给效率低下、公共服务供给目标及项目内容冲突，难以对多样化的公民需求做出及时有效的回应。为了应对这种碎片化、分散性的公共服务供给模式所展现出的诸多弊端，整合性公共服务供给模式应运而生。Considine（2002）认为整合性公共服务就是通过伙伴关系、责任和信息技术平台等方式提供公共服务的过程。曾维和（2012）认为整合性公共服务具有三个特点：以公民为中心、跨界协同、先进的信息技术。以公民为中心将社区居民公共服务需求放置于公共服务供给的中心位置，注重对公民需求的回应，拓宽公民参与公共服务的途径，提升公民参与能力。跨界协同则突破了公共服务供给组织之间的部门分割、组织分割和区域分割，在公共服务供给过程中采用协作的管理方式推动不同主体整合功能、协调一致，为社区居民提供无缝隙的公共服务。先进的信息技术指充分利用现代化网络技术，通过电子政务打造开放性和灵活性的社区公共服务网络平台，网络信息平台的搭建为充分收集社区居民公共服务信息和跨部门协同合作创造了条件，实现了公共服务信息网络和行动网络的耦合。转变传统的等级结构为大数据时代的网络结构，以社区居民需求为价值追求，基于现代化信息技术实现社区公共服务多元主体的跨界协同，从而实现社区公共服务供给的高效化和精细化。

### 6.2.4.2　合作性社区公共服务供给模式

作为目前全球范围内公共服务改革议程的重要内容，合作性公共服务供给逐渐成为学术界关注的重点（Osborne 和 Strokosch，2013）。合作性生产是指服务代理者和服务对象彼此合作，双方各自贡献一定的资源、劳动或时间等因素，共同推动公共服务供给质量和数量的提升。Bovaird（2015）认为专业服务者和公民之间彼此利用对方优势的所有关系都可以称作合作性生产，包括合作委托、合作设计以及合作评估等。在合作生产模式下，政府机构和社区居民都被赋予了新的角色，政府部门不仅仅需要对公民需求进行回应，更重要的是将社区居民纳入公共服务供给的主体范围。这也意味着社区居民不仅是单纯的公共服务的接受者和使用者，同样也是公共服务的共同生产者和供给者。因此，社区居民将直接参与社区公共服务供给的全过程，在这一过程中社区居民便成为与政府部门、市场力量、社会组织同等重要的参与者，社区公共服务供给的多元主体共同努力合作生产能够满足社区居民需求的公共服务。社区公共服务供给的多元主体不仅需要对当前社区居民的服务需求进行回应，同时也需要主动地理解和满足社区居民的潜在服务需求。合作生产通过强调公民参与公共事务，从而推动政府等多元主体与公民之间形成一种互动合作的关系。在社区居民参与社区公共事务的过程中，社区居民可以更为清晰准确地表达自身公共服务需求偏好，并且通过构建公共服务供给主体与社区居民之间的互惠合作关系，进一步提升社区公共服务绩效和自身幸福感。

### 6.2.4.3　混合性社区公共服务供给模式

由于公共服务系统和公民公共服务需求的复杂性，以及政府部门与营利组织和非营利组织之间复杂的网络关系，在公共服务供给过程中，单一的政府供给机制或者是市场供给机制往往难以实现既定目标，因此，多种不同类型的公共服务供给机制经常得以混合使用。政府部门、社会组织和市场力量共同承担公共服务供给的责任，也同时共同享受相关收益。萨瓦斯（2002）从服务的规划者和生产者两个维度，讨论了公共服务供给的多种机制，如政府协议、合同承包、特许经营、志愿服务、自我服务、自由市场等。多种服务供给机制的并存可以产生一种标杆效应，从而推动多种服务机制相互竞争提升供给效率（Miranda 和 Lerner，1995）。同时，混合性的公共服务供给机制有利于充分发挥行政机制、社会机制和市场机制的各自优势，实现三种不同机制的有机结合（郁建兴，吴玉霞，2009）。在城市社区内，由于社区居民公共服务需求不断增长、社区公共服务财政支持缺乏等限制性因素的存在，混合性的公共服务供给模式通过整合多种资源，充分挖掘多元供给主体和不同供给机制的积极作用，将复杂的、分散的社区居民公共服务需求与多样的公共服务供给方式进行对接，从而进一步提升社区公共服务供给效率和质量，满足社区居民公共服务需求和增强其自身幸福体验。

#### 6.2.4.4 智慧化社区公共服务供给模式

随着互联网的深度普及以及大数据、云计算、物联网等信息技术的迅速发展，国家治理和基层建设的现实环境也发生了巨大变化。数字化、网络化、智能化等已然成为我国公共治理体系的显著特征（赵金旭，孟天广，2019）。数字与技术是实现社区精准化公共服务供给的核心因素（张金荣，梅运田，2023）。2015 年之后，国家层面陆续出台多项智慧化发展政策，如"互联网＋"行动计划以及大数据国家战略等，国家治理呈现出大数据和智能化的转向（夏志强，闫星宇，2023）。智慧化治理所强调的现代化的技术工具、数据化的思维导向和智能化的行为表达，均对国家治理实践和社区公共服务供给产生了巨大的影响。智慧化社区公共服务供给主体、智慧化社区公共服务和智慧化社区公共服务场域平台是智慧化社区公共服务供给的核心结构。智慧化社区公共服务供给模式实际上仍然需要政府、市场、社会和居民等多元主体之间的协同合作，但是相比于传统供给模式，智慧化社区公共服务供给模式更为强调整体性地采用多种先进的智慧方式进行供给，不同的治理主体具有不同的价值功能，分别是核心功能价值、民众功能价值、公共部门功能价值、私人部门功能价值、社会部门功能价值（何继新，李露露，2019）。智慧化社区公共服务供给场域平台是开展社区公共服务活动的载体平台，在场域平台建设中不仅需要现代化的信息技术实现服务支撑，而且需要通过平台完成各类社区服务资源的整合，使得多元主体均能够便捷地参与到社区公共服务供给中，从而协同满足社区居民的服务需求，不仅在平台上能够接收社区居民的需求信息，而且能够实现社区居民对服务效果的及时反馈。智慧化社区公共服务更为强调公共服务对社区居民多元需求的满足，依托有效的对社区居民信息需求的挖掘、整理、识别、分析和处理，从而实现社区公共服务供给的均等化、精细化和精准化。

## 6.3　实践启示

本研究探讨了城市社区公共服务满意度对居民幸福感的影响及其具体作用机制，研究结论为提升我国城市社区公共服务水平和居民幸福感具有重要的借鉴和参考价值，相关政策建议如下。

### 6.3.1　加强社区建设，提升社区公共服务水平

党的二十大报告中明确，"着力解决好人民群众急难愁盼问题，健全基本公共服务体系，提高公共服务水平，增强均衡性和可及性，扎实推进共同富裕"。社区的主体是人，同样也是公共服务供给的关键载体，社区发展的最终目的是实现社区共同体内所有个体的健康发展和幸福生活。随着城市化进程的不断推进和经济社会的不断发展，如何满足城市社区居民日益多元化的需求成为我国基层治理和社区发展的重点和难点。如何以最低的供给成本使得社区居民能够享受到所需的优质的公共服务成为社区服务不断优化的实践动力（韩瑞波，彭娟，2023）。在实际工作中，需要进一步加强社区建设，有针对性地提高社区公共服务质量，满足社区居民多样化的物质需求和文化需求，增强居民的社区公共服务满意度和幸福感。公共服务的社区化供给是政府进行基层治理的重要方式，提升社区公共服务供给质量是社区治理创新的关键任务（徐增阳，张磊，2019）。曹海军（2018）认为服务就是最好的治理，将社区治理寓于社区服务中，合理规划社区建设与发展，通过社区公共服务水平的提升强化社区治理效果。

从宏观角度分析，第一，牢固树立"以人为本"的城市社区治理理念，满足社区居民的多元需求。社区是设在国家治理末梢的为人民服务的机构，基层社区需要在上一级政府组织下达的行政任务与社区居民多元化需求之间进行协调，始终在社区治理全过程中坚持以人民为中心的理念。以提升社区居民幸福感为价

值导向，创新社区居民公共服务需求表达机制，规范社区居民公共服务需求管理工作流程，构建将自上而下和自下而上相结合的需求识别机制和信息收集方案，确保社区公共服务供给主体和决策主体能够及时接收并有效识别社区居民真实有效的服务需求信息。构建快捷高效的便民服务网络、创新服务方式以及实施多类型的便民服务项目，着力改善社区民生。第二，健全社区治理组织架构，提升社区公共服务供给质量和效率。通过社区资源整合和功能整合，协调统一公共服务的多元主体和服务机构，进一步强化基层党组织的领导核心地位，促使形成政府机构、社会组织、企业、社区居民等多方共治的公共服务供给新格局，以解决由于社区内部区域分割、主体分割或者层级分割所造成的公共服务"碎片化"和供给低效率问题。创新公共服务供给模式，通过整合性社区公共服务供给模式、合作性社区公共服务供给模式、混合性社区公共服务供给模式和智慧化社区公共服务供给模式的综合应用，通过信息技术赋能提升社区公共服务供给效率和质量，不断提升公共服务对居民需求的满足程度，促进社区居民幸福感的提升。第三，优化社区治理结构，推动社区公共服务精细化和扁平化。进一步深化社区党建工作，推进社区党群服务中心建设，确保社区治理始终坚持以人民为中心，增强基层党组织对社区居民需求的感知性和回应度。提升社区对资源的支配和运用能力，试点将原来由街道办事处所掌握的财权和人力等资源直接下沉到社区。合理定位社区治理功能，明确社区内多元公共服务供给主体的服务范围和服务职能，提升社区公共服务主体的能力和素养。针对不同类型社区所具有的不同特点，有针对性地选择不同的适应的治理方式，完善分类社区治理机制，通过各有侧重的公共服务供给方式，以补齐不同类型社区内公共服务供给的短板。重塑社区居委会和社区服务工作站，全面优化社区公共服务供给流程，转变社区公共服务层级管理为扁平服务。第四，充分利用现代信息技术，提升公共服务智慧化水平。在智慧城市建设过程中，整合社区公共服务供给主体的多方资源力量，以"互联网＋社区公共服务"为基础构建现代化的信息服务系统和信息服务平台，实现公共服务信息的网络化采集和查询，从而更精准地了解社区居民公共服务需求，以实现社区公共服务的精准化供给。建设完备的前端公共服务平台，方便社区居民随时随地使用移动设备进行指尖办理和一站式办理，形成线上线下一体化的公共服务供给模式，不仅通过信息技术优化服务流程，而且通过前端平台的界面设计以优化社区居民使用体验。同时，积极吸引市场企业和社会组织入驻社区网络服务平台，通过信息技术手段改变以往社区治理多元主体业务分割和资源分散的局面，聚合社区服务资源，使得社区居民可以根据自身实际需求对社区服务进行选择，实现社区公共服务的定制化供给。

从微观角度分析，提升社区公共服务质量需要从社区居民公共服务满意度较低的方面入手，进一步提升社区公共服务供给效率，优化社区居民对社区公共服务的感知。根据本研究的结论，在社区公共服务满意度具体维度中，社区基本社会保障满意度、社区文体服务满意度和社区安全满意度排名较低。因此，在实践工作中，要有针对性地提升社区基本社会保障服务、社区文体服务和社区安全服务的质量和水平。提升社区内公共服务资源的覆盖范围和质量水平，确保社区内所有居民均能够平等地享受到优质的公共服务，从而推动多种类的社区公共服务满足其自身多元化的服务需求。合理配置公共服务设施，社区多元治理主体要经常性地组织开展形式多样、种类丰富的社区文体活动，丰富社区居民的日常娱乐活动。进一步强化社区安全管理，确保社区居民的生命和财产安全，公安部门、物业管理单位等多元主体应协力合作共同消除社区安全隐患，提升社区居民的安全感。尤其需要注意的是对残疾人和老年人等社区内弱势群体的关心和帮扶，由于其自身某些原因，社区内弱势群体的财产状况、经济收入状况、医疗保健状况等大多处于十分窘迫的状态，对社会风险、家庭困难的抵御程度相对较差，长期处于健康不良状况或贫困状况，极有可能受到社会群体的排斥（江婷婷等，2015；杨椿，王军爽，2015）。因此，在社区范围内，更需要对社区弱势群体予以特殊照顾，充分考虑其所具有的特殊性的公共服务需求，确保其在社区内享受到足够的能够满足其自身基本需求的公共服务，使其感受来自社区共同体的接纳和温暖，提升其对所在社区的认同感和归属感，这也在一定程度上有助于化解社会风险，促进社会和谐稳定。充分考虑不同社区居民对不同类型公共服务的需求偏好，提高社区公共服务供给与居民需求之间的匹配度。通过社区公众平台、新闻媒体等舆论宣传方式，塑造积极正面的社区形象，引导社区居民对社区公共服务形成积极评价。强化数字信息技术的综合应用，基于大数据、云计算和物联网等信息技术优化服务供给方案和提升服务供给效率，采用数据融合技术整合形成社区公共服务数据资源库，实现社区服务多元供给主体之间的数据联动，提升社区公共服务多元供给主体对社区居民服务需求的综合判断能力，高效精准回应社区居民的多元公共服务需求。拓展社区服务网上受理的范围及种类，推动实现多种类的社区服务网上办理。构建覆盖残疾人、老年人、妇女儿童等群体的公共服务共享平台，消除数字鸿沟。同时，综合选择使用多种公共服务供给方式，有针对性地满足社区居民的复杂需求，从而促进社区居民幸福感水平的提升。

## 6.3.2　构建社区文化，增强社区认同

社区的主要特征是社区居民之间有着强烈的休戚与共的关系，文化的作用是潜移默化地通过培育社区居民的向心力和凝聚力，进而提升其对所在社区的归属感和认同感。文化往往被社会学者作为一种特定的社会机制，并通常从结构功能的视角出发，关注文化如何发挥其作为社会整合机制的重要作用，以及文化如何促使社会纽带形成和社会秩序构建。社区文化治理作为一种独特的社会治理机制，是为实现政权构建和社会整合彼此之间良性互动而开展的治理活动，是地方基层政府将具有行政意蕴的社区视作治理对象。将具有共同体意义的社区及其文化体系作为治理工具，持续开展社区文化治理网络建设活动，重构社区文化场域，并通过形式多样的文化展示方式，培育和塑造社区共同体的荣誉感、归属感以及认同感（姜亦炜，2021）。文化在国家治理过程中有独特的治理效用，通常可以作为政治治理以及经济治理等形式之外的重要补充。在个体层面，文化治理是一个个体进行自我生产的过程，促进个体形成规范的价值体系和行为习惯；在集体层面，文化治理是动员个体参与和推动集体形成的过程，文化作用于独立的个体并推动其形成独特的社会关系；在社会层面，文化治理是一个涉及范围广泛的治理场域，形式多样的文化在场的治理活动均是文化治理的内容和范畴；在国家层面，文化治理融入国家治理体系，通过其特有的治理方式和治理效果促进国

家治理体系和治理能力的现代化（黄晓星，李学斌，2023）。在中国基层治理过程中，不仅需要具有刚性的政策制度的保障，而且需要具有柔性的认知以及价值的重构过程，因此需要将社区文化构建作为现代社区治理的重要内容，发挥文化治理的重要作用（王列生，2020）。

相比于农村社区，城市社区社会结构复杂，人口流动频繁，居民个体身份差异巨大，社区居民之间的人际关系较为松散（孙萍，2017）。随着单位制的瓦解和个人住房的商品化，城市居民通过市场方式和个人经济实力选择居住场所，导致了城市范围内居住在同一社区内的居民往往缺乏共同的社会记忆和共同的组织身份，更缺乏对所在社区的认同感与归属感。社区认同是社区居民参与社区公共事务的重要驱动力（唐有财，胡兵，2016），同时是社会整合的内在推动力（柴梅等，2017）。因此，培育社区文化，提升城市社区居民对自身所在社区的认同感和归属感，对实现社区善治和居民幸福具有重要意义。社区文化具有众多功能：社交功能、信息功能、继承功能、知识功能、道德功能、融合功能、休闲功能等（常林，2003）。不仅如此，社区文化还能够构建社区集体行动、满足社区居民的文化需求和实现社区善治（郑广永，2018）。因此，要坚持开展社区文化建设工作，将社区文化建设同居民社区意识培育和城市精神文明建设结合起来，发挥社区文化凝聚民众生活意识与共同体意识的效能，提升社区居民与社区之间的情感依恋强度，消除因城市化所带来的人际关系疏离等问题。社区情感治理包含自主治理、重构主体关系、社区情感再生产和情感内生机制四种维度（曾莉等，2020），社区居民通过积极参与社区内种类丰富的文化活动能够有效地增进社区居民之间的情感交流与深度互动。在社区居民彼此之间形成情感共识的过程中，社区居民彼此之间会变得相互熟悉和了解，有助于形成社区居民之间和社区居民个体对社区共同体的情感联结和内在认同。第一，加大社区基础设施建设投入，实现社区文化活动常态化。构建完善的基层社区公共文化服务体系，各级政府需要进一步将公共文化资源深度下沉至基层社区。制定社区文化发展规划，促进社区内和社区外有关单位积极开展文化合作活动，提升社区文化市场的法治化和规范化管理水平。社区基础设施的建设能够为社区开展丰富多彩的文体活动和积极有效的文化宣传提供良好的硬件保证。社区文化活动是社区居民之间情感联络的重要载体，推动社区居民对社区活动的动员式参与变为主动式参与，在常态化的社区文化活动参与过程中，构建社区居民共同的文化语境和社区记忆，从而形成广泛稳定的社区居民社会交往网络和独具特色的社区文化。第二，做好社区宣传工作，建构社区居民的共同体记忆。社区文化实际上是一种有关家园共同体的文化，具有地域性、社会性和基础性等特征（田毅鹏，2018）。通过线上线下类型多样的舆论宣传方式，展示和讲解包含社区集体生活轨迹的发展历史，积极塑造自身所在社区的家园形象，从而使社区居民提升对社区共同体的认识和理解程度，逐步使其主动参与到社区公共事务的治理过程中。在与社区治理多元主体的对话过程中消除对社区的陌生感和距离感，促进社区居民对社区的认同感和归属感，进而促使社区居民完全融入自身所在社区。第三，将社区发展与当地特色与传统相结合。社区文化是一种高度整合的文化（赵娜，2017）。社区文化的培育应充分考虑所在地区的特点和实际情况，将城市特色与地区传统相结合，将物质文化和非物质文化相结合，将传统文化与现代文化相结合，将社区共同体情感和共同体记忆融合和呈现于独具特色的传统习俗和社会仪式中，构建具有多元性的对内认同、对外独特的社区文化。同时，需要进一步提升社区文化人才队伍建设水平，积极发挥社区退休人员、居民委员会、社区老党员等社区文化精英在社区文化治理过程中的价值引导以及行为示范作用，有效提升城市社区文化治理的水平。在培育独特城市社区文化的基础上，增强社区居民对自身所在社区的独特的认同感，进而提升社区居民的幸福体验感。

## 6.3.3 培育社会资本，完善社会支持

存在于社会关系之中的社会资本，是社区治理潜在的资源要素（燕继荣，2015），社区社会资本的培育和创造是社区建设和发展的关键（潘泽泉，2008；刘芳，2017）。社区居民之间彼此的信任、互惠的规范和社会参与网络构成了社区社会资本，其最重要的作用在于通过促进公民之间的合作从而解决共同面对的公共问题。社会资本与居民的生活满意度和幸福感之间具有显著的正相关关系

（Helliwell，2006；Bartolini 和 Bilancini，2008；Sarracino，2009；Tokuda 和 Seiji，2010；詹婧，赵越，2018；孟海勤，郭佳旗，2022；梁玉成，贾小双，2022），可以通过社团参与、人际信任以及家庭经济地位影响个体的幸福感（马万超，2018；张云武，2018）。然而，目前我国社区治理过程中社会资本培育仍旧存在较大差距，存在社区主体的信任不足、社会参与网络未形成、社会规范不健全等问题（周济南，罗依平，2021；李诗隽，王德新，2022）。我国社会结构的迅速巨大变迁导致了原有社区关系网络的逐渐瓦解，同时削弱了原有社区居民内在的交往需求，从而在一定程度上限制了社区居民的交流交往机会，这些因素都共同促成了我国社区社会资本的大量流失（方亚琴，夏建中，2019）。关注于社会网络的社会资本不仅对个体身心健康十分重要，更重要的是其意味着一种公共精神，而这种公共精神将有利于社会个体在集体行动过程中达成广泛的合作，从而促进经济社会的繁荣发展和政治的民主化（周红云，2004）。社区社会资本具有生产性和公共性的特点，生产性在于社会资本可以促进社区居民个体财富的增长和产生新的社会关系网络，公共性指的是社会资本存在于持续的人际交往过程中，社会资本的获取需要依赖一定的社会关系网络。社会资本可以被视为创新社会管理的一种方法，通过社会规范和社会网络凝聚社会成员推动公众参与，从而解决社会问题，提升社会治理效果（张凯兰，2012）。社区社会资本作为社区治理的基础，有助于减轻基层治理主体的行政负担，社区内部丰富的社会资本能够有效促进社区的良性发展与实现社区善治，是社区治理创新的重要资源（王若溪，2021；曲延春，李美莹，2023）。社区内广泛的公民参与网络是社会资本的重要组成部分，社区居民积极参与社区公共事务，有助于社区居民获得更充分的社会支持，有助于缓解个体生活压力和社会矛盾（黄立敏，2013）。社会支持可以分为正式支持和非正式支持，二者并不是完全分离、各自独立的，而是处于一种相互交织、互为补充的状态（Narayan，1999）。一方面，要加强政府这一正式支持系统对城市社区的支持力度。由于中国目前所经历的快速的城市化是由政府所主导进行的，除政府之外的其他治理主体并不具备强大的治理能力，也无法与社区居民之间形成具有约束力的治理契约，因此政府主体仍旧是我国社区治理过程中的主导力量。需要注意的是，在社区治理过程中转变政府角色从主导为引导、转变政府职能从管理为服务，以满足社区居民多元化需求为出发点，加大对社区公共服务的财政支持力度，制定有关城市社区公共服务的规范性指导文件。同时积极引导公共服务的多元供给主体参与社区公共服务供给过程，综合采用多种公共服务供给方式，为社区居民使用高质量的公共服务搭建资源丰富的平台、创造良好的制度环境和提供充分的支持。政府主体需要积极扶持能够满足社区居民需求的社区社会组织，尤其是自身资源禀赋较差的公益类社会组织，为社区社会组织的发展提供必要的政策资源和物质资源支持。同时，政府机构需要有效动员社区能人等关键个体利用其在社区内部的影响力和自身所具备的专业技能，牵头组建社区社会组织或者动员社区居民积极参与多种类的社区社会组织。另一方面，要进一步发挥非正式支持系统的功能，提高社区多元主体参与社区公共服务供给的积极性，发挥自治组织、市场组织和社会组织在社区公共服务供给过程中的积极作用。积极开展各类社区公益活动，通过社区参与网络营造社区居民的关系网络。发展壮大志愿服务队伍，努力将社区居民彼此个体之间的互助意愿转变成更具有普遍性的共同体层面的志愿行动。社区邻里之间持续进行的社会互动是社区内部社会资本形成的关键核心机制（Dietlind，1998）。在社区日常生活中，家庭与邻里是社区居民日常接触较多的行为主体，社区内部需要持续地塑造和谐良好的邻里关系，增强社区邻里之间的感情，实现社区邻里之间形式多样的频繁互动和彼此相助，构建广泛的社会支持网络，进而提升社区居民的幸福感。

## 6.3.4　拓宽参与渠道，提升参与体验

从本质上分析，社区建设和发展的过程就是一个社区参与的过程（潘泽泉，2009）。在城市社区治理体系的常规运转过程中，社区居民往往扮演着重要的角色。正是因为积极广泛的社区居民参与，社区内部众多的群众才能被有效地组织起来，居民自治也在一定程度上得以发展（罗兴佐，张德财，2019）。动员、组织和吸纳更多的社区居民积极广泛地参与社区治理已成为社区重要的工作主题（刘天文，2023）。参与式治理对构建政府机构与社区居民之间的良好关系、培育

公民社会、推动公共决策民主透明和社区自治具有重要意义（陈剩勇，赵光勇，2009；唐有财，王天夫，2017）。社区居民不仅仅是社区公共服务的接受者，同时是社区公共服务的合作供给者。积极广泛的居民参与可以有效推动公共服务的提供者和需求者之间进行双向的沟通和交流，这一信息流动过程促使居民真实精准地表达其自身内在的公共服务需求，为地方政府精准识别居民的需求偏好和提供高质量的公共服务提供支撑，有助于促进居民公共服务获得感水平的提升（张友浪，2020）。社区居民参与社区公共事务，尤其是社区公共服务决策是满足社区居民复杂服务需求的前提条件。社区居民在参与社区公共服务供给的过程中与其他社区行动者之间形成良好稳定的合作关系，可以有效优化社会资源配置和保障社区公共利益的最大化，满足社区居民的多元需求，提高社区居民生活质量，维护社会稳定，提升基层治理水平（杨敏，2007；徐林，杨帆，2016；方亚琴，夏建中，2019）。而目前，我国城市社区居民参与依然存在参与意愿不足、参与程度不高、公共精神不足等问题，居民参与在社区治理中仍然呈现出一种"弱参与"的状态（彭文峰，2011；田北海，王连生，2017）。社区治理是多元主体在社区范围内所开展的集体行动过程，社区治理效果呈现的核心在于不同行动主体之间的积极参与并互相密切配合，而社区居民的参与不足则意味着社区治理陷入了一种合作的困境。相比于自上而下的社区建设，社区参与通过社区内多元主体之间的频繁互动，体现的是一种自下而上的利益表达和关系构建过程。在这一过程中，政府应通过赋予社区居民平等的法律主体地位，同时创新社区管理体制，为居民参与社区公共事务创造便利条件，推动社区居民在与不同利益群体的谈判和沟通过程中解决利益冲突问题。第一，构建社区公共议题。社区居民对公共服务诉求的表达是社区内多元主体共同参与公共服务的逻辑起点（孙彩红，2015）。只有充分了解社区居民的实际需求，才能避免社区公共服务供给过程中的供需错位、供需失衡等现象的发生。社区公共议题构建的目的在于明确社区参与的目标和方向，将社区居民从个体的私人领域引入社区的公共领域。通过构建社区公共议题，从而引导社区居民积极主动参与社区公共事务，围绕某一特定的集体关心的公共议题表达自身利益诉求，并且经过深入广泛的协商达成最终的共识。第二，培育社区居民参与能力和参与意识。发挥基层政府的支持引导作用，提升社区居民自治组织的自治能力，增强社区居民的参与意识和自我效能感，形成积极主动的参与态度，使社区公共服务供给过程中的象征性参与转变为实质性参与。社区居委会通过社区公告栏、信息服务平台等媒介传播方式对社区公共事务等相关信息进行公开与宣传，一方面增强社区居民对参与社区公共服务的认识和理解，另一方面推动社区居民了解并重视自身的社区参与权。通过社区居民议事会、民主恳谈会等形式提升社区居民的民主协商能力，激发社区居民的主体性，将参与意识具体落实为参与行为，使动员式参与转变为主动式参与、偶发性参与为常规性参与。第三，优化社区参与环境。转变政府职能，规范政府行为，将政府职能结构重心由社会管理转向公共服务，厘清政府机构与社会以及市场的关系，建设服务政府和法治政府。加强有关社区治理的法律、法制及制度建设，完善社区利益表达协调机制和有关居民自治的社区制度建设，提升社区依法管理水平，建立规范的社区公共空间，规范社区居民参与行为，保障社区居民参与权利。畅通和拓宽社区居民参与社区公共事务的渠道，利用现代化的信息技术，实现线上线下互动，确保社区居民能够完整、准确、便利地在社区内表达自身公共服务偏好。加强社区基层自治组织建设，提升社区工作人员能力素质水平，积极搭建社区参与平台，广泛培育类型多样的能够满足社区居民多元需求的社区组织，促进社区居民参与行为的协同化和组织化，将社区居民碎片化的无序参与聚合为整体性的有序参与。同时，在参与过程中，要注重提升社区居民的参与体验，将社区公众参与的过程效用有效转化为公民自身的幸福体验。

## 6.4　研究局限与展望

本研究讨论了城市社区公共服务满意度对居民幸福感的影响机制，获得了一些有意义的结论，然而依然存在一定的不足，主要体现在以下几点。

第一，在数据来源上，本研究通过实地调研和问卷调查的方式收集了不同类型社区居民的社区公共服务满意度以及幸福感等数据，探讨了城市社区公共服务满意度对居民幸福感影响过程中的中介作用和调节作用。截面数据虽然可以对变量间的关系进行深入的探讨和挖掘，但是无法反映各变量在时间序列上的变化规律和发展动态。因此，在未来研究中，可以对数据进行时间维度上的连续性收集，通过面板数据动态跟踪考察各变量的变化情况，以确定各变量间关系在纵向时间跨度上的发展变化。

第二，随着新公共管理运动的不断发展，以及顾客至上和结果导向的引导，政府绩效评估的关注点逐渐从内在控制转向外在满意度，主观评价模式得到广泛运用。虽然公共服务满意度作为衡量公共服务质量的方式已经得到学界众多学者认可并且在实践中成为许多政府机构评价指标体系的重要内容（Poister 和 Streib，1999；谢星全，2017；龚佳颖，钟杨，2017）。然而依然有一部分学者对此提出异议，认为优质的服务质量并不一定意味着更高的公众满意度，公众满意度在很大程度上极易受到非服务性因素的影响，因而导致了社会公众对公共服务做出的评价与公共服务实际绩效并不一致（Bouckaert 和 Steven，2003；Brown，2007；倪星，李佳源，2010）。因此，在未来研究中，可以进一步丰富指标评价体系，将主观指标和客观指标相结合，从不同角度、不同层次全面考察城市社区公共服务质量。

第三，本研究所使用的幸福感量表由幸福感研究领域的权威学者 Diener 编制并修订，包含生活满意度和情绪情感体验两个维度。此量表在众多研究中得到广泛使用，被证明具有良好的信度和效度，可以较为全面地反映个体的幸福感知状况。然而随着积极心理学的发展，心理幸福感和社会幸福感也逐渐引起众多学者关注。心理幸福感主要指个体心理机能的良好状态，是不以个体自身主观意志为转移的自我完善、自我实现和自我成就，是自我潜能的完美实现（Ryff 和 Keyes，1995；Ryff 和 Singer，2008；Anglim 和 Grant，2016）。社会幸福感是指个体对自己与他人、集体和社会之间的关系质量以及对其生活环境和社会功能的自我评估（Keyes，1998；Shapiro 和 Keyes，2008；Natale 等，2016；Yanghang 等，2021）。心理幸福感和社会幸福感同样是幸福感的重要内容，反映了个体幸福体验的不同维度。因此，在未来研究中，应进一步拓展研究范围，细化研究内容，全面考察社区居民的心理幸福感和社会幸福感状况，以便于在提升居民幸福感方面制定更为精准的公共政策。

第四，由于地域分布、传统习俗以及城市文化等方面存在的差异，不同的社区也存在各自各具特色的社区文化。文化是在一定的时间和空间范围内生成的，社区文化在社区结构的塑造过程中发挥重要作用，对社区居民的日常生活具有价值引导、行为导向、情感归属和教育实践的功能（尹德志，2013）。由于受中国传统文化的影响，中国社区居民的思维模式和日常行为规范会表现出某些不同于西方的独特特点，如高权力距离、集体主义、高度的不确定性规避等（Hofstede，1984；Fam 等，2009；唐有财，2020；杨小柳，史维，2023）。相关研究发现，文化是影响居民幸福感的重要因素（Diener 和 Lucas，2010；刘舒阳等，2014；Oishi 和 Gilbert，2016；纪馨玉等，2023）。因此，在未来的研究中，应该将文化因素纳入研究范畴，考察在不同地域文化、社区文化背景影响下的社区居民公共服务满意度及幸福感状况。

# 参 考 文 献

[1] Akinboade O A, Kinfack E C, Mokwena M P. An analysis of citizen satisfaction with public service delivery in the Sedibeng district municipality of South Africa[J]. International Journal of Social Economics, 2012, 39(3): 182-199.

[2] Aldri F, Nora E P, Muhamad A E, et al. Public sector performance and digital-governance effectiveness predicted by community happiness as a representation of culture[J]. Journal of Ethnic and Cultural Studies, 2023, 10(2): 90-108.

[3] Aldrich D P, Meyer M A. Social capital and community resilience[J]. American Behavioral Scientist, 2015, 59(2): 254-269.

[4] Alejandra V, Jaime A, Fernando R, et al. A sense of community at school and the subjective well-being of Chilean students[J]. Journal of Community Psychology, 2022, 50(5): 2130-2143.

[5] Alemán R. Determinant factors of satisfaction with public services in Spain[J]. Australian Journal of Public Administration, 2018, 77(1): 102-113.

[6] Alesina A, Zhuravskaya E. Segregation and the quality of government in a cross section of countries[J]. American Economic Review, 2011, 101(5): 1872-1911.

[7] Alexander C H, Erin L B. The emotional burdens of public service: rules, trust, and emotional labour in emergency medical services[J]. Public Money & Management, 2023, 43(5): 405-414.

[8] Alonso P, Lewis G B. Public service motivation and job performance evidence from the federal sector[J]. American Review of Public Administration, 2001, 31(4): 363-380.

[9] Ambrey C, Fleming C. Public greenspace and life satisfaction in urban Australia [J]. Discussion Papers in Economics, 2014, 51(6): 1290 – 1321.

[10] Amewu A, Prince A. The extractive industry and expectations of resource benefits: does CSR promote community well – being? [J]. Corporate Governance, 2023, 23 (6): 1437 – 1453.

[11] Amy C H K, Jungsu R, Chungsup L, et al. Sport participation and happiness among older adults: A mediating role of social capital[J]. Journal of Happiness Studies, 2021, 22(4): 1623 – 1641.

[12] Ana L D, Yuli K M, Ferran C, et al. Satisfaction with the neighborhood of Israeli and Chilean children and its effects on their subjective well – being[J]. Child Indicators Research, 2023, 16(2): 863 – 895.

[13] Andrews R, Entwistle T. Public – private partnerships, management capacity and public service efficiency[J]. Policy & Politics, 2015, 43(2): 273 – 290.

[14] Anglim J, Grant S. Predicting psychological and subjective well – being from personality: incremental prediction from 30 facets over the big 5[J]. Journal of Happiness Studies, 2016, 17(1): 59 – 80.

[15] Anthony M B. Public goods, private partnerships, and political institutions[J]. Journal of Public Administration Research and Theory, 2019, 29(1): 67 – 83.

[16] Arnaboldi M, Lapsley I, Steccolini I. Performance management in the public sector: the ultimate challenge[J]. Financial Accountability & Management, 2015, 31(1): 1 – 22.

[17] Auh S, Cook C C. Quality of community life among rural residents: an integrated model[J]. Social Indicators Research, 2009, 94(3): 377 – 389.

[18] Bache I, Reardon L, Anand P. Well – being as a wicked problem: navigating the arguments for the role of government[J]. Journal of Happiness Studies, 2016, 17 (3): 1 – 20.

[19] Bailey R. Sport, physical activity and well – being: an objectivist account[J]. Sport

Education & Society,2012,17(4):497-514.

[20] Balch G I. Multiple indicators in survey research: the concept "Sense of Political Efficacy"[J]. Political Methodology,1974,1(2):1-43.

[21] Barrera M,Ainlay S L. The structure of social support:a conceptual and empirical analysis[J]. Journal of Community Psychology,1983,11(2):56-73.

[22] Bartolini S,Mikucka M,Sarracino F. Money, trust and happiness in transition countries:evidence from time series[J]. Social Indicators Research,2017,130 (1):1-20.

[23] Bekalu M A,McCloud R F,Minsky S J,et al. Association of social participation, perception of neighborhood social cohesion,and social media use with happiness: Evidence of trade-off (JCOP-20-277)[J]. Journal of Community Psychology, 2021,49(2):432-446.

[24] Bellé N. Experimental evidence on the relationship between public service motivation and job performance[J]. Public Administration Review,2013,73(1): 143-153.

[25] Bérenger V,Silber J G. On the measurement of happiness and of its inequality[J]. Journal of Happiness Studies,2021,23(3):1-42.

[26] Bergman L R,Daukantaite D. The importance of social circumstances for Swedish women's subjective wellbeing[J]. International Journal of Social Welfare,2010,15 (1):27-36.

[27] Bernini C,Tampieri A. The mediating role of urbanization on the composition of happiness[J]. Papers in Regional Science,2022,101(3):639-657.

[28] Binder M,Freytag A. Volunteering,subjective well-being and public policy[J]. Journal of Economic Psychology,2013,34:97-119.

[29] Blanchet T,Berthod O,Herzberg C. Exploring user co-regulation of public services:Insights from the Grenoble water user committee[J]. Public Management Review,2023,25(7):1408-1426.

［30］Blanchflower D G, Graham C L. The U shape of happiness：a response［J］. Perspectives on Psychological Science：A Journal of the Association for Psychological Science,2021,16(6)：1435－1446.

［31］Bovaird T. Beyond engagement and participation：user and community coproduction of public services［J］. Public Administration Review,2007,67(5)：846－860.

［32］Bovaird T, Loeffler E, Yates S, et al. International survey evidence on user and community co－delivery of prevention activities relevant to public services and outcomes［J］. Public Management Review,2023,25(3)：657－679.

［33］Bovaird T, Van Ryzin G G, Loeffler E, et al. Activating citizens to participate in collective co－production of public services［J］. Journal of Social Policy,2015,44(1)：1－23.

［34］Boyd N, Nowell B, Yang Z, et al. Sense of community, sense of community responsibility, and public service motivation as predictors of employee well－being and engagement in public service organizations［J］. American Review of Public Administration,2018,48(5)：428－443.

［35］Brown T. Coercion versus choice：citizen evaluations of public service quality across methods of consumption［J］. Public Administration Review, 2007, 67(3)：559－572.

［36］Bryson J M, Crosby B C, Bloomberg L. Public value governance：moving beyond traditional public administration and the new public management［J］. Public Administration Review,2014,74(4)：445－456.

［37］Buecker S, Luhmann M, Haehner P, et al. The development of subjective well－being across the life span：A meta－analytic review of longitudinal studies［J］. Psychological Bulletin,2023,149(7)：418－446.

［38］Calvard T S. Integrating organization studies and community psychology：a process model of an organizing sense of place in working lives［J］. Journal of Community Psychology,2015,43(6)：654－686.

[39]Casey C. Public values in governance networks[J]. American Review of Public Administration,2014,45(1):106-127.

[40]Chan Y K,Lee R P L. Network size,social support and happiness in later life:a comparative study of Beijing and Hong Kong[J]. Journal of Happiness Studies, 2006,7(1):87-112.

[41]Chng S,White M,Abraham C,et al. Commuting and well-being in London:the roles of commute mode and local public transport connectivity[J]. Preventive Medicine,2016,88:182-188.

[42]Choi Y C,Jang J H. Relationships among social policy factors,national competitiveness,and happiness[J]. Applied Research in Quality of Life,2016,11 (4):1189-1205.

[43]Chris G S,Lara M G,Nicole S,et al. Effects of the COVID-19 pandemic and nationwide lockdown on trust,attitudes toward government,and well-being[J]. The American Psychologist,2020,75(5):618-630.

[44]Christensen T,Lægreid P. Trust in government:the relative importance of service satisfaction,political factors,and demography[J]. Public Performance & Management Review,2005,28(4):487-511.

[45]Churchill G A,Surprenant C. An investigation into the determinants of customer satisfaction[J]. Journal of Marketing Research,1982,19(4):491-504.

[46]Claire G,Deborah H,Joanna I,et al. Loneliness and personal well-being in young people:Moderating effects of individual,interpersonal,and community factors[J]. Journal of Adolescence,2022,94(4):554-568.

[47]Clark B Y,Brudney J L,Jang S G. Coproduction of government services and the new information technology:investigating the distributional biases[J]. Public Administration Review,2013,73(5):687-701.

[48]Clare F G,Tanyah H,Franziska R,et al. Resilience in public service partnerships: evidence from the UK Life Chances Fund[J]. Public Management Review,2023,

25(4):787-807.

[49]Cobb S. Social support as a moderator of life stress[J]. Psychosomatic Medicine, 1976,38(5):300-314.

[50]Coffey J K,Wray-Lake L,Mashek D,et al. A multi-study examination of well-being theory in college and community samples[J]. Journal of Happiness Studies, 2016,17(1):187-211.

[51]Considine M. The end of the line? Accountable governance in the age of networks, partnerships,and joined-up services[J]. Governance,2002,15(1):21-40.

[52]Cooper T L, Kathi P C. Neighborhood councils and city agencies:a model of collaborative coproduction[J]. National Civic Review,2005,94(1):43-53.

[53]Cox T,Hoang H,Mond J,et al. "It all comes back to community!":A qualitative study of Aboriginal Elders promoting cultural well-being[J]. Australian Journal of Rural Health,2021,29(6):909-917.

[54]Craig S C. Efficacy,trust,and political behavior:an attempt to resolve a lingering conceptual dilemma[J]. American Politics Research,1979,7(2):225-239.

[55]Cummins R A. Safety and subjective well-being:a perspective from the Australian unity well-being index[M]// Subjective Well-being and Security. Springer Netherlands,2012:13-29.

[56]Cunningham I, Baines D, Charlesworth S. Government funding, employment conditions,and work organization in non-profit community services:a comparative study[J]. Public Administration,2014,92(3):582-598.

[57]Dahlström C, Nistotskaya M, Tyrberg M. Outsourcing, bureaucratic personnel quality and citizen satisfaction with public services[J]. Public Administration, 2018,96(1):218-233.

[58]Davidson W B, Cotter P R. The relationship between sense of community and subjective well-being:A first look[J]. Journal of Community Psychology,1991, 19(3):246-253.

[59] Denhardt J V, Denhardt R B. The new public service revisited [J]. Public Administration Review, 2015, 75(5): 664 - 672.

[60] Denok K, Rodon P, Gusti K B, et al. The effect of e - Servqual and public service on community satisfaction: An empirical study in government organization [J]. International Journal of Data and Network Science, 2023, 7(3): 1413 - 1420.

[61] Dickerson A, Hole A R, Munford L A. The relationship between well - being and commuting revisited: does the choice of methodology matter? [J]. Regional Science & Urban Economics, 2014, 49: 321 - 329.

[62] Diem - Trinh Le - Klähn, Michael Hall, Gerike R. Analysis of visitor satisfaction with public transport in Munich [J]. Journal of Public Transportation, 2014, 17(3): 68 - 85.

[63] Diener E. Assessing subjective well - being: progress and opportunities [J]. Social Indicators Research, 1994, 31(2): 103 - 157.

[64] Diener E, Lucas R E. Explaining differences in societal levels of happiness: relative standards, need fulfillment, culture, and evaluation theory [J]. Journal of Happiness Studies, 2000, 1(1): 41 - 78.

[65] Diener E, Scollon C N. The what, why, when, and how of teaching the science of subjective well - being [J]. Teaching of Psychology, 2014, 41(2): 175 - 183.

[66] Diener E, Oishi S, Lucas R E. National accounts of subjective well - being [J]. American Psychologist, 2015, 70(3): 234 - 242.

[67] Dimitrov M K. Internal government assessments of the quality of governance in China [J]. Studies in Comparative International Development, 2015, 50(1): 50 - 72.

[68] Dong H, Qin B. Exploring the link between neighborhood environment and mental well - being: a case study in Beijing, China [J]. Landscape & Urban Planning, 2017(164): 71 - 80.

[69] Duncan G. Should happiness - maximization be the goal of government? [J].

Journal of happiness Studies,2010,11(2):163－178.

[70]Easterlin R A. Does economic growth improve the human lot? In David P A and Reder M W(Eds. ),Nations and households in economic growth:essays in honor of Moses Abramovitz[M]. New York,NY:Academic Press,1974:89－125.

[71]Easterlin R A. Will raising the incomes of all increase the happiness of all? [J]. Journal of Economic Behavior & Organization,1995,27(1):35－47.

[72]Easterlin R A,McVey L A,Switek M,et al. The happiness－income paradox revisited[J]. Proceedings of the National Academy of Sciences of the United States of America,2010,107(52):22463－22468.

[73]Efron B,Tibshirani R. An introduction to the bootstrap[M]. New York:Chapman & Hall/CRC,1993.

[74]Eisenberger R,Stinglhamber F. Perceived organizational support[J]. Journal of Applied Psychology,1986,71(3):500－507.

[75]Ekici T,Koydemir S. Social capital,government and democracy satisfaction,and happiness in Turkey:a comparison of surveys in 1999 and 2008[J]. Social Indicators Research,2014,118(3):1031－1053.

[76]Emerson K,Nabatchi T,Balogh S. An integrative framework for collaborative governance[J]. Journal of Public Administration Research and Theory,2012,22(1):1－29.

[77]Eric F,Yue Y,Yi G. Homeownership and happiness in urban China[J]. Journal of Housing and the Built Environment,2021,36(1):153－170.

[78]Fam K S,Yang Z,Hyman M. Confucian/chopsticks marketing[J]. Journal of Business Ethics,2009,88(3):393－397.

[79]Fabian M,Pykett J. Be happy:navigating normative issues in behavioral and well－being public policy[J]. Perspectives on Psychological Science,2022,17(1):169－182.

[80]Ferrari P A,Manzi G. Citizens evaluate public services:a critical overview of

statistical methods for analysing user satisfaction[J]. Journal of Economic Policy Reform,2014,17(3):236-252.

[81] Ferreira S,Moro M. On the use of subjective well-being data for environmental valuation[J]. Environmental & Resource Economics,2010,46(3):249-273.

[82] Filkins R, Allen J C, Cordes S. Predicting community satisfaction among rural residents:an integrative model[J]. Rural Sociology,2010,65(2):72-86.

[83] Flanagan C A,Kim T,Collura J,et al. Community service and adolescents' social capital[J]. Journal of Research on Adolescence,2015,25(2):295-309.

[84] Fledderus J. Does user co-production of public service delivery increase satisfaction and trust? Evidence from a vignette experiment[J]. International Journal of Public Administration,2015,38(9):642-653.

[85] Francesco S, Kelsey J O, Hiroshi O. Are economic growth and well-being compatible? Welfare reform and life satisfaction in Japan[J]. Oxford Economic Papers,2022,74(3):721-745.

[86] Francesco S,Marcin P. The Role of income and social capital for Europeans' well-being during the 2008 economic crisis[J]. Journal of Happiness Studies,2021,22(4):1583-1610.

[87] Frey B S,Stutzer A. Happiness and public choice[J]. Public Choice,2010,144(3-4):557-573.

[88] Frey B S,Stutzer A. The use of happiness research for public policy[J]. Social Choice & Welfare,2012,38(4):659-674.

[89] Gabriela M M,Codruta M,Dan T L,et al. Can health insurance improve the happiness of the Romanian people? [J]. Amfiteatru Economic,2023,25(64):903-918.

[90] Gao X. Networked co-production of 311 services:investigating the use of Twitter in five US cities[J]. International Journal of Public Administration,2018,41(9):712-724.

［91］Gefen D. E－commerce：the role of familiarity and trust［J］. Omega,2000,28(6)：725－737.

［92］Gray T, Tracey D, Truong S, et al. Community gardens as local learning environments in social housing contexts：participant perceptions of enhanced well－being and community connection［J］. Local Environment,2022,27(5)：1－16.

［93］Guarneros－Meza V, Martin S. Boundary spanning in local public service partnerships：coaches, advocates or enforcers? ［J］. Public Management Review,2016,18(2)：238－257.

［94］Guyot J F. Government bureaucrats are different［J］. Public Administration Review,1962,22(4)：195－202.

［95］Halimah A M, Ahmad M M, William S H. Citizen perceptions and public servant accountability of local government service delivery in Malaysia［J］. International Journal of Public Administration,2023,46(12)：823－832.

［96］Hayes A F. Introduction to mediation, moderation, and conditional process analysis：A regression－based approach［M］. New York, NY：The Guilford Press,2013.

［97］Hayoung K D , Scott H S, Jonathan F Z. Impact of community well－being on individual well－being：A longitudinal multinational study with 155 countries［J］. Journal of Community Psychology,2023,51(3)：1300－1313.

［98］Helliwell J F, Huang H. How's your government? International evidence linking good government and well－being［J］. Social Science Electronic Publishing,2006,38(4)：85－108.

［99］Helliwell J F, Shiplett H, Bonikowska A. Migration as a test of the happiness set－point hypothesis：Evidence from immigration to Canada and the United Kingdom ［J］. Canadian Journal of Economics,2020,53(4)：1618－1641.

［100］Henson D L. Using the internet as a tool for public service：creating a community history web site［J］. Journal of Technical Writing & Communication,2005,35(1)：71－94.

[101] Hesketh I, Cooper C L, Ivy J. Well – being and engagement in policing: the key to unlocking discretionary effort? [J]. Policing: A Journal of Policy and Practice, 2016, 11(1): 62 – 73.

[102] Hodgkinson I R, Hannibal C, Keating B W, et al. Toward a public service management: past, present, and future directions [J]. Journal of Service Management, 2017, 28(5): 998 – 1023.

[103] Hogan M J, Leyden K M, Conway R, et al. Happiness and health across the lifespan in five major cities: the impact of place and government performance[J]. Social Science & Medicine, 2016(162): 168 – 176.

[104] Holden M. Community well – being in neighbourhoods: achieving community and open – minded space through engagement in neighbourhoods[J]. International Journal of Community Well – being, 2018, 1(1): 45 – 61.

[105] Homberg F, Mccarthy D, Tabvuma V. A meta – analysis of the relationship between public service motivation and job satisfaction[J]. Public Administration Review, 2015, 75(5): 711 – 722.

[106] Hombrados – Mendieta M I, Gomez – Jacinto L, Dominguez – Fuentes J M, et al. Sense of community and satisfaction with life among immigrants and the native population[J]. Journal of Community Psychology, 2013, 41(5): 601 – 614.

[107] Hu R, Sun I Y, Wu Y. Chinese trust in the police: the impact of political efficacy and participation[J]. Social Science Quarterly, 2015, 96(4): 1012 – 1026.

[108] Im T, Lee S J. Does management performance impact citizen satisfaction? [J]. American Review of Public Administration, 2012, 42(4): 419 – 436.

[109] Ingham A. Can your public library improve your health and well – being? An investigation of east Sussex library and information service [J]. Health Information & Libraries Journal, 2014, 31(2): 156 – 160.

[110] James O. Evaluating the expectations disconfirmation and expectations anchoring approaches to citizen satisfaction with local public services[J]. Journal of Public

Administration Research and Theory,2007,19(1):107-123.

[111]James O,Moseley A. Does performance information about public services affect citizens' perceptions, satisfaction, and voice behaviour? Field experiments with absolute and relative performance information[J]. Public Administration,2014, 92(2):493-511.

[112]Jason L A,Stevens E,Light J M. The relationship of sense of community and trust to hope[J]. Journal of Community Psychology,2016,44(3):334-341.

[113]Jilke S,Van Ryzin G G,Van de Walle S. Responses to decline in marketized public services:an experimental evaluation of choice overload[J]. Journal of Public Administration Research and Theory,2016,26(3):421-432.

[114]Jim B S. Responsibilization and value conflicts in healthcare co-creation:A public service logic perspective[J]. Public Management Review,2023,25(7):1238-1259.

[115]Josephine M G,Christine N B. Conceptualizing linkages between community well-being and access to public space:an environmental justice perspective[J]. Journal of Environmental Planning and Management,2023,66(5):928-954.

[116]Juan P S,Carmen-Paz C,Alejandro A,et al. Relevance of social capital in preserving subjective well-being in the face of the COVID-19 pandemic[J]. Risk,Hazards & Crisis in Public Policy,2023,14(2):159-178.

[117]Jun K N. Escaping the local trap? The role of community-representing organizations in urban governance[J]. Journal of Urban Affairs,2013,35(3):343-363.

[118]Kafetsios K. Social support and well-being in contemporary Greek society:examination of multiple indicators at different levels of analysis[J]. Social Indicators Research,2006,76(1):127-145.

[119]Kaplanidou K. Effect of event service quality and satisfaction on happiness among runners of a recurring sport event[J]. Leisure Sciences,2015,37(1):87-107.

［120］Karp J A,Banducci S A. Political efficacy and participation in twenty – seven democracies:how electoral systems shape political behaviour［J］. British Journal of Political Science,2008,38(2):331 – 334.

［121］Kasarda J D,Janowitz M. Community attachment in mass society［J］. American Sociological Review,1974,39(3):328 – 339.

［122］Kaufmann D,Kraay A,Mastruzzi M. The worldwide governance indicators: methodology and analytical issues［J］. Hague Journal on the Rule of Law,2011, 3(2):220 – 246.

［123］Kelly J M. Citizen satisfaction and administrative performance measures［J］. Urban Affairs Review,2016,38(38):855 – 866.

［124］Keyes C L M. Social well – being［J］. Social Psychology Quarterly,1998,61(2): 121 – 140.

［125］Kim B J. Political efficacy,community collective efficacy,trust and extroversion in the information society:differences between online and offline civic/political activities［J］. Government Information Quarterly,2014,32(1):43 – 51.

［126］Kim H J,Zakour M. Disaster preparedness among older adults:social support, community participation,and demographic characteristics［J］. Journal of Social Service Research,2017,43(4):1 – 12.

［127］Kim S. Individual – level factors and organizational performance in government organizations［J］. Journal of Public Administration Research and Theory,2005, 15(2):245 – 261.

［128］Kim S. Public service motivation and organizational citizenship behavior in Korea ［J］. International Journal of Manpower,2006,27(8):722 – 740.

［129］Kim S,Vandenabeele W,Wright B E,et al. Investigating the structure and meaning of public service motivation across populations: developing an international instrument and addressing issues of measurement invariance［J］. Journal of Public Administration Research & Theory,2013,23(1):79 – 102.

[130]Kim Y, Kee Y, Lee S J. An analysis of the relative importance of components in measuring community well – being: perspectives of citizens, public officials, and experts[J]. Social Indicators Research,2015,121(2):345 –369.

[131]Knox C, Carmichael P. Local government reform: community planning and the quality of life in Northern Ireland[J]. Administration,2015,63(2):31 –57.

[132]Krause N, Liang J. Stress, social support, and psychological distress among the Chinese elderly[J]. Journal of Gerontol,1993,48(6):282 –291.

[133]Kutek S M, Turnbull D, Fairweather – Schmidt A K. Rural men's subjective well – being and the role of social support and sense of community: evidence for the potential benefit of enhancing informal networks[J]. Australian Journal of Rural Health,2011,19(1):20 –26.

[134]Levinson A. Valuing public goods using happiness data: the case of air quality [J]. Journal of Public Economics,2012,96(9 –10):869 –880.

[135]Liberini F, Redoano M, Proto E. Happy voters[J]. Journal of Public Economics, 2016(146):41 –57.

[136]Lin T, Xiao F L, Wei Y, et al. The effect of political participation and village support on farmers happiness[J]. Journal of Chinese Political Science,2020,25 (4):639 –661.

[137]Liu B C, Tang L P. Does the love of money moderate the relationship between public service motivation and job satisfaction? The case of Chinese professionals in the public sector[J]. Public Administration Review,2011,71(5):718 –727.

[138]Liu B, Yang K, Ju W. Work – related stressors and health – related outcomes in public service: examining the role of public service motivation[J]. American Review of Public Administration,2015,45(6):653 –673.

[139]Liu H X, Gao H, Huang Q. Better government, happier residents? Quality of government and life satisfaction in China[J]. Social Indicators Research,2020, 148(1):971 –990.

[140] Loeffler E, Bovaird T. User and community co-production of public services: what does the evidence tell us? [J]. International Journal of Public Administration, 2016, 39(13): 1006-1019.

[141] Long D A, Perkins D D. Confirmatory factor analysis of the sense of community index and development of a brief SCI. [J]. Journal of Community Psychology, 2003, 31(3): 279-296.

[142] Loon N M V, Vandenabeele W, Leisink P. On the bright and dark side of public service motivation: the relationship between PSM and employee well-being[J]. Public Money & Management, 2015, 35(5): 349-356.

[143] Lu H Y, Tong P S, Zhu R. Longitudinal evidence on social trust and happiness in China: causal effects and mechanisms[J]. Journal of Happiness Studies, 2020, 21(5): 1841-1858.

[144] Luu T T, Chris R, Dinh C K, et al. Fostering well-being among public employees with disabilities: rhe roles of disability-inclusive human resource practices, job resources, and public service motivation [J]. Review of Public Personnel Administration, 2021, 41(3): 466-496.

[145] Mair C, Roux A V D, Galea S. Are neighbourhood characteristics associated with depressive symptoms? A review of evidence [J]. Journal of Epidemiology and Community Health, 2008, 62(11): 940-946.

[146] Manuel P, Danie C, Octavio L, et al. Authentic leadership and personal and job demands/resources: A person-centered approach and links with work-related subjective well-being[J]. Current Psychology, 2023, 42(33): 28994-29011.

[147] Manzi G, Saibene G. Are they telling the truth? Revealing hidden traits of satisfaction with a public bike-sharing service [J]. International Journal of Sustainable Transportation, 2018, 12(4): 253-270.

[148] Mark M, Julian K, Erik R. The predictive dynamics of happiness and well-being [J]. Emotion Review, 2022, 14(1): 15-30.

［149］Martin A，Goryakin Y，Suhrcke M. Does active commuting improve psychological well－being? Longitudinal evidence from eighteen waves of the British Household Panel Survey［J］. Preventive Medicine，2014，69：296－303.

［150］Martínez L，Short J，Ortíz M. Citizen satisfaction with public goods and government services in the global urban south：a case study of Cali，Colombia［J］. Habitat International，2015（49）：84－91.

［151］Matthias L，Maria K P，Maike L. They are doing 2ell，but is it by doing good? Pathways from nonpolitical and political volunteering to subjective well－being in age comparison［J］. Journal of Happiness Studies，2022，23（5）：1969－1989.

［152］Meijer A J. Networked coproduction of public services in virtual communities：from a government－centric to a community approach to public service support ［J］. Public Administration Review，2011，71（4）：598－607.

［153］McCann E. Governing urbanism：Urban governance studies 1. 0，2. 0 and beyond ［J］. Urban Studies，2017，54（2）：312－326.

［154］Mcmillan D W，Chavis D M. Sense of community：a definition and theory［J］. Journal of Community Psychology，1986，14（1）：6－23.

［155］McNamara N，Stevenson C，Costa S，et al. Community identification，social support，and loneliness：the benefits of social identification for personal well－being［J］. The British Journal of Social Psychology，2021，60（4）：1379－1402.

［156］Miranda R，Lerner A. Bureaucracy，organizational redundancy，and the privatization of public services［J］. Public Administration Review，1995，55（2）：193－200.

［157］Moore M H. Public value accounting：establishing the philosophical basis［J］. Public Administration Review，2014，74（4）：465－477.

［158］Moonesar R，Sammy I，Nunes P，et al. Social support in older people：lessons from a developing country［J］. Quality of Life Research，2016，25（1）：233－236.

［159］Natale A，Martino S D，Procentese F，et al. De－growth and critical community psychology:contributions towards individual and social well-being[J]. Futures, 2016(78-79):47-56.

[160] Nahapiet J,Ghoshal S. Social capital,intellectual capital,and the organizational advantage[J]. Academy of Management Review,1998,23(2):242-266.

[161] Negoita M. Beyond performance management:a networked production model of public service delivery[J]. Public Performance & Management Review,2018,41 (2):1-24.

[162] Neil M B,Branda N. Sense of community,sense of community responsibility, organizational commitment and identification,and public service motivation:a simultaneous test of affective states on employee well-being and engagement in a public service work context[J]. Public Management Review,2020,22(7): 1024-1050.

[163] Ng E C W,Fisher A T. Protestant spirituality and well-being of people in Hong Kong:the mediating role of sense of community[J]. Applied Research in Quality of Life,2016(11):1-15.

[164] Nhung T H N,Luu T T. Trust in multi-level managers and employee extra-role behavior in the US federal government:The role of psychological well-being and workload[J]. Review of Public Personnel Administration,2022,42(2): 312-337.

[165] Nisar T M. Implementation constraints in social enterprise and community public private partnerships[J]. International Journal of Project Management,2013,31 (4):638-651.

[166] Nowell B, Boyd N M. Sense of community responsibility in community collaboratives:advancing a theory of community as resource and responsibility [J]. American Journal of Community Psychology,2014,54(3-4):229-242.

[167] Nowell B,Izod A M,Ngaruiya K M,et al. Public service motivation and sense of community responsibility:comparing two motivational constructs in understanding

leadership,within community collaboratives[J]. Journal of Public Administration Research & Theory,2016,26(4):663–676.

[168]Nurullah A S. Received and provided social support:a review of current evidence and future directions[J]. American Journal of Health Studies,2012,27(3):173–188.

[169]Oh H J,Ozkaya E,Larose R. How does online social networking enhance life satisfaction? The relationships among online supportive interaction,affect, perceived social support,sense of community,and life satisfaction[J]. Computers in Human Behavior,2014,30(1):69–78.

[170]Oishi S,Gilbert E A. Current and future directions in culture and happiness research[J]. Current Opinion in Psychology,2016(8):54–58.

[171]Oliver R L. A cognitive model of the antecedents and consequences of satisfaction decisions[J]. Journal of Marketing Research,1980,17(4):460–469.

[172]Olsen A L. Citizen (dis) satisfaction:an experimental equivalence framing study [J]. Public Administration Review,2015,75(3):469–478.

[173]Olsson L E,Friman M,Pareigis J,et al. Measuring service experience:applying the satisfaction with travel scale in public transport[J]. Journal of Retailing and Consumer Services,2012,19(4):413–418.

[174]Osborne S P,Radnor Z,Kinder T,et al. The service framework:a public–service–dominant approach to sustainable public services[J]. British Journal of Management, 2015,26(3):424–438.

[175]Osborne S P,Radnor Z,Strokosch K. Co–production and the co–creation of value in public services:a suitable case for treatment? [J]. Public Management Review,2016,18(5):639–653.

[176]Ostrom E. Crossing the great divide:coproduction,synergy,and development[J]. World Development,1996,24(6):1073–1087.

[177]Ott J C. Good governance and happiness in nations:technical quality precedes

democracy and quality beats size[J]. Journal of Happiness Studies,2010,11(3):353-368.

[178]Ott J C. Government and happiness in 130 nations:good governance fosters higher level and more equality of happiness[J]. Social Indicators Research,2011,102(1):3-22.

[179]Ott J. Leave size of government out of the measurement of economic freedom—put quality of government in[J]. Economic Journal Watch,2022,19(1):58-64.

[180]Paarlberg L E, Lavigna B. Transformational leadership and public service motivation:driving individual and organizational performance [J]. Public Administration Review,2010,70(5):710-718.

[181]Paldam M. Social capital:one or many? Definition and measurement. Journal of Economic Surveys[J]. Political Economy,2000,14(5):629-653.

[182]Papadopoulos K,Papakonstantinou D,Koutsoklenis A,et al. Social support,social networks, and happiness of individuals with visual impairments [ J ]. Rehabilitation Counseling Bulletin,2015,58(4):735-753.

[183]Parasuraman A,Zeithaml V A,Berry L L. A conceptual model of service quality and its implications for future research[J]. Journal of Marketing,1985,49(4):41-50.

[184]Parasuraman A,Berry L L,Zeithaml V A. Refinement and reassessment of the SERVQUAL scale[J]. Journal of Retailing,1991,4(8):1463-1467.

[185]Park H,Blenkinsopp J. The roles of transparency and trust in the relationship between corruption and citizen satisfaction [ J ]. International Review of Administrative Sciences,2011,77(2):254-274.

[186]Park S M,Min K R,Chen C A. Do monetary rewards bring happiness? Comparing the impacts of pay-for-performance in the public and private sectors[J]. International Review of Public Administration,2016,21(3):199-215.

[187]Pedro C V, Cristina L V, Estela N B, et al. Model based on service quality,

satisfaction and trust, the antecedents of federated athletes' happiness and loyalty [J]. Journal of Management Development, 2023, 42(6):501-513.

[188] Pérez-López G, Prior D, Zafra-Gómez J L. Rethinking new public management delivery forms and efficiency: long-term effects in Spanish local government[J]. Journal of Public Administration Research and Theory, 2015, 25(4):1157-1183.

[189] Perry J L, Porter L W. Factors affecting the context for motivation in public organizations[J]. Academy of Management Review, 1982, 7(1):89-98.

[190] Perry J L, Wise L R. The motivational bases of public service[J]. Public Administration Review, 1990, 50(3):367-373.

[191] Perry J L. Measuring public service motivation: an assessment of construct reliability and validity[J]. Journal of Public Administration Research & Theory, 1996, 6(1):5-22.

[192] Perry J L, Hondeghem A. Building theory and empirical evidence about public service motivation[J]. International Public Management Journal, 2008, 11(1): 3-12.

[193] Peterson N, Speer P, Hughey J, et al. Community organizations and sense of community: further development in theory and measurement[J]. Journal of Community Psychology, 2010, 36(6):798-813.

[194] Petrovsky N, Mok J Y, León-Cázares F. Citizen expectations and satisfaction in a young democracy: a test of the expectancy-disconfirmation model[J]. Public Administration Review, 2017, 77(3):395-407.

[195] Piatak J, Romzek B, LeRoux K, et al. Managing goal conflict in public service delivery networks: does accountability move up and down, or side to side? [J]. Public Performance & Management Review, 2018, 41(1):152-176.

[196] Poister T H, Streibprofile G. Performance measurement in municipal government: assessing the state of practice[J]. Public Administration Review, 1999, 59(4):

325 – 336.

[197] Portes A, Sensenbrenner J. Embeddedness and immigration: notes on the social determinants of economic action[J]. American Journal of Sociology, 1993, 98 (6): 1320 – 1350.

[198] Prakash C B, Anil K G. Bribing for public service: What drives the service users? [J]. International Journal of Public Administration, 2023, 46(11): 773 – 782.

[199] Prati G, Albanesi C, Pietrantoni L. The reciprocal relationship between sense of community and social well – being: a cross – lagged panel analysis[J]. Social Indicators Research, 2016, 127(3): 1321 – 1332.

[200] Putnam R, Leonardi R, Naetti R. Making democracy work: civic traditions in modern Italy[M]. Princeton University Press, 1993.

[201] Radcliff B, Shufeldt G. Direct democracy and subjective well – being: the initiative and life satisfaction in the American States [J]. Social Indicators Research, 2016, 128(3): 1405 – 1423.

[202] Randolph C H C, Winnie W S M, Wing – Yi C, et al. Effects of social movement participation on political efficacy and well – being: A longitudinal study of civically engaged youth[J]. Journal of Happiness Studies, 2020, 22(5): 1981 – 2001.

[203] Raphael D, Renwick R, Brown I, et al. Making the links between community structure and individual well – being: community quality of life in Riverdale, Toronto, Canada[J]. Health & Place, 2001, 7(3): 179 – 196.

[204] Rehdanz K, Maddison D. Local environmental quality and life – satisfaction in Germany[J]. Ecological Economics, 2008, 64(4): 787 – 797.

[205] Resnick D. Urban governance and service delivery in African cities: the role of politics and policies[J]. Development Policy Review, 2014, 32(s1): 3 – 17.

[206] Ritz A, Brewer G A, Neumann O. Public service motivation: a systematic literature review and outlook[J]. Public Administration Review, 2016, 76(3): 414 – 426.

[207] Robert D, Alexander P, Benjamin R. Public sector employment, quality of

government, and well – being : A global analysis [ J ]. International Area Studies Review, 2021, 24(3) :193 –204.

[208] Robert W R, Pamela P, Kristopher V, et al. Nonprofits : A public policy tool for the promotion of community subjective well – being [ J ]. Journal of Public Administration Research and Theory, 2021, 31(4) :822 –838.

[209] Rodríguez – Pose A, Tselios V. Well – being, political decentralisation and governance auality in Europe [ J ]. Journal of Human Development and Capabilities, 2019, 20(1) :69 –93.

[210] Roh C Y, Moon M J, Yang S B, et al. Linking emotional labor, public service motivation, and job satisfaction : social workers in health care settings [ J ]. Social Work in Public Health, 2016, 31(2) :43 –57.

[211] Rojikinnor, Gani A J, Saleh C, et al. Organizational commitment and expertise in determining community satisfaction through good governance, quality of community services, and community empowerment [ J ]. Journal of the Knowledge Economy, 2022, 14(2) :966 –981.

[212] Rothstein B O, Teorell J A N. What is quality of government? A theory of impartial government institutions [ J ]. Governance, 2008, 21(2) :165 –190.

[213] Ruseski J E, Humphreys B R, Hallman K, et al. Sport participation and subjective well – being : instrumental variable results from German survey data [ J ]. Journal of Physical Activity & Health, 2014, 11(2) :396 –403.

[214] Ryan R M, Deci E L. Self – determination theory and the facilitation of intrinsic motivation, social development, and well – being [ J ]. American Psychologist, 2000, 55(1) :68 –78.

[215] Ryff C D, Singer B H. Know thyself and become what you are : a eudaimonic approach to psychological well – being [ J ]. Journal of Happiness Studies, 2008, 9(1) :13 –39.

[216] Ryff C D, Keyes C L. The structure of psychological well – being revisited [ J ].

Journal of Personality and Social Psychology,1995,69(4):719-727.

[217] Ryzin G G V,Muzzio D,Immerwahr S,et al. Drivers and consequences of citizen satisfaction:an application of the American customer satisfaction index model to New York city[J]. Public Administration Review,2010,64(3):331-341.

[218] Ryzin V,Gregg G. Expectations,performance,and citizen satisfaction with urban services[J]. Journal of Policy Analysis & Management,2004,23(3):433-448.

[219] Sarracino F. Money,sociability and happiness:are developed countries doomed to social erosion and unhappiness? [J]. Social Indicators Research, 2012, 109 (2):135-188.

[220] Sá F,Rocha Á,Cota M P. From the quality of traditional services to the quality of local e - government online services: a literature review [J]. Government Information Quarterly,2016,33(1):149-160.

[221] Shapiro A,Keyes C L M. Marital status and social well-being:are the married always better off? [J]. Social Indicators Research,2008,88(2):329-346.

[222] Shiroka - Pula J. Can the government make us happier? Institutional quality and subjective well - being across europe: A multilevel analysis using eurobarometer survey 2019[J]. Applied Research in Quality of Life,2022,18(2):677-696.

[223] Sicilia M,Guarini E,Sancino A,et al. Public services management and co - production in multi - level governance settings [J]. International Review of Administrative Sciences,2016,82(1):8-27.

[224] Simone S D,Cicotto G,Pinna R,et al. Engaging public servants:public service motivation, work engagement and work - related stress [ J ]. Management Decision,2016,54(7):1569-1594.

[225] Sirgy M J,Gao T,Young R F. How does residents' satisfaction with community services influence quality of life (QOL) outcomes? [J]. Applied Research in Quality of Life,2008,3(2):81-105.

[226] Steptoe A,Deaton A,Stone A A. Subjective well-being,health,and ageing[J].

The Lancet,2015,385(9968):640-648.

[227]Stillman T F,Baumeister R F,Lambert N M,et al. Alone and without purpose:life loses meaning following social exclusion[J]. Journal of Experimental Social Psychology,2009,45(4):686-694.

[228]Stritch J M,Christensen R K. Going green in public organizations:linking organizational commitment and public service motives to public employees' workplace eco-initiatives[J]. American Review of Public Administration,2016, 46(3):337-355.

[229]Stutzer A. The role of income aspirations in individual happiness[J]. Journal of Economic Behavior & Organization,2002,54(1):89-109.

[230]Sujarwoto S,Tampubolon G. Decentralisation and citizen happiness:a multilevel analysis of self-rated happiness in Indonesia[J]. Journal of Happiness Studies, 2015,16(2):455-475.

[231]Swindell D,Kelly J M. Linking citizen satisfaction data to performance measures [J]. Public Performance & Management Review,2000,24(1):30-52.

[232]Talò C,Mannarini T,Rochira A. Sense of community and community participation: a meta-analytic review[J]. Social Indicators Research,2014,117(1):1-28.

[233]Tapas K R. Work related well-being is associated with individual subjective well-being[J]. Industrial Health,2022,60(3):242-252.

[234]Tavares A F. Ten years after:revisiting the determinants of the adoption of municipal corporations for local service delivery[J]. Local Government Studies, 2017,43(5):697-706.

[235]Taylor J. Public service motivation,relational job design,and job satisfaction in local government[J]. Public Administration,2014,92(4):902-918.

[236]Tella R D,Macculloch R. Partisan social happiness[J]. Review of Economic Studies,2005,72(2):367-393.

[237]Tella R D,Macculloch R J,Oswald A J. The macroeconomics of happiness[J].

Review of Economics & Statistics,2003,85(4):809－827.

[238] Thomas C,Victoria S,Paul H,et al. The wheel of well－being:Impact of a community training programme on individual well－being in Australia[J]. Health Promotion Journal of Australia,2023,34(2):500－507.

[239] Thomson T L. The effect of television viewing on adolescents' civic participation: political efficacy as a mediating mechanism[J]. Journal of Broadcasting & Electronic Media,2009,53(1):3－21.

[240] Tshiteem K,Everest－Phillips M. Public service happiness and morale in the context of development:the case of Bhutan[J]. Asia Pacific Journal of Public Administration,2016,38(3):168－185.

[241] Tummers L L G,Bekkers V,Vink E,et al. Coping during public service delivery: a conceptualization and systematic review of the literature[J]. Journal of Public Administration Research and Theory,2015,25(4):1099－1126.

[242] Uchida Y,Oishi S. The happiness of individuals and the collective[J]. Japanese Psychological Research,2016,58(1):125－141.

[243] Uriel H. Impact of urbanization on mental health and well－being[J]. Current Opinion in Psychiatry,2023,36(3):200－205.

[244] Vaeggemose U,Ankersen P V,Aagaard J,et al. Co－production of community mental health services:organising the interplay between public services and civil society in Denmark[J]. Health & Social Care in the Community,2017,26(1): 122－130.

[245] Van Eijk C,Steen T. Why engage in co－production of public services? Mixing theory and empirical evidence[J]. International Review of Administrative Sciences,2016,82(1):28－46.

[246] Vandenabeele W. Development of a public service motivation measurement scale: corroborating and extending Perry's measurement instrument[J]. International Public Management Journal,2008,11(1):143－167.

[247] Vandenabeele W V. The mediating effect of job satisfaction and organizational commitment on self – reported performance: more robust evidence of the PSM— performance relationship[J]. International Review of Administrative Sciences, 2009,17(1):275 –281.

[248] Vannier C, Mulligan H, Wilkinson A, et al. Strengthening community connection and personal well – being through volunteering in New Zealand[J]. Health & Social Care in the Community,2021,29(6):1971 –1979.

[249] Veenhoven R, Hagerty M. Rising happiness in nations 1946—2004: a reply to Easterlin[J]. Social Indicators Research,2006,79(3):421 –436.

[250] Veenhoven R. Social conditions for human happiness: a review of research[J]. International Journal of Psychology,2015,50(5):379 –391.

[251] Vieno A, Santinello M, Pastore M, et al. Social support, sense of community in school, and self – efficacy as resources during early adolescence: an integrative model[J]. American Journal of Community Psychology,2007,39(1 –2):177 – 190.

[252] Walle S V D, Ryzin G G V. The order of questions in a survey on citizen satisfaction with public services: lessons from a split – ballot experiment [J]. Public Administration,2011,89(4):1436 –1450.

[253] Warner M E, Hefetz A. Managing markets for public service: the role of mixed public – private delivery of city services[J]. Public Administration Review,2008, 68(1):155 –166.

[254] Weeranakin P, Promphakping B. Local meanings of well – being and the construction of well – being indicators[J]. Social Indicators Research,2017,138(2):689 –703.

[255] Weckroth M, Ala – Mantila S, Ballas D, et al. Urbanity, neighbourhood characteristics and perceived quality of life (QoL): Analysis of individual and contextual determinants for perceived QoL in 3300 postal code areas in Finland [J]. Social Indicators Research,2022,164(1):1 –26.

[256] Whiteley P, Clarke H D, Sanders D, et al. Government performance and life satisfaction in contemporary Britain [J]. The Journal of Politics, 2010, 72 (3): 733 – 746.

[257] Woo C. Good governance and happiness: does technical quality of governance lead to happiness universally in both rich and poor countries? [J]. Journal of International and Area Studies, 2018, 25 (1): 37 – 56.

[258] Wright B E, Christensen R K, Pandey S K. Measuring public service motivation: exploring the equivalence of existing global measures [J]. International Public Management Journal, 2013, 16 (2): 197 – 223.

[259] Wright B E, Pandey S K. Public service motivation and the assumption of person – organization fit testing the mediating effect of value congruence [J]. Administration & Society, 2008, 40 (5): 502 – 521.

[260] Yetim N, Yetim Ü. Sense of community and individual well – being: a research on fulfillment of needs and social capital in the Turkish community [J]. Social Indicators Research, 2014, 115 (1): 93 – 115.

[261] Yi Y, Nataraajan R. Customer satisfaction in Asia [J]. Psychology & Marketing, 2018, 35 (6): 387 – 391.

[262] Yuthika U G, Chris G S, Benjamin W H, et al. Unsupported and stigmatized? The association between relationship status and well – being is mediated by social support and social discrimination [J]. Social Psychological and Personality Science, 2022, 13 (2): 425 – 435.

[263] Zeithaml V A, Bitner M J. Services marketing: integrating customer focus across the firm [M]. McGraw – Hill, Boston, MA, 2000.

[264] Zeithaml V A. Consumer perceptions of price, quality, and value: A means – end model and synthesis of evidence [J]. Journal of Marketing, 1988, 52 (3): 2 – 22.

[265] Zhang Y L, Liu X S, Vedlitz A. How social capital shapes citizen willingness to co – invest in public service: The case of flood control [J]. Public Administration,

2020,98(3):696-712.

[266]阿米塔瓦·克里希纳·杜特,本杰明·拉德克里夫.幸福、经济与政治:走向多学科方法[M].叶娟丽,韩瑞波,译.上海:复旦大学出版社,2017.

[267]安东尼·吉登斯.社会的构成——结构化理论纲要[M].李康,李猛,译.北京:中国人民大学出版社,2016.

[268]埃莉诺·奥斯特罗姆.公共事务的治理之道[M].余逊达,陈旭东,译.上海:上海三联出版社,2000.

[269]柏良泽."公共服务"界说[J].中国行政管理,2008(2):17-20.

[270]包国宪,王学军.以公共价值为基础的政府绩效治理——源起、架构与研究问题[J].公共管理学报,2012,9(2):89-97.

[271]保海旭.信任对公共服务满意度的影响及其区域差异化研究——基于CGSS2015年中国28个省份的截面数据[J].管理评论,2021,33(7):301-312.

[272]包元杰,李超平.公共服务动机的测量:理论结构与量表修订[J].中国人力资源开发,2016(7):83-91.

[273]边燕杰,丘海雄.企业的社会资本及其功效[J].中国社会科学,2000(2):87-99.

[274]蔡立辉,郝宇坤.政府间接管理方式下公共服务满意度提升研究[J].行政论坛,2021,28(3):30-40.

[275]曹海军.国外城市治理理论研究[M].天津:天津人民出版社,2017.

[276]曹海军.功能、技术、场景:社区公共服务供给侧改革的三维向度[J].求索,2018(1):98-106.

[277]陈刚,李树.政府如何能够让人幸福?——政府质量影响居民幸福感的实证研究[J].管理世界,2012(8):55-67.

[278]陈璐,王璐,文琬.长期护理保险提升中年人幸福感了吗——基于积极、消极情感的双向分析[J].社会保障研究,2023(2):15-32.

[279]陈鹏.城市社区治理:基本模式及其治理绩效——以四个商品房社区为例

[J].社会学研究,2016,31(3):125-151.

[280]陈荣卓,申鲁菁.我国城市社区公共服务创新:地方经验与发展趋势[J].当代世界社会主义问题,2016(1):28-44.

[281]陈剩勇,徐珣.参与式治理:社会管理创新的一种可行性路径——基于杭州社区管理与服务创新经验的研究[J].浙江社会科学,2013(2):62-72.

[282]陈世香,谢秋山.居民个体生活水平变化与地方公共服务满意度[J].中国人口科学,2014(1):76-84.

[283]陈水生.公共服务需求管理:服务型政府建设的新议程[J].江苏行政学院学报,2017(1):109-115.

[284]陈伟东,舒晓虎.城市社区服务的复合模式——苏州工业园区邻里中心模式的经验研究[J].河南大学学报(哲学社会科学版),2014,54(1):55-61.

[285]陈振明.加强对公共服务提供机制与方式的研究[J].东南学术,2007(2):69-76.

[286]陈志霞,李启明.城市居民幸福指数的影响因素及测量[J].城市问题,2013(9):52-58.

[287]陈志霞,于洋航.城市居民社会管理满意度对居民幸福感的影响[J].城市问题,2017(11):76-84.

[288]程秀英,孙柏瑛.社会资本视角下社区治理中的制度设计再思考[J].中国行政管理,2017(4):53-58.

[289]迟景明,邵宏润.博士生教育服务质量对满意度的影响机理:一项实证的研究[J].现代教育管理,2018(5):111-117.

[290]储亚萍.政府购买社区公共卫生服务的模式与成效研究——基于国内五个典型案例的分析[J].东北大学学报(社会科学版),2014,16(2):170-175.

[291]崔运武.论公共治理视角下我国PPP问题的成因及应对[J].中国行政管理,2019(1):53-59.

[292]丁煌.当代西方公共行政理论的新发展——从新公共管理到新公共服务[J].广东行政学院学报,2005,17(6):5-10.

[293]丁元竹.界定基本公共服务及其绩效[J].国家行政学院学报,2009(2):18-21.

[294]董源,郑晓冬,方向明.公共服务对城市居民幸福感的影响[J].城市问题,2020(2):82-88.

[295]杜巍,杨婷,靳小怡.中国城镇化背景下农民工公共服务需求层次的代次差异研究[J].西安交通大学学报(社会科学版),2016,36(3):77-87.

[296]杜宗斌,苏勤,姜辽.社区参与对旅游地居民社区归属感的中介效应——以浙江安吉为例[J].地理科学,2012,32(3):329-335.

[297]范静波.当前居民医疗卫生公共服务满意度感知结构研究[J].华东师范大学(哲学社会科学版),2018,50(6):163-171.

[298]方俊,李子森.政府购买社区居家养老服务的探索——以广州Y区为例[J].中共中央党校学报,2018,22(3):67-75.

[299]方黎明.社会支持与农村老年人的主观幸福感[J].华中师范大学学报(人文社会科学版),2016(1):54-63.

[300]方亚琴,夏建中.社区治理中的社会资本培育[J].中国社会科学,2019(7):64-84+205-206.

[301]费孝通.中国现代化:对城市社区建设的再思考[J].江苏社会科学,2001(1):52-55.

[302]冯亚平.城市规模、公共服务满意度与居民主观幸福感——以武汉城市圈为例[J].中国人口·资源与环境,2015,25(1):358-362.

[303]冯亚平,徐长生,范红忠.大中小城市及小城镇居民基本公共服务满意度比较研究[J].经济经纬,2016(3):126-131.

[304]傅利平,贾才毛加.公共服务满意度、社会资本与居民主观幸福感关系研究——基于中国综合社会调查(CGSS)2013的实证分析[J].天津大学学报(社会科学版),2017,19(4):321-326.

[305]傅勇.财政分权、政府治理与非经济性公共物品供给[J].经济研究,2010(8):4-15.

[306]高红,杨秀勇.社会组织融入社区治理:理论、实践与路径[J].新视野,2018(1):77-83.

[307]高鉴国.社区公共服务的性质与供给——兼以JN市的社区服务中心为例[J].东南学术,2006(6):41-50.

[308]高琳.分权与民生:财政自主权影响公共服务满意度的经验研究[J].经济研究,2012,47(7):86-98.

[309]甘行琼,张晓伟.财政分权影响环境公共服务满意度的实证分析[J].湖南社会科学,2017(3):98-106.

[310]官永彬.民主与民生:民主参与影响公共服务满意度的实证研究[J].中国经济问题,2015(2):26-37.

[311]国家统计局福州调查队课题组.提升政府公共服务公众满意度研究——以福州市为例[J].调研世界,2015(4):15-19.

[312]郭凤林,严洁.民众公共服务主体选择偏好:政府还是市场?[J].兰州学刊,2018(5):118-130.

[313]郭秀云.人口空间移动与公共资源配置的公平性分析——以上海为例[J].人口与发展,2013,19(5):68-77.

[314]韩小威,尹栾玉.基本公共服务概念辨析[J].江汉论坛,2010(9):42-44.

[315]何包钢,吴进进.公共协商的政治合法性功能——基于连氏市民公共服务满意度调查[J].浙江社会科学,2016(9):26-38.

[316]何华兵.基本公共服务均等化满意度测评体系的建构与应用[J].中国行政管理,2012(11):25-29.

[317]何继新.社区"互联网+公共服务"供给模型建构探究[J].深圳大学学报(人文社会科学版),2018,35(2):116-124.

[318]何继新,何海清.城市社区公共服务智慧化供给治理:基本特质、标靶方向和推进路径[J].学习与实践,2019(4):100-109.

[319]何俊志,任军锋,朱德米,编译.新制度主义政治学译文精选[M].天津:天津人民出版社,2007.

[320]何艳玲,郑文强."留在我的城市"——公共服务体验对城市归属感的影响[J].同济大学学报(社会科学版),2016,27(1):78-86.

[321]黄永明,何凌云.城市化、环境污染与居民主观幸福感——来自中国的经验证据[J].中国软科学,2013(12):82-93.

[322]黄欣欣.社交媒体偶遇式新闻接触与青少年潜在政治参与:网络政治效能感和政治讨论的远程中介作用[J].国际新闻界,2022,44(11):120-141.

[323]胡鞍钢,马伟.现代中国经济社会转型:从二元结构到四元结构(1949—2009)[J].清华大学学报(哲学社会科学版),2012(1):16-29.

[324]胡荣.中国人的政治效能感、政治参与和警察信任[J].社会学研究,2015(1):76-96.

[325]蒋俊杰.从传统到智慧:我国城市社区公共服务模式的困境与重构[J].浙江学刊,2014(4):117-123.

[326]姜晓萍,衡霞.社区治理中的公民参与[J].湖南社会科学,2007(1):24-28.

[327]姜晓萍,田昭.授权赋能:党建引领城市社区治理的新样本[J].中共中央党校(国家行政学院)学报,2019,23(5):64-71.

[328]纪江明,胡伟.中国城市公共服务满意度的熵权TOPSIS指数评价——基于2012连氏"中国城市公共服务质量调查"的实证分析[J].上海交通大学学报(哲学社会科学版),2013,21(3):41-51.

[329]姬生翔,姜流.社会地位、政府角色认知与公共服务满意度——基于CGSS2013的结构方程分析[J].软科学,2017,31(1):1-5.

[330]孔娜娜.社区公共服务碎片化的整体性治理[J].华中师范大学学报(人文社会科学版),2014,53(5):29-35.

[331]蓝志勇,李东泉.社区发展是社会管理创新与和谐城市建设的重要基础[J].中国行政管理,2011(10):71-74.

[332]冷向明,吴旦魁.空间叠加与社区治理机制适配性研究[J].华中科技大学学报(社会科学版),2023,37(5):89-98.

[333]雷晓康,陈泽鹏.促进还是抑制:互联网使用对老年人主观幸福感的影响研究

[J/OL].海南大学学报(人文社会科学版),2023:1-11.

[334]李春.我国城市社区公共服务模式的发展历程与启示[J].理论导刊,2013(2):26-28.

[335]李德国.理解公共服务:基于多重约束的机制选择[M].北京:中国社会科学出版社,2017.

[336]李东方,刘二鹏.社会支持对农村居民健康状况的影响[J].中南财经政法大学学报,2018(3):149-156.

[337]李凤琴,林闽钢.中国城市社区公共服务模式的转变[J].河海大学学报(哲学社会科学版),2011,13(2):65-69.

[338]李军鹏.新时期我国公共服务体系建设的目标与对策[J].国家行政学院学报,2011(5):27-31.

[339]李蓉蓉.城市居民社区政治效能感与社区自治[J].中国行政管理,2013(3):55-59.

[340]李蓉蓉,王东鑫,翟阳明.论政治效能感[J].国外理论动态,2015(5):107-112.

[341]李树,严茉.幸福经济学研究最新进展[J].经济学动态,2022(12):123-139.

[342]李文彬,赖琳慧.政府绩效满意度与居民幸福感——广东省的实证研究[J].中国行政管理,2013(8):55-59.

[343]李燕,朱春奎,姜影.政治效能感、政府信任与政府网站公民参与行为——基于重庆、武汉与天津三地居民调查数据的实证研究[J].北京行政学院学报,2017(6):35-43.

[344]李友梅.城市社会治理[M].北京:社会科学文献出版社,2014.

[345]梁昌勇,代犟,朱龙.基于SEM的公共服务公众满意度测评模型研究[J].华东经济管理,2015,29(2):123-129.

[346]廖福崇.基本公共服务与民生幸福感:来自中国综合社会调查的经验证据[J].兰州学刊,2020(5):136-150.

[347]林亚清,蓝浦城.公务员公共服务动机何以影响其变革行为?——工作重塑的中介作用和变革型领导的调节作用[J].公共管理与政策评论,2023,12(4):80-96.

[348]刘帮成.中国情境下公共服务动机研究[M].上海:上海交通大学出版社,2015.

[349]刘春湘,邱松伟,陈业勤.社会组织参与社区公共服务的现实困境与策略选择[J].中州学刊,2011(2):106-110.

[350]刘亮.我国体育公共服务的概念溯源与再认识[J].体育学刊,2011,18(3):34-40.

[351]刘武,刘钊,孙宇.公共服务顾客满意度测评的结构方程模型方法[J].科技与管理,2009,11(4):40-44.

[352]刘筱,邹燕平.深圳公众的社区归属感及其治理意义研究[J].中国软科学,2010(12):97-106.

[353]刘霞,赵景欣,申继亮.歧视知觉对城市流动儿童幸福感的影响:中介机制及归属需要的调节作用[J].心理学报,2013(5):568-584.

[354]刘欣,胡安宁.共同富裕愿景下的幸福感提升:双重公平论的视角[J].社会学研究,2023,38(1):1-21+226.

[355]刘亚楠,张舒,刘璐怡,等.感恩与生命意义:领悟到的社会支持与归属感的多重中介模型[J].中国特殊教育,2016(4):79-83.

[356]柳建文.新型城镇化背景下超大城市的社区功能及其发挥[J].人文杂志,2016(4):109-115.

[357]罗明忠,林玉婵.就业质量、阶层定位与女性幸福感[J].学术研究,2023(7):92-101.

[358]吕芳.社区公共服务中的"吸纳式供给"与"合作式供给"——以社区减灾为例[J].中国行政管理,2011(8):76-79.

[359]马丁·塞利格曼.真实的幸福[M].洪兰,译.辽宁:北方联合出版传媒(集团)股份有限公司,2010.

[360]马亮.公共服务绩效与公民幸福感:中国地级市的实证研究[J].中国行政管理,2013(2):104-109.

[361]迈克尔·麦金尼斯.多中心体制与地方公共经济[M].毛寿龙,译.上海:上海三联书店,2000.

[362]苗元江.从幸福感到幸福指数——发展中的幸福感研究[J].南京社会科学,2009(11):103-108.

[363]闵学勤.社区营造:通往公共美好生活的可能及可为[J].江苏行政学院学报,2018(6):55-62.

[364]倪红日,张亮.基本公共服务均等化与财政管理体制改革研究[J].管理世界,2012(9):7-18.

[365]倪星,李佳源.政府绩效的公众主观评价模式:有效,抑或无效?——关于公众主观评价效度争议的述评[J].中国人民大学学报,2010(4):108-116.

[366]潘泽泉.参与与赋权:基于草根行动与权力基础的社区发展[J].理论与改革,2009(4):69-72.

[367]裴志军.政治效能感、社会网络与公共协商参与——来自浙江农村的实证研究[J].社会科学战线,2015(11):195-205.

[368]彭勃.从行政逻辑到治理逻辑:城市社会治理的"逆行政化"改革[J].社会科学,2015(5):18-26.

[369]容志.规范与表达:公共服务需求的分析框架及其政策意涵[J].管理世界,2017(10):174-175.

[370]萨瓦斯.民营化与公私部门的伙伴关系[M].周志忍,译.北京:中国人民大学出版社,2002.

[371]单菁菁.社区归属感与社区满意度[J].城市问题,2008(3):58-64.

[372]尚虎平,陈星宇.人民满意、人民幸福与公共服务绩效的和谐图景——一个"宜居重庆"的脚本分析[J].行政论坛,2012,19(1):48-56.

[373]盛明科,蔡振华.公共服务需求管理的历史脉络与现实逻辑——社会主要矛盾的视角[J].北京大学学报(哲学社会科学版),2018,55(4):23-32.

[374]沈荣华.公共服务市场化反思[J].苏州大学学报(哲学社会科学版),2016
(1):1-6.

[375]史薇.公益活动参与对生活满意度的影响——一项关于城市退休老年人的复
制性研究[J].人口与发展,2017,23(2):51-60.

[376]石智雷,彭慧.库区农户从贫困到发展:正式与非正式社会支持的比较[J].
农业技术经济,2015(9):48-56.

[377]孙彩红.治理视角下的社区公共服务——基于深圳市南山区的案例分析
[J].学习与探索,2015(3):63-68.

[378]孙健敏.幸福社会:提升幸福感的多元视角[M].北京:中国人民大学出版
社,2014.

[379]孙良顺.社会经济地位、社会保障、生态环境与城乡居民幸福感——基于
CGSS(2013)数据的实证分析[J].湖南科技大学学报(社会科学版),2016,
19(6):86-92.

[380]孙萍.实用社区管理学[M].北京:高等教育出版社,2017.

[381]孙其昂,杜培培.城市空间社会学视域下拆迁安置社区的实地研究[J].河海
大学学报(哲学社会科学版),2017,19(2):67-71.

[382]孙涛,刘凤.转型期城市基层治理:机制、逻辑与策略[J].学海,2016(5):
17-22.

[383]孙宗锋.城市公共服务满意度影响因素再探究——锚定场景法的应用[J].
公共行政评论,2018,11(5):3-27.

[384]锁利铭,李雪.区域治理研究中"商品(服务)特征"的应用与影响[J].天津
社会科学,2018(2):82-86.

[385]唐铁汉,李军鹏.公共服务的理论演变与发展过程[J].新视野,2005(6):
36-38.

[386]唐文玉.行政吸纳服务——中国大陆国家与社会关系的一种新诠释[J].公
共管理学报,2010,7(1):13-19.

[387]唐有财,侯秋宇.身份、场域和认同:流动人口的社区参与及其影响机制研究

[J]. 华东理工大学学报(社会科学版),2017,32(3):1-10.

[388]汤志伟,叶昶秀. 数字使用鸿沟与公民政治参与——以政治效能感为中介变量的实证分析[J]. 情报杂志,2022,41(9):129-135+111.

[389]谈火生. 制度安排、回应性与政协委员的政治效能感——以 H 省政协"微建议"为中心的探讨[J]. 治理研究,2023,39(5):35-51+157-158.

[390]田北海,王连生. 城乡居民社区参与的障碍因素与实现路径[J]. 学习与实践,2017(12):98-105.

[391]田阡. 城市社区管理中政府主导的领域与限度[J]. 西南民族大学学报(人文社会科学版),2012,33(10):53-57.

[392]田毅鹏,董家臣. 找回社区服务的"社会性"[J]. 探索与争鸣,2015(11):70-74.

[393]王佃利,宋学增. 公共服务满意度调查实证研究——以济南市市政公用行业的调查为例[J]. 中国行政管理,2009(6):73-77.

[394]王鸿儒. 政民互动下的公共服务满意度研究——公民行政负担感知的个体差异及影响[J]. 社会科学家,2020(5):156-160.

[395]王浦劬. 政府向社会力量购买公共服务的改革机理分析[J]. 北京大学学报(哲学社会科学版),2015,52(4):88-94.

[396]王思琦,郭金云. 公共服务满意度测量的问题顺序效应:来自一项嵌入性调查实验的证据[J]. 公共管理评论,2020,2(1):92-115.

[397]王硕霞,骆永民. 城乡基本公共服务满意度现状及影响因素研究[J]. 安徽工业大学学报(社会科学版),2014,31(1):27-28.

[398]王雁红. 公共服务合同外包中的政府责任机制:解构与重塑[J]. 天津社会科学,2016(6):89-94.

[399]王玉龙,彭运石,姚文佳. 农民工收入与主观幸福感的关系:社会支持和人格的作用[J]. 心理科学,2014,37(5):1220-1224.

[400]王哲,周麟,彭芃. 财政支出、标尺比较与公共服务满意度:基于县级医疗数据的分析[J]. 中国行政管理,2018(3):49-54.

[401] 魏娜. 我国城市社区治理模式:发展演变与制度创新[J]. 中国人民大学学报,2003,17(1):135-140.

[402] 温来成. 城市社区公共服务能力与政府预算管理创新[J]. 财贸经济,2011(9):27-33.

[403] 温俊萍. 城市基本公共服务社区化探析[J]. 河南师范大学学报(哲学社会科学版),2009,36(3):89-92.

[404] 吴建南,孔晓勇. 以公众服务为导向的政府绩效改进分析[J]. 中国行政管理,2005(8):48-51.

[405] 吴进进. 腐败认知、公共服务满意度与政府信任[J]. 浙江社会科学,2017(1):43-51.

[406] 吴新叶. 社区管理学[M]. 北京:北京大学出版社,2008.

[407] 吴晓林. 中国城市社区建设研究述评(2000—2010年)——以CSSCI检索论文为主要研究对象[J]. 公共管理学报,2012,9(1):111-120.

[408] 吴晓林. 治权统合、服务下沉与选择性参与:改革开放四十年城市社区治理的"复合结构"[J]. 中国行政管理,2019(7):54-61.

[409] 吴业苗. 需求冷漠,供给失误与城乡公共服务一体化困境[J]. 人文杂志,2013(2):99-107.

[410] 夏建中. 基于治理理论的超大城市社区治理的认识及建议[J]. 北京工业大学学报(社会科学版),2017,17(1):6-11.

[411] 夏志强,王建军. 论社区公共服务的有效供给[J]. 社会科学研究,2012(2):44-47.

[412] 肖水源.《社会支持评定量表》的理论基础与研究应用[J]. 临床精神医学杂志,1994(2):98-100.

[413] 谢星全. 我国省际基本公共服务满意度研究:特征、价值与启示[J]. 现代经济探讨,2017(2):66-71.

[414] 谢刚,苗红娜. 社区公共参与何以增促居民的公共服务获得感?[J]. 公共行政评论,2023,16(2):157-173+199-200.

[415]谢娅婷,段佳依,张勃.养老保险水平对农民工主观幸福感的影响——基于消费支出的中介效应[J].科学决策,2023(8):159-173.

[416]邢占军.沿海某省城市居民主观幸福感纵向研究[J].心理科学,2005(5):1072-1076.

[417]许海平,傅国华.公共服务与中国农村居民幸福感[J].首都经济贸易大学学报,2018,20(1):3-12.

[418]徐超,孙文平.分权的"悖论":"省管县"改革对居民医疗服务满意度的影响[J].财经研究,2016(4):38-48.

[419]徐刚,卢艳红.体制化"空转":发展悖境中社区工作站运行的组织行为分析——以S市X社区为例[J].浙江大学学报(人文社会科学版),2017,47(2):184-199.

[420]徐金燕,蒋利平.社区公共服务的多元合作供给:机制与绩效[J].学海,2013(4):107-114.

[421]徐林,卢昱杰.城市治理研究的问题域和方法论——历史流变与研究展望[J].理论与改革,2016(4):11-20.

[422]徐旻霞,郑路.邻里互动、主观幸福感与小镇青年社区民主政治参与[J].青年研究,2022(5):70-80+96.

[423]徐林,杨帆.社区参与的分层检视——基于主体意愿与能力的二维视角[J].北京行政学院学报,2016(6):92-99.

[424]徐延辉,黄云凌.城市低收入居民的幸福感及其影响因素研究[J].经济社会体制比较,2013(4):158-168.

[425]徐勇,陈伟东.中国城市社区自治[M].武汉:武汉出版社,2002.

[426]徐永祥.政社分工与合作:社区建设体制改革与创新研究[J].东南学术,2006(6):51-57.

[427]徐增阳,崔学昭,姬生翔.基于结构方程的农民工公共服务满意度测评——以武汉市农民工调查为例[J].经济社会体制比较,2017(5):62-74.

[428]徐增阳,张磊.筑牢国家治理体系的社区基础:新时代我国社区治理探索的成

就与经验[J].社会主义研究,2022(6):131-138.

[429]严标宾,郑雪.大学生社会支持、自尊和主观幸福感的关系研究[J].心理发展与教育,2006,22(3):60-64.

[430]颜德如,孔庆茵.我国社区服务的定位、国外经验借鉴及其完善的基本路径[J].理论探讨,2018(3):148-154.

[431]颜玉凡,叶南客.大都市社区公共文化需求的代际差异与治理对策[J].南京社会科学,2016(3):52-58.

[432]燕继荣.社区治理与社会资本投资——中国社区治理创新的理论解释[J].天津社会科学,2010,3(3):59-64.

[433]杨宝,李万亮.公共服务的获得感效应:逻辑结构与释放路径的实证研究[J].中国行政管理,2022(10):135-143.

[434]杨蓓蕾,孙荣,田磊.公共经济学视角下的我国城市社区服务民营化探析[J].马克思主义与现实,2008(1):119-123.

[435]杨宏山.澄清城乡治理的认知误区——基于公共服务的视角[J].探索与争鸣,2016,1(6):47-50.

[436]杨慧青,彭国胜.政府质量如何影响主观幸福感——基于中日韩三国的比较研究[J].理论月刊,2023(3):24-36.

[437]杨开峰,高灿玉.公共服务动机与改革态度:来自消防员的经验证据[J].上海交通大学学报(哲学社会科学版),2023,31(9):63-88.

[438]杨敏.作为国家治理单元的社区——对城市社区建设运动过程中居民社区参与和社区认知的个案研究[J].社会学研究,2007(4):137-164.

[439]杨文恺.基于SERVQUAL指标修正的电信服务质量评价研究[J].上海管理科学,2015(3):51-54.

[440]杨阳,张晓涵,许佳彬,等.政府购买公共服务增进农村居民幸福感的实证研究[J].世界农业,2022(6):77-89.

[441]姚绩伟,杨涛,丁秀诗,等.城市社区体育公共服务公众满意度的概念溯源、概念界定及含义分析[J].西安体育学院学报,2016,33(1):48-56.

[442]姚尚建.城市身份的权利附加[J].行政论坛,2018,25(5):25-29.

[443]姚若松,郭梦诗.社会支持对大学生社会幸福感的影响——希望的中介作用[J].心理学探新,2018,38(2):164-170.

[444]叶林,宋星洲,邵梓捷.协同治理视角下的"互联网+"城市社区治理创新——以G省D区为例[J].中国行政管理,2018(1):18-23.

[445]叶裕民,陈宇.惠及流动人口的城市公共卫生服务研究——以北京市为例[J].农村经济,2012(2):93-95.

[446]易承志.大城市城乡结合部公共服务资源是如何配置的?——以上海市J镇为例[J].中国农村观察,2015(6):70-83.

[447]尹德志.增强居民幸福感的社区文化建设研究[J].学术论坛,2013,36(5):65-69.

[448]袁方成,邓涛.我国城市社区建设的新阶段、方向与重点[J].行政论坛,2016,23(5):86-91.

[449]俞可平.善治与幸福[J].马克思主义与现实,2011(2):1-3.

[450]郁建兴,吴玉霞.公共服务供给机制创新:一个新的分析框架[J].学术月刊,2009(12):12-18.

[451]余靖雯,陈晓光,龚六堂.财政压力如何影响了县级政府公共服务供给?[J].金融研究,2018(1):18-35.

[452]余敏江,方熠威.情感动员与韧性提升:不确定性风险下城市社区治理的行动逻辑——基于上海市L社区的考察与分析[J].探索,2023(4):115-126.

[453]于洋航,陈志霞.公共服务可达性对政治信任的影响及其作用机制[J].华中科技大学学报(社会科学版),2019,33(2):28-37.

[454]于洋航.城市社区公共服务、生活满意度与居民获得感[J].西北人口,2021,42(3):78-90.

[455]于洋航,缪小林.政府行政效率如何影响居民幸福感——基于中国制度环境的实证分析[J].上海行政学院学报,2022,23(6):14-30.

[456]曾保根.基本公共服务供给机制的逻辑、误区与构想[J].中国行政管理,

2013(9):72-75.

[457]曾红颖.我国基本公共服务均等化标准体系及转移支付效果评价[J].经济研究,2012(6):20-32.

[458]张兵,曾明华,陈秋燕,等.基于SEM的城市公交服务质量—满意度—忠诚度研究[J].数理统计与管理,2016(2):198-205.

[459]张大维,陈伟东,李雪萍,等.城市社区公共服务设施规划标准与实施单元研究——以武汉市为例[J].城市规划学刊,2006(3):99-105.

[460]张康之.社会治理的历史叙事[M].北京:北京大学出版社,2006.

[461]张立荣,李军超,樊慧玲.基于收入差别的农村公共服务需求偏好与满意度研究[J].中国行政管理,2011(10):118-122.

[462]张龙鹏,汤志伟,曾志敏.技术与民生:在线政务服务影响公共服务满意度的经验研究[J].中国行政管理,2020(2):45-53.

[463]张敏.社会支持网络研究——对大连社区公共服务社的实证分析[J].管理世界,2007(12):48-57.

[464]张鹏.智慧社区公共服务治理模式、发展阻碍及整体性治理策略[J].江淮论坛,2017(4):70-76.

[465]张平,吴子靖.新治理观视域下城市社区建设的中国道路[J].新视野,2018(2):50-56.

[466]张书维,秦枭童,张晓会.中国公共服务动机研究的自主化:起点、原则与路径[J].南京社会科学,2023(4):73-81.

[467]张衔春,易承志.西方城市政体理论:研究论域、演进逻辑与启示[J].国外理论动态,2016(6):112-121.

[468]张再生,于鹏洲.城市建设满意度对主观幸福感影响的实证研究[J].社会科学家,2015(2):61-65.

[469]张振洋,王哲.行政化与社会化之间:城市基层公共服务供给的新尝试——以上海市C街道区域化大党建工作为例[J].华中科技大学学报(社会科学版),2017,31(1):130-137.

[470]章文光,李心影,杨谨頔.城市社区治理的逻辑演变:行政化、去行政化到共同体[J].北京行政学院学报,2023(5):54-60.

[471]赵大海,胡伟.中国大城市公共服务公众满意度的测评与政策建议[J].上海行政学院学报,2014(1):23-29.

[472]赵洁,杨政怡.基本公共服务供给增加居民的主观幸福感了吗?——基于CGSS2013数据的实证分析[J].西安财经学院学报,2017,30(6):80-86.

[473]赵娜.创新社会治理与社区文化建设——基于"清河实验"项目的一些思考[J].民俗研究,2017(1):138-142.

[474]珍妮特·V.登哈特,罗伯特·B.登哈特.新公共服务:服务,而不是掌舵[M].丁煌,译.北京:中国人民大学出版社,2004.

[475]郑方辉,冯淇,卢扬帆.基于幸福感与满意度的广东公众幸福指数实证研究[J].广东行政学院学报,2012,24(2):16-20.

[476]郑方辉,王珏.地方政府整体绩效评价中的公众满意度研究——以2007年广东21个地级以上市为例[J].广东社会科学,2008(1):44-50.

[477]郑杭生.社会学概论新修[M].北京:中国人民大学出版社,2003.

[478]郑广永.论城市社区文化的功能及限度[J].北京联合大学学报(人文社会科学版),2018(1):87-93.

[479]郑建君.公共参与:社区治理与社会自治的制度化——基于深圳市南山区"一核多元"社区治理实践的分析[J].学习与探索,2015(3):69-73.

[480]郑建君,罗晶晶,刘静.政府职能转变如何提升公众对政府的信任——基于公共服务参与和满意度的分析[J].北京理工大学学报(社会科学版),2023,25(4):151-158.

[481]郑楠,周恩毅.我国基层公务员的公共服务动机对职业幸福感影响的实证研究[J].中国行政管理,2017(3):83-87.

[482]周红云.社会资本及其在中国的研究与应用[J].经济社会体制比较,2004(2):135-144.

[483]周绍杰,王洪川,苏杨.中国人如何能有更高水平的幸福感——基于中国民生

指数调查[J]. 管理世界,2015(6):8-21.

[484]周秀平,邓国胜.社区创新社会管理的经验与挑战——以深圳桃源居社区为例[J]. 中国行政管理,2011(9):114-117.

[485]钟杨,王奎明.中国城市公共服务公众满意度蓝皮书2015—2016[M]. 上海:上海人民出版社,2017.

[486]朱春奎,吴辰.公共服务动机对工作满意度的影响研究[J]. 公共行政评论,2012,5(1):83-104.

[487]朱健刚,何瑞.破除隔离:城市社区多元共治模式的探索——以广州市S街区社区治理实验为例[J]. 广西民族大学学报(哲学社会科学版),2017,39(4):53-59.

[488]朱俊红,梁昌勇,陆文星,等.社会支持影响社区老人主观幸福感的实证分析[J]. 华东经济管理,2018(7):164-173.

[489]卓越,于湃.政府创新可执行性评估体系的构建与验证——以L市J区C局公共服务标准化创新实践为例[J]. 四川大学学报(哲学社会科学版),2015(5):10-16.

[490]邹凯,马葛生.社区服务公众满意度测评研究[J]. 中国软科学,2009(3):62-67.

# 附录：调查问卷

尊敬的先生/女士：

您好！为了解城市社区的公共服务状况及个体的幸福感知，我们设计了此项调查。感谢您在百忙之中填写此问卷，此次调查仅为学术研究分析之用，所有信息将严格保密，不会对您及您所居住的社区产生任何不良影响，请您按照所居住社区及本人的实际情况填写。非常感谢您的支持与配合！

## 第一部分：个人基本情况

以下题项是为了了解您的个人基本信息，请您根据自身的实际情况，对下列各项做出相应的选择，在对应的编号上画"√"。

A1 您的性别：

①男　　　　　　　　②女

A2 您的年龄：

①30 岁及以下　　②31~40 岁　　③41~50 岁　　④51 岁及以上

A3 您的学历：

①初中及以下　　　　　　②高中（包括职高）

③大学（包括本科及大专）　④硕士及以上

A4 您的职业：

①各级党政机关、事业单位工作人员　②国有企业工作人员

③非公有制企业工作人员　　　　　④自由职业者

⑤离退休人员　　　　　　　　　⑥家庭主妇

⑦学生　　　　　　　　　　　　⑧其他

A5 您的家庭人均年收入：

①2 万元及以下　　　　　　　　②2 万~5 万元

③5 万~8 万元　　　　　　　　④8 万~10 万元

⑤10 万元以上

A6 您所在的社区类型：

①商品住宅小区　　　　　　　　②单位制社区

③城中村社区　　　　　　　　④公租房社区

⑤老旧小区　　　　　　　　　⑥其他

A7 您所居住的房屋性质：

①自购房　　　　②老屋　　　　③租赁房　　　　④其他

A8 您的家庭人均住房面积：

①20 平方米及以下　　　　　　②21 ~40 平方米

③41 ~60 平方米　　　　　　④61 平方米及以上

## 第二部分：社区公共服务满意度状况

以下题项是为了了解您对所居住社区的公共服务的满意度状况。"①"至"⑤"分别代表了"非常不满意"至"非常满意"。请您根据自身的实际感受，在对应的编号上画"√"。

| 序号 | 题项内容 | 非常<br>不满意 | 比较<br>不满意 | 一般 | 比较<br>满意 | 非常<br>满意 |
|------|----------|------|------|------|------|------|
| B1 | 社区教育——幼儿园 | ① | ② | ③ | ④ | ⑤ |
| B2 | 社区教育——小学 | ① | ② | ③ | ④ | ⑤ |
| B3 | 社区教育——中学 | ① | ② | ③ | ④ | ⑤ |
| B4 | 社区教育——培训机构 | ① | ② | ③ | ④ | ⑤ |
| B5 | 社区基本社会保障——医疗服务 | ① | ② | ③ | ④ | ⑤ |
| B6 | 社区基本社会保障——养老服务 | ① | ② | ③ | ④ | ⑤ |

| 序号 | 题项内容 | 非常<br>不满意 | 比较<br>不满意 | 一般 | 比较<br>满意 | 非常<br>满意 |
|------|---------|------|------|------|------|------|
| B7 | 社区基本社会保障——困难家庭救助服务 | ① | ② | ③ | ④ | ⑤ |
| B8 | 社区基本社会保障——就业服务 | ① | ② | ③ | ④ | ⑤ |
| B9 | 社区安全——安全设施设备 | ① | ② | ③ | ④ | ⑤ |
| B10 | 社区安全——警务人员工作 | ① | ② | ③ | ④ | ⑤ |
| B11 | 社区安全——安全知识宣传 | ① | ② | ③ | ④ | ⑤ |
| B12 | 社区基础生活设施——超市 | ① | ② | ③ | ④ | ⑤ |
| B13 | 社区基础生活设施——理发店 | ① | ② | ③ | ④ | ⑤ |
| B14 | 社区基础生活设施——公共厕所 | ① | ② | ③ | ④ | ⑤ |
| B15 | 社区基础生活设施——垃圾收集点 | ① | ② | ③ | ④ | ⑤ |
| B16 | 社区文体服务——文体活动场所 | ① | ② | ③ | ④ | ⑤ |
| B17 | 社区文体服务——文体活动设施设备 | ① | ② | ③ | ④ | ⑤ |
| B18 | 社区文体服务——文体活动种类 | ① | ② | ③ | ④ | ⑤ |
| B19 | 社区居住环境——绿化程度 | ① | ② | ③ | ④ | ⑤ |
| B20 | 社区居住环境——噪声处理 | ① | ② | ③ | ④ | ⑤ |
| B21 | 社区居住环境——照明设施 | ① | ② | ③ | ④ | ⑤ |
| B22 | 社区居住环境——小摊贩管理 | ① | ② | ③ | ④ | ⑤ |
| B23 | 社区交通状况——道路建设及维护 | ① | ② | ③ | ④ | ⑤ |
| B24 | 社区交通状况——公共交通 | ① | ② | ③ | ④ | ⑤ |
| B25 | 社区交通状况——停车 | ① | ② | ③ | ④ | ⑤ |

# 第三部分：日常生活感受

以下题项是为了了解您在日常生活中的相关主观感受。"①"至"⑤"分别代表了"非常不符合"至"非常符合"。请您根据自身的实际感受，在对应的编号上画"√"。

| 序号 | 题项内容 | 非常<br>不符合 | 比较<br>不符合 | 一般 | 比较<br>符合 | 非常<br>符合 |
|---|---|---|---|---|---|---|
| C1 | 大部分情况下，我现在的生活和我理想的生活状态很接近 | ① | ② | ③ | ④ | ⑤ |
| C2 | 我的生活状态很好 | ① | ② | ③ | ④ | ⑤ |
| C3 | 我对我的生活感到满意 | ① | ② | ③ | ④ | ⑤ |
| C4 | 到目前为止，我基本已经得到了我想要的重要的东西 | ① | ② | ③ | ④ | ⑤ |
| C5 | 我不会对我现在的生活状态做太大改变 | ① | ② | ③ | ④ | ⑤ |
| C6 | 在社区中遇到烦恼时，我很容易找到可以倾诉的对象 | ① | ② | ③ | ④ | ⑤ |
| C7 | 在社区中遇到困难时，我可以获得帮助 | ① | ② | ③ | ④ | ⑤ |
| C8 | 在社区中我能很方便地获得所需要的信息 | ① | ② | ③ | ④ | ⑤ |
| C9 | 我喜欢我所在的社区 | ① | ② | ③ | ④ | ⑤ |
| C10 | 我非常关心社区日常事务 | ① | ② | ③ | ④ | ⑤ |
| C11 | 如果我要搬离此社区，我会感到十分留恋 | ① | ② | ③ | ④ | ⑤ |
| C12 | 如果条件允许，我希望长期居住在本社区 | ① | ② | ③ | ④ | ⑤ |

续表

| 序号 | 题项内容 | 非常<br>不符合 | 比较<br>不符合 | 一般 | 比较<br>符合 | 非常<br>符合 |
|---|---|---|---|---|---|---|
| C13 | 我在社区中有很多朋友 | ① | ② | ③ | ④ | ⑤ |
| C14 | 有意义的公益活动对我很重要 | ① | ② | ③ | ④ | ⑤ |
| C15 | 对我而言，为社会公益做贡献很重要 | ① | ② | ③ | ④ | ⑤ |
| C16 | 我认为，公民机会均等很重要 | ① | ② | ③ | ④ | ⑤ |
| C17 | 公务员的行为一定要符合伦理规则 | ① | ② | ③ | ④ | ⑤ |
| C18 | 当看到他人遇到困难时，我会很难受 | ① | ② | ③ | ④ | ⑤ |
| C19 | 当看到他人遭到不公正对待时，我会很气愤 | ① | ② | ③ | ④ | ⑤ |
| C20 | 我愿意为社会公益付出个人努力 | ① | ② | ③ | ④ | ⑤ |
| C21 | 我愿意为了社会公益而牺牲自身的利益 | ① | ② | ③ | ④ | ⑤ |
| C22 | 我很熟悉社区的规章管理制度 | ① | ② | ③ | ④ | ⑤ |
| C23 | 我很关注社区居委会的运行情况 | ① | ② | ③ | ④ | ⑤ |
| C24 | 我能够对居委会所做出的决定造成一定影响 | ① | ② | ③ | ④ | ⑤ |
| C25 | 社区居委会在做出决定过程中会重视我的建议 | ① | ② | ③ | ④ | ⑤ |
| C26 | 社区居委会做出的决定结果可以反映出我的意愿 | ① | ② | ③ | ④ | ⑤ |
| C27 | 如果我有困难找社区居委会的干部解决，他们会采取措施进行处理 | ① | ② | ③ | ④ | ⑤ |

项目策划：张芸艳

责任编辑：张芸艳

责任印制：钱　宬

封面设计：武爱听

**图书在版编目（CIP）数据**

城市社区公共服务满意度对居民幸福感的影响机制研
究／于洋航著. -- 北京：中国旅游出版社，2024.8.
ISBN 978 - 7 - 5032 - 7403 - 9

Ⅰ. D668；D669.3

中国国家版本馆 CIP 数据核字第 2024ED8649 号

书　　名：城市社区公共服务满意度对居民幸福感的影响机制研究

作　　者：于洋航

出版发行：中国旅游出版社

　　　　　（北京静安东里 6 号　邮编：100028）

　　　　　http://www.cttp.net.cn　E-mail：cttp@ mct.gov.cn

　　　　　营销中心电话：010-57377103，010-57377106

　　　　　读者服务部电话：010-57377107

排　　版：北京天韵科技有限公司

经　　销：全国各地新华书店

印　　刷：北京明恒达印务有限公司

版　　次：2024 年 8 月第 1 版　2024 年 8 月第 1 次印刷

开　　本：720 毫米 ×970 毫米　1/16

印　　张：20.75

字　　数：312 千

定　　价：59.80 元

ＩＳＢＮ　978 - 7 - 5032 - 7403 - 9